# और पंछी उड़ गया

₹ 275

ISBN : 9788170284772

संस्करण : 2015 

AUR PANCHHI UD GAYA by Vishnu Prabhakar

मुद्रक : के. एच. बी. ऑफसेट प्रोसेस, दिल्ली

**राजपाल एण्ड सन्ज़**

1590, मदरसा रोड, कश्मीरी गेट-दिल्ली-110006

फोन: 011-23869812, 23865483, फैक्स: 011-23867791

website : www.rajpalpublishing.com

e-mail : sales@rajpalpublishing.com

एक दिशाहीन सफ़र–3

# और पंछी उड़ गया

आत्मकथा

विष्णु प्रभाकर

राजपाल

# भूमिका

मेरे इस 'दिशाहीन सफ़र' का यह खण्ड मेरे लिए असाधारण रूप से महत्त्वपूर्ण हो गया है। इसका आरम्भ एक ऐसी घटना से होता है जिसके बारे में मैंने स्वप्न में भी नहीं सोचा था। मेरा तात्पर्य बांग्ला के सुप्रसिद्ध साहित्यकार श्री शरत्चन्द्र चट्टोपाध्याय की जीवनी से है। जीवनी लेखन मेरा विषय नहीं रहा लेकिन आकाशवाणी से त्याग पत्र देकर जब मैं मुम्बई पहुँचा तो 'हिन्दी ग्रन्थ रत्नाकर' के स्वामी श्री नाथूराम प्रेमी ने मुझसे कहा, "आप जानते हैं कि मैंने सारा शरत्-साहित्य हिन्दी में अनूदित करवा कर 43-44 भागों में प्रकाशित किया है। मैं चाहता हूँ कि उसका अन्तिम भाग उनकी जीवनी के रूप में प्रकाशित करूँ। क्या आप मेरे लिए 200 पृष्ठ की शरत्चन्द्र की एक जीवनी लिख सकेंगे ?"

जैसा कि मैंने कहा मुझे विश्वास नहीं था कि मैं कभी किसी की जीवनी लिख सकूँगा। इसलिए मैंने इनकार कर दिया। लेकिन उन्होंने मेरे इनकार को स्वीकार नहीं किया और दो साल तक बराबर आग्रह करते रहे।

अन्त में मुझे उनका प्रस्ताव स्वीकार करना ही पड़ा। शरत् मेरे प्रिय लेखक थे। मैं अक्सर उनके उपन्यासों के पात्रों को लेकर सोचा करता था। लेकिन मैं आसानी से उनके जीवन की सामग्री प्राप्त नहीं कर सका। यद्यपि मैंने बांग्ला सीख ली थी, कुछ किताबें भी पढ़ी थीं लेकिन उनमें ऐसा कुछ भी नहीं था जो मुझे जीवनी लिखने के लिए पर्याप्त सामग्री जुटा पाता। जो कुछ था वह अत्यन्त विशृंखल और अपमानजनक था। इसलिए अन्ततः मैं उनके वास्तविक जीवन की खोज में निकल पड़ा। सोचा था कि अधिक से अधिक एक साल लगेगा लेकिन लगे चौदह साल। कहाँ-कहाँ नहीं घूमना पड़ा मुझे। देश-विदेश में उन सब स्थानों पर गया जिनका सम्बन्ध उनके जीवन से था या उनके पात्र वहाँ रहे थे। इसलिए जब यह जीवनी प्रकाशित हुई तो हिन्दी साहित्य में मेरा स्थान सुरक्षित हो गया।

यह सब कैसे हुआ, यह मैंने संक्षेप में इस खण्ड में बताया है। पूरी खोज-यात्रा तो इस ग्रन्थ में नहीं आ सकी है, न ही आ सकती थी।

इस प्रकार इस खण्ड का आरम्भ मेरे जीवन की अनायास घटी स्वर्णिम घटना से हुआ और अन्त हुआ उतनी ही दो त्रासद घटनाओं से। इस अवधि में मैंने उन क्षणों को भोगा जो सघनतम पीड़ा के प्रतीक होते हैं। पीड़ा जो दर्द

देती है तो पवित्र भी करती है। मेरी जीवन-संगिनी जो जीवन भर मेरे कन्धे पर हाथ रखे खड़ी रही, मुझे सब चिन्ताओं से मुक्त करके, और मेरे बड़े भाई तो मेरे 'प्रचार-मंत्री' ही बन गए थे। वह जहाँ भी जाते मेरे साहित्य की चर्चा करते। वह खूब पढ़ते थे और जो वास्तव में पढ़ने योग्य होता वह मुझे लाकर देते थे। मेरे साहित्य के प्रति लोगों की जो प्रतिक्रिया होती उससे भी मुझे अवगत कराते और विचार-विनिमय करते।

तो ऐसे मेरे ये स्वज़न सन् 1980 के जनवरी और फरवरी मास में मुझे सदा-सदा के लिए छोड़कर चले गए। इन दोनों घटनाओं का मैंने यथाशक्ति वर्णन किया है। लेकिन मैं स्वयं नहीं जानता कि मैं अपने मन के भावों को व्यक्त कर पाया या नहीं।

इन दोनों व्यक्तिगत घटनाओं के अतिरिक्त कुछ और भी ऐसी अत्यन्त महत्त्वपूर्ण घटनाएँ इस अवधि में घटीं, जिन्होंने देश में उथल-पुथल मचा दी। कितनी यात्राएँ कीं मैंने, हिमालय की दुर्गम घाटियों से लेकर दक्षिण सागर के तट तक। दक्षिण पूर्व एशिया में बर्मा से लेकर सिंगापुर तक। इसके अतिरिक्त मारीशस की यात्रा और नेपाल जाने का अवसर भी इसी अवधि में मिला। एक तरह से इस सारी अवधि में जैसे मैं अपने से भागने का प्रयत्न कर रहा था और इसी प्रयत्न में मुझे जो अनुभूति हुई वह भी अभूतपूर्व थी। जहाँ एक ओर मैंने इस्पात के कारखाने देखे, वहीं मैंने 'विपश्यना साधना' की दीक्षा भी ली। मैंने देश के महापुरुषों को बहुत पास से देखा, लेकिन विश्व प्रसिद्ध मूक-बधिर और दृष्टि-हीन एक ऐसी नारी को तो देखकर मैं चकित रह गया जो अपनी उँगलियों की भाषा से बातचीत कर सकती थी और अपने युग की प्रसिद्ध कवयित्री थी। उस अद्भुत महिला का नाम है 'हेलन केलर।'

अपने देश के राष्ट्रनेताओं के भी मैं निकट सम्पर्क में आया। नेहरू जी, राजेन्द्र बाबू, राधाकृष्णन, जयप्रकाश नारायण, जाकिर हुसैन आदि-आदि। लेकिन इन सबमें मुझे निकटता मिली केवल राजेन्द्र बाबू से। साहित्यकारों के बीच में तो मैं रहता ही था, कहाँ तक वर्णन करूँगा उनका।

यह खण्ड कई दृष्टियों से बहुत ही महत्त्वपूर्ण है लेकिन उस सबको मैं शब्द कहाँ दे पाया हूँ। बस छूकर निकल गया हूँ। पर उस मिलन की गन्ध तो मेरे रोम-रोम में बस गई है—कहाँ यह विश्व प्रसिद्ध महिला कहाँ चम्बल की घाटी के डाकू। उन्होंने श्री जयप्रकाश नारायण के सामने आत्म-समर्पण कर दिया था। प्रसिद्ध गाँधीवादी साधक काशीनाथ त्रिवेदी के आग्रह पर मैं पन्द्रह दिन तक डाकुओं के साथ ग्वालियर जेल में रहा। इसी अवधि में 'विश्व हिन्दी सम्मेलन' की नींव भी पड़ी। पहला अधिवेशन तो नागपुर, भारत में ही हुआ था दूसरा हुआ मारीशस में। मैंने दोनों में प्रमुख रूप से भाग लिया।

और इस देश के लिए जिसे सबसे दुर्भाग्यपूर्ण घटना कहा जा सकता है वह आपात्काल इसी अवधि में लगाया गया। जयप्रकाश नारायण की 'समग्र क्रान्ति' का उद्घोष और दो वर्ष तक पूरे देश में अपूर्व उत्साह से मनाई जाने

वाली शरत् जयन्ती। कैसी-कैसी महत्त्वपूर्ण घटनाएँ घट गईं इस अवधि में। इन सबकी झाँकी मात्र ही दे पाया हूँ मैं। पर एक लेखक के लिए इन सबका क्या महत्त्व है, यह सभी जानते हैं।

इन सबसे मुझे जो अनुभूति हुई, जो अन्तर्मन्थन मेरे अन्तर में उमड़ा-घुमड़ा, उस सबको तो मैं शब्द दे ही नहीं पाया। परिवार तो जैसे हाशिये पर छूट गया। लेकिन हमारा यह संयुक्त परिवार ऐसा अद्भुत था कि फ्रांस की एक टी.वी. कम्पनी ने उस पर एक छोटी-सी फिल्म बनाई। लेनिनग्राड रेडियो स्टेशन से एक वार्ता प्रसारित हुई। मैं जानता हूँ कि इस सबके साथ मैं न्याय नहीं कर पाया। बहुत कुछ छूट गया है। प्रयत्न करूँगा कि जब चौथा भाग लिखूँ तो जो बच गया है उसकी कुछ झलकियाँ दे सकूँ। पंडित परमानन्द जैसे क्रान्तिकारियों को और अपनी राखी बन्द बहिनों को याद कर सकूँ। मेरी ये बहिनें मेरे प्रदेश उत्तर प्रदेश की ही नहीं, पंजाब, राजस्थान और कर्नाटक की भी हैं। इसी प्रकार मेरे भाई पूरे देश में ही नहीं, विदेशों में मेरी स्मृति को उल्लास प्रदान करते रहते हैं। उनमें से अधिकतर मित्रों के संस्मरण लिखे हैं मैंने। फिर भी क्या न्याय कर पाया उनके साथ। नाप पाया ममता और प्यार की उस गहराई को जो मेरे प्रति उनके अन्तर में समाहित हो गई थी।

अन्त में एक ऐसी घटना की चर्चा करना चाहूँगा जिसका सम्बन्ध उनकी पत्नी से था। वे कौन थीं—शरत् बाबू ने अपने 'वसीयतनामे' में उन्हें अपनी पत्नी घोषित किया है। यह तो ठीक है पर वे वास्तव में थीं कौन, इस सम्बन्ध में मैंने अनेक कहानियाँ सुनीं। उनकी चर्चा भी मैंने की है। कुछ व्यक्ति थे जो उन्हें उनकी विवाहिता पत्नी नहीं मानते थे। उनकी प्रिय शिष्या श्रीमती राधारानी देवी उन्हीं में एक थीं। वे उन्हें किसी छोटे कुल की कन्या मानती थीं जिनका विवाह कुलीन परिवार के शरत्चन्द्र से हो ही नहीं सकता था।

शरत् बाबू की बहिन के परिवार के लोगों ने मुझे जो बताया वह मैंने लिखा ही है। उनकी दृष्टि में वे सब मन से गढ़कर लिखी हुई कहानियाँ हैं। तो फिर सत्य क्या है ? दो व्यक्तियों ने मुझे बताया था कि वास्तव में वे वेश्यापुत्री थीं। शरत् वेश्याओं के जाते ही थे। वहीं एक लड़की ने उनसे कहा था कि वह इस जीवन से मुक्ति पाना चाहती है। आप मुझे यहाँ से ले चलिए।

और अन्ततः उनके साथ चली आई।

यह कहानी मुझे रंगून में वहाँ एक प्रेस के मालिक, जो शरत् के मित्रों में थे, उन्होंने और श्रीमती राधारानी देवी के पति श्री नरेन्द्रदेव ने बताई थी। इन्होंने तो शरत् की एक संक्षिप्त जीवनी भी लिखी है। लेकिन जब मैंने इन दोनों के पास इनसे ली गई भेंटवार्ता की प्रति प्रमाणित करने के लिए भेजी, तब इन्होंने मुझे लिखा कि आपको कुछ गलतफहमी हुई है। हमने आपसे ऐसा कुछ नहीं कहा था।

मैं क्या कर सकता था। प्रमाण के अभाव में मैंने इस तथ्य को 'आवारा-मसीहा' में उजागर नहीं किया पर इतने दिन शरत् के मित्रों और रिश्तेदारों के साथ रहकर

मुझे पूर्ण विश्वास है कि सत्य यही है। शेष सब मनगढ़न्त है।

मुझे अब कुछ और नहीं कहना है।

केवल धन्यवाद देना है उस व्यक्ति को जिसने मेरे न चाहने पर भी मुझसे यह सब लिखवा लिया। वह बार-बार आग्रह न करते तो शायद ये संस्मरण अस्तित्व में ही नहीं आते। उस व्यक्ति का नाम है डॉ. श्यामसुन्दर व्यास और वह सम्पादन करते हैं मध्य प्रदेश इन्दौर से प्रकाशित होने वाली सुप्रसिद्ध साहित्यिक पत्रिका 'वीणा' का। वीणा सम्भवतः हिन्दी की श्रेष्ठ साहित्यिक पत्रिकाओं में सबसे दीर्घजीवी पत्रिका है।

मैंने डॉ. श्यामसुन्दर व्यास को धन्यवाद देने की बात कही लेकिन क्या उन्हें धन्यवाद देने के लिए शब्द मेरे पास हैं। और क्या उस अनुभूति को शब्द दिए जा सकते हैं। वह तो शब्दातीत है। या कहूँ वह तो 'नेह का नाता' है जिसे शब्दों की आवश्यकता ही नहीं होती।

तो क्यों व्यर्थ परिश्रम करूँ, विदा लूँ अपने पाठकों से तब तक के लिए जब तक डॉ. श्यामसुन्दर व्यास जैसे कोई अन्य सुहृद्जन मुझे चौथा खण्ड लिखने को विवश न कर दें।

वैसे सच कहूँ मन तो मेरा भी करता है। देखिए...

**—विष्णु प्रभाकर**

# और पंछी उड़ गया

इप्टा के सम्मेलन के तुरन्त बाद भारतीय राष्ट्रीय कांग्रेस का अधिवेशन गोहाटी (असम) में होने जा रहा था। संयोग से अजमेर राज्य के मुख्यमंत्री और बाद में राजस्थान के वित्तमंत्री श्री हरिभाऊ उपाध्याय, जो गाँधीजी के साथी और प्रसिद्ध राजनेता थे वहाँ जा रहे थे और उनके साथ जा रहे थे सस्ता साहित्य मण्डल के मंत्री और उनके छोटे भाई मार्तण्ड उपाध्याय। यशपाल जैन भी अब मण्डल में आ चुके थे और पत्रिका का सम्पादन करते थे। मेरे अग्रज ब्रह्मानन्द जी भी वहाँ जन सम्पर्क का काम देखते थे।

तब हम सबने निश्चय किया कि हम गोहाटी चलेंगे। दिल्ली से कोलकाता ट्रेन से और फिर वहाँ से गोहाटी तक की यात्रा हवाई जहाज से हुई। एक रोचक घटना यहाँ भी घट गई। और सब लोगों को तो कोलकाता से पहले दिन का टिकट मिल गया। मुझे दूसरे दिन का मिला लेकिन तभी अचानक बेटी की बीमारी का तार पाकर मार्तण्डजी को दिल्ली लौट जाना पड़ा। तब यह निश्चय किया गया कि मेरा टिकट वापिस कर दिया जाये और मैं मार्तण्डजी के टिकट से सफ़र करूँ। सारी यात्रा में मैं मार्तण्डजी के नाम से ही जाना गया। दुर्भाग्य से कोई घटना घट जाती तो मरता मैं, नाम मार्तण्डजी का छपता।

भारत कितना सुन्दर देश है; यह मैं कश्मीर घाटी को देखकर जान चुका था। भयंकर भूकम्पों और भयानक बाढ़ों के लिए प्रसिद्ध असम का सौन्दर्य उतना रंगीन तो नहीं था परन्तु उसकी हरीतिमा, सघन वनश्री, चारों ओर फैले चाय-बागान और सबसे बढ़कर ब्रह्मपुत्र का रौरवनाद—हम सबको चकित करता रहता था। कृष्ण ने जिसको मार कर सोलह हज़ार राज-कन्याओं का उद्धार किया था वह नरकासुर यहीं का राजा था। बहुत कुछ देखा वहाँ। उस सबका वर्णन करना तो सम्भव नहीं है। लेकिन कुछ बातें निश्चय ही मानस-पटल पर अंकित होकर रह गई हैं। कांग्रेस के अधिवेशन गें राष्ट्रभाषा हिन्दी का प्रश्न भी उठा था। तमिलदेश के एक नेता ने कहा था—"हिन्दी भाषी लोग जब तक अपने घर में हिन्दी को स्थापित नहीं करते तब तक उन्हें हमें हिन्दी सीखने के लिए कहने का कोई अर्थ नहीं है।" इसके उत्तर में सेठ जमनालाल बजाज के बड़े पुत्र श्री कमलनयन बजाज ने कुछ ऐसी बातें कहीं जो पं. जवाहरलाल नेहरू को पसन्द नहीं आईं। वे क्रुद्ध हो उठे। इस पर जमनालालजी की पत्नी जानकीदेवी बजाज

और पुत्री श्री मदालसा बहिन बहुत विचलित हो गईं। जानकी देवी ने कमलनयन से कहा—''तुम्हें ऐसा नहीं कहना चाहिए था।''

श्री कमलनयन ने उत्तर दिया, ''मैंने वही कहा जो मुझे कहना चाहिए था। उसके लिए मुझे कोई अफ़सोस नहीं है।''

सेठ गोविन्ददासजी भी मंच पर मौजूद थे। वह तटस्थ भाव से देखते रहे। कुछ विशेष नहीं बोले। मेरे लिए यह अकल्पनीय बात थी। अगले दिन सवेरे इसका रहस्य समझ में आया। हमारा दल सवेरे-सवेरे घूमने के लिए कहीं जा रहा था तो सामने से सेठजी आते नज़र आये। पास आने पर उन्होंने पूछा—'क्या आपने आज का अख़बार देखा है ? कार्यकारिणी में कौन-कौन लोग आये हैं।'

मैंने उत्तर दिया—'सेठजी यह तो आप मुझ से अधिक जानते हैं।'

उत्तर दिये बिना वे चले गए। थोड़ी देर बाद जब मैंने अखबार देखा तो मैं सब कुछ समझ गया। उस बार सेठजी को कार्यकारिणी में शामिल किया गया था।

इस प्रदेश की संस्कृति के निर्माण में नारी का प्रमुख स्थान है। कोई भी ऐसा काम नहीं है जो वह नहीं कर सकती। उड़ते हुए बादलों के नीचे, सुनहरे खेतों के बीच फसल काटती हुई असमिया बाला जब गीत गाती है तो वह सारी घाटी मंत्रमुग्ध हो उठती है। उसका पहनावा भी सुन्दर है—मेखला, छाती ढकने वाली चादर और शाल, इसका लाल बूटेदार किनारा और मूँगा। रेशम और कपास के सभी घरेलू वस्त्र वे स्वयं ही करघों पर बुनती हैं। गाँधीजी ने कहा था, वे करघे पर कविताएँ बुनती हैं। यहाँ यह मान्यता है कि जो लड़की नाचना और बुनना नहीं जानती वह कुछ नहीं जानती। यहाँ का विहू नाच बहुत प्रसिद्ध है जिसमें युवक-युवतियाँ समान रूप से भाग लेते हैं। वैष्णव नाट का प्रचार यहाँ महापुरुष शंकरदेव ने किया था।

स्वाभाविक ही था कि हम दर्शनीय स्थल भी देखते। सबसे दर्शनीय है कामाख्या देवी का मन्दिर। शिव के तो अनेक मन्दिर मिलते हैं लेकिन उनकी पत्नी का यही एक मन्दिर है। निश्चय ही यह तांत्रिकों के प्रभाव के कारण बना होगा क्योंकि यहाँ प्रसाद के रूप में एक सफेद कपड़ा, मूर्ति के नीचे लाल रंग से भरे पानी के कुण्ड में डुबो कर दिया जाता है। यह पार्वतीजी के रजस्वला होने का प्रसाद है। यहीं पर बंगाली लोग बकरे की बलि चढ़ाते हैं। उसका सिर वहीं रह जाता है और धड़ को वे दो बाँसों में टाँग कर घर ले जाते हैं और पास-पड़ोस में बाँटते हैं। असम तो जादूगरों और तांत्रिकों का प्रदेश माना जाता रहा है। उसका प्रभाव हमें स्थान-स्थान पर देखने को मिलता है।

लेकिन हमने अपने को गोहाटी तक ही सीमित नहीं रखा, शिलोंग भी गए। नारी यहाँ मुक्त थी लेकिन सुशिक्षित भी थी और सुन्दर भी। हम काजीरंगा अभयारण्य देखने भी गए। हम हाथी पर सवार थे और गैंडा आदि वन्य पशु स्वतन्त्र रूप से चारों ओर विचर रहे थे। चेरापूँजी जहाँ दुनिया में सबसे अधिक वर्षा होती है स्वयं वहाँ पानी का सबसे ज्यादा अभाव है। वह पहाड़ी स्थान है

इसलिए वर्षा का पानी चारों ओर बह जाता है। बांग्लादेश की सीमा लगी हुई है। हम पहाड़ की चोटी से यह सब देख सके।

यहाँ 'खासी' जाति का प्रभुत्व है। वह मातृमूलक समाज है। नारी का वर्चस्व है। पति पैसे के लिए पत्नी के आगे हाथ फैलाता है और पत्नी स्वामिनी की तरह से सब कुछ सहेजती है। काफ़ी मुक्त समाज है यहाँ, वर्जनाएँ उसे परेशान नहीं करतीं। एक परिवार में जाने का अवसर भी मिला। उस परिवार की एक युवती ने एक हिन्दुस्तानी मुस्लिम युवक से शादी की थी। वह ड्राइवर था। किसी दुर्घटना में उसे चोट आ गई थी और वह अस्पताल में दाखिल था। उस युवती ने बड़े दर्द भरे स्वर में हमसे कहा, "वह चाहता है कि मैं हर वक्त उसकी चारपाई की पट्टी पर सिर रखे बैठी रहूँ। बताइये यह कैसे हो सकता है। मुझे और भी तो कितने काम हैं।"

यह घटना एक हिन्दू नारी और 'खासी नारी' की मानसिक स्थिति को स्पष्ट करती है लेकिन जहाँ तक सेक्स का प्रश्न है हिन्दू नारी भी कम स्वतन्त्र नहीं है। यहाँ विधवा किसी न किसी पुरुष से संबंध रखती ही है। बहुत कुछ देखा, बहुत कुछ सुना। सब वर्जनाओं से मुक्त होकर सोचें तो इसमें दोष व्यक्ति का नहीं सामाजिक विधि-विधानों और उनके निर्माताओं का है।

लेकिन असम की यात्रा ब्रह्मपुत्र के बीच बसे हुए मांजली द्वीप को देखे बिना पूरी नहीं हो सकती। महापुरुष शंकर देव द्वारा स्थापित वैष्णव सम्प्रदाय का यह मुख्य क्षेत्र है। असम की संस्कृति का सच्चा रूप यहीं मिलता है। यह दुनिया का सबसे बड़ा नदी द्वीप है।

कोलकाता-यात्रा का पूरा विवरण मैंने अपने लेख 'जहाँ आकाश नहीं दिखाई देता' में किया है। यह लेख मेरी पुस्तक 'हँसते निर्झर और दहकती भट्टी' में संकलित है।

कितना कुछ देखा और उन तीन-चार दिनों में। सब कुछ चकित कर देने वाला। घुमन्तू जीवन की यही तो उपलब्धि है और इसने मुझे इतना कुछ दिया कि तब से लेकर 1973 तक मैं निरन्तर घूमता ही रहा। पहले हिमालय का आकर्षण मुझे जमुनोत्री, गंगोत्री और अमरनाथ खींच ले गया। उसके बाद शरत्चन्द्र के जीवन की सामग्री की खोज में सन् 1959 से 1972 के अन्त तक चौदह वर्ष कहाँ से आकर कहाँ चले गए, पता ही नहीं चला। शुरू में मैंने राहुल जी के शब्दों में जिस 'साहित्य-विजय' की बात कही थी क्या वह यही नहीं है?

पहले मैं आपको हिमालय 'तुंगशृंग' की घाटियों में ले जाना चाहूँगा। कविवर पंडित सुमित्रानन्दन पन्त के शब्दों में कहूँ तो—

*मानदण्ड भू के अखण्ड हे*
*पुण्यधरा के स्वर्गारोहण प्रिय हिमाद्रि,*
*तुमको हिमकण से घेरे,*
*मेरे जीवन के क्षण।*

# 2

हिमालय की पुकार मुझे सदा उद्वेलित करती रही है। इस पुकार ने ही मुझे यायावर बना दिया। प्रसिद्ध यायावर काका कालेलकर ने यात्रा के सम्बन्ध में लिखा है, "जिस मनुष्य की वृत्तियाँ विकृत नहीं होतीं उसके लिए यात्रा की प्रेरणा उतनी ही स्वाभाविक होती है।"

अपनी वृत्तियों के बारे में स्वयं मैं क्या कहूँ लेकिन आँखें अवश्य प्यासी हैं और शरीर भूखा है और नये-नये अनुभव प्राप्त करने को तो मन सदा व्याकुल रहता ही है। इसलिए जब हमारे कुछ पत्रकार और साहित्यिक बंधुओं ने मई 1958 में गंगा-जमुना की जन्मभूमि की यात्रा का प्रस्ताव रखा तब मन उछल पड़ा। सभी देश अपनी नदियों को प्यार करते हैं लेकिन भारतवासी गंगा-जमुना को माँ कहकर प्यार ही नहीं करते, उनकी पूजा भी करते हैं। तभी अनादिकाल से प्रति वर्ष असंख्य भारतवासी अपनी इस ममतामयी माँओं की जन्मभूमि में जाने के लिए प्राणों की बाजी लगाते आये हैं।

पर आज तो विज्ञान और टेक्नोलोजी का युग है। मनुष्य ने साधना के बल पर बीहड़ मार्गों पर मोटर चला दी हैं। इसलिए हमारे दल को बस द्वारा हरिद्वार, ऋषिकेश, नरेन्द्र नगर और घरासू होते हुए डूँडल गाँव में पहुँचने में काफ़ी असुविधा हुई। बस में गड़बड़ हो जाने के कारण वहाँ पर पहुँचते-पहुँचते रात हो गई। ठहरने को भी स्थान नहीं मिला। इसलिए निश्चय किया कि यात्रा की वह पहली रात खुले आकाश के नीचे बिताएँ। महिलाएँ बस में सोयें और पुरुष नाले के पक्के पुल पर। ऐसा ही किया। पाँच-छः हज़ार फुट पर रात काफ़ी ठण्डी हो जाती है लेकिन हमें शीत से इतना भय नहीं था जितना पशुओं और सरीसृपों का...इसलिए बारी-बारी से जागकर नक्षत्र मण्डल का अध्ययन करते रहे। आकाश कितना ऐश्वर्यशाली है यह मैं इन पहाड़ी प्रदेशों में तो जान पाया हूँ और जान पाया हूँ कि खतरा मनुष्य को कितनी शक्ति देता है...

अभी बस से दस मील और चलना है। तीन घंटे लग जाते बस के अन्तिम पड़ाव पर पहुँचने में। लेकिन पर्वत प्रदेश का भोर, शिखरों से आलिंगन करती स्वर्णिम रश्मियाँ, शीतल समीर, चीड़ और बाँसों की नयनाभिराम वृक्षावली, मन पुलक-पुलक उठता है। जो रात नरक बन गई थी वह अब रोमांटिक स्मृति का रूप लेकर मन में बस गई।

यहाँ से पैदल यात्रा आरम्भ होती थी। कुछ ही दूर चलने पर जमुना के प्रथम दर्शन हुए। आह! यही है वह काली-कालिन्दी जो सूर्यसुता और यम की भगिनी कहलाती है। जिसके तट पर मोहन ने रास रचाए थे, जिसके तट पर विश्व का अद्भुत सौन्दर्य का प्रतीक ताज खड़ा है। उस नीलवर्णी, क्षीणकाय, स्वच्छशान्त जमुना को मैं बहुत देर तक देखता रहा मानो सुदृढ़ शरीर वाली पर्वतीय बाला प्रीतम की छवि नैनों में समाए, आतुर व्याकुल ऊँचे-नीचे मार्गों पर चली जा रही हो।

लेकिन प्रकृति यहाँ कितनी सुन्दर है, मानव और उसकी बस्तियाँ उतनी ही गन्दी। नवयुग की उपलब्धियाँ अभी उनसे दूर थीं। यही सब देखते हुए हम आगे बढ़ते रहे। जब जमुना के पास गए, तब देखा दूर से जो शान्त दिखाई देती थी वही पास आने पर शोर मचाकर इठलाने लगी। पत्थरों से टकरा-टकराकर उसका श्यामल नील जल फेनिल-धवल हो उठा।

लेकिन हमें तो आगे और आगे बढ़ना था। पहले पड़ाव पर पहुँचते-पहुँचते रात हो आई, कहीं कोई स्थान नहीं मिला। एक खुली दुकान पर एक कुमायूँनी युवती खड़ी थी, उसने भी मना कर दिया लेकिन पास ही एक खटोले पर उसका नवजात शिशु लेटा हुआ खिलखिला रहा था। हमारे मित्र यशपाल जैन उसके पास बैठ कर उससे खेलने लगे। जाने क्या हुआ उस युवती ने हमें उस खुली दुकान में रात बिताने की अनुमति दे दी और जहाँ तक हो सकता था हमें हर सुविधा देने का प्रयत्न भी किया। माँ की ममता जाग आई थी।

मार्ग सुगम नहीं थे। कहीं बार-बार जानलेवा चढ़ाई से लोहा लेना पड़ता। एक चढ़ाई पूरी करते, दूसरी सामने उभर आती। फरलांग मील बन जाते लेकिन जैसे ही चढ़ाई का अन्त होता हम एक दिव्य प्रदेश में पहुँच जाते। मीलों तक देवदार के मनोरम वृक्ष स्वागत में ग्रीवा उठाये मिलते। नीचे हरीतिमा, आकाश में सुरमयी घटायें, वनवासी श्वेत गुलाब की सुगन्ध, नाना औषधियों का द्रुमदल, पक्षी चहक रहे थे तो नीचे से जमुना का संगीत मुखर हो रहा था। तपोवन ऐसे ही तो होते होंगे।

बीच-बीच में वर्षा होने लगती। यात्री रास्ते की दुकानों में जा बैठते। गाय भी साया खोजने लगती परन्तु गढ़वाल की नारी पुश्तैनी चिथड़ों में लिपटी, सदा की तरह काम में व्यस्त रहती और बच्चे हाथ फैलाये पैसा माँगते थे–'पैसा दो, पैसा दो।' लड़कियाँ बिन्दियाँ माँगतीं और सूई-धागा माँगतीं लेकिन क्यों माँगते हैं ये लोग। माँगना तो आदमी को दीन बनाता है लेकिन यह भूख, यह असमानता, यही तो विवश करती है उन्हें भीख माँगने को और ये ही क्यों बहुत सारे आदमी भी तो एक छोटी-सी पुटलिया लेकर चलते जाते, खुले मैदान में ही सो जाते। सवेरे चाय पीते और सत्तू खाते और चल पड़ते। सफ़ाई का महत्त्व उनको भी नहीं पता था। सरकार ने हर जगह शौचालयों का प्रबन्ध किया है किन्तु धर्मभीरु यात्री अपना मलमूत्र किसी से क्यों उठवाते, इसलिए रास्ते गन्दे करते रहते...।

इसी प्रकार प्रकृति के नाना रूप देखते, नाना रूप मनुष्यों से मिलते, जमुना मैया का जयघोष बुलवाते हमारा दल जानकी चट्टी के डाकबंगले में जाकर रुका। आगे की चढ़ाई ऐसी थी कि बड़े-बड़े आदमियों के फेफड़े जवाब दे जायें।

हमारे दल के संचालक श्री घोरपड़े (तत्कालीन सूचना और प्रसारण मन्त्री के निजी सचिव) बड़े अनुशासनप्रिय थे। सवेरे तीन बजे ही उठा दिया। तारों की छाया में रीछों से डरते, तैयार होकर पाँच बजे जमुना मैया की जन्मभूमि की ओर चल पड़े। प्रातःकालीन संजीवनी वायु का परस पाकर मन-प्राण में ऐसी अपूर्व शक्ति भर उठी कि ढाई मील की जान-लेवा चढ़ाई हमें आतंकित नहीं

कर सकी। प्रकृति नटी ने उस प्रदेश को मानो वन-कन्या की तरह सँवारा था। इस रूप को पीते हुए हम ठण्ड-ठण्ड में बड़ी सरलता से उस भयंकर चढ़ाई को पार कर गए। मार्ग में लौटते हुए यात्री मिले जो गद्‌गद होकर जमुना मैया की जय पुकार रहे थे।

लेकिन जब हम जमुनोत्री पहुँचे तो सहसा धक्का लगा। एकदम तंग घाटी मानो तपस्विनी, उपेक्षिता नायिका का आवास हो। दोनों ओर गगनचुम्बी पर्वतों ने नन्ही यमुना को यमदूतों के समान घेर रखा था। यम की बहिन है न यह !

कहते हैं पुरातन काल में असित ऋषि ने यमुना के इस उद्‌गम को खोज निकाला था। वास्तव में बन्दर पुच्छ के 20732 फुट ऊँचे हिमशिखर पर जमुना का जन्म होता है। दूरबीन से हमने देखा तो क्षीण श्वेत दो रेखाएँ शिखर से उतर रही हैं। नीचे आते-आते वे एक हो गईं और उनका नाम हुआ कालिन्दी और यमुना। कालिन्दी इसलिए कि वह कलिन्द गिरि से निकलती है और यमुना इसलिए कि वहाँ जामुन का पेड़ बताया जाता है।

इस अगम्य तीर्थ की ऊँचाई केवल 10800 फुट है लेकिन शीत के कारण अधिकांश यात्री रात में यहाँ नहीं रुकते।

यहाँ का वास्तविक आकर्षण निरन्तर फक-फक करते तीन कुण्ड हैं जिनमें सहसा पैर देना कठिन होता है। धीरे-धीरे शरीर इस तापमान को सहन करता है। हम लोगों ने खूब जी भरके स्नान किया। एक कुण्ड का तापमान 195 डिग्री के लगभग है। उसमें आलू और चावल तक उबल जाते हैं। यही चावल यहाँ का प्रसाद माना जाता है। यहाँ और भी अनेक कुण्ड और धाराएँ हैं लेकिन कोई यह नहीं जानता कि जमुना की वास्तविक कथा क्या है ? व्यवस्था और स्वच्छता का तो प्रश्न ही नहीं उठता। एक छोटा-सा आकर्षणहीन मन्दिर है जिसमें श्यामवर्ण यमुना और गौरवर्ण गंगा की मूर्तियाँ हैं।

दोपहर बाद यहाँ कोहरा छा जाता है। हमें यहाँ रात को रुकना नहीं था इसलिए जल्दी-जल्दी स्नान-पूजा और भोजनादि से निवृत्त होकर हम लौट चले। लौटने से पूर्व एक बार फिर सुमेरु पर्वत को देखा। भाप से ढके तप्त कुण्डों को देखा। देखा वेगवती गहन गम्भीर यमुना के शैशव रूप को जो बालोचित चपलता से पाषाण-खण्डों से आँख मिचौली खेलते हुए निरन्तर आगे बढ़ रही थी।

लेकिन गंगोत्री की ओर बढ़े इससे पहले अनेक में से एक रोचक घटना अवश्य बता देना चाहूँगा। हमारे दल में दो महिलायें थीं, उन्हें चढ़ने के लिए कठिनाई होगी इसलिए हमने उनके लिए कंडी कर लेना उचित समझा। एक कंडी वाले ने उन्हें देखकर कहा—"एक माई जवान है और दूसरी तेज है।"

सुनकर हम लोग क्रोध से भर उठे। लेकिन जब हमें पता लगा कि उनकी भाषा में जवान का अर्थ 'उचित बोझ' और तेज का मतलब है 'भारी'। तब हमें उतनी ही हँसी भी आई लेकिन नाटक का अन्त अभी शेष था। कंडी वाले ने कहा—"अच्छा साहब, हम ज़रा चखकर देख लें।"

हम फिर चकराये और तिलमिलाकर कहा—"चखना क्या होता है?" कंडी

वाले ने उसी शान्त-भाव से कहा—"कहा न साहब माई तेज है, बिना चखे कैसे पता चले कि कितना बोझ है।"

अब समझ में आया कि चखने का अर्थ है—उठाकर देखना। फिर तो खूब हँसते रहे। लौटते हुए मार्ग हमें उतना भयंकर नहीं लगा। एक यात्रा पूरी हो गई थी। मन उल्लास से भरा हुआ था।

बीच में से ही गंगोत्री की ओर मार्ग जाता था। इसी मार्ग से हम उसी तरह चढ़ते-उतरते नाना रूप यात्रियों से मिलते 27 मई को गंगोत्री की ओर रवाना हुए और यमुनोत्री की पर्वतमालाओं को छोड़ते हुए एक हरी-भरी उपत्यका के शिखर पर पहुँच गए। वहाँ से फिर उतरना था। सारे मार्ग में झड़-झड़कर सूखी, चिकनी पत्तियाँ बिखरी पड़ी थीं। फिसलने का आतंक प्रतिक्षण बना रहता था।

इसी तरह के अनुभव प्राप्त करते हुए हम लोग अन्ततः नाकुरी चट्टी पहुँच गए। यहाँ पर यमुनोत्री से आकर यात्री गंगोत्री की ओर रवाना होते हैं।[1]

कई दिन बाद फिर उमगती-उछलती भागीरथी के दर्शन करके मन और प्राण पुलक उठे। यहाँ से उत्तरकाशी तक छः मील का समतल मार्ग है। असि और वरुणा नदी के बीच बसी इस नगरी में काशी विश्वनाथ के अतिरिक्त और भी कई मन्दिर हैं—मणिकर्णिका घाट है। साधु-संन्यासियों का क्षेत्र है। और है दुर्लभ पर्वत सुषमा, प्राणदायी वायु और कोलाहल का अभाव (आज तो यह सब समाप्त हो चुका है। विज्ञान ने जहाँ हमारे लिए सुख-सुविधाएँ उपलब्ध कराई हैं वहीं प्राकृतिक सौन्दर्य को भी नष्ट किया है)। भागीरथी जिन तीन स्थानों पर उत्तर की ओर बहती है उनमें से एक यह है। काशी विश्वनाथ का मन्दिर सादा परन्तु सुन्दर है। इसी के प्रांगण में शक्ति का मन्दिर है। नीचे पीतल और ऊपर अष्ट-धातु से बने त्रिशूल पर शुद्ध संस्कृत में एक अभिलेख है जो शायद छठी-सातवीं शताब्दी का है। इससे पता लगता है कि गणेश्वर नाम के राजा ने इसका निर्माण कराया था और इस त्रिशूल की स्थापना, जिसको शक्ति स्तम्भ भी कहते हैं उसके प्रतापी पुत्र गुह ने की थी (अब तो इसे इतना रंग दिया गया है कि इसकी पूजा ही की जा सकती है, इस पर अंकित आलेख को पढ़ा नहीं जा सकता)।

और भी बहुत कुछ है वहाँ, लेकिन हमें तो गंगोत्री पहुँचना था इसलिए भागीरथी के किनारे-किनारे आगे बढ़ गए। जैसे-जैसे आगे बढ़ते गए दृश्य बहुत रमणीक हो उठे। भागीरथी का रूप सचमुच ही लुभावना है। एक स्वस्थ, सुन्दर, मांसल पर्वत कन्या के समान, कालिदास की यह तरंग-लवंगा-कुरंगा-गंगा ऐसी उछलती-उमड़ती चलती है कि दृष्टि थकती ही नहीं। कैसा यह कल-कल निनाद मानो अन्तर की उमंग मधुर-संगीत की तरह उमंगित हो उठी हो।

ऐसे ही दृश्य देखते मार्ग में रुकते, चाय पीते, कभी शिखर पर चढ़ते, कभी उतरते हम आगे बढ़ते चले गए। धीरे-धीरे मार्ग विकट होने लगा। भयंकर उतराई-चढ़ाई के कारण पैरों की शक्ति क्षीण हो गई थी लेकिन पर्वतों की सुषमा

---

1. विस्तार के भय से यात्रा विवरण काफ़ी संक्षिप्त कर दिया है।

मन को आनन्द से भर देती तो हम सब कष्ट भूल जाते। नीचे गंगा कभी उतावली-बावली ऊपर से गिरकर प्रपात बनाती, कभी शान्त-गम्भीर, कभी पत्थरों को काँट-छाँटकर तरह-तरह की प्रतिमाओं का निर्माण करती, मार्ग विषम होने पर भी मनमोहक था।

एक दिन गंगनानी चट्टी पर रुके इसलिए कि यहाँ के गर्म कुण्ड बहुत प्रसिद्ध हैं। इसके पास ही एक शीतल झरना भी है। जब बीहड़ मार्गों पर चलता हुआ यात्री यहाँ पहुँचता है तब इस कुण्ड में उतरना उसे कितना अच्छा लगता है जैसे नवजीवन मिल गया हो। यहाँ पर नीली मक्खियाँ भी हैं जो सूई की तरह डंक मारती हैं लेकिन एक बार झनझनाहट देने के अलावा उसका कोई असर नहीं होता जैसे शरारती बच्चे चिकोटी काट लेते हैं।

कहा जाता है यहीं पर वेदव्यास की माता मत्स्यगन्धा नाव से यात्रियों को पार कराया करती थी। पता नहीं कि यह कहानी कितनी सच है परन्तु हमें तो निरन्तर आगे बढ़ना है। यात्रियों में से किसी से पूछते कि अगली चट्टी कितनी दूर है तो उत्तर मिलता डेढ़ मील। हर बार यही उत्तर मिलता, हम झुँझला जाते लेकिन तभी सघन वन और चाँदनी के समान झरते मादक झरने हमें प्रसन्न कर देते और हम दूरबीन से हिम-शिखरों पर कस्तूरी मृग की खोज करने लगते। इसी तरह खोज करते-करते हम हरसिल पहुँच गए।

यह बहुत ही सौम्य प्रदेश है। कई कहानियाँ इसके साथ जुड़ी हैं पर इसका असली महत्त्व तो यही है कि यह सीमान्त ऊन केन्द्र है। अब तो यहाँ पर सेब के बहुत से बगीचे भी लग गए हैं लेकिन पहाड़ी ढलानों पर देवदार के सुन्दर वन यहाँ की सबसे मूल्यवान निधि है। एक के बाद एक पर्वतश्रृंखला उभरती चली जाती है। गगनचुम्बी हिम शिखर मौन तपस्वी की तरह न जाने कब से खड़े यहाँ तप कर रहे हैं। सूर्य की किरणें उनका आलिंगन करती हैं तो अनेक इन्द्रधनुष बन जाते हैं। यहाँ की नारियाँ भी वैसी ही सुन्दर हैं।

लेकिन हम लोग तो चिर-यात्री हैं। चरैवेति-चरैवेति चलना है बस चलना है। दो मील की भयंकर चढ़ाई पार करके हम उस स्थान पर पहुँच गए जहाँ प्राचीन काल में महर्षि जह्नू का आश्रम था। कहते हैं उन्होंने अपना आश्रम नष्ट करने के कारण गंगा को पी लिया था और फिर जाँघ चीरकर बाहर निकाला था। इसलिए गंगा का नाम जाह्नवी भी है। यहाँ की प्राकृतिक स्थिति को देखकर हम इस कथा का अर्थ समझ सकते हैं। एक बहुत ही सँकरी गहरी घाटी में बहती है यहाँ गंगा। यही जाह्नवी नाम की एक धारा इसमें आकर मिलती है। लोग नीचे देखने का साहस भी नहीं कर सकते। नीचे अनन्त गहरी घाटी, ऊपर अनन्त ऊँचे शिखर। किसी तरह हम भैंरोघाटी पहुँच गए। यहाँ पर प्रकृति का मोहक रूप देखकर हमारी सारी थकावट दूर हो गई। इसके बाद सात मील का अपेक्षाकृत सरल पहाड़ी मार्ग तय करके हम अन्ततः गंगोत्री पहुँच गए। यहाँ पहुँचकर हमें जो सुखद अनुभूति हुई उसे हम शब्दों में नहीं बाँध सकते।

गंगोत्री के मन्दिर का निर्माण 19वीं सदी में गुरखा सेनानायक अमरसिंह

थापा ने करवाया था। कालान्तर में हिम स्खलन के कारण वह टूट गया। उसके स्थान पर बाद में जयपुर के राजा ने वर्तमान मन्दिर बनवाया। सूर्योदय के समय जब किरणें इसके बारह शिखरों पर पड़ती हैं तब इसका सौन्दर्य देखते ही बनता है। वैसे यह मन्दिर इतना छोटा है, मानो ऋषि की आदि प्रेरणा रहा हो। इसमें गंगा-यमुना की सुन्दर मूर्तियाँ हैं। कहते हैं कि यहीं पर राजा भगीरथ ने गंगा को धराधाम पर लाने का प्रयत्न किया था। यहाँ की प्राकृतिक स्थिति को देखकर गंगा अवतरण की सारी कल्पना समझ में आ जाती है।

यहाँ अनेक महात्मा रहते हैं लेकिन उनमें से बहुत कम ही ऐसे हैं जिन्हें सही अर्थों में साधु और विद्वान कहा जा सके। गंगोत्री का वास्तविक महत्त्व इसी में है कि यहाँ भारत के बहुत बड़े भाग को उपजाऊ बनाने वाली भागीरथी धरती पर आती है। प्राचीन काल में भागीरथी का वास्तविक उद्गम यही रहा होगा। अब वह हिमानी पिघल-पिघल कर 18 मील पीछे हट गई है। आध्यात्मिकता और भौतिकता का समन्वय यहाँ दिखाई देता है वह दूसरी जगह दुर्लभ है। देवदार के सघन वन और शाश्वत हिम शिखर न केवल मनोरम हैं बल्कि हृदय को पवित्रता से भरने वाले हैं।

काका साहब कालेलकर ने इस तीर्थ के महत्त्व पर प्रकाश डालते हुए आदि शंकराचार्य की चर्चा की है। हिमालय के इन शिखरों से दक्षिण और उत्तर दोनों दिशाओं में, भारत और तिब्बत दोनों देशों में धर्म प्रवाहित कर अद्वैत के जीवन सिद्धान्त की ओर सर्वैक्य के हृदय में धर्म की लहर फैला देने का संकल्प भी उन्होंने यहीं पर किया होगा।''

वास्तव में हमारे पुरखों ने तीर्थों की स्थापना सांस्कृतिक एकता के इसी उद्देश्य को लेकर की थी लेकिन इन सबकी चर्चा करने का न तो समय है न ही स्थान और अभी तो हमें गंगा के वास्तविक उद्गम की ओर जाना है इसलिए आज यहीं तक।

यात्रा की कोई मंज़िल नहीं होती, वह तो रास्ता ही रास्ता है।

## 3

*यह देखो योगेश्वर गिरिवर अटल हिमाचल तुंग शिखर*
*यह देखो उसकी गोदी में गंग खेलती विफर-विफर।*

जब हमारा दल जमुनोत्री-गंगोत्री की यात्रा पर चला तो हमने गोमुख जाने की कल्पना भी नहीं की थी। परन्तु जमुनोत्री से होकर जब हम गंगोत्री की ओर जा रहे थे, तब मार्ग में कई ऐसे यात्री मिले जो गोमुख से होकर आ रहे थे। उनमें एक नारी भी थी। तब न जाने किस कोने में सोया हुआ आशा का अंकुर जाग उठा और वह नारी हमारे साहस के लिए चुनौती बन गई। हमारे एक किशोर

साथी माधव ने तो स्पष्ट कह दिया कि कोई जाए या न जाए वह अवश्य जाएगा।

हमारे दल के प्रौढ़ साथियों का दिल डाँवाडोल था। आकाश हमें डरा रहा था। इधर की संध्याएँ अक्सर भीगी रहती हैं परन्तु उस दिन तो सवेरा भी उग्र रूप धारण किए हुए था। वहाँ के निवासियों ने कहा, संकट आने की पूरी संभावना है। पुलिस का अधिकारी तो हाथ जोड़ने लगा, साहब ! क्यों मेरा काम बढ़ाते हो। कुछ हो गया तो पंचायतनामा लिखना पड़ेगा।

लेकिन हम थे कि जैसे-जैसे बाधाएँ बढ़ती थीं, जाने का निश्चय दृढ़ होता था और सौभाग्यशाली इतने थे कि एक युवक संन्यासी तेलुगु भाषाभाषी स्वामी सुन्दरानन्द, जो 26 बार गोमुख हो आए थे, हमारे साथ चलने को तैयार हो गए। अब क्या था, तैयारी हो ही चुकी थी, हम गंगा की जन्मभूमि की ओर चल पड़े। पत्थरों पर पैर रखते हुए हम उत्तर दिशा में गंगा के किनारे-किनारे आगे बढ़ रहे थे और सोच रहे थे कि एक दिन इसी पथ पर भगीरथ भी चले होंगे...

मार्गदर्शक और बोझी सबको मिलाकर आठ व्यक्तियों के हमारे दल में एक महिला भी थी। आधा मील चले होंगे कि एक शाश्वत हिम-पुल से होकर भागीरथी को पार किया। इस किनारे पर आते ही मार्ग सहसा भयानक हो उठा। ऊँचे गोलाकार कगार पर एक पैर टिकाने जितनी, अस्थायी पगडंडी बन गई थी। पैर रखते ही ऊपर से पत्थर खिसकने लगे। तब चौपाया बनना पड़ा। हाथों से धरती माँ को पकड़-पकड़ कर किसी तरह हमने उसे पार किया लेकिन यह तो आरम्भ था। आगे...

कि तभी स्वामीजी बोले, ''इस लक्ष्मीवन को देखो।''

देखा तो देखते ही रह गए। एक ओर जहाँ वह भयानक मार्ग हमारे साहस को चुनौती दे रहा था, दूसरी ओर प्रकृति ने मुक्तहस्त से अपना वैभव बिखेरा था। उस वन की शोभा देखते ही बनती थी। नाना प्रकार के सुस्वादु फलों के वृक्षों ने, सुगन्धित औषधियों के द्रुमदलों ने, पुष्प लताओं ने, उसे वन-कन्या की तरह सँवारा था। मन काँपता भी था, नाचता भी था। तपस्या के बाद ही तो इन्द्रपद मिलता है...

कभी भयानक गुफाओं के ऊपर से, कभी घने वृक्षों के नीचे से, कभी नाना आकार के विशाल पत्थरों पर से और कभी हिम जैसे जल में से होकर हम देव गंगा के पास पहुँच गए। वहाँ शाश्वत हिम का साम्राज्य था। उसी पर से होकर उस हिम-सरिता को पार किया। एक-एक करके ऐसे आठ हिम-पुल उस मार्ग में आए। कहीं-कहीं तो हिम नितान्त कच्चा था। एक स्थान पर हमारे साथी घोरपड़े का एक पैर घुटने तक बर्फ़ में धँस गया परन्तु दूसरा पैर दृढ़ता से जमा रहा और इस प्रकार वह दुर्घटना होते-होते बच गई। न जाने उस दिन कितनी दुर्घटनाएँ होते-होते बचीं। जब तक अगला पैर उठाने पर पिछले पैर के नीचे वाला पत्थर स्थान छोड़ देता था। तब रस्सी पर दौड़ने वाले नट की तरह शरीर को साध लेना पड़ता था। शीत इतना था कि कई बार आग जलाकर शरीर को चेतन करना पड़ा।

उस दिन हम गोमुख नहीं पहुँच सकते थे। चीरवासा में हमें रात बितानी थी। कभी यहाँ चीड़ का वन रहा होगा पर अब तो अधिकतर भोज के वृक्ष हैं और उनके पीछे खड़े हैं देवघाट, भृगुपथ और शिवलिंग के शाश्वत हिम-शिखर। मेघाच्छादित आकाश के कारण वे ऐसे लग रहे थे जैसे श्वेत-केशधारी, अन्तर्मुखी मुनिगण ब्रह्म की आराधना में लीन हों। लेकिन गंगा के उस पार गगनचुम्बी, वज्रवक्षा नितान्त नग्न मलंग श्रेणी को देखकर मन आतंकित भी होता था और गर्व से भर भी उठता था। सहसा एक मोड़ आया। चीरवासा की जो धर्मशाला मृगमरीचिका की भाँति पास ही नहीं आ रही थी वह उस मोड़ के बाद एकदम सामने आ खड़ी हुई, मानो युग-युग से तप में रत कोई तपस्विनी हो। तब उस नितान्त निर्जन भयंकर प्रदेश में, समुद्र तल से लगभग 12 हज़ार फुट ऊपर उत्तंग शिखर से घिरी, भागीरथी के बाएँ तट पर, काली दीवारों वाली, वह धूल भरी उपेक्षिता-अरूपा-धर्मशाला नन्दनभवन से बढ़कर लगी—मृत्यु के आँगन में जीवन के वरदहस्त की छाया जैसी...

हम पुलक पुलक उठे, आसमान भी पिघल आया, वायु तीव्र गति से बहने लगी। सूर्य की किरणें घूँघट के पट खोलकर हिमशिखरों पर उतर आईं। कभी भोजपत्र उतारते कभी घूमने लगते, कभी डायरी लिखते, पत्र लिखते, बातें करते, उमँग-उमँग कर हँसते, आसपास की प्रकृति को देखते, तब मन न जाने कैसी तरलता से, कैसी पावनता से भर उठता। आग के सहारे वह संध्या और रात उसी धुएँ भरी धर्मशाला में बिताई। बाहर कुहरा, भीतर धुआँ, आज के मनुष्य की जैसी उस स्थिति ने हमें कुछ विचलित तो किया पर साथ के बंगाली दल और एक मराठा बन्धु के संगीत और मनोरंजक संस्मरणों के कारण वह घुटन हमें त्रस्त न कर सकी। उस दल का मार्गदर्शक भी तो सुन्दर गायक था। वह दल हमारे आगे-आगे कुछ क्षण पहले ही यहाँ पहुँचा था।

सवेरे शीघ्र उठे, तैयार हुए, दुग्धहीन काली मिर्चवाली चाय पी और चल पड़े अंतिम लक्ष्य की ओर। केवल चार मील ही तो चलना था। आकाश स्वच्छ था, शीत भी उतना उग्र नहीं था, मार्ग वही सँकरा, पथरीला और आकाश-पातालगामी था पर कल से सरल था। वही शाश्वत हिम शिखर, वही नाना पुष्प और औषधियों के द्रुमदल, हिम-सरिताएँ, भोर की किरणें रूप का ताना-बाना बुनने लगीं और रात का ताजा पारदर्शी हिम पानी पर धूप की भाँति चमक उठा। पत्थरों पर पैर रखना संकटपूर्ण था, रपट-रपट जाते थे। एक नाले को तभी पार कर सके जब स्वामीजी व मार्गदर्शक ने नये-नये पत्थर लाकर धारा में जमा दिये...

भृगुपथ से आने वाली महानन्दा वैतरणी को पार करके जैसे ही हम स्वर्गलोक में पहुँचे और देवबन-पुष्पवासा आदि नामों का रहस्य ढूँढ़ने लगे वैसे ही दूसरे दल के एक सदस्य श्री दत्त धड़ाम से गिर कर मूर्च्छित हो गए। सब काँप उठे, स्वर्ग में मूर्च्छा...तुरन्त आग जलाई, होम्योपैथी की एक विशेष दवा मेरे पास थी, वह दी, हाथ-पैर मले, क्षण बीते, युग बीते, उन्होंने आँखें खोल दीं। कुछ क्षण बाद बोले—"मैं तो पैदल मानसरोवर हो आया हूँ, मुझे मूर्च्छा क्यों आई ?"

उनके दूसरे साथी ने कहा, ''और तुमने तो आज घी डाल कर चाय पी थी।''

यह सुनकर हमारे दल की बहन श्रीप्रभा बोल उठीं, ''अहा, तभी मूर्च्छा आई है। वह घी जम गया है। ज़रा और आग के पास हो जाओ न दत्त भाई, पिघल जाएगा।''

बेचारा एक तो मूर्च्छित हुआ, फिर मूर्ख भी बना, पर उसी के सहारे हँसते-हँसते हम मेरु हिमधारा के पास पहुँच गए। यह धारा गोमुख से दो मील ऊपर तपोवन से आती है। यहाँ अद्‌भुत दृश्य था। चारों ओर शुभ्रश्वेत हिमशिखर, कलकल करती भागीरथी की धाराएँ, बिखरी विहँसती धूप, नील-गगन में यहाँ-वहाँ क्रीड़ा करते मेघ-शिशु। गढ़वाली मार्गदर्शक वहीं लेट कर गाने लगा। फिर एकाएक उन्मत्त-सा बोल उठा, ''मैं मरना चाहता हूँ। मैं यहीं मरना चाहता हूँ।'' तभी मराठी बंधु भी एकबारगी नेत्र मूँद कर गा उठे रवि ठाकुर का यह गीत—

*अयि भूवन मन मोहिनी,*
*अति निर्मल-सूर्य करोज्ज्वल धरणी,*
*जनक जननी जननी...*

इस प्रकार मस्ती में हमने अन्तिम मोड़ को पार किया। सहसा जैसे किसी दिव्य-लोक में पहुँच गए—यही है विश्व-विश्रुत गोमुख, यहीं है 16 मील लम्बी गंगा हिमानी का द्वार, यही है शिव की जटाओं में खेलने वाली विष्णु पदी पुण्योत्तमा भागीरथी, कैसे वेग से अन्दर से आती हुई शिलाखंडों का आलिंगन करती है। फिर सब कहीं शुभ्र-श्वेत, धवल सुषमा बिखेरती हिमवान की ये विशाल पारदर्शी दीवारें, लक्षलक्ष धाराओं में पिघल कर बेटी को अर्घ्य देती, उसे रिझाने को शत-शत इन्द्रधनुषों का निर्माण करती, मौन-युग-पुरुष-सी, न जाने किस अनादि काल से ऐसे ही खड़ी है—

न जाने कब तक संज्ञाहीन से उस दिव्य वातावरण में रमे रहते कि स्वामीजी ने कहा, ''आओ अन्दर चलें।'' वह मृत्यु के मुख में जाने जैसा निमंत्रण था। पर तब तो जैसे जीवन और मृत्यु की सीमा रेखा ही मिट गई थी। क्षण भर में हमारे सिर पर शाश्वत हिम की छत थी। शरीर काँप रहा था, प्राण पुलक रहे थे। चेतावनी पाकर हमने पंचस्नानी की, स्वामीजी ने मंत्र पढ़े और हम लौट पड़े। सूर्य-ताप के कारण हिमानी बराबर पिघल रही थी और जल के साथ उसकी छत पर पड़े लघु और विशालकाय पत्थर भी नीचे आ जाते थे। हमारे कुछं साथी अभी अन्दर ही थे कि पत्थर गिरने लगे, हमने भयातुर हो उन्हें पुकारा। यशपाल भाई निकले ही थे कि एक पाषाण उनके पीछे गिरा पर वे सानन्द लौट आए। माधव ठहरा अल्हड़ तरुण, उसकी तरुणाई खतरे को निमंत्रित न करे तो क्या करे ? सबके शोर मचाने पर ही वह बाहर आया।

स्नान किया तो जैसे शरीर हिम बन चला हो, पर जैसे ही तौलिए से शरीर रगड़ा मानो नवजीवन पाया, जैसे जीवन भर के रोग-शोक नष्ट हो गए। कुछ साथी चित्र ले रहे थे। कुछ स्तवन कर रहे थे, कुछ उस अपूर्व-रूप को पी रहे

थे। सभी ने प्रियजनों को भोजपत्रों पर पत्र लिखे। स्मारक स्वरूप नाना रूप शिशु प्रस्तर इकट्ठे किए। चूरमा खाया, बिना चीनी की काली मिरच वाली चाय पी–गोमुख के समीप भागीरथी तटवर्ती एक बड़े शिलाखण्ड पर बिताये हुए वे पौने दो घण्टे जन्म-जन्म याद रहेंगे, याद रहेगा प्रकृति का वह वर्णनातीत रूप, वह हिमानी, वह उड़ते जल सीकर, रिमझिम-रिमझिम टपकती बूँदों से जमकर बनी झाड़फानूस की सी सहस्रों सीढ़ियाँ, उन पर पड़ती धूप–कैसे बताएँ क्या आनन्द था वह–

कैसा सौभाग्य था, कल मेघ छाये थे, आज इस हिम-प्रदेश में तेज धूप खिली थी, आकाश में बादल ऐसे तैर रहे थे जैसे सागर में नाव। बार-बार गोमुख को देखा, जी न भरता था। पर वह विहँसती सुषमा न जाने कब रुद्र रूप धारण कर ले, सो लौटे। मराठी बंधु बोल उठे–

*सैर की खूब फिरे, फूल चुने, शाद रहे।*
*बागबाँ जाते हैं, गुलशन तेरा आबाद रहे।।*

वह विशालकाय पत्थरों से भरा मार्ग। कुछ दूर चले थे कि प्रकृति ने अँगड़ाई ली, शिशु-मेघ विशालकाय रूप धरकर आकाश में छा गए। सब कुछ कुहरे में छिपने लगा। भागीरथ शिखर, शिवलिंग सभी उस आवरण में से मानो नववधू की तरह अर्द्ध उन्मीलित नेत्रों से झाँकने लगे। अभी कुछ देर पहले भागीरथ शिखर ऐसा लगा था जैसे असंख्य जटाओं वाले राजर्षि भगीरथ सत्ययुग से तप में रत हैं, अभी उनका यह रूप तनिक और आगे बढ़े तो हिमपात होने लगा। रूई के छोटे-छोटे कण धरती पर, हमारे वस्त्रों पर बिखर गए। बड़ा सुहावना लगा और हँसते-हँसाते संध्या से पूर्व ही हम धर्मशाला में वापस लौट आए। चार मील के उस मार्ग को जाते समय सवा चार घंटे में पार किया था। आते समय एक घंटा कम लगा। मार्ग से परिचय हो गया था न ?

वह रात पहले की भाँति वहीं बिताई।

सवेरे 6 से पूर्व गंगोत्री की ओर लौट चले। सूर्य किरणें हिम-शिखरों पर उतर आई थीं। उनका परस पाकर वे मुस्करा उठे थे और संन्यासी के साथ हमें आशीर्वाद दे रहे थे, 'शुभामस्तु पन्थानः।'

जब हम गंगोत्री से लौट रहे थे तो ऐसा लग रहा था जैसे सशरीर स्वर्ग हो आए हों, जैसे इन्द्र को पराजित किया हो लेकिन नहीं, प्रकृति के जिस रूप-वैभव का परस हमें मिला, उसके सामने इन्द्रलोक और स्वर्गलोक सबका वैभव तुच्छातितुच्छ है।

यह वैभव देखने का एक और अवसर मुझे अगले वर्ष भी मिला। सन् 1947 में जब पाकिस्तान की ओर से कबाइलियों ने कश्मीर पर आक्रमण किया तब मैं नवम्बर-दिसम्बर के महीने में कुछ दिन वहाँ रहा था परन्तु पृथ्वी के इस स्वर्ग का वास्तविक सौन्दर्य देखने के लिए मैंने सितम्बर, 1959 में अमरनाथ जाने का निश्चय किया। उस यात्रा का वर्णन करना शब्दों में असम्भव जैसा है फिर भी तब मैं जो लिख सका था उसी को यहाँ दे रहा हूँ–

लिदर नदी के किनारे बैठना मुझे बहुत अच्छा लगता है। स्वप्निल सौन्दर्य

से परिव्याप्त, हरे भरे पहाड़ों से घिरी, इस उनींदी नगरी पहलगाँव में शिशु सुलभ क्रीड़ा-कौतुक करती यह सरिता मुझे जैसे अपने मोहपाश में बाँध लेती है। कहाँ रेशमी नगर दिल्ली का वह कृत्रिम सौन्दर्य, वासना का तुमुल नाद, स्वार्थों का अनवरत संघर्ष और कहाँ यह प्रकृति का सहज सौन्दर्य और भव्य एकान्त...

मेरा मस्तिष्क इन्हीं विचारों में लीन था और टट्टुओं पर सवार हमारा कारवाँ चन्दनवाड़ी की ओर बढ़ रहा था। कभी हम सरिता के कलकल नाद को सुनते जो चट्टानों से टकराती, प्रपात बनाती, आगे बढ़ रही थी। कभी गगनचुम्बी देवदार और चीड़ के वृक्षों को देखते, चारों ओर व्याप्त हरीतिमा को देखते और देखते उनके बीच में उमंगते-उमड़ते झरनों को। चारों ओर नानावर्ण के पुष्प खिले हुए थे। नानारंगों के पक्षी अभी पीछे नहीं छूटे थे। कभी तंग घाटी, कभी विस्तृत मैदान—आठ मील का यह मार्ग अब बहुत सुन्दर बन गया है। समुद्रतल से लगभग साढ़े नौ हजार फीट ऊँचा, गहन निद्रा में सोया रहने वाला यह स्थान यात्रा के दिनों में चहक उठता है। हम लोग—लगभग ग्यारह बजे यहाँ पहुँचे। कुछ अस्थायी आवासगृह हैं, कुछ दुकानें हैं, चाय पी परन्तु दृष्टि बराबर हरीतिमा में खोयी रही। यहीं पर पहाड़ों से खिसकती बर्फ़ घाटी के बीच में छोटी-सी सरिता के ऊपर एक पुल बना देती है। प्रकृति अनजाने ही मनुष्य की कितनी सहायता करती है।

हम रुक नहीं सकते, सौन्दर्य और सत्य की खोज में आगे बढ़ने को विवश हैं लेकिन अब तक जो सुन्दर-ही-सुन्दर था, वह सहसा भयानक हो उठा। जुआ घाटी, फिर पिस्सू घाटी की अलंघ्य चट्टानों पर चढ़ना है। कथा आती है कि किसी समय देवता और असुर 'निराकार एकान्त' की खोज में इधर आये थे लेकिन आगे कौन चलेगा इस प्रश्न को लेकर झगड़ बैठे। तब निर्णायक बन कर आये भगवान विष्णु और जैसा कि वे सदा करते थे, उन्होंने देवताओं की ही सहायता की। सभी असुर खेत हुए। उन्हीं असुरों की हड्डियाँ चट्टानें बन कर मार्ग में बिखरी पड़ी हैं।

यात्री बहुत अधिक नहीं हैं। कुछ बड़े प्रसन्न हैं। कुछ भयातुर कम्पित हैं। कई घाटियों के संकीर्ण उतार-चढ़ावों को पार करते, शेषनाग नदी के किनारे-किनारे हम लोग सन्ध्या के साढ़े चार बजे 'शेषनाग-वायुजन' पहुँच कर ही दम लेते हैं। हमारे दल में ये एक स्थानीय बन्धु, आकाशवाणी के वार्ता विभाग के भूतपूर्व मुख्य निदेशक श्री रामचन्द्र टण्डन और उनकी पत्नी हैं। भूतपूर्व स्टेशन डायरेक्टर श्री गोपालदास सपत्नीक और तत्कालीन भारत सरकार के मन्त्री डॉक्टर केसकर के निजी सचिव श्री घोरपड़े अपने पुत्र सहित। लगभग 12,500 फीट की ऊँचाई के कारण प्राणदायिनी ऑक्सीजन की यहाँ कमी होना स्वाभाविक है। श्रीमती गोपालदास इस कारण कुछ कष्ट अनुभव करती हैं। श्री और श्रीमती टण्डन दल की सुविधा के लिए बहुत व्यस्त और चिन्तित हैं। किसी को दवा पिलाते हैं, किसी के खाने-पीने का प्रबन्ध करते हैं। दूसरे लोग तरह-तरह की बातें करते हैं। यह हल्का शोर-गुल इस भव्य एकान्त में तामस नगरी दिल्ली के वासनामय तुमुलनाद से भी भयानक लगता है...

मैं बार-बार निकल पड़ता हूँ। शुक्लपक्ष की द्वादशी है। चन्द्र ज्योत्स्ना उस

हिमप्रदेश से सौन्दर्य को और भी तरल बना रही है। कभी पारदर्शी धुँध से प्रकाश में उभरते हुए हिमश‍ृंगों को देखता हूँ, कभी झील के किनारे चट्टान पर आ बैठता हूँ लेकिन चाकू की पैनी धार-सी तीखी वायु बार-बार मुझे अन्दर ढकेले देती है। कहते हैं वायुरूपी एक असुर, देवताओं को परेशान करने के लिए रात के समय इधर आया करता था। देवताओं की विनती पर विष्णु ने शेषनाग को उसे नष्ट कर देने का आदेश दिया। वायु तो सर्प का भोजन है ही। शेषनाग को उसे समाप्त करने में कोई विशेष कठिनाई नहीं हुई। इस 'वायुवर्जन' के कारण ही यह स्थान कालान्तर में वायुजन कहलाया और झील का नाम हुआ शेषनाग।

द्वार सब बन्द कर लिये हैं लेकिन ऐसा लगता है जैसे बाहर कोई अदृश्य शक्ति उन्हें खटखटाती हुई घूम रही है, शायद वायुजन का भूत है या फिर विचारों का तुमुलनाद है, जो मस्तिष्क के बन्द द्वारों को तोड़ देना चाहता है। नींद शायद इतनी नहीं आती, जितना अभिनय करता हूँ। जब उठता हूँ तो सूर्य की किरणों को झाँकते पाता हूँ। देखता हूँ टंडनजी कुछ चिंतित हैं। डॉक्टरी सहायता के बावजूद श्रीमती गोपालदास का स्वास्थ्य सुधरा नहीं है...

अन्ततः उन्हें रुकना पड़ा। उनके साथ रुकना पड़ा श्री गोपालदास को। दर्द भरे हृदय से दो साथियों को पीछे छोड़ कारवाँ फिर आगे बढ़ा। सामने तीन मील की चढ़ाई थी। उसे पार करके हम जहाँ पहुँचे, वह 14,000 फीट ऊँचा शिखर महागुनस के नाम से प्रख्यात है। वायु का वेग तीव्र हो उठा है। सहसा देखता हूँ कि श्रीमती टंडन टट्टू से गिर पड़ी हैं लेकिन ऐसे गिरीं जैसे स्वेच्छा से लेट गयी हों, तुरन्त मुस्कराती हुई उठ खड़ी होती हैं। परन्तु घोरपड़े जी का पुत्र तो बिना गिरे ही अस्वस्थ हो गया है। सबसे आगे रहने वाले उस उत्साही बालक को ऊँचाई ने जैसे पस्त कर दिया है...

अब हम पाँच मील लम्बे उतार पर हैं। इस मार्ग पर, जो पोषपथ कहलाता है। इस समय बर्फ नहीं है। सामने समतल का अद्भुत विस्तार है और उसमें बह रही हैं पाँच पारदर्शी जलधाराएँ। यही तो पंचतरणी है। शिव ने यहीं तो देवताओं की प्रार्थना पर अपनी जटाओं को निचोड़ा था। उस हिम जल में मुँह-हाथ धोकर कितना अच्छा लगता है...

उन्हें पार करके हम वहाँ पहुँच जाते हैं, जहाँ यात्रियों के लिए बैरकनुमा आवासगृह बने हैं। आकाश में काले बादल घिर आये हैं। मन किसी अज्ञात आशंका से व्याकुल हो आया है। वह बालक अब और आगे बढ़ने की स्थिति में नहीं है। घोरपड़े चिंतित हैं। मंज़िल लबेबाम ही तो रह गयी है। तभी स्थानीय बंधु बोल उठते हैं, "आप जाइए दर्शन कीजिए, बच्चे की देखभाल मैं करूँगा।"

हम झिझकते हैं, लेकिन आखिर होता यही है। एक बार फिर दर्द भरे दिल से दो और साथियों को छोड़कर हम आगे बढ़ जाते हैं। मैं बार-बार श्रीमती टंडन की ओर देखता हूँ। बालक, युवा सभी छूटते जा रहे हैं, पर वे न जाने किस आस्था के बल पर प्रफुल्ल मन आगे बढ़ रही हैं...

सिंधु की घाटी के साथ-साथ हम एक सँकरे मार्ग पर ऊपर बढ़ते हैं।

नीचे असल में नदी की ओर देखते भय लगता है पर कुछ समय पश्चात दाहिनी ओर मुड़ कर हम अमरगंगा की सुरम्य घाटी में जा पहुँचते हैं।

नीचे उतर कर बहुत देर तक बर्फ़ पर चलते रहते हैं। वातावरण एकबारगी ही बदल गया है। चारों ओर गहन मौन व्याप्त है। टट्टू भी सिर नीचा करके धीरे-धीरे चल रहे हैं। एक विराट अमूर्त सब को अभिभूत कर लेता है। तभी देखता हूँ लाल पंजे और लाल चोंच वाला एक पक्षी (क्यागंचु) पास से उड़ता चला गया है। कितना प्यारा है उसका स्वर। यह इस विराट मौन का ही तो स्वर नहीं है, जिसे आँखें अन्तर में समेटने को आतुर हैं। उसी आतुरता में वे अमरनाथ की गुफा को खोज लेती हैं...

कुछ ही क्षण बाद मैं टट्टू से उतर कर भागने लगता हूँ। मेरे चारों ओर 30-35 व्यक्ति हैं। वे सब धीरे-धीरे गुफा की ओर बढ़ रहे हैं। कुछ अमरगंगा में स्नान करने का उपक्रम करते हैं। कुछ पंचनानी का सहारा लेते हैं। तभी कहीं से आकर प्राणदायिनी फुहारें मुझे भिगो देती हैं। यह अनन्त मुक्त विस्तार, यह निर्वैयक्तिक विपुल ऐश्वर्य, विकल्प सत्ता की यह बोधमयता, स्तब्ध रह जाता हूँ–

*निराकार एकान्त व्याप्त था मेरे चहुँ दिशि,*
*सब कुछ था बन गया अनोखा और अनामी।*
*एकाकी, अज, विश्वातीत एक सत्ता थी,*
*शिखरहीन, तलहीन सदा के लिए स्थाणु।*

(श्री अरविन्द)

वैदिक ऋषियों ने ऐसे ही प्रदेशों में तो प्राकृतिक तत्त्वों का मूर्तिकरण (देवीकरण) किया था और की थी–'विराट' की उपलब्धि। फिर उनकी प्रशस्ति में वैदिक-स्तुतियाँ गायी थीं। रवि ठाकुर के शब्दों में 'वैदिक स्तुतियाँ अज्ञात के प्रति आश्चर्य और श्रद्धा की उन लोगों की सामूहिक प्रतिक्रिया की काव्यात्मक धरोहर हैं, जिनकी कल्पना सभ्यता के उषाकाल में अत्यन्त शक्ति सम्पन्न और अकृत्रिम थी तथा जो जीवन में निहित अक्षय रहस्य की भावना से अविभूत थे...

12,792 फीट की ऊँचाई पर स्थित यह गुफा कितनी विशाल है। एक गिरजा उसमें समा सकता है। गोलाकार मेहराब को देखकर प्रकृति की तक्षण कला पर मुग्ध रह जाना पड़ता है। दाहिनी ओर पृष्ठ भाग में हिमनिर्मित शिवलिंग का स्थान है पर इस समय तो वह साफ वीराना है। पुजारी बताता है कि अब तो वह पिघल गया है। श्रावणी पूर्णिमा तक भी कठिनता से रह पाता है।

"उस तरफ देखो वह कैलास है न।" एक यात्री सहसा पूछता है।

न...न... वह कैलास नहीं है। कैलास तो सब कहीं है। कैलास प्रतीक है हिमालय की भव्यता का, मनुष्य द्वारा प्राकृतिक तत्त्वों में देवत्व के आरोपण का, शाश्वत विराट के बोध का...

यह विराट निर्जनता, यह भव्य एकान्त, क्या यह विराट सभी देवताओं के, सभी भौतिक तत्त्वों के एक इश्वर में समाहित होने की परिणति नहीं है ?

'विराट' किसी को किंकर्त्तव्यविमूढ़ नहीं बनाता बल्कि और भी सम्पूर्ण करता

है। जो संपूर्ण है, वही विराट है, जो विराट है, वही सुख है–

*'यो वै भूमा तत्सुखम, नाल्पे सुखम् आस्ति।'*

लौटते हुए सोचता हूँ कि लारेंस डुरेल ने ठीक ही कहा है कि यात्राएँ हमें बाहर केवल 'स्पेस' में ही नहीं ले जातीं, उन अज्ञात स्थानों की ओर भी ले जाती हैं, जो हमारे भीतर हैं।

## 4

'अचानक जीवन में एक दिन ऐसा कुछ घट जाता है जिसकी हमने कभी कल्पना भी नहीं की होती और वह ऐसा कुछ हमारे जीवन की धारा को एकदम बदल डालता है।'

सन् 1959 के सितम्बर मास में मैंने अमरनाथ की यात्रा की। तब सोचा भी नहीं था कि यह वर्ष समाप्त होते न होते मैं एक ऐसी यात्रा पर निकल पड़ूँगा जो लम्बे चौदह वर्ष के बाद ही समाप्त होगी।

इसका यह अर्थ नहीं कि मैं इस पूरे काल में यायावरी ही करता रहा। एक लम्बे प्रवास के बाद मैं घर लौट आता। यात्रा में संस्मरणों को सँजोता। घर-गृहस्थी की जिम्मेदारियाँ निभाता और फिर निकल पड़ता एक लम्बे मिशन पर। पत्नी के आन्तरिक सहयोग और संयुक्त परिवार में रहने के कारण मुझे कभी कोई विशेष कठिनाई नहीं हुई।

यह यात्रा मात्र यायावरी नहीं थी। इसके पीछे एक पूर्वनियोजित मिशन था जिसका अन्त हुआ 'आवारा मसीहा' के सृजन में। कभी सोचा भी न था कि एक दिन मुझे अपराजेय कथा-शिल्पी शरत्‌चन्द्र की जीवनी लिखनी पड़ेगी। हिन्दी ग्रन्थ रत्नाकर, बम्बई के स्वामी श्री नाथूराम प्रेमी ने शरत्-साहित्य का प्रामाणिक अनुवाद हिन्दी में प्रकाशित किया था। उनकी इच्छा थी कि इसी माला में शरत्‌चन्द्र की एक जीवनी भी प्रकाशित की जाए। उन्होंने इसकी चर्चा श्री यशपाल जैन से की और इसी प्रक्रिया में न जाने कैसे लेखक के रूप में मेरा नाम सामने आ गया। मैंने यह काम एकदम ही हाथ में ले लिया हो ऐसा नहीं था।

प्रेमीजी ने मुझसे संभवतः 1957 के अन्त में इस काम को स्वीकार करने के लिए कहा था। तब मुझे अपने पर विश्वास नहीं था कि मैं जीवनी भी लिख सकता हूँ। इसलिए मैंने इंकार कर दिया था लेकिन उन्होंने मेरे इंकार को स्वीकार नहीं किया और बार-बार आग्रह करते रहे और अन्ततः मुझे झुकना पड़ा। इस झुकने के पीछे जो मुख्य कारण था वह उनका आग्रह उतना नहीं था जितना शरत्‌चन्द्र के प्रति मेरी अनुरक्ति। उनके साहित्य को पढ़कर उनके जीवन के बारे में विशेषकर श्रीकान्त, राजलक्ष्मी के बारे में जानने की उत्कट इच्छा कई बार हुई। अचानक एक दिन लगा कि यह इच्छा पूरी होने का अवसर आ गया है और मैंने प्रेमीजी का प्रस्ताव स्वीकार कर लिया। सोचा बाँग्ला साहित्य में निश्चय

ही उनकी प्रामाणिक जीवनियाँ प्रकाशित हुई होंगी। लेख-संस्मरण तो न जाने कितने प्रकाशित हुए होंगे। वहीं से सामग्री लेकर एक छोटी-सी जीवनी लिख देना कठिन काम न होगा।

सबसे पहले मैंने अपने एक मित्र की सहायता से बांग्ला भाषा का ज्ञान अर्जित किया और उसके बाद प्रेमीजी से आग्रह किया कि वे मुझे कुछ सामग्री उपलब्ध करवायें। उन्होंने एक छोटी-सी जीवनी, एक छोटा-सा अभिनन्दन ग्रंथ मुझे भेजा लेकिन वह तो नितान्त अपर्याप्त सामग्री थी। तब मैंने स्वयं खोज करनी आरम्भ की। और पाया कि प्रामाणिक तो क्या, सही अर्थों में जिसे जीवनी कह सकें वैसी कोई पुस्तक बांग्ला भाषा में नहीं है। उनके जीवन की कल्पित कहानी को जीवनी का रूप देकर कुछ पुस्तकें प्रकाशित अवश्य हुई थीं, कुछ सुनी-सुनाई बातों पर आधारित थीं पर उनसे शरत् बाबू का वास्तविक रूप तो क्या प्रगट होता वह और भी जटिल हो उठा। तब मैंने निश्चय किया कि मैं स्वयं खोज-यात्रा पर निकलूँगा। बहुत लम्बी है यह खोज-यात्रा, वैसी ही विविध और चकित कर देने वाली है उनकी जीवन-गाथा। बहुत कुछ पाया मैंने इतना कि आँचल में न समाये। उसका कुछ ही अंश मैं यहाँ दे पाऊँगा लेकिन वह कुछ ही उनकी रहस्यमय जीवन-गाथा को समझने की कुंजी है।

यद्यपि उनका जन्म बंगाल के एक छोटे-से गाँव देवानन्दपुर में हुआ था, तथापि अपने जीवन के प्रथम पच्चीस वर्ष उन्होंने बिहार के भागलपुर नगर में ही बिताए थे। उनकी माँ भागलपुर के सुप्रसिद्ध गांगुली-परिवार की कन्या थी। ससुराल में अत्यन्त गरीबी होने के कारण उन्हें बार-बार पितृगृह में ही शरण लेनी पड़ती थी। यहीं पर उनकी मृत्यु हुई, यहीं पर हुई उनके बेटे शरत् की शिक्षा-दीक्षा। अन्याय का प्रतिकार करना उन्होंने इसी परिवार में रहकर सीखा और इसी परिवार में उन्होंने साहित्य-सृजन का पहला पाठ पढ़ा।

इसलिए यह स्वाभाविक था कि उनकी जीवनी के लिए सामग्री की खोज में भागलपुर जाता। उस काल के बहुत ही कम व्यक्ति वहाँ रह गए थे, तो भी ऐसे व्यक्तियों का अभाव नहीं था जिन्होंने अपने शैशव और यौवन में शरत् बाबू को देखा था या उनके बारे में अपने बड़ों से सुना था। परन्तु उनमें से एक सज्जन ने तो तीव्र स्वर में कहा—'मैं कहे देता हूँ कि मैं उनके बारे में कुछ नहीं बताऊँगा।' (Take it from me, I shall not tell you anything)। दूसरे सज्जन तो मुझ से मिले ही नहीं। उनकी दृष्टि में शरत् बाबू का जीवन इस योग्य नहीं था कि उसे प्रकाश में लाया जाए।

फिर भी उन व्यक्तियों की भी कोई कमी नहीं थी जिन्होंने सहज भाव से मेरी योजना की सराहना की और जो कुछ भी वे जानते थे, सहर्ष बताने को प्रस्तुत हो गए। उनमें सबसे प्रमुख थे श्री चण्डीचरण घोष। अत्यन्त विनम्र स्वभाव के घोष महोदय वकील थे और शरत् बाबू के नाना-लोगों के मकान के बहुत पास रहते थे। सुप्रसिद्ध साहित्यकार श्री बलाईचान्द मुखोपाध्याय (वनफूल) के सौजन्य से ही मैं उनके पास पहुँच सका था।

उन्होंने जो कुछ वह जानते थे, बड़े निस्संकोच भाव से मुझे बताया। शरत् बाबू के पिता के बारे में जानकारी लेकर मैंने पूछा, "आप यह तो जानते होंगे कि शरत् बाबू एफ.ए. की परीक्षा क्यों नहीं दे सके थे ? कुछ लोग कहते हैं कि वह फीस न दे सकने के कारण परीक्षा में नहीं बैठ सके। दूसरे पक्ष का मत है कि वह आवारा हो गए थे और किसी अपराध के कारण उन्हें परीक्षा में बैठने की आज्ञा नहीं मिली।

एक क्षण के लिए चण्डीबाबू जैसे उसी युग में पहुँच गए हों। दूसरे क्षण वह बोले—"हमने ऐसा नहीं सुना कि वह फीस न दे सकने के कारण परीक्षा में नहीं बैठ सके थे। इसका कारण थिएटर और गाने का शौक हो सकता है। वास्तव में शरत् बाबू असीम दुस्साहसी व्यक्ति थे, जिसे अंग्रेज़ी में 'डेयर डेवल' कहते हैं। इस सम्बन्ध में एक घटना का उल्लेख करना काफ़ी होगा। उन दिनों भागलपुर में चोरी-डकैती बहुत साधारण बात थी इसलिए प्रत्येक व्यक्ति सावधान रहता था। प्रायः सभी लोग अपने पास हथियार रखते थे।

राजेन्द्रनाथ मजूमदार, जिनका चित्रण 'श्रीकान्त' के प्रथम पर्व में 'इन्द्रनाथ' के नाम से हुआ है, शरत् बाबू के बचपन के बहुत गहरे मित्र थे। उनके एक बड़े भाई थे मणीन्द्रनाथ मजूमदार। वह उन दिनों कॉलेज में पढ़ते थे और विश्वविद्यालय की किसी परीक्षा की तैयारी कर रहे थे। साथ में बन्दूक रख कर वह बड़ी रात तक पढ़ते रहते थे। उनका कमरा गंगा के किनारे उस पीपल के पेड़ के पास था जिसका शरत् और राजू के प्रारम्भिक जीवन में बहुत ही महत्त्वपूर्ण स्थान रहा है। उस कमरे की खिड़की गंगा की ओर खुलती थी और उस तरफ़ कांस का सघन वन था। उस वन में जंगली सूअर और साँप रहते थे।

एक रात जिस समय मणीन्द्रबाबू पढ़ने में मग्न थे, अचानक ऐसा लगा जैसे किसी ने खिड़की पर दस्तक दी हो। वह समझ गए कि डाकू आ गए हैं। वह तुरन्त सावधान हो गए। तभी देखते क्या हैं कि कोई व्यक्ति उनकी नज़र बचाकर छिपने की चेष्टा कर रहा है। वह उसका केवल सिर ही देख सके थे। उन्होंने तुरन्त बन्दूक उठाई और निशाना साध कर चाहा कि गोली छोड़ दें कि तभी किसी ने पुकारा—

"मोणी, मोणी, यह तुम क्या कर रहे हो? बन्दूक मत चलाओ। यह मैं हूँ शरत्।"

मणीबाबू के जैसे काटो तो खून नहीं। कई क्षण हतप्रभ से देखते रहे। फिर वह इतना ही कह सके—"हे भगवान!, जहरीले साँपों और जंगली सूअरों से भरे इस जंगल में तुम इतने सवेरे-सवेरे क्या कर रहे हो?"

शरत् हँस पड़ा और बोला—"कुछ नहीं कर रहा, केवल तुम्हें डराने के लिए आया था। सोचा मज़ा आएगा।"

चण्डीबाबू बोले—"यह कहानी मुझे स्वयं मणीन्द्रनाथ ने सुनाई थी। सोचो तो, रात के दो बजे केवल मज़े के लिए उसने अपनी जिन्दगी खतरे में डाली।"

एक क्षण रुक कर वे फिर बोले, "उस समय भागलपुर के सुधारक दल

के अग्रणी एक वकील थे राजा शिवचन्द्र। सनातनपन्थी गांगुली-परिवार से उनका 36 का सम्बन्ध था। उन्हीं के यहाँ शरत् का आना-जाना था। वहाँ गाना-बजाना, खेलना-कूदना, नाटक-क्रिकेट, बिलयर्ड सभी कुछ होता था। शायद परीक्षा में न बैठने का यह भी एक कारण रहा होगा।'' तभी मैंने उनसे एक और विवादास्पद प्रश्न पूछ लिया—''सुना है एक बार शरत् बाबू पुरी भाग गए थे। वहाँ उन्हें ज्वर हो आया था। तब अचानक पैर छू जाने से एक स्त्री ने उन्हें देखा। वह उन्हें अपने घर ले गई। उनकी सेवा की। वह स्त्री एक दुखिया विधवा थी। उसके देवर और बहनोई उसके पीछे पड़े रहते थे। बहुत परेशान होकर वह स्त्री शरत् के साथ भाग निकली, लेकिन कुछ ही दूर पर उसके देवर और बहनोई ने उसे जा पकड़ा। उन दोनों ने शरत् को बहुत पीटा और उस स्त्री को वापस घर ले गए। आप इस किंवदंती पर कुछ प्रकाश डाल सकेंगे ?''

चण्डीबाबू ने उत्तर दिया—''हमने इतना ही सुना है कि वह पुरी गए थे और वहाँ ज्वर आ जाने पर एक स्त्री ने उनकी देखभाल की थी बस।''

किंवदन्तियों की बात छोड़कर मैंने अपेक्षाकृत प्रामाणिक चर्चा पर आते हुए पूछा—''क्या आप उनकी साहित्य-साधना के बारे में कुछ बता सकेंगे ?''

वह बोले—''हाँ, उन्होंने यहाँ एक साहित्य सर्कल बनाया था। उसमें सुरेन्द्र बाबू, (सुरेन्द्रनाथ गंगोपाध्याय), गिरीनबाबू (गिरन्द्रनाथ गंगोपाध्याय) दोनों उनके रिश्ते के मामा थे तथा पुटू (श्री विभूतिभूषण भट्टाचार्य) और बूड़ी (श्रीमती निरुपमा देवी) इत्यादि थे। बाद में ये सभी प्रसिद्ध लेखक हुए। शरत् बाबू स्वयं तो कम लिखते थे पर 'डायरेक्शन' (निर्देशन) खूब देते थे। बाद में उनके 'डायरेक्शन' में गिरीनबाबू द्वारा प्रकाशित हस्तलिखित पत्रिका 'छाया' हमने देखी थी। उनका विचार था कि स्त्री लेखिकाएँ बहुत उन्नति नहीं कर सकतीं। बातचीत में भी उनके प्रति उनकी श्रद्धा नहीं प्रकट होती थी।''

मैंने बीच में टोकते हुए पूछा—''लेकिन बूड़ी (श्रीमती निरुपमा देवी) की तो उन्होंने प्रशंसा की थी।

चण्डीबाबू तनिक मुस्कराए और बोले—''वह ठीक है। वह उन्हीं की बनाई हुई थी न।''

इन्हीं बूड़ी को लेकर शरत् बाबू के सम्बन्ध में तरह-तरह के प्रवाद प्रचलित हो गए थे। इस सन्दर्भ में यह उत्तर महत्त्वपूर्ण है। उसके बाद मैंने उनसे शरत् बाबू के बचपन के मित्र राजूबाबू के बारे में पूछा—''सुना है वह तूफानी नदी में नाव खेते, मछली चुराते और बेचकर गरीबों को पैसा देते थे। क्या यह सब सच है ?''

चण्डीबाबू ने उत्तर दिया—''मैंने सुना है कि वह ऐसा करते थे। शरत्, राजू के साथ खेलते और नाव पर जाया करते थे। नदी किनारे पीपल का पेड़ तो आपने देखा ही है। पहले उस जगह एक बड़ा पेड़ था। वह अब गिर गया है। वहीं से वह नाव पर जाते थे। उसी के पास राजू का घर था। वह सब कुछ करते थे लेकिन स्वयं कुछ नहीं रखते थे। जो कुछ पैसा मिलता वह गरीबों को

दे देते थे लेकिन एक बात थी, बदचलन लोगों पर उनको बहुत गुस्सा आता था।''

मैंने कहा—''एक कहानी सुनी जाती है। उन दिनों एक वृद्धा ब्राह्मणी जो जाति-बहिष्कृत थी, निरुपाय अवस्था में मर गई थी। कोई उसका संस्कार करने नहीं आया। उस समय शरत् और राजू वहाँ पहुँचे। उन दिनों एक डॉक्टर बड़े लोकप्रिय थे। वह बंगालियों से फ़ीस भी नहीं लेते थे। उन्होंने धमकी दी कि अगर किसी ने इस वृद्धा ब्राह्मणी के संस्कार में भाग नहीं लिया तो हम किसी को देखने नहीं जाएँगे।''

चण्डीबाबू ने उत्तर दिया—''जहाँ तक राजू और शरत् का सम्बन्ध है, उनका तो काम ही यह था कि जो कोई कष्ट में हो उसी के पास वे पहुँच जाएँ, लेकिन इस कहानी के बारे में मैं कुछ नहीं जानता। हाँ, निमाई बाबू नाम के एक डॉक्टर अवश्य थे। वह फ़ीस भी नहीं लिया करते थे।''

रंगून से लौटने पर, जब शरत् बाबू बहुत प्रसिद्ध हो गए थे, तब वह कई बार भागलपुर आ कर चण्डीबाबू से मिले थे इसलिए मेरे मन में स्वाभाविक रूप से यह जान लेने की उत्सुकता जागी कि शरत्चन्द्र किस सीमा तक नशा करते थे। इसी दृष्टि से मैंने पूछा—''चण्डीबाबू, क्या आपने कभी शरत् बाबू को शराब पीते हुए या दूसरा नशा करते हुए देखा है ?''

चण्डीबाबू ने स्पष्ट शब्दों में कहा—''नहीं देखा। बस, अफ़ीम का गोला पास रखते थे। गुड़गुड़ी पीते थे लेकिन शराब पीते हमने कभी नहीं देखा।''

मेरी बड़ी इच्छा थी कि प्रश्नों की बात छोड़कर अब उनसे कुछ स्वतन्त्र संस्मरण सुने जाएँ। एक क्षण के लिए वह झिझके। फिर एक के बाद एक संस्मरण सुनाते चले गए। बोले—''शरत् को जानवरों से बड़ा प्रेम था। साँप और बिच्छुओं को शीशियों में रखते थे। एक नेवला भी पाला था। उसे हमने स्वयं देखा है। मछली खरीद कर लाते और उसे खिलाते थे। बर्मा से लौटकर जब वह भागलपुर आए तब मैं कालेज में पढ़ता था। हम सब साथ-साथ बिहार शरीफ गए। वहाँ से नालन्दा देखने के लिए भी गए। वह और मैं एक तन्डुम पर सवार थे। उसका घोड़ा चलता नहीं था। तन्डुम वाले ने उसके तीन-चार सांटे मारे। शरत् बाबू ने उसे मना किया। बोले—मारो मत, चलने दो। नहीं चलता तो नहीं सही। नहीं जाएँगे।''

तन्डुम वाले ने जवाब दिया—''अजी ये तो ऐसे ही चलते हैं।''

यह कह कर तीन-चार सांटे फिर जड़ दिए उसने। शरत् बाबू तुरन्त तांगे से कूद पड़े। बोले—''हम नहीं जाएँगे।''

हमने उन्हें बहुत समझाया, लेकिन जब तक तन्डुम वाले ने घोड़े को अब कभी भी न मारने की प्रतिज्ञा नहीं की तब तक वह नहीं बैठे।

बाद में शरत् बाबू ने मुझसे कहा—''बेचारे जानवर। ये तो गूंगे हैं। अपने प्रति किए गए दुर्व्यवहार का वह विरोध नहीं कर सकते। आदमी चिल्ला सकता है, लेकिन बेचारे पशु क्या करेंगे ? इसलिए मेरी उनके प्रति सहानुभूति है। यद्यपि वे मनुष्य जो पिछड़े हुए हैं और अपमान का जीवन जी रहे हैं उनके प्रति भी मेरी सहानुभूति कम नहीं है।''

मणीन्द्रनाथ मजूमदार ने मुझे एक और कहानी सुनाई थी। उस समय जो कोई भी व्यक्ति किसी भी प्रकार की दुष्टता करता था, शरत् और राजू उसे दण्ड देने के लिए पहुँच जाते थे। एक कोई बंगाली अफ़सर था। उसकी दूसरी पत्नी थी। वह उस पर शक करता था। युवती थी न। इसलिए उसे बहुत मारता-पीटता भी था। यह बात राजू से छिपी न रह सकी। बस फिर क्या था ? एक दिन वे दोनों मित्र दीवार फांद कर उसके घर में जा पहुँचे। उस समय वह अपनी पत्नी को पीट रहा था। दोनों ने मिलकर उसे खूब पीटा।

शरत् और राजू गोरे साहबों को देखकर बहुत गर्म हो जाते थे। भागलपुर में उनका एक क्लब था। गोरे लोग टमटम या घोड़े पर चढ़कर उस क्लब में जाया करते थे। उनमें एक साहब बहुत दुष्ट था, इसलिए राजू और शरत् ने उसे सजा देने का निश्चय किया। इस निश्चय का तात्कालिक कारण यह था कि उसने स्थानीय स्कूल के एक अध्यापक को अकारण ही पीट दिया था। वह अध्यापक राजू और शरत् की शरण में आया। उन दिनों वहाँ जंगल था। बस्ती कम थी। शाम पड़े ही अन्धेरा हो जाता था। इन दोनों मित्रों ने क्या किया कि सड़क के दोनों ओर जो पेड़ खड़े थे उनमें एक रस्सा बाँध दिया और छिपकर बैठ गए। टमटम पूरी तेजी से आ रही थी। घोड़ा रस्से में उलझ कर गिर पड़ा। उसके गिरते ही ये लोग बाहर निकल आए और इन्होंने साहब को खूब मारा। शर्म के कारण सुना है वह वहाँ से तबादला करा कर चला गया।

काफ़ी देर हो गई थी। फिर भी चण्डीबाबू बोले—''मुझे बिहार शरीफ की एक और घटना याद आ रही है। वहाँ एक बड़ी मस्जिद जी। उसे देखने के लिए हम दोनों अन्दर गए। अन्दर पहुँचते ही शरत् बदल गए। गप्पी शरत् के स्थान पर वे गम्भीर शरत् हो गए। बार-बार 'अल्लाह-अल्लाह' पुकारने लगे। मैंने हँसकर कहा—क्या मुसलमान हो गए हैं। उन्होंने उत्तर दिया—देखो चण्डी। सभी भगवान को याद करते हैं। किसी नाम से पुकारो। अल्लाह कहो या कुछ और कहो। हमें यहाँ अन्दर आ कर बहुत अच्छा लग रहा है।''

चण्डीबाबू ने और भी बहुत सी बातें बताईं। उनकी परिहास-प्रियता की बातें। वह जब कभी भागलपुर आते तब सब लोग मिलकर उनसे खूब मज़ाक करते। राजूबाबू के एक और बड़े भाई थे शरत्चन्द्र मजूमदार। वे पहले वकील थे बाद में होम्योपैथिक डॉक्टर बन गए। काफ़ी प्रसिद्ध भी हुए। एक बार शरत् बाबू जब भागलपुर आए तब उनसे मिलने गए। वह उन्हें 'छोड़दा' कहा करते थे। बोले—''छोड़दा! पहले तो आप मनुष्य से केवल पैसा ही छीनते थे, अब तो आप पैसे के साथ-साथ उसकी जिन्दगी को भी छीनने लगे हैं।''

मजूमदार महाशय जैसा कि सदा होता था बड़े ज़ोर से हँसे और बोले—''आओ, आओ न्याड़ा, आओ।''

'न्याड़ा' शरत् बाबू का पुकारने का नाम था और इसका अर्थ होता है, 'गंजा'। अपने परिहास का ऐसा उत्तर सुनकर शरत् बाबू बहुत प्रसन्न हुए लेकिन इसके बावजूद वह अपनी आलोचना नहीं सह सकते थे। जिस समय उनकी पुस्तक

'बामन की बेटी' प्रकाशित हुई, तब उसकी बड़ी आलोचना हुई। उनके एक पाठक ने उन्हें ऐसा ही एक पत्र लिखा। उसकी दो-तीन लाइनें पढ़ने के बाद ही वह घबरा गए और वह पत्र अपने मामा और मित्र सुरेन्द्रनाथ गंगोपाध्याय को देते हुए बोले—''सुरेन्द्र, तुम इसे पढ़ो। हमारे पास यह बकवास पढ़ने के लिए समय नहीं है। मैं आलोचना पसन्द नहीं करता। मैं जो अनुभव करता हूँ वही लिखता हूँ और पूरी संवेदना के साथ लिखता हूँ।''

यह कहते-कहते गम्भीर हो गए। वह बंकिमचन्द्र का बड़ा सम्मान करते थे, लेकिन रवीन्द्रनाथ ठाकुर के प्रति उनकी श्रद्धा का पार नहीं था। उन्होंने कहा—''जो कुछ बंकिम बाबू ने लिखा है वह मैं भी लिख सकता हूँ। रवीन्द्रबाबू के पास तो मैं किसी भी तरह नहीं पहुँच सकता। महर्षि वाल्मीकि के बाद रविबाबू ही इस देश के सर्वश्रेष्ठ कवि हैं।''

काफ़ी अंधेरा हो आया था। मैं विदा लेने के लिए उठा लेकिन सहसा मुझे याद आ गया। मैंने कहा—''क्षमा कीजिए, मैं एक अन्तिम प्रश्न पूछना चाहता हूँ। क्या आपने अनन्दा दीदी के बारे में कुछ सुना है ? 'श्रीकान्त' के प्रथम पर्व में उनकी कहानी आई है। कुछ लोग कहते हैं वह सच्ची कहानी है। अनन्दा दीदी भागलपुर की ही लड़की थी।''

चण्डीबाबू ने कुछ सोचते हुए उत्तर दिया—''सुना तो मैंने भी है कि वह भागलपुर की ही थी। यहीं कहीं वह रहती थी। उन्हीं का शरत् बाबू ने चित्रण किया है। लेकिन हम ठीक-ठीक नहीं जानते कि वह कौन थी।''

पहली बार जानने योग्य बातों का कुछ पता लगा था इसलिए मेरा खुश होना स्वाभाविक था।

## 5

*तलाशोतलब में वह लज्जत मिली है*
*दुआ कर रहा हूँ कि मंजिल न आये।*

इसके बाद मैं अवकाश प्राप्त एस.डी.ओ. श्री फणीन्द्रनाथ मुखर्जी से मिला। वे अत्यन्त शिष्ट और विवेकशील व्यक्ति जान पड़े। जो कुछ वह जानते थे उसको बताने में उन्होंने तनिक संकोच नहीं किया। यही नहीं उन्होंने स्वयं अपनी टूटी-फूटी हिन्दी में सब कुछ लिख दिया जो मेरे पास सुरक्षित है।

उनसे मैंने शरत्चन्द्र के बचपन के मित्र राजेन्द्रनाथ मजूमदार के सम्बन्ध में अधिकृत जानकारी लेने का प्रयत्न किया। उन्होंने बताया : राजू मजूमदार प्रतिभाशाली व्यक्तियों के वंश में पैदा हुए थे। उनमें भी यथेष्ट प्रतिभा थी। जितने व्यायाम में निपुण थे उतने ही संगीत में भी, लेकिन उनके स्वभाव में स्थिरता नहीं थी। उनका उद्देश्य नित-नए अनुभव प्राप्त करना था। गांजा, शराब, वेश्या सब कुछ होते हुए भी उनके अन्तःकरण पर किसी बात का कोई असर नहीं

हुआ था। उनका हृदय गंगाजल के समान था। उन्हें बदमाश नहीं कह सकते। वह केवल आवारा थे। उन दिनों आदमपुर में राजा शिवचन्द्र बहुत ही प्रतिभाशाली व्यक्ति थे। उनके पुत्र सतीशचन्द्र मोहल्ले के सब लड़कों के नेता थे। राजू और शरत् दोनों उनके क्लब में जाते थे। शरत् यहाँ राजू के सम्पर्क में आए और उनसे प्रभावित हुए। श्रीकान्त में जो इन्द्रनाथ है वह राजू ही है लेकिन वास्तविक राजू का वह पासंग भी नहीं है। मात्र एक अंश, एक झलक है। शरत्चन्द्र जब बहुत प्रसिद्ध हो गए तब मुझे एक बार उनसे मिलने का अवसर मिला था। मैंने उनसे पूछा था–"आपने राजू का पूरा हाल क्यों नहीं लिखा ?"

शरत्चन्द्र ने उत्तर दिया था–"राजू का पूरा हाल कोई लिख सकता है क्या ?"

मैंने उनसे एक और प्रश्न पूछा था–"आप अपनी पुस्तकों में यह वेश्याओं की बात क्यों लिखते हैं कि जो गणिका है वही अच्छी है। जो भ्रष्टा है वे ही गुणी हैं।"

शरत्चन्द्र ने उत्तर दिया था–"अगर किसी कारण कोई नारी गणिका हो गई तो क्या वह और कुछ रही ही नहीं। उसमें अच्छाई रही ही नहीं। नहीं, ऐसा नहीं होता। मैं बस इतना ही प्रतिपादन करना चाहता हूँ।"

श्री चन्द्रशेखर घोष बहुत सम्पन्न व्यक्ति नहीं जान पड़े लेकिन बताने में उन्होंने भी कोई कृपणता नहीं की। बोलते-बोलते वह भावावेश में आ जाते थे। उनसे भी मैंने राजू के बारे में ही प्रश्न किया था। उनका उत्तर था : "हाँ, राजू साधू हो गया था। वह साधू ही था। उसे साधूपन में क्या मिला जिसे उसने सबसे अच्छा समझा। कुछ तो अच्छा होगा ही, लेकिन हमने तो उसका थिएटर देखा है। जो देखता वही रो पड़ता था। आप मुझसे उसके थिएटर की बात पूछते हैं तो रोएँ खड़े हो जाते हैं। वह पागल का पार्ट करता था, बाप-रे-बाप ! उसने एक नाटक में 'पागलनी' का पार्ट किया था। उसके बाद वह एक लड़के को गोद में लेकर ऐसा नाचा कि वह दृश्य आज भी मन के भीतर मौजूद है। वह छोटे बच्चों को बहुत प्यार करता था। साधू का अन्तर तो निर्मल ही होता है। उनकी योग्यताओं का क्या वर्णन करें–बाप-रे-बाप ! उनके पिता का बैंक में बहुत रुपया जमा था। पिता के हस्ताक्षरों की नकल करके वह रुपया निकाल लाता था। उसके पिता भी ताज्जुब करते। उसकी यह चतुराई देखकर वह कह देते–'अच्छा, अच्छा ले जा।'"

राजू और शरत् के सम्बन्धों पर आगे चर्चा करते हुए मैंने भागलपुर की एक वेश्या कालीदासी की बात उठाई। इस सम्बन्ध में उपर्युक्त दोनों ही व्यक्तियों ने उस पर प्रकाश डाला। अपेक्षाकृत गम्भीर फणीन्द्रनाथ मुखर्जी बोले–"मंसूरगंज में एक वेश्या थी बंगालिन। राजू कभी-कभी वहाँ रहते थे। वह वेश्या उनकी बहुत अच्छी तरह देखभाल करती थी। शरत् उधर से ही कॉलेज जाते थे। राजू वहीं कभी-कभी उन्हें भी पकड़ लेते होंगे। वह बहुत सम्पन्न थी, लेकिन अन्त में उसने अपनी सब सम्पत्ति दान कर दी और वृन्दावन में संन्यासिन बन कर

रहने लगी। उसने किसी से दीक्षा ले ली थी।''

श्री चन्द्रशेखर घोष इस प्रश्न पर भावुक हो उठे जैसे उस युग में पहुँच गए हों। बोले : ''कालीदासी ऊँचे दर्जे की बाईजी थी। मैंने सबसे पहले अपना होटल उसी के घर में खोला था, उसके यहाँ शरत् और राजू सब जाते थे। मंसूरगंज में चौराहे से आगे उसका पीला दो-मंजिला मकान था। वह खूब कीर्तन करती थी। क्या गीत गाती थी वह, बाप-रे-बाप! बाद में उसने दीक्षा ले ली। सब कुछ दान कर दिया। क्या गति हुई उसकी! भगवान ने कहा है न—'दुराचारी भी यदि हमें भजता है तो वह साधू है, हमारा भक्त है।' वह हमारे घर पूजा में आती थी और गीत सुनाती थी, लेकिन मृत्यु से दो वर्ष पूर्व उसने सब कुछ छोड़ दिया। भगवे वस्त्र पहन कर बूढ़ानाथ के मन्दिर में चली गई। किसी से पैसा नहीं लेती थी। हमारे पिताजी उसे कुछ देते तो कहती—'भगवान ने जब दिया था तब बहुत ढेर दिया था। अब कुछ नहीं चाहिए।''

एक रोज हमने उससे कहा—'कालीदासी, अपना घर हमें किराए पर दे दो।' उसने तुरन्त दे दिया। उसी में हमने अपना होटल खोला था।''

मैंने उन दोनों से शरत्चन्द्र के साथ उनके व्यक्तिगत सम्पर्क के सम्बन्ध में भी प्रश्न किया। फणीन्द्रनाथ मुखर्जी भागलपुर के रहने वाले नहीं हैं, लेकिन वह अक्सर वहाँ आते रहते थे क्योंकि यहाँ पर उनके मामा का घर था। उन्होंने बताया : ''शरत् कहानियाँ खूब कहते थे। यह जो सामने बेसफील्ड मैदान है, तब यहाँ सब लोग फुटबाल खेलते थे। मैं उनके साथ कभी-कभी बरामदे में बैठ जाता था तब वे मुझे कहानियाँ सुनाया करते थे। कहते—'अरे फणी, सुनो भी।' और जब कहानी कह चुकते तो पूछते—'कैसी लगी रे ?' उस समय मेरी उम्र ही क्या थी ? समालोचना क्या करता ? यह 1894-95 की बात है। (शरत् तब लगभग 18 वर्ष के थे)। मैं कह देता 'बेश' अर्थात् बहुत अच्छी लगी। अब याद नहीं कितनी कहानियाँ उन्होंने सुनाई थीं। बड़े होकर जब मैंने 'सबुजपत्र' और 'भारतवर्ष' आदि में उनकी छोटी कहानियाँ पढ़ीं तो मुझे बचपन के वे दिन याद आ गए—अरे! ये तो वही कहानियाँ हैं जो मुझे वह बचपन में सुनाया करते थे।

मामा लोगों का, विशेषकर उनके बड़े मामा मणि का व्यवहार उनके साथ बहुत अच्छा नहीं था। इतना मुझे मालूम है।''

श्री चन्द्रशेखर घोष ने बताया कि शरत् उनसे आयु में 8 वर्ष बड़े थे लेकिन वह उनसे रोज ही मिलते थे। मछली चोरी के लिए साथ-साथ जाते थे। बड़ी चालाकी करते थे। किनारे पर एक जगह बत्ती जला कर 'ओ! हो-हो-हो' कर के चिल्लाते। मछियारे उधर ही दौड़ते। इतने में हम उधर पहुँच जाते जहाँ मछलियाँ रखी होतीं, बस चुरा कर भाग आते थे। शरत् हम से कहते—'छेनु (चन्द्रशेखर घोष का पुकारने का नाम), एक ठो हिलशा खिलाओ।'

बस हम आढ़त में जाकर चोरी करते। जब कोई देखता तब भाग निकलते। तैरकर नाव में चढ़ जाते। अब विष्णुजी, आप से क्या छिपाना ? खूब भाँग पीते थे। जब कभी मार-पीट की दरकार होती तब शरत् हमें ही बुलाते थे।

बाद में शरतचन्द्र ने हमें एक कुत्ता दिया था। बड़ा होशियार था, वह। शरत् मजूमदार के लड़के ने उसे गोली से मार दिया। हम उसके घर गए। उससे पूछा—'क्यों मारा ?'

वह बोला—"हमारे यहाँ क्यों आया था ? इसलिए मारा।"

यह सुनकर हमने उसके हाथ से बन्दूक छीन ली और उसके कुन्दे से उसको खूब मारा और कहा—"अरे! एक महीने का खेल तो था। अपनी कुतिया को बन्द करके रखता।"

बाद में पुलिस आई। झगड़ा हुआ। सबके कहने पर हमने बन्दूक लौटा दी लेकिन दस रोज बाद शरत् आए तो बड़े प्रसन्न हुए। बोले—"बहुत अच्छा किया। यदि वह नालिश करे तो पैसा हम देंगे। उसने हमारे लड़के को मारा है।"

चन्द्रशेखर घोष ने शरत्चन्द्र की माता के बारे में इतना ही कहा कि उन्होंने एक बुढ़िया को देखा था जो उन्हें मूडी खिलाती थी। वही उनकी माँ थी। शरत्चन्द्र लड़के-लड़कियों को खूब खिलाते थे।

मैंने उनसे शरत् के बचपन के एक और मित्र नीलू बाबू की चर्चा की तो वह बोले—

"आप नीलू बाबू की बात पूछते हैं। बचपन में वह शरत् की बहुत मदद करते थे। आपने उनका नाम लिया हमारे रोंगटे खड़े हो गए। वे सब बातें याद आ गईं। बाद में वह पुलिस में नौकर हो गए थे, लेकिन शीघ्र ही उनकी मृत्यु हो गई थी।"

मैंने यह भी सुना था कि शरत्चन्द्र का सम्बन्ध किसी-न-किसी रूप में एक यहूदी लड़की से था। प्रायः सभी व्यक्तियों ने इस सम्बन्ध में कुछ भी बता सकने में अपनी असमर्थता प्रकट की, केवल श्री चन्द्रशेखर घोष ही एकमात्र व्यक्ति थे जिन्होंने दृढ़ता के साथ कहा—"हम जानते हैं यह एकदम पक्की बात है। यहाँ एक यहूदी लड़की रहती थी। उससे शरत् का लगाव था। उसके एक लड़की भी हुई थी और शरत् ने उसे रुपया भी दिया था।"

एक बात मुझे बहुत परेशान करती थी—उनके सम्बन्ध में परस्पर विरोधी बातें बताने वालों की कमी नहीं थी, मुजफ्फरपुर प्रवास के सम्बन्ध में तो जैसे इस बात की सब सीमाएँ टूट गई हों। माना जाता है कि शरत् अपने पिता से लड़कर घर से निकल पड़े थे। कुछ दिन वह किसी साधू दल के साथ रहे। फिर सहसा एक दिन मुजफ्फरपुर में प्रकट हुए। पिता से किसी बात पर झगड़ा हुआ इस पर भी गहरा मतभेद है। यह भी सुना कि उनका मुजफ्फरपुर आना किसी लड़की के कारण हुआ था।

इसलिए स्वाभाविक रूप से मेरा प्रयत्न उस काल के व्यक्तियों से मिलकर यथासम्भव तत्कालीन वस्तुस्थिति को समझ लेने का था। ऐसे व्यक्ति आज जीवित हैं या नहीं, यह पता लगाना एक समस्या थी परन्तु मित्रों के सहयोग से मैं एक ऐसे ही व्यक्ति को खोजने में सफल हो गया। वह थे वहाँ के वकील श्री प्रमथनाथ राय तब वह 76 वर्ष के थे। वह वहाँ के तत्कालीन जमींदार श्री महादेव साहू

के बहुत समीप रहे थे। उन्होंने शरत्चन्द्र को साहू के पास ही देखा था। उन्हीं से मुझे दो और व्यक्तियों का पता लगा। वे थे सर्वश्री सुरेन्द्रनाथ चटर्जी और परेशनाथ चटर्जी। सुरेन्द्रबाबू से मैं स्वयं तो नहीं मिल सका लेकिन मेरे एक मित्र उनसे भेंट करने में सफल हो गए। उन्होंने भी शरत् को बहुत पास से देखा था। परेशबाबू से मेरा केवल पत्र-व्यवहार ही हो सका।

शरत्चन्द्र मुजफ्फरपुर कैसे पहुँचे ? सबसे पहले मैंने इसी गुत्थी को सुलझाने की चेष्टा की। प्रमथबाबू से पूछा—"सुना है शरत् मुजफ्फरपुर नागा साधुओं के किसी दल के साथ आए थे।"

प्रमथबाबू ने उत्तर दिया—जी नहीं, यह गलत है। यहाँ वह एक औरत के पीछे आए थे। वह उससे प्रेम करते थे लेकिन वह सच्ची नहीं थी। उन्हें छोड़कर वह आबकारी के एक दरोगा के साथ मुजफ्फरपुर भाग आई थी। उसी को ढूँढ़ते हुए वह यहाँ पहुँचे थे। वह उसका पता लगाने में भी सफल हो गए लेकिन तब आबकारी के उस दरोगा ने उन्हें खूब पीटा।

इसके विपरीत सुरेन्द्रबाबू का विचार था कि शरत्चन्द्र का चरित्र बहुत उज्ज्वल था। परेशनाथ शरत् को चरित्रवान तो नहीं मानते परन्तु उनका विचार है कि वह साधुओं के साथ ही मुजफ्फरपुर पहुँचे थे। उन्होंने उस कहानी का वैसा ही वर्णन किया है जैसा कि 'श्रीकान्त' के प्रथम पर्व में स्वयं शरत्चन्द्र ने किया है। ज्वर हो जाने के कारण उनका साथ साधुओं की मण्डली से छूट गया। वह किसी तरह रेलवे स्टेशन पर पहुँचे और वहाँ जो बंगाली कर्मचारी थे उन्होंने उनकी देखभाल की। ठीक हो जाने पर वह मुजफ्फरपुर चले गए। स्टेशन पर ही उनकी भेंट निशानाथ चटर्जी से हुई। वह उन्हें अपने बड़े भाई शेखरनाथ चटर्जी के घर ले गए। वह शेखरबाबू बांग्ला की सुप्रसिद्ध लेखिका अनुरूपा देवी के पति थे।

परेशबाबू के अनुसार निशाबाबू ही उन्हें जमींदार महादेव साहू के घर ले गए थे। महादेव साहू बहुत बड़े जमींदार थे और जैसा कि उस युग में होता था वह दरबारियों से घिरे रहते थे। शरत्चन्द्र बाँसुरी बहुत सुन्दर बजाते थे। इसी बाँसुरों के कारण निशानाथ उनकी ओर आकर्षित हुए थे और इसी के कारण महादेव साहू से उनका प्रेम हुआ था। परेशबाबू मानते हैं कि शरत्चन्द्र ने ही महादेव को शराब पीना सिखाया था और पातुरी-प्रेम के क्षेत्र में भी वह ही उनके गुरु बने थे।

साहू के दरबार में नाचने वाली लड़कियाँ भी आती थीं। एक दिन राजबाला नाम की एक बंगाली लड़की ने जब शरत् को उस महफ़िल में देखा तब वह चकित रह गई। शरत् और वह एक ही गाँव के रहने वाले थे। उसके बाद वे दोनों वहाँ से भाग गए। वे कहाँ गए और उन्होंने क्या किया ? परेशबाबू ने उस सबको जानने का दावा किया है परन्तु मैं उनका विश्वास नहीं कर सका। उनकी जानकारी का आधार मेरी दष्टि में व्यक्तिगत अनभिज्ञता इतनी नहीं थी जितना 'श्रीकान्त' का प्रथम पर्व। इसलिए उनकी सारी बातों को पूर्णरूपेण स्वीकार कर

लेना मेरे लिए बहुत कठिन था।

श्री सुरेन्द्रनाथ चटर्जी इस राजबाला के सम्बन्ध में कुछ नहीं बता सके लेकिन जब मैंने शराब और संगीत की चर्चा की तो उन्होंने कहा—"हाँ, शरत् शराब पीते थे लेकिन पीने के बाद बदहवास कभी नहीं होते थे। उस समय उनकी बाँसुरी सुनने लायक होती थी। अभी तक उसकी आवाज़ मेरे कानों में गूँज रही है।"

उन्होंने यह भी बताया कि शरत् मुजफ्फरपुर आकर एक पुरानी धर्मशाला में टिके थे। एक दिन वह (सुरेन्द्रबाबू) महादेव साहू के साथ उधर से जा रहे थे कि उन्होंने बाँसुरी की सुरीली तान सुनी। वह ठिठक गए। वह सुमधुर स्वर किसका हो सकता है ? यह जानने के लिए वे दोनों अन्दर गए। वहाँ उन्होंने शरत् को बाँसुरी बजाते देखा। वहीं उनका परस्पर परिचय हुआ। महादेव साहू ने उससे कहा—"मेरे साथ चलो और जब तक खुशी हो मेरे साथ रहो।"

और महादेव साहू उन्हें अपने यहाँ ले गए। परेशबाबू की तरह सुरेन्द्रबाबू यह नहीं मानते थे कि महादेव साहू को शराब पीना शरत् ने सिखाया था।

शराब और संगीत की चर्चा समाप्त करने की दृष्टि से मैंने उनसे प्रश्न किया—"क्या आपने उनको कभी लिखते भी देखा है ?"

सुरेन्द्रबाबू ने उत्तर दिया—"हमने उनको लिखते कभी नहीं देखा। बाद में सुना कि वह लिखते थे। वह हम से सीनियर थे। हम महादेवबाबू के घर आते-जाते अवश्य थे किन्तु उनका बहुत ही लिहाज़ करते थे। हाँ, कहानी कहने का ढंग बहुत ही निराला था। बड़ी दिलचस्पी के साथ हम लोग उनसे कहानियाँ सुना करते थे। बाद में जब उनकी पुस्तकें निकलीं और वह प्रसिद्ध हो गए तब महादेव बाबू ने बहुत अफ़सोस प्रकट किया कि हमने उनकी लिखी हुई बहुत सी मूल्यवान चीज़ें रद्दी की टोकरी में फिंकवा दीं और नौकर ने उन्हें रद्दी के मोल बेच दिया। (शरत् बाबू ने स्वयं स्वीकार किया है कि उनका एक उपन्यास और कुछ दूसरी छोटी रचनाएँ महादेव साहू के पास रह गई थीं। जो बाद में नष्ट हो गईं)।

सुरेन्द्रबाबू ने शरत् बाबू के साहस की भी चर्चा की। कहा—वह हमें बहुत दुत्कारते थे। तुम लोग कायर हो, डरपोक हो। तुम लोगों से कुछ नहीं होगा।

मनमथबाबू एक बात में परेशबाबू से अवश्य सहमत थे। उन्होंने कहा—शरत्चन्द्र ने ही महादेव को शराब पीना सिखाया था। वह शराब पीते थे और वेश्याओं के यहाँ जाते थे। महादेव अच्छे शिकारी भी थे। शरत् भी उनके साथ शिकार खेलने जाते। उनका जीवन बिल्कुल बोहीमियन ढंग का था। हमारे महादेवबाबू बहुत गुणवान थे, परन्तु शरत् बाबू के कारण वह बरबाद हो गए।

मैंने शेखरबाबू के सम्बन्ध में प्रश्न किया तो वह बोले—जी हाँ, शरत्चन्द्र प्रसिद्ध उपन्यास-लेखिका अनुरूपा देवी के पति शेखरबाबू के घर कुछ दिन रहे थे, लेकिन आबकारी के दरोगा से पिटने के बाद वह फिर उनके घर नहीं गए। उनका यह आचरण अच्छा नहीं समझा गया और शेखरबाबू के घरवालों ने उन्हें अपने घर रखना उचित नहीं समझा (कुछ लोग उसका कारण शराब पीना बताते हैं)।

शेखरबाबू का घर छोड़ने के बाद वह दो-चार दिन किसी मैस में भी रहे,

लेकिन उनके पास पैसे कहाँ थे, जो मैस में रह पाते। तब निशानाथ तथा दूसरे एक-दो मित्रों के माध्यम से उनका परिचय महादेव साहू से हुआ। वह शरत् बाबू को अपने घर ले गए। उसके बाद वे कहीं नहीं गए। जब तक रहे महादेव अपने बड़े भाई की तरह मानते रहे।

शुरू-शुरू में शरत् महादेव के सामने शराब नहीं पीते थे। एकान्त में पीकर वहाँ आते थे और उनकी बहुत प्रशंसा करते थे। महादेव शरत् से बहुत प्रभावित हुए। यहाँ तक कि वह उन्हीं की तरह निरीश्वरवादी हो गए। शरत् सदा यही कहते कि ईश्वर नहीं है और महादेव : शरत् भैया कहते हैं कि ईश्वर नहीं है; यह कह कर ईश्वर के अस्तित्व पर सन्देह करने लगे। एक दिन इसी प्रसंग को लेकर मेरी शरत् से बहस हो गई। उन्होंने कहा–'छोकड़ा तोमार काछे कि प्रमाण कि ईश्वर आछे'–अर्थात् छोकरे, तुम्हारे पास क्या प्रमाण है कि ईश्वर है ? उत्तर में मैंने कहा–'आपनार काछे कि प्रमाण कि अपनी आपने नागर बेटा'–अर्थात् आप के पास क्या प्रमाण है कि आप अपने पिता के पुत्र हैं ? यह सुनकर सब हँसने लगे। शरत् कुछ उत्तर न दे सके और क्रोध में भर कर चले गए।

शरत् बाबू के गाने की प्रशंसा प्रमथनाथ ने भी की। बताया–"वह मज़े में गा लेते थे। बाजा अच्छा बजा लेते थे विशेष कर क्लारोनेट। लिखने की शक्ति अद्भुत थी। कथक्कड़ तो वण्डरफुल थे। तब हम नहीं समझते थे। बाद में समझे। वह किन्दरपुर के मैदान में जा कर शराब पीते थे, पर अन्दाज़ से पीते थे। 'बैड करेक्टर' को खूब 'आब्जर्व' करते थे। उनके पास एक ट्रंक में पुस्तकें भरी हुई थीं। शायद उनमें उनकी लिखी हुई भी थीं। वे सब इधर-उधर हो गईं। अब कुछ नहीं बचा। हमें तो इतना ही याद रह गया है कि वह कहानियाँ खूब गढ़ते थे। ऐसे कहते थे जैसे बिलकुल सच्ची हों लेकिन वह अक्सर सच नहीं होती थीं।

प्रमथबाबू के विचार में शरत् बाबू लगभग एक वर्ष मुजफ्फरपुर रहे लेकिन इस एक वर्ष का जीवन ऐसा था कि उसे वे लोग भूल नहीं सकते। मैंने पूछा–"क्या वह अपने पिता की मृत्यु का समाचार पा कर ही यहाँ से गए थे। मैंने सुना है कि उन्होंने भागलपुर तक का सारा रास्ता साइकिल पर ही तय किया था।"

प्रमथबाबू ने उत्तर दिया–"पिता की मृत्यु का समाचार पाकर वह भागलपुर अवश्य गए थे पर साइकिल पर गए थे। यह मुझे नहीं मालूम।"

अब मैंने राजबाला की चर्चा की। पूछा–"मैंने सुना है कि यहाँ राजबाला नाम की कोई महिला थीं। शरत् और साहू दोनों का उसके साथ सम्बन्ध था।"

प्रमथ बाबू दृढ़ स्वर में बोले–"हाँ, राजबाला भी। उसके पिता वकील थे। वह बहुत सुन्दर थी, लेकिन इतनी ही चरित्रहीन थी। उसके बहुत से प्रेमी थे। शरत् भी उन्हीं में एक थे। साहू थे यह मैं नहीं कह सकता। हाँ, वेश्याओं से साहू के सम्बन्ध थे। एक पूटी नाम की तवायफ़ थी। उसके पास ये दोनों अपने मुसाहिबों सहित जाया करते थे।"

प्रमथबाबू ने महादेवबाबू की बहुत प्रशंसा की। बार-बार इस बात पर दुःख

प्रकट किया कि शरत् ने आकर महादेव को बिगाड़ा। वह पैसे वाले थे। शरत् न आते तब भी बिगड़ सकते थे, लेकिन उस समय शरत् ही इसका कारण बने।

मैंने यह जानने का प्रयत्न भी किया कि शरत् जब लेखक के रूप में प्रसिद्ध हुए तब उनके और महादेव साहू के सम्बन्ध कैसे थे ?

शरत् प्रसिद्ध होने के बाद एक बार मुजफ्फरपुर आए थे। उनका खूब स्वागत हुआ था। प्रमथराय ने उसकी चर्चा करते हुए कहा—"शरत् बाबू मुजफ्फरपुर में बिताए जीवन की चर्चा करते हुए झेंपते थे। बर्मा में रहते हुए महादेव से उनका पत्र-व्यवहार हुआ था। कोलकाता से भी उनका पत्र आया था। महादेव ने उनसे कर्ज माँगा था, लेकिन इस बात का शरत् बाबू ने कोई उत्तर नहीं दिया। शायद उनके पास रुपया नहीं था।"

मुजफ्फरपुर प्रवास के सम्बन्ध में निश्चय ही बहुत गड़बड़ है। तीनों व्यक्तियों ने, जो समकालीन थे एक जैसी घटनाओं के सम्बन्ध में परस्पर विरोधी विचार प्रकट किये थे लेकिन फिर भी उनमें से मूल रूप में सही बात को जान लेना असम्भव जैसा नहीं था भले ही विस्तार में जाने पर तथ्यों में भेद दिखाई दे। उनका यह जीवन निश्चय ही एक बोहीमियन का जीवन था। वह शराब पीते थे। वेश्याओं से उनका सम्बन्ध था लेकिन सब कुछ होने पर भी संयम में रहना उन्हें आता था। इसमें भी कोई शक नहीं है कि वह गाना जानते थे। कहानी कहने की उनमें अद्भुत क्षमता थी और वह बराबर लिखते रहते थे।

इतना जान लेना क्या कम है ?

## 6

*'जीवन-मन्थन से निकला विष वह जो तुमने पान किया*
*और अमृत जो बाहर आया उसे जगत को दान दिया'*

शरत् के रहस्यमय जीवन की खोज में मुझे चौदह वर्ष लग गए। कैसे लगे और किस तरह वह काम शुरू हुआ इसकी झलक मैं पिछले दो अध्यायों में दे चुका हूँ। खोज-यात्रा की पूरी कहानी उसी तरह लिखने में 'आवारा मसीहा' के समान एक और नया ग्रंथ लिखना पड़ेगा इसलिए विस्तार में न जाकर मैं महत्त्वपूर्ण स्थितियों का ही आकलन करता चलूँगा।

मामा लोग शरत् से चाहे जितने भी नाराज़ रहे हों, उनके पिता उस समृद्ध परिवार के दामाद थे इसलिए उनका दाह संस्कार करने में कोई कठिनाई नहीं हुई पर उसके बाद आवारा शरत् का अब अपना कोई नहीं रह गया था। न जाने कितनी रातें जागकर उसने यह निश्चय किया होगा कि मुझे अब इस देश में नहीं रहना है। इस निश्चय का एक और भी कारण था। उनके रिश्ते के एक मौसा, श्री अघोरनाथ चट्टोपाध्याय, रंगून में रहते थे और रंगून तब बंगालियों के लिए पैसा कमाने का एक समृद्ध क्षेत्र था। मौसा श्री अघोरनाथ ने शरत् को

वहाँ आने का निमंत्रण दिया था। वही निमंत्रण इस निश्चय का कारण बना लेकिन उनके दो छोटे भाई और एक बहन भी थी। मामा लोगों से तो कोई आशा नहीं हो सकती थी क्योंकि शरत् उनके लिए एक दुश्चरित्र व्यक्ति था। बहन सुशीला बहुत छोटी थी। उसकी प्रसूति में ही माँ की मृत्यु हुई थी। मकान मालकिन ने ही एक तरह से उसे पाला था। उसी ने उसको रख लिया। अपने से छोटे भाई प्रभासचन्द्र को उन्होंने टेलीग्राफ का काम सीखने के लिए अपने एक मित्र के पास छोड़ दिया तथा उससे छोटा भाई था, प्रकाश। उसे वह अपने छोटे नाना के पास जलपाईगुड़ी ले गए। नाना बहुत नाराज़ थे लेकिन नानी शरत् को प्यार करती थी। वह उस परिवार की पढ़ी-लिखी प्रबुद्ध महिला थीं और साहित्य का पहला पाठ शरत् ने उन्हीं की पाठशाला में पढ़ा था, इसलिए प्रकाश को वहाँ शरण मिल गई।

परिवार से मुक्ति पाकर शरत् बर्मा जाने के प्रयास में कोलकाता पहुँचे। वहाँ उनके समवयस्क मामा लोग थे। उनके मित्र सौरीन्द्र मुखर्जी भी वहीं थे। एक मामा के पास अर्ज़ी लिखने का काम करते हुए और इन मित्रों की संगति में रहते हुए उन्होंने कुछ दिन वहाँ काटे। उन दिनों वहाँ एक कहानी प्रतियोगिता भी चलती थी। शरत् तब तक बहुत कुछ लिख चुके थे, 'देवदास', 'मंझली दीदी', ये सब उसी काल की रचनाएँ हैं जो इधर-उधर उनके मित्रों के पास पड़ी रह गईं। बहुत आग्रह करने पर उन्होंने इस 'कुन्तलीन पुरस्कार प्रतियोगिता' के लिए एक कहानी लिखी लेकिन उसे अपने नाम से न भेजकर अपने सबसे प्रिय मामा सुरेन्द्रनाथ के नाम से भेजा और उसके बाद वह एक दिन चुपचाप बर्मा के लिए रवाना हो गए। उनके जीवन का एक पर्व यहाँ समाप्त हो जाता है। इसे मैंने 'दिशाहारा' नाम दिया है। अब वह दिशा की खोज में निकल पड़े थे।

वह कब कहाँ रहे, कब कोलकाता पहुँचे, इन सब बातों का पता लगाने में मुझे बहुत परेशानी हुई लेकिन सौभाग्य से जब मैं अपना काम समाप्त कर रहा था तो, मुझे उनके एक मामा देवेन्द्रनाथ गांगुली के पुत्र के पास एक पत्र मिला। यह पुत्र दिल्ली में ही रहते हैं। वह पत्र 20 दिसम्बर, 1902 का लिखा हुआ था। वह उन्होंने अपनी जीजी के गाँव गोविन्दपुर, जो कोलकाता के बहुत निकट है, से अपने एक और मामा गिरीन्द्रनाथ को लिखा था। उनके हाथ का लिखा यही सबसे पहला पत्र मिलता है और इस पत्र से उनके भागलपुर से मुजफ्फरपुर जाने और मुजफ्फरपुर से लौटकर भागलपुर आने की तिथियाँ स्पष्ट हो गईं। यह भी स्पष्ट हो गया कि वह जनवरी, 1903 में बर्मा पहुँचे थे।

जब मेरी खोज यात्रा जारी थी उस समय उनके मामाओं में उपेन्द्रनाथ गांगुली, जो बांग्ला भाषा के प्रसिद्ध लेखक हुए हैं, जीवित थे और मित्रों में जीवित थे—विभूतिभूषण भट्ट और सौरीन्द्रनाथ मुखर्जी।

विभूतिभूषण भट्ट उनके बहुत प्रिय मित्र थे और सुप्रसिद्ध उपन्यास लेखिका निरुपमा देवी के भाई थे लेकिन निरुपमा और शरत् के सम्बन्धों को लेकर वह बहुत नाराज़ भी थे। उन्होंने मुझे कुछ विशेष नहीं बताया। कह दिया कि मैं

सबकुछ भूल चुका हूँ, काफी वृद्ध थे। वृद्ध तो श्री उपेन्द्रनाथ गांगुली भी थे। उनसे बहुत आशा थी लेकिन मेरी पहली मुलाकात के बाद ही उनकी मृत्यु हो गई। फिर भी उनसे मैं एक बहुत महत्त्वपूर्ण बात जान सका। शरत् बाबू की पत्नी, 'हिरण्मयी देवी' को लेकर बहुत अपवाद फैले हुए हैं। अनेक मित्रों ने अनेक रूप में उनकी कहानी लिखी है। सत्य यही है, जैसा कि श्री गांगुली ने बताया कि हिरण्मयी देवी कौन थीं यह कोई नहीं जानता। यही बात मुझे शरत् की बड़ी बहन के परिवार की एक वधू ने भी बड़े विश्वास के साथ बताई थी। वह बहुत ही सुशील और सभ्य व बुद्धिमती थी। उन्होंने कहा था कि बहुत से लोग उनके पास उनके जीवन का रहस्य जानने आते थे और लौटने पर उनके नाम से अनेक प्रकार के वक्तव्य प्रकाशित कर देते थे लेकिन सच तो यही है कि उन्होंने कभी किसी को कुछ नहीं बताया।

इस महिला की एक और बात से मैं बहुत प्रभावित हुआ। सन् 70 में जब मैं उनके घर गया था तब हिरण्मयी देवी जीवित थीं लेकिन जलंधर रोग से पीड़ित थीं। इस रोग में पेट में पानी पड़ जाने के कारण पेट फूल जाता है, शेष शरीर सूख जाता है। मैं उनके कमरे में प्रवेश करने वाला ही था कि उस महिला ने मुझसे अनुनय के स्वर में कहा "मेरी प्रार्थना है कि आप उनके पास मत जाइए, वह बात तो कर ही नहीं सकेगी, उसके अतिरिक्त उनको देखकर आपके मन पर अच्छा प्रभाव नहीं पड़ेगा।"

मैं तुरन्त उनकी बात समझ गया। किसी प्रिय व्यक्ति की अंतिम छवि का प्रभाव मन पर अच्छा ही रहना चाहिए। उनके उस कुरूप रूप को देखकर मैं सचमुच ही विचलित हो उठता।

श्री उपेन्द्रनाथ गांगुली से मुझे एक और महत्त्वपूर्ण बात मालूम हुई। शरत् बहुत बदनाम हो चुके थे। उनके रिश्तेदार उन्हें अपने पास नहीं आने देते थे और वह भी बदला लेने के लिए जब कभी कलकत्ता आते तो किसी के पास नहीं जाते थे, वेश्याओं के मोहल्ले में ठहरते थे। सन् 1911 में जब वह कोलकाता आए तो 'भारती' में प्रकाशित कहानी के कारण अपने रिश्तेदारों में उनकी साख बढ़ गई थी। उपेन्द्रबाबू ने अपनी आत्मकथा में भी लिखा है कि वह मुझसे मिलने के लिए मेरे घर आए पर मैं वहाँ पर नहीं था। वह अपना पता छोड़कर चले गए, वह पता वेश्याओं की गली का था। मैं घबरा गया लेकिन अब तो उनसे मिलना जरूरी था इसलिए मैं उस पते पर पहुँचा। देखा एक युवती शृंगार कर रही है। मैंने पूछा "क्या यहाँ बर्मा से शरत्चन्द्र चट्टोपाध्याय नाम के कोई व्यक्ति आए हैं।"

मेरा प्रश्न सुनते ही इस युवती का चेहरा खिल उठा, "शरत् दादा को पूछ रहे हैं, ऊपर चले जाइये। किताबों के ढेर के बीच में जो व्यक्ति बैठा है वही शरत्चन्द्र है।" उस समय वह 'चरित्रहीन' लिख रहे थे।

इन खोज यात्राओं में मुझे इस तरह के, अच्छे और बुरे दोनों ही प्रकार के अनुभव हुए। जैसा कि मुजफ्फरपुर में हुआ, सत्य और असत्य के बीच की

रेखा को पहचानना असम्भव जैसा हो जाता था। बर्मा जाने से पूर्व शरत् बहुत कुछ लिख चुके थे। 'चरित्रहीन' का लिखना भी आरम्भ हो चुका था लेकिन जब वह बर्मा रवाना हुए तो यह कोई नहीं जानता था कि ये रचनाएँ जो इधर-उधर बिखरी पड़ी हैं, यही उन्हें एक दिन प्रसिद्धि के शिखर पर पहुँचा देंगी। उन्हें अपनी रचनाओं से तनिक भी मोह नहीं था।

सौरीन्द्र मोहन मुखर्जी ने मुझे बहुत कुछ बताया जो उनके जीवन के दोनों पक्षों को उजागर करता है लेकिन 'वैरागी मन' वाला व्यक्ति और कुछ भी हो सकता है, 'छोटा' नहीं हो सकता। मैं निरन्तर इसी तथ्य की खोज में भटकता रहा। मैं जब सौरीन्द्र मोहन मुखर्जी से मिलने गया था तो वह एक कुर्सी पर बैठे हुए थे। उनके सामने एक छोटा-सा तख़्त पड़ा हुआ था जिस पर एक कालीन बिछा हुआ था। मैं उसी पर बैठ गया। यह देखकर मुखर्जी महोदय बोले, "जहाँ आप बैठे हैं, वहीं उनचास वर्ष पूर्व शरत्चन्द्र भी बैठे थे।" यह सुनकर मेरा मन कैसा हो आया, बता नहीं सकता। आनन्द का वह उद्रेक न जाने मुझे किस लोक में ले गया।

इसीलिए अपनी यात्रा में मैं विशेष रूप से उन स्थानों की खोज करता जिनका सम्बन्ध शरत् से गहरा रहा और कल्पना करता उस युग की जब शरत् जीवित थे और उन स्थानों में रहते थे–उनके हावड़ा स्थित मकान में जाने पर वे चित्र मेरी आँखों के सामने घूम गए जब इलाचन्द्र जोशी उनसे बहस करते-करते आयु की सीमा लाँघ जाते थे। मैंने वह पेड़ भी देखा जिसके नीचे श्रीकान्त–चौथे पर्व का 'गौहर' रामायण लिखा और पढ़ा करता था। उन पथ घाटी पर चलते हुए मुझे शरत् के पदचाप सुनाई देते थे। वे कहकहे सुनाई देते जो देर रात की लगी महफिलों में उठते थे। वास्तव में मुझे उसी शरत् की खोज थी इसलिए उन स्थानों पर भी गया जहाँ उनके उपन्यास के पात्र रहते थे। सपेरे की लड़की का घर तो अब नहीं रहा था लेकिन वह स्थान अवश्य था। वहीं खड़े होकर मैंने उस समाज द्वारा सताई गई महिमामयी नारी को साक्षात् देखा।

यही अवस्था मेरी तब हुई जब डेरी-ओन-सोन में, मैं उस मकान में गया। जहाँ 'गृहदाह' की द्वन्द में फँसी 'अचला' ने अपने पति के मित्र सुरेश को न चाहते हुए भी आत्मसमर्पण किया था। शरत् ने उस समय का जो वर्णन किया है उसे जैसे मैं घटते हुए देख रहा था।

ऐसे अनुभव मुझे बार-बार हुए। इसलिए मुझे एक क्षण को भी यह नहीं लगा कि मैं अपने जीवन के सर्वोत्तम चौदह वर्ष किस 'दिशाहीन सफ़र' के लिए अर्पित कर रहा हूँ। दिशाहीनता वास्तव में बाहरी थी। अन्तर में तो मेरे सामने दिशा-ही-दिशा थी।

लेकिन मैं तो सौरीन्द्र मोहन मुखर्जी की बात कह रहा था। मैंने उनसे पूछा था, "शरत् बाबू इस तख़्त पर आकर बैठे थे तो आपसे क्या बातें हुई थीं ?"

मुखर्जी बाबू ने तब मुझे वह कहानी सुनाई जिसने विषपायी शरत् को जग को अमृत देने वाला शरत् बना दिया। उन्होंने कहा शरत् कोलकाता छोड़कर

चले गए थे। कहाँ थे ? मुझे ठीक पता नहीं था। मैंने बी.ए. पास किया तो 'भारती' की सम्पादिका श्रीमती सरलादेवी चौधरानी, जिनका सम्बन्ध ठाकुर परिवार से था लेकिन विवाह उन्होंने पंजाब के सुप्रसिद्ध नेता श्री रामनजदत्त चौधरी से किया था, ने मुझे बुलाया और 'भारती' के सम्पादन का कार्य भार सौंपना चाहा। तब सौरीन्द्र मोहन ने उन्हें शरत् की एक उपन्यासिका 'बड़ी-दीदी' की पांडुलिपि पढ़ने को दी। पढ़कर वह चमत्कृत हो उठी और कहा कि इसे तुरन्त 'भारती' में छपने के लिए दे दो। तीन भागों में छापो। शुरू में लेखक का नाम मत दो। ऐसा ही किया गया। कहते हैं 'भारती' का वह अंक प्रकाशित होते ही कोलकाता के साहित्यिक जगत् में हलचल मच गई। सब लोगों ने यही समझा कि यह रचना रवीन्द्रनाथ की है। यह बात रवीन्द्रनाथ के पास भी पहुँची। उन्होंने उस कहानी को पढ़ा और कहा सचमुच रचना बड़ी चमत्कारपूर्ण है लेकिन मेरी नहीं है। जिसकी भी हो वह असाधारण रूप से प्रतिभाशाली लेखक है।

क्या आज का लेखक यह विश्वास कर सकता है कि शरत्चन्द्र ने बर्मा में यह कहानी सुनी और आठ साल तक इस ओर ध्यान ही नहीं दिया। जब, 1911 में वह छुट्टी लेकर कोलकाता आए तब सौरीन्द्र मोहन से उन्होंने कहा, ''भाई, तुमने मेरी कौन सी कहानी छाप दी थी कि तहलका मच गया, मुझे पढ़कर तो सुनाओ।''

तब मैंने उन्हें 'बड़ी दीदी' पढ़कर सुनाई और वह इसी तख्त पर लेटे हुए सुनते रहे। बीच-बीच में भावाकुल होकर उठ बैठते और कहते, ''अच्छी तो लिखी है, अब मैं फिर लिखूँगा।''

उस दिन शरत् का नया जन्म हुआ और सौरीन्द्र मोहन से बातें करते-करते मुझे लगा जैसे मेरा भी नया जन्म हुआ। सचमुच 'आवारा मसीहा' लिखकर मैंने अपने को ही फिर से पाया है और इतना कुछ सीखा है जो मैं अपने पहले जीवन में नहीं सीख सका था। लेकिन अभी तो यात्रा का श्रीगणेश ही है इसीलिए मैं यहाँ से तुरन्त अपने मित्र श्री यशपाल जैन के साथ बर्मा के लिए रवाना हो गया।

## 7

शरत्चन्द्र तेरह वर्ष बर्मा में रहे। जिस समय उन्होंने कोलकाता छोड़कर रंगून की राह ली थी, उस समय वह तिरस्कृत, उपेक्षित और दिशाहारा थे लेकिन जब तेरह वर्ष बाद कोलकाता लौटे तब वह अप्रतिम कथा-शिल्पी के रूप में प्रसिद्ध हो चुके थे। इस अवधि में उनका जीवन किस प्रकार बीता, यह बहुत कम लोग जानते हैं। कम-से-कम पहले नौ वर्ष के जीवन के सम्बन्ध में कोई अधिकृत जानकारी नहीं मिल सकी है। इसी प्रयत्न में सन् 1960 में मैं बर्मा गया था। शरत् के समकालीन बहुत कम व्यक्ति वहाँ रह गए थे। जो थे वे भी अधिकारपूर्वक

कुछ कहने की स्थिति में नहीं थे। उनकी खोज लेने में भी काफ़ी असुविधा का सामना करना पड़ा। कई मित्रों के अनथक प्रयत्न से ही मैं उन तक पहुँच सका। उनमें से कुछ लोग भारत लौट आए हैं।

शरत् बाबू के समकालीन और परिचित व्यक्तियों में से जो मेरी यात्रा के समय रंगून में रहते थे। उनमें वर्मा आर्ट प्रेस के श्री नगेन्द्रनाथ दास, केप्टन ए.एन. विश्वास और श्री एस.सी. दास ने निश्चय ही मेरी सहायता की। कुछ और व्यक्तियों से भी मेरी भेंट हुई, लेकिन उन्होंने न तो शरत् को कभी देखा था और न व्यक्तिगत रूप से वे उनके सम्बन्ध में कुछ जानते थे। हाँ, अपने बड़ों से शरत् के सम्बन्ध में सुना अवश्य था। उनमें प्रमुख हैं, डॉ. अमियकुमार सेन और श्री एस.एन. चटर्जी। श्री सेन के पिता शरत् के साथ एक ही कार्यालय में काम करते थे। उन्होंने मुझे चेतावनी दी कि जो कुछ अपने पिता से उन्होंने सुना है ठीक शब्द उन्हें याद नहीं हैं। इन बातों का उपयोग बड़ी सावधानी से करना होगा। उनके पिता शरत् के मात्र सहकर्मी थे। किसी भी दृष्टि से मित्र नहीं थे।

श्री एस.सी. चटर्जी शरत् के भारत लौट आने के बाद बर्मा गए थे, लेकिन वह उसी मेस में ठहरे थे जिसमें कभी शरत् रहते थे। उनके बहुत से मित्र श्री चटर्जी के जाने तक वहीं रह रहे थे। उन्होंने ही श्री चटर्जी को शरत् के सम्बन्ध में अनेक कहानियाँ सुनाईं।

शरत् जनवरी सन् 1903 में रंगून पहुँचे थे लेकिन सन् 1911 के मध्य तक वह प्रत्यक्ष रूप में कोलकाता में या अपने और मित्रों से व्यक्तिगत रूप से नहीं मिले। इसलिए श्री सत्येन्द्रनाथ चटर्जी से मिलने पर स्वाभाविक रूप से मैंने इसी काल के जीवन के सम्बन्ध में जानकारी प्राप्त करने की चेष्टा की। उन्होंने कहा–"शरत् जब रंगून पहुँचे, तब मैं 14 वर्ष का था। दो वर्ष वह हमारे घर रहे। मेरी माँ उन्हें अपने पुत्र के समान ही मानती थी। उन्हें संगीत से बहुत प्रेम था। बहुत अच्छा गाते थे। उन्होंने मेरी बहन को संगीत की शिक्षा दी।"

मेरे पिता रंगून के प्रसिद्ध वकीलों में थे। वह धनी और उदार व्यक्ति थे। वह चाहते थे कि शरत् भी वकील बने। इसके लिए उन्होंने शरत् से बर्मी भाषा सीखने के लिए कहा। शरत् ने प्रयत्न भी किया लेकिन वह परीक्षा पास नहीं कर सके। तब वह रेलवे विभाग में क्लर्क हो गए। अचानक जनवरी, 1905 में मेरे पिता की मृत्यु हो गई। उस समय मेरी माँ कोलकाता में थी। वह अपने बड़े भाई के साथ तुरन्त रंगून लौटी। मेरे यह मामा शायद शरत् से प्रसन्न नहीं थे। मैं नहीं जानता क्या बात हुई ? शरत् को हमारा घर छोड़ना पड़ा और जहाँ तक मुझे याद है वह तब दुःखी होकर पोंगी (बौद्ध साधु) हो गए थे। बाद में शायद वह डिप्टी एग्जामिनर, पब्लिक अकाउण्ट्स के कार्यालय में क्लर्क हो गए।

संगीत के कारण शरत् का परिचय मणीन्द्रनाथ मित्र से हुआ, जो अकाउण्ट्स विभाग में एक बड़े अधिकारी थे। शरत् ने उनकी पुत्री को भी संगीत की शिक्षा दी और उन्हीं के कारण उन्हें नौकरी मिल सकी।

घर छोड़ने के बाद मैंने उन्हें फिर कभी नहीं देखा केवल सुना ही कि वह बोहेमियन जीवन बिता रहे हैं और उन्होंने किसी चरित्रहीन लड़की से विवाह भी कर लिया है लेकिन कुछ भी हो उनका हृदय बहुत विशाल था। मैं उनके सम्बन्ध में इतना ही जानता हूँ।

यद्यपि यह विवरण मैं उनसे प्रमाणित नहीं करा सका, लेकिन दूसरे अनेक स्रोतों से जान सका कि स्थूल रूप से ये तथ्य ठीक ही हैं। केवल मामा के नाम को लेकर मतभेद है। जहाँ तक शरत् बाबू के स्वभाव का सम्बन्ध है, उपर्युक्त सभी व्यक्तियों ने इस बात का समर्थन किया है कि वह एकान्त में रहना पसन्द करते थे। लजीले थे। निम्नवर्ग के लोगों में रहते थे। भद्र लोग प्रायः उनसे मिलना पसन्द नहीं करते थे। श्री बी.वी. मुखर्जी ने कहा—उनके उपन्यास 'पाथेर दाबी' से स्पष्ट है कि उनका सम्बन्ध और उनकी सहानुभूति अधिकतर निम्न वर्ग के लोगों से थी। श्री नगेन्द्रनाथ दास के शब्दों में "शरत्चन्द्र बहुत ही भावुक व्यक्ति थे। किसी सीमा तक उन्हें सनकी भी कहा जा सकता है।"

भद्र लोग उनसे मिलना क्यों नहीं पसन्द करते थे—श्री जी. चौधरी का वक्तव्य इस बात पर अच्छा प्रकाश डालता है। उन्होंने कहा—"वह लोअर पोजंगडन रोड पर 'विराज' नाम की एक स्त्री के साथ रहते थे। उनके पास बहुत कम लोग जाते थे। मैं उनका पड़ोसी था, लेकिन मैं उनके कमरे में कभी नहीं गया। वह अफीम खाते और शराब पीते थे। वह एक निकृष्ट प्रकार का जीवन बिता रहे थे और मैं उनसे हमेशा बचता था।"

वही क्यों ? अधिकतर भद्र लोग उनसे बचते थे। इस बचने का कारण देते हुए चौधरी महोदय ने शराब और निम्न वर्ग की स्त्रियों से उनके सम्बन्ध की चर्चा की है। मैंने इन दोनों बातों के बारे में सत्य का पता लगाने की चेष्टा की। शराब वह निश्चय ही पीते थे। इसकी चर्चा श्री एस.सी. चटर्जी ने भी की। उन्होंने बताया—"मैंने सुना है वह शराब पीते अवश्य थे, किन्तु अधिक नहीं। अफीम अवश्य खाते थे।" केप्टन ए.एन. विश्वास के शब्दों में—"मैं उसी मेस में रहता था जिसमें शरत् बाबू थे। वास्तव में अनेक मित्र उसी मेस में इकट्ठे रहते थे। उस समय का शरत् बाबू का जीवन ऐसा था जिसे उनके मित्र पसन्द नहीं करते थे। वह रात में एक बजे से पहले कभी नहीं लौटते थे। कभी-कभी तो सवेरे ही लौटते थे। उस समय उनको द्वार खुलवाना बहुत कठिन हो जाता था। मैं आयु में सबसे छोटा था और अपने बड़े भाई के साथ रहता था। इसलिए सभी मुझे 'कनिष्ठ' कहते थे। मुझे याद है एक रात शरत् बड़ी देर से लौटे। उन्होंने द्वार खुलवाने के बहुत प्रयत्न किए, लेकिन किसी ने उनकी ओर ध्यान नहीं दिया। अन्त में मुझसे न रहा गया। मैंने दरवाजा खोल दिया। उन्होंने मुझे तुरन्त गले से लगाया और कहा—कनिष्ठ! केवल तुम्हीं मुझे प्यार करते हो। "उसके बाद उन्होंने कै कर दी। वह खूब शराब पीते थे।"

वह शराब पीते थे, यह बात मैं और स्रोतों से भी जान सका लेकिन निश्चय ही उनके सम्बन्ध में जो कहानियाँ प्रचलित हो गई हैं वे अत्यधिक अतिरंजित

हैं। इसी प्रकार निम्न वर्ग की स्त्रियों से उनके सम्बन्ध को लेकर भी बहुत गलतफहमी पैदा हो गई है। श्री चौधरी ने किसी विराज नाम की स्त्री से उनका सम्बन्ध बताया है। श्री नगेन्द्रनाथ दास ने भी कहा—"वह निम्न श्रेणी की महिलाओं में बड़ी रुचि लेते थे। उनकी पहली पत्नी शान्ति देवी एक लुहार की लड़की थी। इस विवाह से उनका जीवन बहुत संयमित हो गया था लेकिन दुर्भाग्य से उनकी इस पत्नी और नवजात शिशु दोनों की मृत्यु हो गई और शरत् फिर जीवन की पुरानी पगडंडियों पर चलने को विवश हो गया। केप्टन विश्वास के शब्दों में--हम में से अधिकतर उन्हें अविवाहित ही मान कर चलते थे। हाँ, बीटाटोंग में रहने वाली निम्न वर्ग की औरतों के पास वह अक्सर जाया करते थे। बहुत से व्यक्ति शरत् को आवारागर्द समझते थे, लेकिन वास्तव में वह मनमौजी व्यक्ति थे। श्री एस.सी.दास, जिनसे मैं विवेकानन्द क्लब में मिला था, इतना ही बता सके कि शरत् किसी 'शशितारा' नाम की स्त्री के साथ रहते थे।

अलग-अलग नामों से इस महिला की सभी व्यक्तियों ने चर्चा की है, लेकिन यह कोई नहीं जानता कि वह थी कौन। जहाँ तक मैं समझ सका हूँ वह उनकी दूसरी पत्नी हिरण्मयी देवी ही थी। शरत् ने शुरू में उनके साथ विधिवत विवाह नहीं किया था। कोलकाता आकर ही वह उसे कानूनी रूप दे सके, क्योंकि वसीयतनामे में उन्हें स्पष्ट ही पत्नी कहा गया है। इस सम्बन्ध में डॉ. अमियकुमार सेन ने मुझे जो कहानी सुनाई, वह बहुत ही रोचक है। उन्होंने कहा—उन दिनों रंगून में ब्रह्मसमाज की बड़ी प्रतिष्ठा थी। प्रतिवर्ष जनवरी में माघोत्सव मनाया जाता था। ब्रह्मसमाजी और हिन्दू दोनों ही उसमें बड़े उत्साह के साथ भाग लेते थे। ऐसे ही एक अवसर पर मृदंग की आवश्यकता हुई। पता लगा शरत्चन्द्र के पास मृदंग मिल सकता है। उस समय वह निम्न वर्ग के लोगों के बीच में रहते थे। मेरे पिता वहाँ गए। शरत् ने उनका स्वागत करते हुए पूछा—मैं आपकी क्या सेवा कर सकता हूँ ? पिताजी ने बताया कि माघोत्सव के लिए मृदंग की आवश्यकता है। क्या शरत् के लिए उसे देना सम्भव होगा ? खूँटी पर टंगे मृदंग की ओर इशारा करते हुए शरत् ने कहा, 'आप इसे बड़ी खुशी से ले जा सकते हैं।' तब मेरे पिता ने पूछा कि क्या कोई मजदूर मिल सकेगा ? लेकिन रविवार का दिन होने के कारण कोई व्यक्ति नहीं मिला। उस समय पास के कमरे से एक महिला ने विनम्र स्वर में कहा—भक्ति थाक ले मुटेर दरकार कि अर्थात् जो सचमुच भक्त है उसे सहायता की आवश्यकता क्यों ? शायद ठीक ये ही शब्द नहीं थे, लेकिन मेरे पिता पर इस वाक्य का गहरा प्रभाव पड़ा। उन्होंने उस नारी के विवेक और स्पष्टता की सराहना की और वह स्वयं मृदंग उठा कर ले आए। वह महिला कौन थी ? शरत् से उसका क्या सम्बन्ध था ? इसकी चिन्ता न मेरे पिता ने ही की और न मैंने ही। इतना अवश्य जानता हूँ कि वह बंगाली हिन्दू महिला थी।

उनका चरित्र चाहे कैसा भी रहा हो, लेकिन इस बात को सभी ने एक स्वर में स्वीकार किया कि शरत् बहुत उदार थे और सेवा करने का कोई अवसर

नहीं चूकते थे। डॉ. अमियकुमार सेन के शब्दों में, "मेरे पिता ने यह भी बताया था कि जोगेन्द्र सरकार ने उनसे शरत् बाबू की सेवा-भावना और साहस की चर्चा की थी। वह प्लेग के रोगियों की देखभाल किया करते थे।" वर्मा आर्ट प्रेस के श्री नगेन्द्रनाथ दास ने बताया, "सेवा करने का उन्हें बहुत शौक था। हमने सेवा-सत्कार समिति की स्थापना की थी। वह घर-घर जाकर प्लेग से पीड़ित व्यक्तियों की देखभाल करते थे। उन दिनों बार-बार भयानक रूप में प्लेग फैलती थी। मैंने शरत् को आग बुझाते भी देखा है। शराब पीते कभी नहीं देखा। वह बहुत उदार थे। कष्ट में पड़े व्यक्तियों की सदा सहायता करते थे। बहुत से व्यक्ति जीविका की तलाश में भारत से बर्मा आते थे और यहाँ आकर मुसीबत में पड़ जाते है शरत् उनको वापस भारत भेज देते थे। उनका किराया-भाड़ा अपनी जेब से दे देते थे।"

उनके स्वभाव की कई और विशेषताएँ थीं। पशु-पक्षी पालने का उनको शौक था लेकिन उनका सबसे बड़ा शौक था—अध्ययन। श्री नगेन्द्रनाथ दास ने उनको चित्र बनाते हुए भी देखा था, लेकिन वह शौक बहुत आगे नहीं बढ़ सका। अध्ययन और साहित्य-साधना ने ही शरत् को शरत् बनाया और अपने बर्मा प्रवास में वह निरन्तर इस साधना में रत रहे। श्री बी.बी. मुखर्जी के शब्दों में—शरत् ने बर्मा में अपना अधिकतर समय अध्ययन में बिताया। उन्होंने बर्नाड फ्री लाइब्रेरी की सभी पुस्तकें पढ़ डालीं। उनमें लिखने की सहज क्षमता थी। वह बहुत बड़े साधक थे। बंकिमचन्द्र या रवीन्द्रनाथ की पुस्तकें वह कंठस्थ कर लेते थे फिर अपनी भाषा में लिख डालते थे। कई बार लिखते थे। इसी प्रकार उन्होंने अपनी शैली को परिमार्जित किया।

वर्मा आर्ट प्रेस के श्री नगेन्द्रनाथ दास ने इस बात का पूर्ण समर्थन करते हुए कहा—'वह बराबर लिखते रहते थे। हाँ, सभा आदि में वह अपने लेख नहीं पढ़ते थे। कोई और ही पढ़ता था। एक बार उनसे एक सभा में सभापतित्व करने के लिए कहा गया। वह एक भाषणकर्त्ता के विचारों से सहमत नहीं हो सके और वाद-विवाद के बाद ही बीच में उठकर चले गए।

उनकी साहित्य-साधना के सम्बन्ध में चर्चा करते हुए केप्टन ए.एन. विश्वास ने कहा—शरत् बाबू को लिखने का बहुत शौक था। वह कागज के टुकड़ों पर या कभी-कभी लिफ़ाफ़ों पर ही कहानी लिख डालते थे। जब आफिस सुपरिन्टेंडेंट से उनका झगड़ा हो गया तब उनके मित्रों ने कहा, तुम कहानियाँ लिखते हो तो दफ्तर में क्यों सड़ रहे हो ? नौकरी छोड़ो और खूब लिखो। शरत् ने उनकी सलाह मान ली।

श्री एस.सी. चटर्जी ने कहा—"शरत् के एक सहकर्मी श्री बिहारीलाल कोल्ह ने उन्हें बताया था कि जब सभी लोग सो जाते थे तब शरत् लालटेन सामने रखकर लिखते रहते थे। उनके साथी आपत्ति करते, उनका मज़ाक उड़ाते और जब कभी शरत् अपना लिखा हुआ उन्हें सुनाना चाहते तब वे उनकी और भी खिल्ली उड़ाते। कहते—'क्या कूड़ा लिखा है ?' शरत् बाबू कभी भी निरुत्साह

नहीं होते थे, लेकिन अन्त में जब उनका वहाँ रहना असम्भव हो गया तब उन्होंने वह मेस छोड़ दिया और उस महिला के साथ जाकर रहने लगे जिसके साथ उनकी मित्रता थी। वह एक साधारण क्लर्क थे, इसलिए उनके साथी यह मानने के लिए कभी तैयार नहीं होते थे कि वह एक दिन लेखक हो सकते हैं।''

डॉ. अमियकुमार सेन ने मुझे बताया कि कोलकाता लौट जाने के कुछ दिन बाद शरत् ने उनके पिता के पास अपनी पुस्तक 'पल्ली समाज' की एक प्रति अपने हस्ताक्षर सहित भेजी थी। मेरे पिता ने उनकी लेखन शैली की बहुत प्रशंसा की थी। मैं तो तब 14-15 वर्ष का किशोर ही था।

बहुत कम लोग जानते हैं कि शरत् अच्छा गा लेते थे। वास्तव में साहित्य के क्षेत्र में प्रसिद्ध हो जाने के बाद उन्होंने कभी गाने की चेष्टा नहीं की। उन्हें संगीत का विशेष ज्ञान भी नहीं था, लेकिन उनका कण्ठ बहुत मधुर था। यह कहना अतिशयोक्ति नहीं होगी कि इस मधुर कण्ठ के कारण ही वह बर्मा में रह सके थे। लगभग सभी व्यक्तियों ने उनके कण्ठ-स्वर की प्रशंसा की है। श्री बी.बी. मुखर्जी ने मुझे बताया—''मैंने सुना है वह किसी ओपेरा पार्टी में भी काम करते थे। वह बहुत सुन्दर गाते थे। इतना कि श्रोता मुग्ध हो उठते थे।''

इस बात की पुष्टि तो उनके मित्रों और विरोधियों सभी ने की। श्री चौधरी ने बताया तब बंगालियों के दो क्लब थे। एक बंगाल क्लब और दूसरा बंगाल सोशल क्लब। शरत् बंगाल क्लब के सदस्य थे। श्री मणीन्द्र मुखर्जी भी वहीं थे उन्होंने शरत् को इसी कारण नौकरी दिलाई थी। मुझे एक घटना की याद है। तब मैं डी. बर्न एण्ड कम्पनी में काम करता था। वहीं प्रमथनाथ चक्रवर्ती भी थे। हम सब म्यूजिक क्लब के सदस्य भी थे। किसी बात पर शरत् और प्रमथनाथ का झगड़ा हो गया और वह इतना बढ़ा कि प्रमथनाथ ने अपनी सहायता के लिए कम्पनी के दो सौ कुली बुला लिए। शरत् ने भी पचास गुण्डे इकट्ठे कर लिए, लेकिन सौभाग्य से कोई झगड़ा नहीं हुआ। समझौता हो गया। शरत् ने उस क्लब की सदस्यता छोड़ दी।

प्रारम्भ में श्री सत्येन्द्रनाथ चटर्जी ने उनके साधु हो जाने की चर्चा की थी। मैंने दूसरे व्यक्तियों से भी इस बात को प्रमाणित कराने की चेष्टा की, लेकिन श्री बी.बी. मुखर्जी महोदय को छोड़कर कोई भी इस पर प्रकाश नहीं डाल सका। उन्होंने भी इतना ही कहा—एग्जामिनर के कार्यालय में काम करने से पहले शायद ऐसा हुआ था लेकिन उसके बाद तो उनके पास साधु बनने का समय ही नहीं था। वैसे वह वैष्णव धर्म के मानने वाले थे। एक बार कोलकाता से लौटते हुए उनके पास 'चैतन्य चरणामृत' देखकर कस्टम आफिसर ने पूछा, 'यह क्या है ?' तब उन्होंने उस पुस्तक के कई पृष्ठों का अनुवाद करके उसे दिया। उसके लिए बाद में उस विभाग ने उनके प्रति कृतज्ञता ही प्रकट की।

श्री बी.बी. मुखर्जी ने अन्त में मुझसे एक घटना की चर्चा करते हुए कहा—''इस घटना ने शरत्चन्द्र का जीवन पलट दिया। उनके कार्यालय में एक एंग्लो-इंडियन सुपरिन्टेंडेंट था। किसी बात को लेकर शरत् बाबू का उससे झगड़ा

हुआ। सुपरिन्टेंडेंट ने उन्हें पीटा वह ए.जी. के पास गए। सारी कहानी सुन लेने के बाद ए.जी. ने कहा—'तुम मेरे पास सुपरिन्टेंडेंट की शिकायत लेकर आए हो। मैं इसके विरुद्ध उचित कार्रवाई करूँगा लेकिन तुम्हारा यहाँ इस प्रकार आना उचित नहीं हुआ। अगर तुम बदले में सुपरिन्डेंटेंट को पीट कर मेरे पास आते तो मैं तुम्हारी बात समझ सकता था।' ''

उसके बाद शरत् बाबू ने त्यागपत्र दे दिया और अपना सारा समय लिखने में बिताने लगे।

यह घटना मूल रूप में सही है, लेकिन जितने भी व्यक्तियों ने इसका वर्णन किया उन सभी की व्याख्या एक-दूसरे से बिलकुल भिन्न थी। झगड़े का कुछ भी रूप रहा हो, लेकिन इसमें सन्देह नहीं कि इसके कारण ही उन्होंने अन्तिम रूप से त्यागपत्र दिया और भारत लौटकर साहित्य-साधना में रत हो गए।

इन व्यक्तियों से मिलने के अतिरिक्त मैंने उन स्थानों को भी देखा जिन का शरत् बाबू से किसी-न-किसी रूप में कोई सम्बन्ध था। कुछ मेस गिर चुके हैं। एक-आध अभी अपने बदले हुए रूप में मौजूद हैं। जिस मकान में जाकर वह बाद में रहने लगे थे वह द्वितीय महायुद्ध में नष्ट हो गया था, लेकिन उसी स्थान पर एक दूसरा मकान बन गया था। यही मकान 'पाथेर दाबी' के सव्यसाची की क्रान्तिकारी गतिविधियों का केन्द्र था। अंतिम बार वह इसी मकान से बिदा हुए थे। जब मैं बालकनी में खड़ा था तो 'पाथेर दाबी' का वह अंतिम दृश्य मेरी आँखों में घूम रहा था। वही मैदान, वही वृक्ष और वही नदी, जिसमें वह सरदारजी के साथ नाव में बैठकर, अन्तिम बार आँखों से ओझल हो गए थे। उस दिन भी वहाँ सब कुछ वैसा ही था। अन्त में जिस कार्यालय में वह काम करते थे, वह आज भी वैसा ही मौजूद है। अपने उपन्यासों में उन्होंने बर्मा के जिन स्थानों और बर्मी जन-जीवन की जो तस्वीर पेश की है वह यत्किंचित परिवर्तन के साथ आज भी वैसी ही है। 'पाथेर दाबी' में आए लगभग सभी स्थानों को मैं बड़ी आसानी से पहचान सका। उपर्युक्त व्यक्तियों में से कई ने मुझे बताया कि इस उपन्यास में जिन क्रान्तिकारियों की चर्चा आई है, उनमें से कई रंगून में काम करते थे और शरत् के मित्र थे। लेकिन उनसे मिलना तो अब असम्भव ही था।

जितने की आशा करके गया था, उतना कुछ तो नहीं पा सका, लेकिन इसमें कोई सन्देह नहीं कि जो कुछ पा सका वह शरत् बाबू को समझने के लिए बहुत दूर तक सहायक हो जाता है। उस समय किसी के लिए यह सोचना असम्भव जैसा ही था कि वह एक दिन इतने बड़े लेखक हो जाएँगे लेकिन आज जब हम पीछे मुड़कर देखते हैं तो अवश्य ही ऐसा लगता है कि अपने बर्मा-प्रवास की अभिज्ञता के आधार पर ही वह इतने कुशल शिल्पी हो सके थे।

इस अवसर पर हमने दक्षिण पूर्व-एशिया के कुछ और देशों की यात्रा भी की थी। उसकी कुछ झलकियाँ परिशिष्ट-1 में देख सकते हैं।

# 8

शरत् जब बर्मा से कोलकाता लौटे तब अप्रतिम कलाशिल्पी के रूप में प्रसिद्ध हो चुके थे। अब उनके जीवन में रहस्यमय जैसा कुछ भी नहीं रह गया था, लेकिन यह भी सच है कि उनके प्रारम्भिक जीवन के बारे में अधिकांश लोगों को कोई जानकारी नहीं थी। उसके सम्बन्ध में बराबर अफ़वाहें फैलती रहती थीं और उन्हीं के आधार पर लोग उनका मूल्यांकन करते रहते थे।

ऐसी स्थिति में स्वाभाविक ही था कि सबसे पहले मैं उनके कुल-परिवार के सम्बन्ध में जानने की चेष्टा करता। बहुत प्रयत्न करने पर भी मैं उनके पुरखों के सम्बन्ध में कुछ अधिक नहीं जान सका। इतना ही सुना कि वे चौबीस परगना जिले में कांचड़ा पाड़ा के पास मामूदपुर के रहने वाले थे। उनके दादा बैकुण्ठनाथ चट्टोपाध्याय देवानन्दनपुर में घर-जमाई होकर आ बसे थे। सम्भ्रान्त राढ़ी परिवार के होने पर भी वह निर्धन थे पर थे स्वाधीनचेता और निर्भीक। जमींदार के यहाँ काम करते थे लेकिन कभी उससे दबे नहीं। एक दिन जमींदार ने उन्हें बुलाकर किसी मुकदमे में गवाही देने के लिए कहा। उन्होंने उत्तर दिया—"मैं गवाही कैसे दे सकता हूँ ? उस मुकदमे के बारे में तो मैं कुछ जानता ही नहीं।"

जमींदार ने कहा—"तो क्या हुआ ? गवाही देने के लिए जानना ज़रूरी नहीं होता।"

झूठी गवाही आज भी दी जाती है। उस दिन भी दी जाती थी, लेकिन बैकुण्ठ चाटुज्ये ने साफ इंकार कर दिया। अगले दिन उनका सिर कटा, धड़ स्नानघाट पर पड़ा हुआ मिला।

इन्हीं बैकुण्ठ चाटुज्ये के सुपुत्र थे मोतीलाल चट्टोपाध्याय। पिता की अकाल मृत्यु के बाद माँ ने बड़े लाड़-प्यार से उन्हें पाला। उनमें सौन्दर्यवृत्ति अद्भुत रूप से जाग्रत थी। हृदय में करुणा भी कम नहीं थी, लेकिन थे स्वप्नदर्शी। परिवार के लिए कभी कुछ नहीं कर पाए। ससुराल में अपमान और उपेक्षा का जीवन बिताना ही उनकी नियति थी। सारा समय बच्चों के साथ खेलते, गुड़गुड़ी बजाने या फिर अधूरी कहानी लिखने में ही दिन बिता देते थे। शरत् बाबू ने उनके लेखक होने के सम्बन्ध में बहुत ऊँची राय दी है, लेकिन उनके रिश्ते के मामा उपेन्द्रनाथ गांगुली ने मुझे बताया—"हाँ, वह लिखते अवश्य थे, लेकिन उसका कोई विशेष मूल्य नहीं। पिता के प्रति प्रेम होने के कारण ही शरत् ने उसकी इतनी प्रशंसा की है।"

कुछ भी हो, इसमें कोई सन्देह नहीं कि ये अपूर्ण रचनाएँ शरत् के साहित्यिक जीवन की एक बहुत बड़ी प्रेरक शक्ति बनीं। उनकी माँ के सम्बन्ध में सभी एक स्वर से मानते हैं कि वैदुर्यमणि की तरह अन्तर के रूप से दैदीप्यमान भुवनमोहिनी देवी सुन्दर न होकर भी भारतीय नारी का आदर्श रूप थीं। कुलीनता के आग्रह के कारण वह गरीब परिवार में ब्याही गई। दिन पर दिन कष्ट उठा कर न जाने किस अज्ञात प्रेरणा के बल पर वह अपने स्वप्नदर्शी पति और सन्तान

का लालन-पालन करती रही। सुख शब्द से जो कुछ हम समझते हैं, वैसा कुछ उन्होंने अपने जीवन में कभी नहीं पाया। सुनहरे भविष्य के सपने अपने हृदय में संजोए वह अकाल में ही कालग्रस्त हो गई। शरत ने जहाँ अपने पिता से साहित्य, सौन्दर्यवृत्ति और आवारगी की दीक्षा ली वहाँ अपनी माँ से उन्हें मिला एक उदार और स्नेहमय हृदय।

उनका प्रारम्भिक जीवन जिस अवस्था में बीता उसमें यह कल्पना करना कि कोई उनके लिए विवाह का सन्देश लेकर आएगा असम्भव जैसा ही था। विवाह का जो अर्थ समझा जाता है उन अर्थों में उनका विवाह कभी नहीं हुआ था इसीलिए बहुत से लोग सदा उन्हें अविवाहित ही मानते रहे। जिस समय वह रंगून से लौटे, उस समय उनके साथ एक महिला थी। लेकिन हम जैसा पीछे कह आए हैं कि उनके सम्बन्ध में बर्मा के लोगों को भी कोई स्पष्ट जानकारी नहीं थी। और वह उन्हें नाना नामों से पुकारते थे। अनेक लोगों से मिलने पर मैं इतना जान सका कि उनका पूर्व-नाम 'मुखदा' था। कालान्तर में यही 'मुखदा' हिरण्मयी देवी के नाम से जानी गई। यह नाम उन्हें किसने दिया, इस सम्बन्ध में भी मैंने शरत् के अन्तरंग मित्रों में बहुत मतभेद पाया। कुछ लोग मानते हैं कि यह नाम स्वयं शरत् ने दिया था परन्तु श्री अमलहोम ने मुझे बताया कि यह नाम उनके मित्रों ने दिया था। शरत् कहा करते थे कि अगर मैं उन्हें कोई नाम देता तो वह होता 'पंकजिनी'।

नाम कुछ भी होता, परन्तु हिरण्मयी देवी सचमुच शरत् बाबू की पत्नी थी। इसका प्रमाण है उनका वसीयतनामा, जिसकी प्रतिलिपि मुझे श्री उमाशंकर मुखर्जी के सौजन्य से प्राप्त हुई थी। इसमें शरत् बाबू ने अपनी सारी सम्पत्ति अपनी पत्नी हिरण्मयी देवी के नाम छोड़ी थी।

निश्चय ही शुरू में हिरण्मयी देवी से उनकी विधिवत शादी नहीं हुई थी। कोलकाता आने के बहुत दिन बाद उन्होंने इस विवाह को कानूनी रूप दिया। इस बारे में भी मतभेद हैं, हिरण्मयी देवी कौन थी ? किस प्रकार वह शरत् बाबू के सम्पर्क में आई ? इस सबके बारे में कोई एक व्यक्ति मुझे निश्चित रूप से सही बात नहीं बता सका। कवि नरेन्द्रदेव के शब्दों में—शरत्चन्द्र अपने दाम्पत्य जीवन से काफ़ी प्रसन्न थे। हिरण्मयी देवी उन्हें देवता की तरह समझती थीं। शरत्चन्द्र के प्रति उनके हृदय में आदर, भक्ति और श्रद्धा का अन्त न था वैसे अल्पशिक्षिता हिरण्मयी शरत्चन्द्र की तुलना में नगण्य थीं। परन्तु अपनी सहज चरित्रगत विशेषता से उन्होंने इस महान कथाशिल्पी का हृदय जीत लिया था। शरत्चन्द्र भी उन्हें बहुत स्नेह करते थे और अपने को सौभाग्यशाली मानते थे। पत्नी को लिखे उनके दो पत्र मुझे श्री उमाप्रसाद मुखर्जी के सौजन्य से प्राप्त हुए और दोनों में ही उन्होंने उन्हें 'बड़ी बहू' कहकर संबोधित किया है।

वह परम धार्मिक थीं। शरत् उन्हें स्वयं गंगा स्नान के लिए ले जाते थे। उन्हीं के कारण वह कई बार काशी गए। वह सदा कोई-न-कोई अनुष्ठान करती रहती थीं और उनका चरणोदक लेकर ही भोजन करती थीं। शरत् की मृत्यु के

बाईस वर्ष बाद सन् 1960 में उनका देहावसान हुआ। एक अंग्रेजी दैनिक ने उनकी मृत्यु की सूचना देते हुए उनकी दानशीलता की प्रशंसा की है। मैं जब पाणित्रास में उनके घर उनसे मिलने के लिए गया तब वह जलोदर रोग से पीड़ित थीं और मृत्यु-शैया पर लेटी हुई थीं। शरत् बाबू की बड़ी बहन के परिवार के लोग पास के गाँव में रहते थे। मैं उनसे जाकर मिला तो उन लोगों ने स्पष्ट शब्दों में मुझसे कहा–शरत् बाबू का विवाह रंगून में ही हुआ था। हिरण्मयी देवी कौन हैं, यह उन्होंने हमें कभी नहीं बताया। स्वयं हिरण्मयी देवी भी नहीं बताती थीं। सर्वश्री मणीचन्द्र चक्रवर्ती, गोपालचन्द्र राय, कन्हाइ लाल ये सब हमसे मिले थे। उन्होंने हिरण्मयी देवी के बारे में बहुत-सी बातें मन में गढ़कर लिखी हैं। वे झूठ हैं।

कोलकाता में सर्वश्री उपेन्द्रनाथ गांगुली, नरेन्द्रदेव, अविनाश घोष, अमलहोम और असमंजस मुखोपाध्याय आदि महानुभावों से बात करने के बाद मैं इसी निश्चय पर पहुँचा कि वह सम्भवतः तत्कालीन सामाजिक दृष्टि से किसी कुलीन ब्राह्मण-परिवार की कन्या नहीं थीं। श्री उमाप्रसाद मुखर्जी ने इस बात को और स्पष्ट किया, कहा–"जहाँ तक मेरा विचार है वह उच्च वंश की नहीं थीं। उनके पिता अधिकारी थे। अधिकारी वैष्णव होते हैं। वह कुलीन ब्राह्मण नहीं माने जाते। शरत् बाबू हिरण्मयी देवी के पिता की अन्त तक सहायता करते रहे थे।"

उपेन्द्रनाथ गांगुली ने मेरे एक प्रश्न का उत्तर देते हुए कहा–"मैं नहीं जानता वह कौन थीं ? शरत् ने एक बार फरीदपुर कान्फ्रेंस के अवसर पर मुझे उनकी सच्ची कहानी बतानी चाही थी। न जाने क्यों मैंने उनसे कहा, आज नहीं किसी और दिन बताना लेकिन वह दिन फिर कभी नहीं आया। कोलकाता से लौटकर वह बीमार पड़ गए और यह बीमारी उनकी अन्तिम प्रमाणित हुई। हाँ, एक बात मैं जानता हूँ कि जब कभी हमने उन्हें अपने घर बुलाने का प्रयत्न किया, हम कभी सफल नहीं हो सके।"

जिन मामा लोगों ने शरत् बाबू का अपमान किया हो उनके घर वह न जाएँ यह बात समझ में आती है लेकिन सार्वजनिक सम्मान के अवसर पर भी उन्हें कभी शरत् बाबू के साथ नहीं देखा गया। घर के भीतर से ही वह उन्हें पुकारती रहीं–'अजी सुनते हो। रात बीत चली है, सोओगे नहीं।' फिर भी ऐसे बहुत से व्यक्ति थे जिनका उनके साथ परिवार जैसा सम्बन्ध था। अपनी मृत्यु-शैया पर उमाप्रसाद मुखर्जी की ओर इशारा करते हुए शरत् ने हिरण्मयी देवी से कहा था–"किसी भी चीज की आवश्यकता हो तो इनसे कहना।"

शरत् के रिश्ते के एक और मामा थे सुरेन्द्रनाथ गांगुली। वह उनके अन्तरंग मित्र भी थे। उनके पुत्रों से भी मैं मिला हूँ। बड़े पुत्र रवीन्द्र गांगुली ने इस सम्बन्ध में स्पष्ट रूप से चर्चा करते हुए बताया–हिरण्मयी देवी बचपन में ही विधवा हो गई थीं। उनका कोई सम्बन्धी रंगून में व्यापार करता था। उसी के पास वह रहने के लिए रंगून में गई। वहीं उनकी भेंट शरत् से हुई।

एक दूसरे सूत्र से मैंने इससे मिलती-जुलती एक और कहानी सुनी। हिरण्मयी

देवी अपने पिता के साथ रंगून गई थीं। वहीं इन लोगों से शरत् का परिचय हुआ। जो शीघ्र ही घनिष्ठता में परिवर्तित हो गया। इसी समय हिरण्मयी देवी के पिता ने शरत् के सामने ब्याह का प्रस्ताव रखा था, लेकिन शरत् ने अस्वीकार कर दिया। तब पिता ने कहा–"यदि तुम विवाह नहीं करना चाहते तो मेरे लिए पैसे का प्रबन्ध कर दो, जिससे मैं लड़की का विवाह कहीं और कर सकूँ।"

यह भी सम्भव नहीं हो सका तो, कहते हैं पिता लड़की को उन्हीं के पास छोड़कर बंगाल चले आए और वह घनिष्ठता एक दिन प्रेम में परिवर्तित हो गई। श्री इलाचन्द्र जोशी ने शरत् की जो प्रेम कहानी लिखी है वह एकान्त रूप से सत्य न होकर भी सत्य के बहुत पास है।

और भी अतिरंजित कहानियाँ मैंने सुनी हैं। इस अतिरंजना का कारण स्वयं शरत् भी कम नहीं थे। वह इन अफ़वाहों के प्रसारण में रस लेते थे। उनके अन्तर में कहीं-न-कहीं समाज से बदला लेने की भावना छिपी हुई थी। जिस समाज ने किशोरावस्था में उन्हें दुत्कारा था उसकी वह अब तनिक भी चिन्ता नहीं करना चाहते थे। दूसरा कारण तत्कालीन समाज-व्यवस्था थी जो नारी के प्रति एक विशिष्ट दृष्टिकोण रखती थी। कुलीनता, विधवा-विवाह, दहेज-प्रथा इन सब के कारण उस काल में नारी की बड़ी दुर्गति हो रही थी। वह विधवा हो या निम्न श्रेणी की ब्राह्मण कन्या एक बात निश्चित है कि वह शरत् की विवाहित पत्नी थी। यह सच है कि रंगून में रहते हुए यह विवाह वैदिक रीति से नहीं हुआ था, माल्यदान करके ही दोनों ने एक दूसरे का वरण किया था। शरत्-साहित्य में स्थान-स्थान पर ऐसे विवाहों की महिमा गाई गई है। हिरण्मयी देवी को अपनी चिरसंगिनी बनाकर शरत् बाबू ने निश्चय ही अद्भुत साहस का परिचय दिया। तत्कालीन परिवेश को ध्यान में रखकर ही इस अद्भुत साहस का रहस्य समझा जा सकता है। परन्तु दोनों में सहज प्रेम होने पर भी कोई सन्तान उनके नहीं थी। कारण अनेक हो सकते हैं परन्तु मराठी के सुप्रसिद्ध नाटककार मामा वरेरकर ने इस सम्बन्ध में मुझे एक ऐसी बात बताई जिससे शरत् बाबू के अन्तर्मन में झाँकने का अवसर मिल सकता है। मामा ने यही प्रश्न शरत् बाबू से किया था। उन्होंने उत्तर दिया था–'आप जानते हैं मेरा शरीर रोगों का घर है। मैं रोगी सन्तान को जन्म देकर अपने जैसे व्यक्तियों की संख्या बढ़ाना नहीं चाहता।'

रंगून में रहते समय शरत्चन्द्र का विवाह एक कुलीन परन्तु निर्धन मिस्त्री की कन्या से हो चुका था–यह कहानी सभी जानते हैं। उन्हें एक पुत्र भी हुआ था परन्तु अकस्मात महामारी के प्रकोप के कारण दो वर्ष के भीतर ही शरत्चन्द्र को स्त्री-पुत्र दोनों का वियोग सहना पड़ा था।

यह विवाह भी नियोजित विवाहों की तरह बाजे-गाजे के साथ बारात ले जाकर नहीं हुआ। जिस मकान में वह रहते थे उसी के नीचे के खण्ड में वह मिस्त्री रहता था। जाति का कुलीन ब्राह्मण था, पत्नी उसकी मर चुकी थी। बस घर में एक कन्या थी जो शरत्चन्द्र के छोटे-मोटे काम कर दिया करती थी। एक दिन रात को घर लौटने पर उन्होंने पाया कि दरवाज़ा अन्दर से बन्द है।

बहुत खटखटाने पर जब वह खुला तब आँखों में आँसू भरे वह लड़की सामने खड़ी थी। उसने बताया कि उसके पिता उसका विवाह एक बूढ़े शराबी से करना चाहते हैं, इसलिए वह भाग कर यहाँ आ छिपी है।

शरत् बाबू सहसा दुविधा में पड़ गए। कहा–''आज रात तुम यहीं सोओ। सवेरे तुम्हारे पिता से बात करूँगा। मैं अब जाता हूँ।''

दूसरे दिन लड़की के पिता से बातें कीं। उसने स्पष्ट कहा–''मेरे जैसे गरीब कुलीन व्यक्ति के लिए अच्छा दामाद ढूँढ़ने का प्रश्न ही नहीं उठता। फिर उस व्यक्ति का मुझ पर काफी ऋण भी है।''

शरत्चन्द्र ने उत्तर दिया–''तुम रुपयों की चिन्ता मत करो। मैं लड़की के लिए वर की तलाश करता हूँ।''

लेकिन वह तलाश कर नहीं सके। एक नगण्य मिस्त्री की कन्या से विवाह कौन कर सकता था ? अन्त में उस मिस्त्री ने शरत् बाबू से कहा–''आप भी तो ब्राह्मण हैं, फिर क्यों नहीं आप ही मेरी कन्या से विवाह कर मुझ ब्राह्मण का उद्धार कर देते ?''

कहना नहीं होगा कि शरत् बाबू के सामने अब कोई दूसरा मार्ग शेष नहीं रहा था।

शरत्चन्द्र जब रंगून गए थे तब उनके परिवार में दो बहनें और दो भाई भी थे। बड़ी बहन का विवाह हो चुका था। ऐसा लगता है इस बहन से शरत् बहुत प्यार करते थे। जिस मुखर्जी परिवार में उनका विवाह हुआ था वह कोलकाता के पास पाणित्रास गाँव से लगते एक गाँव में रहता था। रंगून जाने से पूर्व उनके बहनोई ने सम्भवतः आर्थिक रूप से शरत् की कुछ मदद भी की थी। लौटने पर तो शरत् बाबू की घनिष्ठता इसी परिवार के साथ सबसे अधिक रही। उन्होंने अपनी कुछ रचनाएँ इस बहन के नाम से लिखीं। विशेषकर नारियों के सम्बन्ध में लिखा सुप्रसिद्ध लेख 'अनिलादेवी' के नाम से ही प्रकाशित हुआ था। इन्हीं अनिलादेवी के घर के पास ही शरत् बाबू ने अपना मकान बनवाया था लेकिन वह आश्चर्यजनक है कि जब उनकी बहन की लड़की की शादी हुई तब शरत् बाबू उनके घर नहीं गए। उनके परिवार के लोगों ने मुझे बताया–''शरत् बाबू भांजी के विवाह में नहीं गए थे। इरादा था पर फिर नहीं गए। रुपया भेज दिया।''

वस्तुतः न जाने का एक कारण था। शरत् जाति-बहिष्कृत थे। जीवन-भर बहिष्कृत रहे। किसी कुलीन परिवार में विशेषकर अपनी प्यारी दीदी के घर जा कर वह समस्याएँ पैदा नहीं करना चाहते थे। इसीलिए नहीं गए थे।

इस जाति-बहिष्कार के कारण शरत् को अनेक अवसरों पर अपमान सहना पड़ा। परन्तु वह झुके कभी नहीं। जो भी हो बड़ी बहन के परिवार से उनके सम्बन्ध मृत्यु-पर्यन्त बहुत अच्छे रहे। बहन के देवर के एक लड़के को उन्होंने अपने पास रख लिया था। उन लोगों से मुझे शरत् के सम्बन्ध में बहुत जानकारी प्राप्त हुई।

उनकी एक और छोटी बहन थी सुशीला। उसी की प्रसूति में उनकी माँ

का देहान्त हुआ था। पिता की मृत्यु के बाद जब शरत् सर्वहारा होकर चारों ओर भटक रहे थे, तब उनकी मकान मालकिन ने सुशीला को अपने पास रख लिया था। इसका विवाह कब और किसने किया यह मैं ठीक से नहीं जान सका। इतना ही पता लगा कि विवाह आसनसोल के एक कोयला व्यापारी के साथ हुआ था। बर्मा से लौटने पर शरत् बाबू ने छोटे भाई प्रकाश को इनके पास भेजा भी था लेकिन किसी बात को लेकर बहन-भाई में कुछ कहा-सुनी हो गई। फिर शरत्चन्द्र ने सुशीला से सम्पर्क स्थापित करने की कभी चेष्टा नहीं की। कोई भी व्यक्ति मित्र और नातेदार इस सम्बन्ध में कुछ नहीं बता सका कि ऐसा क्यों हुआ ?

दो छोटे भाई थे। एक को शरत् बाबू अपने किसी मित्र के पास तार का काम सीखने के लिए छोड़ गए थे। कालान्तर में वह संन्यासी हो गए। शरत् बाबू के कोलकाता लौट आने पर वह बराबर उनके पास आकर रहते थे। स्वास्थ्य उनका भी बहुत अच्छा नहीं था।

एक बार अस्वस्थ होकर वह भाई के पास आए, फिर वापिस नहीं गए। शरत्चन्द्र की गोद में ही उन्होंने अपने प्राण छोड़े। बहन अनिलादेवी की तरह शरत् इस भाई को बहुत प्यार करते थे। पाणित्रास वाले अपने मकान के प्रांगण में उन्होंने स्वामीजी की समाधि बनवाई थी। उनकी बहन के परिवार वालों ने मुझे बताया–"शरत् बाबू पास के छोटे कमरे में बैठकर लिखते थे और लिखते-लिखते स्वामी वेदानन्द की समाधि के पास जाकर खड़े हो जाते थे।"

श्री उमाप्रसाद मुखर्जी के शब्दों में प्रतिवर्ष उनके मृत्यु-दिवस के अवसर पर वह यहाँ कीर्तन करवाया करते थे।

उन्होंने अपनी समाधि भी यहीं बनाने का आदेश दिया था। आज जो व्यक्ति पाणित्रास का मकान देखने जाता है वह इसके प्रांगण में बनी दो समाधियाँ भी देखता है। दाहिनी ओर की समाधि स्वामी वेदानन्द की है और बाईं ओर की शरत्चन्द्र की।

शरत् के सबसे छोटे भाई थे प्रकाशचन्द्र। रंगून जाते समय वह उन्हें अपने छोटे नाना के पास छोड़ गए थे। शायद वह वहाँ भी नहीं रह सके। इधर-उधर भटकते रहे और जमींदारों के पास थिएटरों में स्त्रियों की भूमिका निभाते रहे। वह न विशेष शिक्षा पा सके और न उनमें कोई विशेष प्रतिभा ही थी। पीने का रोग उन्हें भी लग गया था, परन्तु बड़े भाई के प्रति वह पूर्णरूप से समर्पित थे और अपनी भाभी का बड़ा सम्मान करते थे। इस 'भाभी' के आग्रह पर ही शरत् ने प्रकाश का विवाह किया था और इसी भाभी ने अपने गले का हार नई बहू के गले में डालकर उसका स्वागत किया था। इनके दो बच्चे हुए एक लड़का और एक लड़की। शरत् उन दोनों को बहुत प्यार करते थे। मृत्यु के बाद इसी भतीजे अमलकुमार चटर्जी ने उनका अग्नि-संस्कार किया था। वही उनका एकमात्र उत्तराधिकारी बना। कोलकाता वाले मकान में मैंने कई बार उससे मिलने का प्रयत्न किया, परन्तु सफल नहीं हो सका और उसके तुरन्त बाद उसकी मृत्यु हो गई।

जिन्हें कुटुम्बीजन कहा जा सकता है उनके बारे में मैं इतना ही जान सका। उनके अपने जो मामा थे, कालान्तर में उनका उनसे कोई सम्बन्ध नहीं रहा। रिश्ते के मामाओं में वह अपने छोटे नाना अघोरनाथ के पुत्रों से ही मिलते-जुलते थे। यह आश्चर्यजनक है कि यह नाना चरित्रहीन शरत् से जितनी घृणा करते थे उनकी पत्नी उन्हें उतना ही प्यार करती थी और सम्भवतः इसी कारण उनके पुत्र सुरेन्द्रनाथ गांगुली शरत् के केवल मामा ही नहीं थे, अभिन्न मित्र भी थे। शरत् अस्वस्थ होते थे तो इन्हीं को पुकारते। उनके अन्तिम दिनों में भी वह बराबर उनके साथ रहे। यों प्रसिद्ध और समृद्ध हो जाने पर बहुत से नातेदार आ घेरते हैं, परन्तु शरत्चन्द्र के जो अन्तरंग थे उनकी संख्या किसी भी दृष्टि से बहुत अधिक नहीं थी।

## 9

गुरुदेव रवीन्द्रनाथ ठाकुर ने एक बार शरत्चन्द्र से कहा था—''शरत्, तुम अपनी आत्मकथा क्यों नहीं लिखते ?''

शरत्चन्द्र ने उत्तर दिया था—''गुरुदेव, यदि मैं जानता कि एक दिन मैं इतना प्रसिद्ध व्यक्ति बन जाऊँगा तो मैं एक दूसरी तरह की ही जिन्दगी जीता।''

इसमें कोई सन्देह नहीं, कि अपने जीवन के उत्तरार्ध में जब, वह अप्रतिम कलाशिल्पी के रूप में प्रतिष्ठित हो गए थे तब उन्हें अपने प्रारम्भिक जीवन की चर्चा करते हुए बड़ा दुःख होता था। वह उस सम्बन्ध में किसी प्रश्न का उत्तर नहीं देते थे और यदि कोई आग्रह करता तो क्रुद्ध हो उठते थे।

यह भी सत्य है कि किसी भी कारण से हो, उनके अन्तर में धर्म के प्रति प्रेम जाग रहा था। उनकी बहन के परिवार के लोगों ने मुझे बताया कि श्री देशबन्धु दास ने उन्हें राधाकृष्ण की एक मूर्ति दी थी। वह उसकी पूजा किया करते थे। अन्तिम बार जब वह अपना इलाज कराने के लिए गाँव से कोलकाता रवाना हुए थे तब भी उन्होंने इस मूर्ति के सामने पूजा-अर्चना की थी। और जैसा कि श्री उमाप्रसाद मुखर्जी ने मुझसे कहा, ''वह गले में माला पहनते थे और पूजा भी करते थे। जनेऊ पहने हुए उनका एक चित्र भी मिलता है। वस्तुतः धर्म के सम्बन्ध में उनकी कोई निश्चित धारणा नहीं थी। अलग-अलग समय पर उन्होंने अलग-अलग बातें कही हैं।'' श्री नन्दगोपाल सेनगुप्ता से उन्होंने एक बार कहा था—''मैं वास्तव में संशयवादी हूँ, लेकिन प्रत्यक्ष रूप से प्रचलित मान्यताओं में विश्वास करता हूँ क्योंकि ऐसा करना निरापद है।''

एक दूसरे अवसर पर उन्होंने अपने को कट्टर सनातनधर्मी घोषित किया। वस्तुतः अपने प्रारम्भिक जीवन में ईश्वर के प्रति जो अविश्वास उन्होंने प्रकट किया वह मात्र यौवन के उच्छ्वास के कारण ही था, किसी ठोस मान्यता के आधार पर नहीं। उन्होंने अपने साहित्य में भी धर्म या नैतिकता के विरुद्ध कहीं

विद्रोह की घोषणा नहीं की है। इतने पर भी उन्हें दुश्चरित्र और अनैतिक न जाने क्या-क्या कहा गया है ? यहाँ तक कि श्री ज्योतिन्द्र मोहन सिंह नाम के एक व्यक्ति ने उनके साहित्य पर आक्रमण करते हुए 'साहित्येर स्वास्थ्य रक्षा' नाम की एक पुस्तक लिखी थी। श्री अविनाश घोषाल के अनुसार इस पुस्तक का बड़ा विरोध हुआ और बहुत शीघ्र ही लोग उसको भूल गए लेकिन तथाकथित कुलीन व्यक्ति उनसे बराबर घृणा करते रहे। उनके अपमान और उपेक्षा की कोई सीमा नहीं थी। उनके घर जाकर लोग उनको गालियाँ देते थे। उनकी आँखों के सामने उनके 'चरित्रहीन' की प्रतियाँ जलाई गई थीं। अनेक पुस्तकालयों में उनका साहित्य वर्जित था। अपने समय में वह कितने लोकप्रिय थे और साथ ही लोग उनसे कितनी घृणा करते थे इस सम्बन्ध में श्री उमाप्रसाद मुखर्जी ने मुझे एक घटना सुनाई थी–"जब मैं पढ़ता था तब हमारे प्रोफेसर उनके बड़े विरोधी थे। एक दिन एक विद्यार्थी शरत् बाबू की कोई पुस्तक लेकर कालिज आया था। उसे देखकर वह प्रोफेसर क्रुद्ध हो उठे और बोले इसे मत पढ़ो। जिस दिन इसका लेखक शरत् मरेगा उस दिन देश का बड़ा कल्याण होगा।"

उस विद्यार्थी ने उत्तर दिया–"आप इतने प्रसिद्ध व्यक्ति के सम्बन्ध में ऐसा कहते हैं। आपने उनकी पुस्तकें पढ़ी हैं।"

प्रोफेसर बोले–"हाँ, पढ़ी हैं, तभी तो कहता हूँ। एक दिन लड़के के तकिए के नीचे 'चरित्रहीन' रखा हुआ था। मैंने उसे पढ़ा।"

विद्यार्थी बोला–"जी पूरा पढ़ा ?"

प्रोफेसर ने कहा–"हाँ, हाँ, पूरा पढ़ा तभी तो...!"

विद्यार्थी बोला–"तो मैं भी पूरा पढ़ लूँ, फिर नहीं पढ़ूँगा।"

ऐसी स्थिति में मेरे मन में एक प्रश्न उठा कि बर्मा जाने से पूर्व या वहाँ रहते समय शरत् बाबू के चरित्र के सम्बन्ध में जो धारणा बन गई थी, कोलकाता लौट आने के बाद भी क्या वह वैसे ही बने रहे ? उनके बारे में जो ये अतिरंजित कहानियाँ प्रचलित हो गई हैं क्या उनका कोई आधार भी है ? अपने अन्तरंग मित्र श्री हरिदास शास्त्री से इस प्रकार की चर्चा चलने पर शरत् बाबू ने एक बार कहा था–"श्रीरामपुर से जो लड़की मुझसे मिलने आई थी वह कैसी अद्भुत थी जानते हो ? वह मेरे पास आई और बोली–बहुत दिनों से आपसे मिलने की इच्छा थी, लेकिन मेरे आत्मीयजनों ने मुझसे कहा कि तुम भले घर की लड़की हो भला तुम शरत् से मिलोगी ? कैसा साहस है तुम्हारा ?"

यह कहकर उसने पूछा, "क्या सचमुच आप ऐसे हैं कि आप से कोई युवती मिल भी नहीं सकती ?"

मैं हँस पड़ा। उत्तर दिया–"अगर दस वर्ष पहले के शरत् के सम्बन्ध में ऐसा कहा जाता तो मैं कुछ न कहता क्योंकि तब मैं खूब नशा करता था। दिन-रात नशे में चूर रहता था, लेकिन तब भी मैं कह सकता हूँ कि मैंने कभी किसी नारी का अपमान नहीं किया और अब तो मैं तुम्हारा बड़ा भाई हूँ। निडर होकर तुम मेरे पास आ सकती हो।"

एक और कथा मैंने सुनी है। उनकी एक प्रशंसिका कुलवधू ने एक दिन उन्हें भोजन पर आमन्त्रित किया था। अपने पति की सहायता से जो पदार्थ शरत् को प्रिय थे उन्हें बनाने में वह तल्लीन थी कि उसकी सास ने पूछा, ''आज भोजन पर कौन आ रहा है बहू ?''

बहू ने उत्तर दिया, ''प्रसिद्ध लेखक श्री शरत्चन्द्र चट्टोपाध्याय को मैंने भोजन पर बुलाया है।''

नाम सुनते ही सास चौंक उठी। बोली—''कौन ? वह चरित्रहीन शरत्। मैं कहती हूँ बहू, वह इस घर में नहीं आ सकता।''

और सचमुच ही शरत् उस घर में नहीं आ सके। कुलवधू को आँखों में आँसू भर कर शरत् से क्षमायाचना ही करनी पड़ी।

कोलकाता में मैं अनेक व्यक्तियों से मिला जो किसी-न-किसी समय शरत् के बड़े अन्तरंग रहे थे। उन सबसे मैंने उनके चरित्र के सम्बन्ध में स्पष्ट प्रश्न पूछे। कुछ लोगों ने कहा—''इन बातों को छोड़ दीजिए।'' कुछ ऐसे भी थे जिनकी उनके सम्बन्ध में बहुत अच्छी राय नहीं थी। लेकिन एक भी व्यक्ति मुझे ऐसा नहीं मिला जिसने उनके सम्बन्ध में प्रचलित एक भी अतरंजित कहानी की पुष्टि की हो। उनके रिश्ते के एक मामा प्रसिद्ध उपन्यासकार श्री उपेन्द्रनाथ गांगुली ने मुझे स्पष्ट बताया—''मैंने शरत् को कभी शराब पीते नहीं देखा। बाद में सुना कि वह रंगून में पीते थे। कोलकाता लौटने से पूर्व वह उसे छोड़ चुके थे।'' श्री शचिनन्दन चट्टोपाध्याय निश्चित रूप से मानते हैं कि कांग्रेस में आते ही उन्होंने शराब पीना एकदम छोड़ दिया था। श्री असमंजस मुखोपाध्याय ने इसकी पुष्टि करते हुए कहा—''शराब छोड़कर उन्होंने अफ़ीम की मात्रा बढ़ा दी थी।'' श्री अविनाश घोषाल भी यही मानते थे, लेकिन उनका और श्री अमलहोम का यह कहना था कि शरत् बाबू पूर्ण रूप से शराब पीना शायद ही छोड़ सके थे। कभी-कभी ले लेते थे। श्री अमलहोम ने कहा—शरत् शुरू में पीते थे लेकिन रंगून में छोड़ चुके थे। जहाँ तक मुझे याद है वह फिर पीने लगे थे। लेकिन पहले की भाँति नहीं। कभी-कदाक अपने दुर्बल स्नायुतन्तुओं को शक्ति देने के लिए ले लेते थे। देशबन्धुदास और गांधीजी के सम्पर्क में आने पर उन्होंने ऐसा करना भी छोड़ दिया था। फिर भी एक बार ऐसा अवसर आया था जब उन्होंने शराब पी। लेकिन शायद यह अन्तिम अवसर था। उन्होंने बार-बार छोड़ने का प्रयत्न किया। बार-बार पी, लेकिन अति उन्होंने कभी नहीं की। न कभी होश ही खोया। वह इसे छोड़ने को सदा उत्सुक रहे और इस उद्देश्य के लिए अफीम की मात्रा बढ़ाते गए। श्री बी. रक्षितराय, श्री उमाप्रसाद मुखर्जी, श्री महावीरप्रसाद पोद्दार आदि व्यक्तियों ने उन्हें कभी शराब पीते नहीं देखा था। हाँ, दवा के रूप में डॉक्टर के कहने पर ब्राण्डी इत्यादि लेना दूसरी बात थी। बर्मा में उन्होंने किस प्रकार शराब पीना छोड़ा यह घटना स्वयं उन्होंने हरिदास शास्त्री को सुनाई थी और उनके सभी मित्र इसे सही मानते थे। उन्हीं के शब्दों में घटना इस प्रकार है—''एक और चटर्जी थे। एक बर्मीबन्धु थे। हम तीनों एक साथ शराब पीते थे। अचानक वह

बर्मीबन्धु बीमार हो गए। डॉक्टर ने उन्हें शराब पीने की मनाही कर दी। एक दिन क्या हुआ कि लगभग रात के 11 बजे दूसरे चटर्जी मेरे घर आकर मुझे पुकारने लगे। बताया कि उन्हें प्यास लगी है कुछ शराब चाहिए लेकिन मेरे पास जितनी थी उससे उनकी प्यास नहीं बुझी। बोले–चलो उन बर्मीबन्धु के घर चलें। मैं राजी नहीं हुआ लेकिन वह क्यों मानने वाले थे ? मुझे जाना पड़ा। रात का एक बज चुका था। बहुत आवाज़ देने पर बर्मीबन्धु की पत्नी ने कहा–मेरे स्वामी बीमार हैं, कृपा कर आप चले जाएँ।

तब तक वह बन्धु भी जाग पड़े थे। उन्होंने अपनी पत्नी से कहा–"दरवाज़ा खोल दो। हमारे घर में एक बोतल है। उसकी हमें क्या ज़रूरत है ? मैं तो अब शराब पीता नहीं।"

मैं होश में था। वापस लौट चलने का अनुरोध किया लेकिन वह चटर्जी नहीं माने। हम लोग अन्दर गए। बर्मीबन्धु की पत्नी पहरा देने के लिए सामने ही बैठी हुई थीं, परन्तु थकी हुई होने के कारण वह ऊँघने लगती थीं। आखिर उन्हें नींद आ गई। यह देख कर चटर्जी ने बर्मीबन्धु से शराब पीने का अनुरोध किया। वह मना नहीं कर सके। एक बार, दो बार, तीसरी बार पीते समय पात्र उनके हाथ से गिर पड़ा और आं...आं... ऐसा भयानक शब्द करते हुए वह भी गिर पड़े। तब उनकी स्त्री, पुत्र सब जाग पड़े। उन्होंने उन बन्धु की छाती पर लोट-लोट कर चीत्कार किया, उसे सुनकर हमारा नशा न जाने कहाँ चला गया। रात-भर थाना-पुलिस हुआ और फिर अगले दिन उन बन्धु का दाहकर्म किया। वहाँ से लौट कर प्रतिज्ञा की कि अब शराब नहीं पीऊँगा। बोलो तो, एक भला आदमी स्त्री-पुत्र को लेकर सुख से सो रहा था। रात को एक बजे दो शराबी उसके घर में घुसे और उसे मार डाला। ऐसा भयानक कर्म होने पर भी यदि शराबी को ज्ञान नहीं होगा तो कब होगा ?"

फिर भी उनके सम्बन्ध में अतिरंजित कहानियों की कोई सीमा नहीं थी। स्वाधीनता-संग्राम के प्रारम्भिक दिनों में जब शरत् बाबू दिनभर के परिश्रम के बाद थके-मांदे शिथिल गति संध्या को घर लौटते तब पास-पड़ोस के लोग कह उठते, "देखो माताल शरत् आ गया है।" मुझे एक ऐसे बन्धु भी मिले जिन्होंने कहा कि वह शराब में चावल डाल कर खाते थे। गांजा, सुलफा, भांग, चरस, अफीम सभी का मिश्रण करके नशा करते थे लेकिन यह सब बकवास है। इसका कोई आधार नहीं। सत्य इतना ही है कि वह शराब पीते थे। आज भी अनेक साहित्यकार पीते हैं। जब वह उपेक्षित थे तब शायद अधिक पीते होंगे। प्रमाण उसके भी कोई नहीं दे सका। एक समय आया जब उन्होंने शराब पीना बिल्कुल छोड़ दिया और अफीम खाने की मात्रा बढ़ाते चले गए लेकिन असहयोग-आन्दोलन के समय जब सब लोग जेल जा रहे थे तब उनके सामने भी यह प्रश्न आया। एक दिन मज़ाक-मज़ाक में उन्होंने पूछा–क्या जेल में अफ़ीम खाने और गुड़गुड़ी पीने की व्यवस्था है ?

उत्तर मिला–नहीं।

शरत् हँसे। कहा—तब तो जेल भले आदमियों के रहने की जगह नहीं है। मैं वहाँ नहीं जाऊँगा।

लेकिन यह भी सत्य है कि उन्होंने सहसा एक दिन अफ़ीम खाना छोड़ दिया था। तब उन्हें ज्वर हो आया। एक महीना बीतने पर भी जब ज्वर नहीं उतरा तब इस रहस्य का उद्‌घाटन हुआ। डॉक्टर ने कहा, "यह ओपियम फीवर है। इससे मुक्ति पाने के लिए आपको अफ़ीम खानी ही होगी। अफ़ीम एकदम नहीं छोड़ी जाती। उसे छोड़ने का तरीका मैं आपको बताता हूँ।"

शरत् बाबू का ज्वर तो उतर गया लेकिन वह अफीम नहीं छोड़ सके, परन्तु क्या इससे यह स्पष्ट नहीं हो जाता कि वह इन नशों से मुक्ति पाने के लिए कितने आतुर रहते थे।

स्त्रियों को लेकर भी अनेक अतिरंजित कहानियाँ उनके सम्बन्ध में प्रचलित हो गई थीं। जिस व्यक्ति को परिवार का प्रेम नहीं मिला, जिसे रिश्तेदारों ने ठुकरा दिया, जिसे दर-दर की ठोकरें खानी पड़ीं, वह व्यक्ति यदि सामाजिक दृष्टि से कुछ अनैतिक कर बैठता है या बदनाम बस्ती में आश्रय ढूँढ़ता है, तो आश्चर्य क्यों ?

वह न तो ब्रह्मचारी थे, न अतिशय भोगी। वह रोमांटिक व्यक्ति थे, दुस्साहसी थे और हमेशा कुछ अनोखा करना चाहते थे। कण्ठ उनका बड़ा मधुर था। कहानियाँ गढ़ने की उनमें विलक्षण प्रतिभा थी। सदा सब की सेवा करने को वह प्रस्तुत रहते थे। अपने इन्हीं गुणों के कारण वह जहाँ भी जाते लोकप्रिय हो उठते। बर्मा में विशेष रूप से वह कुलीन बंगालियों से दूर निम्न श्रेणी के परिवारों के साथ रहते थे। उनकी चिट्ठी-पत्री और अर्जियाँ लिख देते थे। हारी-बीमारी में होमियोपेथ दवा दे कर उनकी रक्षा भी करते थे। आर्थिक सहायता देने में भी वह कभी पीछे नहीं हटे इसलिए भी इस वर्ग में उनकी लोकप्रियता असीम थी। उनके उपन्यासों के अनेक नारी-पात्र उन्हें यहीं तो मिले थे।

कई मित्रों ने, जो अपना नाम प्रकट करना नहीं चाहते, इस बात की पुष्टि की कि बर्मा में अज्ञातवास के समय वह जब कभी कोलकाता आते थे, तो ऐसे स्थानों पर ठहरते थे जो कुलीन परिवारों के रहने योग्य नहीं माने जाते थे। उन्होंने स्वयं स्वीकार किया : "बुरी जगहों पर भी गया हूँ, लेकिन अगर तुम पता लगाओगे तो वे सब लोग मेरे प्रति श्रद्धा रखते थे। कुछ मुझे दादा ठाकुर कहते थे। कुछ बाबा ठाकुर कह कर पुकारते थे क्योंकि अत्यन्त बेहोश होने पर भी मैंने उनके शरीर के प्रति कभी लालच नहीं किया। उसका कारण यह नहीं कि मैं संयमी था, साधु था या नीतिज्ञ था उसका कारण तो यही था कि ऐसा करना मेरे चिर दिन की रुचि के विरुद्ध था। जिसको मैं प्यार नहीं कर सकता था उसका उपयोग करने की लालसा मेरे शरीर में कभी नहीं जागी और कोई बात नहीं।"

उनके एक अन्तरंग मित्र ने मुझे बताया कि जब शरत् बाबू प्रसिद्धि के शिखर पर थे तब एक दिन वह कई मित्रों के साथ कहीं जा रहे थे। मार्ग में वह वेश्याओं की गली में से गुजरे। मित्रों ने देखा कि शरत् बाबू सहसा एक

वेश्या से बातें करने लगे हैं। वह डर गए और उन्हें वहीं छोड़कर चले गए। काफ़ी देर बाद जब शरत् लौटे तब उन्होंने पूछा—यह सब क्या था ?

शरत् ने सहज भाव से उतर दिया—"ओह वह हरिदासी थी। उसे मैं बहुत अच्छी तरह से जानता हूँ। वह मेरी मित्र रही है। बस इतनी ही बात है।"

ऐसी ही एक और कहानी मैंने सुनी है। गुरुदेव रवीन्द्रनाथ से मिलकर एक दिन वह लौट रहे थे तो मार्ग में एक नारी ने उन्हें पुकार लिया। शरत् ठिठक गए। नारी ने कहा—"शरत् दादा, अब तो बड़े आदमी हो गए हो न। हम से क्यों बात करोगे ?"

बस शरत् वहीं बैठ गए। देर तक उससे बातें करते रहे। उसकी बच्ची को पढ़ाते रहे और खाना खा कर ही वहाँ से लौटे। स्वीकार किया जा सकता है कि इन कहानियों में भी कुछ अतिरंजित हो, लेकिन यदि हम तटस्थ भाव से उनके जीवन का मूल्यांकन करें तो यह अतिरंजना कोई अर्थ नहीं रखती। लोगों का स्वभाव है कि वह एक विशिष्ट नैतिक दृष्टि से ही हर व्यक्ति का मूल्यांकन करें तो वह किसी वातावरण और किन परिस्थितियों में जी रहा है, इसकी वे कभी चिन्ता नहीं करते। जैसा कि श्री अमलहोम ने कहा था, शरत् मूलतः रोमांटिक थे। साहित्यिक किसी-न-किसी मात्रा में असाधारण होता ही है। वह साधारण व्यक्ति की तरह नैतिकता को शाब्दिक अर्थों में स्वीकार नहीं करता। इस पर यदि वह साहित्यिक शरत्चन्द्र की तरह का जीवन जीने वाला हो तो उसके बारे में अतिरंजित कहानियाँ ही फैल सकती हैं। उनके जीवन-रहस्य को समझने के लिए, उनके दर्शन को (यदि कोई दर्शन था) समझना होगा। वस्तुतः वह नारी-मुक्ति के मसीहा थे।

इसीलिए उन्होंने स्पष्ट कहा कि नारीत्व और सतीत्व एक ही वस्तु नहीं है। यदि किसी कारणवश नारी का पद-स्खलन हो जाता है तो यह अनिवार्य नहीं कि उसका नारीत्व भी खण्डित हो जाए। 'शेष प्रश्न' की कमल के शब्दों में वह यह भी मानते थे—"समस्त संयमों की भाँति यौन-संयम भी सत्य है किन्तु गौण सत्य। उसे मुख्य सत्य मानना एक प्रकार का संयम है। उसका दण्ड भी है। आत्मनिग्रह के उग्र दम्भ से आध्यात्मिकता क्षीण हो जाती है।"

इन मान्यताओं के आधार पर यदि हम उनके जीवन को समझने की चेष्टा करेंगे तो फिर कुछ भी अस्वाभाविक नहीं रह जाएगा।

## 10

### *'तलाश की कोई मंज़िल नहीं होती'*

शरत् बाबू के रहस्यमय जीवन का रहस्य जानने के लिए मुझे जितनी यात्राएँ करनी पड़ीं, उसका विवरण देने में ही एक महाकाव्य की रचना हो सकती है। लेकिन न मेरे पास इतना समय है और न पाठक के पास इतना संयम इसलिए

अब मैं जो तथ्य अत्यन्त महत्त्वपूर्ण हैं, उन्हीं की चर्चा करूँगा।

बर्मा से लौटने के बाद मैं अधिकतर कोलकाता में ही रहा। यूँ कभी-कभी अचानक घूमते हुए झाँसी और दिल्ली में भी मुझे कई महत्त्वपूर्ण तथ्य मालूम हुए, वह बहुत महत्त्वपूर्ण हैं। मुखर्जी परिवार की चर्चा मैं कर चुका हूँ। सबसे अधिक प्रमाणिक जानकारी मुझे उन्हीं से प्राप्त हुई। उनके पास अनेक महत्त्वपूर्ण दस्तावेज सुरक्षित थे। 'पाथेर दाबी' उन्हीं के कारण लिखा जा सका था। उसका प्रकाशन भी उन्होंने ही किया था। वह किस प्रकार जब्त हुआ और शरत् बाबू बन्दी होने से कैसे बच गए : यह रोमांचक कहानी भी उन्हीं से मुझे मिली।

शरत् बाबू ने अपनी पत्नी हिरण्मयी देवी को केवल दो पत्र लिखे और वे दोनों पत्र श्री उमाप्रसाद मुखर्जी के पास सुरक्षित थे। उन्हीं से वे मुझे प्राप्त हुए। इसके अतिरिक्त 'पाथेर दाबी' को लेकर रवीन्द्रनाथ और शरत्चन्द्र में जो पत्र-व्यवहार हुआ और रवीन्द्रनाथ के व्यवहार से क्षुब्ध होकर शरत्चन्द्र ने जो कटु प्रतिक्रिया व्यक्त की थी, वह पत्र भी उन्हीं के पास सुरक्षित था। उस पत्र को उन्होंने रवीन्द्रनाथ के पास भेजा ही नहीं था।

इस परिवार के अतिरिक्त जिन और व्यक्तियों से मुझे महत्त्वूपर्ण जानकारी मिली, उनमें प्रमुख थे, सर्वश्री कालीदास रॉय, अविनाश घोषाल (जो शरत् बाबू के बहुत समीप रहे), अमल होम (जो बंगाल सरकार के सूचना अधिकारी थे)।

जिन लोगों से अर्थात् शरत् बाबू के भतीजे से सहायता की आशा थी, उन्होंने मुझे दूर ही रखा। समय देकर मिलने की कृपा भी नहीं की। वैसे उनसे कुछ बहुत आशा तो नहीं थी क्योंकि वह शरत् बाबू के देहावसान के समय बहुत छोटे बच्चे थे लेकिन परिवार के सम्बन्ध में उन्होंने सुना ही होगा। उन्होंने स्पष्ट कह दिया कि आप हमें अपनी पाण्डुलिपि भेजिये। तभी हम आप से बात करेंगे। मैंने उनसे बात नहीं की और मुझे इसका कोई अफ़सोस भी नहीं है। इसके विपरीत श्री दिलीपकुमार रॉय के माध्यम से वे पत्र देखने को मिले जो श्री अरविन्द ने शरत् की रचनाएँ पढ़कर लिखे थे। उन्होंने शरत् बाबू की कुछ कहानियों का अनुवाद किया था जिसकी भूमिका श्री अरविन्द ने ही लिखी थी।

सुप्रसिद्ध कवि नरेन्द्रदेव और कवयित्री राधारानी देवी शरत् बाबू के बहुत प्रिय थे। उनकी शादी उन्होंने ही करवायी थी। राधारानी देवी विधवा थीं और उस समय विधवा विवाह करना एक तरह से दुस्साहस था। राधारानी देवी से मुझे बहुत कुछ जानने और समझने को मिला। निरुपमादेवी और शरत् के प्रेम को लेकर अनेक किंवदंतियाँ प्रचलित थीं लेकिन राधारानी देवी ने मुझे जो कुछ बतलाया उससे स्पष्ट हो गया कि उन दोनों में गहरा आन्तरिक प्रेम था। अन्तिम समय में निरुपमादेवी संन्यासिनी हो गई थीं। जब राधारानी देवी उनसे मिलने के लिए गईं तब वह उन्हें गले लगाकर यह कहते हुए रो पड़ी थीं, "तुमि आमार शरतदार राधू, तुमि आमार शरतदार राधू।" उन्होंने यह भी कहा था कि शरत् दादा की जो दुर्दशा हुई वह मेरे ही कारण हुई। इस परिप्रेक्ष्य में राधारानी देवी को लिखा हुआ शरत् बाबू का एक पत्र भी मुझे मिला जिससे सब कुछ स्पष्ट

हो गया।

एक और प्रमाण मुझे मिला। शरत् बाबू ने किसी लेख में निरुपमादेवी के बारे में कुछ ऐसी बातें लिखीं जो उनके भाई विभूतिभूषण भट्ट को रुचिकर नहीं लगीं हालाँकि वह शरत् बाबू के परम प्रिय मित्र थे लेकिन वह यह कभी स्वीकार नहीं कर सकते थे कि उनकी बहन का शरत् बाबू से कोई सम्बन्ध हो। इसलिए उन्होंने निरुपमा को आदेश दिया कि वह इस ब्राह्मण 'बटुक' के विरुद्ध एक लेख लिखे। बहुत खोज करने के बाद यह लेख मुझे एक प्राचीन पुस्तकालय में एक पत्रिका में प्राप्त हुआ। कटु तो क्या इतनी प्रिय भाषा में उन्होंने शरत् बाबू को याद किया था कि उनके आपसी सम्बन्धों के बारे में कोई सन्देह ही नहीं रह जाता। उन्होंने यह भी स्वीकार किया कि जिस प्रकार उस युग के कवियों पर रवीन्द्रनाथ की कविताओं का प्रभाव स्वाभाविक है, उसी प्रकार मेरे उपन्यासों पर शरत् दा के गद्य का प्रभाव भी मैं स्वीकार करती हूँ।

इससे पूर्व कोई यह स्वीकार करने को तैयार ही नहीं था कि शरत् बाबू और निरुपमादेवी में प्रेम सम्भव हो सकता है।

शायद इसीलिए राधारानी देवी यह स्वीकार करने को तैयार नहीं हुईं कि हिरण्मयी देवी शरत् बाबू की पत्नी थीं। वैसे वह यह तर्क देती थीं कि हिरण्मयी देवी बहुत छोटे कुल की नारी थीं इसलिए शरत् बाबू से उनका विवाह हो ही नहीं सकता था। ऐसे अनेक रहस्यों से डूबा हुआ था शरत् बाबू का जीवन। जिसकी तह में जाकर सत्य को खोज लाना असम्भव जैसा ही था।

इसी प्रकार शरत्चन्द्र और रवीन्द्रनाथ के सम्बन्धों के बारे में भी बहुत से लोगों ने अनर्गल बातें प्रचलित कर दी थीं। उनके सम्बन्धों का विश्लेषण करने वाली श्री सन्तोष कुमार दे की पुस्तक 'रविवासरे रवीन्द्रनाथ' मुझे मिली बल्कि स्वयं लेखक ने ही मुझे दी थी। शरत्चन्द्र रवीन्द्रनाथ को अपना परम गुरु और वाल्मीकि के बाद उन्हें ही महान् कवि मानते थे। कई बार दोनों में मन-मुटाव अवश्य हुआ लेकिन उसका कारण वह स्वयं इतना नहीं थे जितने उनके चेले-चांटे। रवीन्द्रनाथ ने शरत्चन्द्र की प्रतिभा का वरण करने का कोई अवसर नहीं चूका। उनकी पहली कहानी पढ़ते ही वह उनकी प्रतिभा को पहचान गए थे। ये सब बातें गहरे पैठने पर ही पता लग सकती हैं।

शरत्चन्द्र के तथाकथित परम विरोधी श्री सजनीकान्तदास ने मुझसे शरत् बाबू के बारे में बहुत आत्मीयतापूर्ण बातें कीं।

अनेक मामाओं में श्री उपेन्द्रनाथ गंगोपाध्याय, डॉ. सत्येन्द्रनाथ गांगुली तथा सुरेन्द्रनाथ गांगुली के पुत्रों से भी बहुत जानकारी मिली। उसी श्रेणी में श्री नन्दगोपाल सेनगुप्त, श्री असमंजस मुखोपाध्याय, श्री सोमेन्द्रनाथ बसु, सुप्रसिद्ध गायक दिलीपकुमार रॉय, डॉ. सुनीतिकुमार चटर्जी, अशोक कुमार चट्टोपाध्याय, कुमिदिनीकान्त कर की बेटी रेणुदिका कर, अनिल वरणराय, सुखरंजन मुखोपाध्याय भी आते हैं। सुप्रसिद्ध लेखक सुबोधकुमार सान्याल ने शरत् का काफ़ी विरोध किया और मुझसे बातें करते हुए भी वह चूके नहीं लेकिन उन्होंने ही शरत् बाबू

की मृत्यु के बाद उनके अभिनन्दन ग्रन्थ का सम्पादन किया था।

उनकी रचनाओं पर बने चलचित्रों के सम्बन्ध में मुझे सबसे अधिक जानकारी वीरेन्द्रनाथ सरकार से मिली। सुप्रसिद्ध लेखक बालाई चाँद मुखोपाध्याय (वनफूल) तो मुझे भागलपुर में ही मिले थे उनकी चर्चा पीछे हो चुकी है। कोलकाता विश्वविद्यालय में काम करने वाले नकुल चन्द्रपति ने अन्तिम समय में शरत् बाबू को अपना खून दिया था। उनसे भी मुझे अन्तरंग परिचय मिला। राजनीतिक जीवन और गाँधीजी के सम्बन्ध में सबसे अधिक सूचनाएँ मुझे श्री शचिनन्दन चट्टोपाध्याय की पुस्तक से मिलीं। और स्वयं उन्होंने भी मुझे बहुत कुछ बताया। कोलकाता विश्वविद्यालय से पुस्तकें प्राप्त करने में हिन्दी के जाने-माने लेखक श्री विष्णुकान्त शास्त्री[1] ने मेरी बड़ी सहायता की। हिन्दी लेखकों में सर्वश्री इलाचन्द्र जोशी, श्री अमृतलाल नागर, महावीरप्रसाद पोद्दार, यह तीनों शरत् बाबू से मिल चुके थे। जोशीजी ने तो उन पर एक पुस्तक भी लिखी है। सुप्रसिद्ध इतिहासकार डॉ. रमेशचन्द्र मजूमदार से मैं अपनी भेंट कभी नहीं भूल सकता। उन्होंने सबसे पहला प्रश्न यही किया था, "एक बंगाल से बाहर का व्यक्ति एक बंगाली लेखक के लिए इतना परेशान क्यों है ?"

तब मैंने उन्हें यही उत्तर दिया था, "मजूमदार महाशय लेखकों की कोई जाति होती है क्या ?"

यह सुनकर वह बहुत प्रसन्न हुए और उनके बारे में बहुत-सी बातें बताईं। ढाका विश्वविद्यालय से शरत् बाबू को डॉक्टरेट की उपाधि उन्होंने ही दिलवाई थी।

शरत् बाबू का सम्बन्ध क्रान्तिकारियों से भी बहुत गहरा रहा है। जब गाँधीजी के प्रयत्नों से बहुत से राजनीतिक बन्दी रिहा हुए तो लोग उनसे बहुत घबराते थे। तब शरत्चन्द्र ने उन सबका सार्वजनिक सम्मान किया। यह सारी कहानी सुप्रसिद्ध क्रान्तिकारी श्री सुरेन्द्रमोहन घोष, जो उस सभा में उपस्थित थे, से मालूम हुई। जब मैं उनसे मिला तब वह भारतीय संसद के सदस्य थे। शरत् बाबू के अन्तिम समय के सेवक गोपाल से अचानक मेरी भेंट हो गई। उसने गद्गद स्वर में जो अपने स्वामी की कहानी सुनाई, वह मैं कभी नहीं भूल सकता। इसी तरह शरत् के गाँव, पाणित्रास और देवानन्दपुर के निवासियों ने मुझे कुछ रोचक बातें बताईं।

न जाने कितने लोगों से मेरा पत्र व्यवहार हुआ। कितने लोगों ने मुझे स्वयं सूचनाएँ दीं। साहित्य उपलब्ध करवाया। बाद में गाँधी वाङ्मय के सम्पादकमण्डल के सदस्य श्री हरिशंकर शर्मा, जो उस समय शान्ति निकेतन में काम करते थे, ने मुझे अलभ्य लेख भेजे। इसी तरह कितने जाने-अनजाने मित्रों ने मुझे उपकृत किया। उनकी सूची बहुत लम्बी है। उनके प्रति मैं नतमस्तक ही हो सकता हूँ। बदले में कभी किसी ने कुछ नहीं चाहा। सबको मैं पुस्तक तक नहीं भेज सका। मेरे

1. बाद में ये उत्तर प्रदेश के राज्यपाल बने।

अपने मित्र मोहनसिंह सेंगर, पृथ्वीनाथ शास्त्री, कृष्णाचार्या, रतनलाल जोशी, विश्वनाथ मुखर्जी, भीमसेन त्यागी, यशपाल जैन, बंकिमचन्द्र बनर्जी, जगदीश एम. ए., डॉ. ओमप्रकाश, भगवान चन्द्र, 'विनोद', डॉ. शिवनन्दन प्रसाद, जैनेन्द्रकुमार, मामा वरेरकर, राधाकृष्ण, सत्येन्द्रनारायण अग्रवाल, वचनदेव कुमार, कुमारी अनुबेन, सत्यनारायण गोयनका, किसको भूलूँ किसको याद करूँ। अन्त में, मैं स्वामी सुन्दरानन्द का उल्लेख अवश्य करना चाहूँगा। मेरे साथ घूम-घूमकर उन्होंने न जाने कितने दुर्लभ चित्र मेरे लिए खींचे।

अब भी बहुत से नाम सम्भवतः छूट गए हैं लेकिन उनका ऋण मैं कभी नहीं भूल सकता। 'आवारा मसीहा' उन सभी के सम्मिलित प्रयत्नों का परिणाम है, मैं तो निमित्त मात्र हूँ। आज जब बार-बार इस पुस्तक की चर्चा होती है तो मेरे सामने ये ही जाने-अनजाने मित्र आ खड़े होते हैं और मैं अपना हर्ष उनके साथ बाँटकर और भी हर्षित हो उठता हूँ। मुझे खुशी है कि इधर हमारे मित्र श्री विश्वनाथ मुखर्जी ने शरत् बाबू की एक और सुन्दर जीवनी लिखी है। वास्तव में, शरत् बाबू का जीवन ऐसा बहुआयामी और रहस्यमय है कि उसे अनेक दृष्टिकोणों से रूपायित किया जा सकता है। मैं तो इसे अपने जीवन का परम सौभाग्य मानता हूँ कि हिन्दी ग्रन्थ रत्नाकर के स्वामी श्री नाथूराम प्रेमी की कृपा से अनायास ही यह अवसर मुझे मिल गया। जैसे काठ के ऊपर बैठकर लोहा भी तर जाता है वैसे ही मैं भी साहित्यकार बन गया। मैं अब भी यह दावा नहीं करता कि मैंने जो कुछ लिखा, वही सही है क्योंकि शरतून्द्र जैसे विचित्र प्राणी, सही और गलत से बहुत ऊपर होते हैं। जब मैंने यह कार्य आरम्भ किया था और उस समय के उदीयमान पत्रकार श्री रामशरण जोशी ने इसकी अखबारों में चर्चा की थी तब मुझे मराठी के सुपरिचित लेखक श्री जे.के. डांगे ने चुनौती दी थी कि शरत्चन्द्र का जीवन चरित्र कोई नहीं लिख सकता।

मैं नहीं जानता मैंने उस चुनौती का जवाब दिया या नहीं लेकिन इतना अवश्य किया कि अब नये लेखक उस चुनौती का सामना अवश्य कर सकेंगे। यही सफलता क्या कम है ?

इसलिए चौदह वर्ष की इस खोज-यात्रा को यहीं समाप्त करता हूँ। जिस तरह झाँसी और दिल्ली में अचानक उनके जीवन पर महत्त्वपूर्ण व्यक्ति मिल गए थे वैसे ही कम्पूचिया की राजधानी में एक बंगाली मित्र मेरे कार्य के बारे में जानकर बहुत क्षुब्ध हुए। बोले, "क्यों एक गुण्डे के पीछे अपना समय नष्ट कर रहे हो!" हिन्दी के अनेक लेखकों ने क्या मुझे कम निरुत्साहित किया था लेकिन वही मेरी शक्ति बन गया।

कैसा विचित्र और विविधरूपी है यह संसार! सत्य एक बहुत बड़ा जादूगर है।

# 11

खोज-यात्रा का कोई अन्त नहीं होता लेकिन फिर भी कहीं-न-कहीं अन्त तो करना ही पड़ता है। अनन्त भी तो अन्त से ही बँधा हुआ है। सन् 72 में एक प्रकार से मेरी यात्रा का अन्त हुआ और सन् 73 के शुरू में 'आवारा मसीहा' की प्रेस में जाने के लिए पांडुलिपियाँ तैयार कर चुका था। पहली दो पांडुलिपियाँ बहुत संक्षिप्त थीं और शरत् के जीवन को उस रूप में प्रस्तुत नहीं करती थीं जो वास्तव में छठी पांडुलिपि में हुआ। जैसा उनका जटिल चरित्र था नई-नई बातें सामने आती थीं, तब पुराना लिखा हुआ व्यर्थ हो जाता था।

छठी पांडुलिपि तैयार हो जाने पर भी मुझे दिल्ली में ही उनके एक चचेरे मामा के पुत्र से शरत् का एक ऐसा पत्र प्राप्त हुआ जिसने मेरी कई समस्याओं को एक साथ हल कर दिया।

मैं अभी तक आश्वस्त नहीं था और अपने अन्तर में मैं बहुत डर रहा था कि मेरे बंगाली मित्र इसको स्वीकार नहीं करेंगे किन्तु आश्चर्य की बात यह है कि 'आवारा मसीहा' के एक भाग के 'साप्ताहिक हिन्दुस्तान' में प्रकाशित होने के बाद सबसे पहला पत्र एक बांग्ला पत्र के सम्पादक महोदय से मिला। उन्होंने मुझे साधुवाद देते हुए लिखा कि 'जो काम हम नहीं कर पाए वह आपने कर दिखाया।' स्वाभाविक था कि मैं गद्‌गद हो उठता। उसके बाद तो केवल एक-दो अपवादों को छोड़ कर मुझे जो असंख्य प्रशंसा-पत्र मिले, जो प्यार मिला, उसकी मैंने स्वप्न में भी कल्पना नहीं की थी।

मैं आत्मश्लाघा के दोष से बचने के कारण ही नहीं बल्कि स्थान के अभाव के कारण भी उसके बारे में कुछ नहीं कह पाऊँगा। हर वर्ग, हर जाति, हर वय के लोगों ने उसे पढ़ा ही नहीं बल्कि इसका स्वाध्याय किया। मैंने आत्मश्लाघा की बात की। उसे स्वीकार करते हुए भी कुछ मार्मिक पंक्तियाँ तो मैं देना ही चाहूँगा। कुछ मित्रों ने उसे रात-रात भर जागकर पढ़ा। कुछ ने धार्मिक भाव से निराहार रहकर उसका पारायण किया। एक बहुत बड़े उद्योगपति ने तो अपनी मृत्यु शैया पर लेटे-लेटे उसे कई बार सुना। एक दूसरे उद्योगपति ने मुझे बधाई देते हुए लिखा कि 'हिन्दी में ऐसी किताबें भी लिखी जाती हैं।' एक बहुत बड़े साहित्यिक मित्र ने कहा कि 'आवारा मसीहा' एक ओर तथा 'मेरी सारी रचनाएँ दूसरी ओर' हाँ तो पलड़ा 'आवारा मसीहा' का ही भारी रहेगा।

एक महानुभाव जो किसी समय बहुत बड़े पत्रकार थे और बाद में बहुत बड़े राजनीतिज्ञ के रूप में प्रसिद्ध हुए। केन्द्र में अनेक बार मंत्री बने, उनका एक वाक्य मैं कभी नहीं भूल सकूँगा। उन्होंने एक दिन जन-सभा में कहा था कि 'मैं शैव था लेकिन विष्णुजी का 'आवारा मसीहा' पढ़कर वैष्णव हो गया हूँ।'

एक और महान् सर्जक ने कहा, 'कैसी विडम्बना है कि बांग्ला के एक प्रसिद्ध साहित्यकार की श्रेष्ठ जीवनी हिन्दी के एक जाने-माने साहित्यकार ने लिखी।'

एक विश्वविद्यालय के उपकुलपति तो इतने उतावले रहते थे कि जिस दिन

'साप्ताहिक हिन्दुस्तान' उनके शहर में पहुँचता तो वह अपने चपरासी को पहले ही सड़क पर भेज देते थे।

ये पंक्तियाँ किसी भी व्यक्ति का मस्तिष्क विकृत कर सकती हैं। खुशी मुझे भी होती थी परन्तु मैं उस खुशी से आतंकित नहीं होता था। इतना ही यथेष्ट है अन्यथा मेरे उन मित्रों ने जिन्होंने इसकी कटु आलोचना की थी, उन्होंने भी अन्त में कहा था कि 'इसका यह अर्थ नहीं है कि इस पुस्तक का महत्त्व नहीं है, हिन्दी के लिए यह बहुत बड़ी उपलब्धि है।'

तो आत्मश्लाघा की बात यहीं समाप्त करें। कई मित्रों ने यह प्रश्न उठाया था—'क्या आप इन चौदह वर्षों में केवल 'आवारा मसीहा' ही लिखते रहे ?' ऐसा नहीं है। इस अवधि में मैंने और भी काम किये हैं। यात्रा से लौटकर मैं अपने अनुभवों को सँजोता था और फिर उस भावप्रवणता से मुक्ति पाने के लिए दूसरी प्रकार की यात्राओं पर निकल पड़ता था। इस अवधि में दो बार मैं हिमालय-यात्रा पर गया और सन् 1964 में मैंने नेपाल की यात्रा भी की। इसके अतिरिक्त देश के दूसरे भागों में भी मैं निरन्तर घूमता रहा लेकिन श्रीनगर की (1964) यात्रा कई दृष्टियों से महत्त्वपूर्ण थी और उससे भी महत्त्वपूर्ण थी विश्व शान्ति सम्मेलन में भाग लेने के लिए जुलाई, 1962 में रूस यात्रा।

इनकी चर्चा मैं आगे करूँगा। यहाँ इतना ही बताना चाहता हूँ कि मेरा अपना परिवार था और परिवार के प्रति दायित्व भी था। यह ठीक है कि मैं छः भाइयों के संयुक्त परिवार में रहता था और आर्थिक दृष्टि से विपन्न होने की कोई सम्भावना नहीं थी लेकिन फिर भी मेरा जितना अंशदान होना चाहिए उसे मैंने सदा पूरा किया, विशेष रूप से इसलिए कि मेरी पत्नी में किसी प्रकार का हीनभाव न पैदा हो जाए लेकिन वह दूसरी मिट्टी की बनी हुई थी। उसने मुझे निश्चिंत कर दिया था और कभी किसी प्रकार की कोई शिकायत नहीं की थी बल्कि निरन्तर उत्साहित की करती थी।

क्या कोई कल्पना कर सकता है कि उन दिनों मैं कितना सुखी और प्रसन्न था। हर प्रकार के कष्ट और पीड़ा मुझे प्रोत्साहित ही नहीं करते थे बल्कि आनन्द से भी भर देते थे। आश्चर्य की बात तो यह है कि 'आवारा मसीहा' का एक भाग कोच्चीन से प्रकाशित होने वाली हिन्दी साप्ताहिक पत्रिका 'युगप्रभात' में प्रकाशित हुआ और उस अहिन्दी प्रदेश के मेरे मित्रों ने मुझे बहुत प्रोत्साहित किया। कभी-कभी तो मुझे ऐसा लगता था जैसे देवता मेरे ऊपर आकाश से पुष्प वर्षा कर रहे हों।

मैं फिर आत्मश्लाघा के चक्रव्यूह में फँस गया लेकिन क्या यह अनोखी बात नहीं है कि जीवन चरित्र का लेखन समाप्त हो जाने पर भी मैंने तब तक उसका कोई नाम नहीं रखा था। उस दिन मैं मेरठ में था और मेरे एक साहित्यिक मित्र ने मुझसे पूछा—"क्या नाम रखा है तुमने इस पुस्तक का ?"

मैंने उत्तर दिया, "यही तो मेरी समस्या है, क्या नाम रखूँ ?" मुझे दो नाम सूझ रहे हैं—उनमें एक था 'आवारा मसीहा।' यह शब्द सुनकर वह बहुत अप्रसन्न

हुए बोले, ऐसा भद्दा नाम आपकी कल्पना में आया ही क्यों ? 'आवारा' शब्द का अर्थ तो गाली के रूप में माना जाता है और मसीहा हमारा शब्द नहीं है। ईसा मसीह मसीहा हो सकते हैं शरत् नहीं लेकिन यह अद्‌भुत बात है कि वह जितना विरोध कर रहे थे मेरा आकर्षण इसी नाम के प्रति बढ़ रहा था और मैंने उस मित्र की सलाह लिए बिना कलम उठाकर प्रथम पृष्ठ पर मोटे अक्षरों में लिखा, 'आवारा मसीहा'।

आश्चर्य इस बात का भी है कि मुझे यह नाम एक घटना के कारण सूझा था। जब शरत् बाबू कैंसर से पीड़ित होकर पार्क नर्सिंग होम में दाखिल थे तब महाकवि रवीन्द्रनाथ ठाकुर ने उनका हालचाल पूछने के लिए अपने सचिव सुप्रसिद्ध लेखक श्री नन्द गोपाल सेनगुप्त को भेजा। उस समय बातचीत करते हुए शरत् ने कहा था—'मैंने अपना जीवन एक आवारा लड़के के रूप में शुरू किया था अन्त मैं कहाँ कर रहा हूँ यह आप जान सकते हैं।'

यह पढ़ते ही मेरे मस्तिष्क में जैसे बिजली कौंध गई और मैंने कहा अन्त तो मसीहाई में ही हुआ। बंगाल की नारियों ने इनका अभिनन्दन करते हुए यही कहा था कि आप नारियों के मसीहा हैं। इस प्रकार मेरे लिए पुस्तक का शीर्षक हुआ 'आवारा मसीहा'।

लेकिन 'आवारा मसीहा' के सही अर्थ क्या हो सकते थे—मैं तब तक नहीं जानता था। दो वर्ष बाद जब उनकी शतवार्षिकी मनाई गई तो मैं लगभग समूचे देश में घूमा। काशी के हिन्दू विश्वविद्यालय ने भी मुझे आमंत्रित किया। मैंने वहाँ विद्यार्थियों से खचाखच भरे हाल में दो भाषण दिए। जितने व्यक्ति हाल में थे लगभग उतने ही बाहर खड़े थे। शरत् के प्रति कैसा प्रेम था उन विद्यार्थियों में, जो अपनी शैतानियों के लिए प्रसिद्ध थे। उस समय प्रथम दिन के भाषण का सभापतित्व किया था—विश्वविद्यालय के उपकुलपति डॉ. श्रीमाली ने, जो भारत सरकार में शिक्षामन्त्री भी रह चुके थे। उदयपुर में उनका शिक्षा संस्थान एक मील का पत्थर बन गया था। वे जब भाषण देने के लिए खड़े हुए तो बोले, "मुझे आश्चर्य होता है कि लेखक ने शरत्चन्द्र की जीवनी को इतना सही नाम कैसे दिया। आवारा को हम हेय दृष्टि से देखते हैं परन्तु उसमें कितने गुण होते हैं, शक्ति होती है, संकल्प होता है, निर्भयता भी होती है, बस एक ही चीज नहीं होती, दिशा और जिस दिन किसी आवारा को दिशा मिलती है तो वह मसीहा ही बन सकता है।"

यह सुनकर मुझे कितनी प्रसन्नता हुई बता नहीं सकता। मैंने उनको धन्यवाद देते हुए स्पष्ट शब्दों में कहा कि यह अर्थ तो मुझे भी नहीं सूझा था। सचमुच इस पुस्तक की प्रसिद्धि का कारण जहाँ एक ओर शरत् का अद्‌भुत-अटपटा जीवन है तो दूसरी ओर यह नाम भी है।

केवल कोलकाता में एक वयोवृद्ध बंगाली लेखक यह नाम पढ़कर बहुत क्रुद्ध हुए और 'देश' में उन्होंने एक कठोर पत्र लिखा—'इस व्यक्ति का साहस तो देखो कि इसने हमारे एक महान् लेखक को आवारा कहा।' मैंने इसका उत्तर

नहीं दिया, उत्तर दिया श्रद्धेय श्री उमाप्रसाद मुखर्जी ने जो शरत् के परम मित्र थे। शरत् बाबू से 'पाथेर दाबी' लिखवा लेना और फिर उसे छापना उन दिनों दुस्साहस ही था। उन्होंने उन वयोवृद्ध बांग्ला लेखक को ही अर्थ समझाया। उसके बाद मुझे स्वयं 'आवारा' का विरुद मिल गया, मसीहा होने की क्षमता तो मुझमें नहीं थी अब भी नहीं है, पर तब से आवारा शब्द के प्रति मेरे मन में एक अनूठा स्नेह जाग आया है।

तो अन्त करूँ इस 'आवारा मसीहा' के प्रकरण का। वैसे तो यह आज भी उतना ही लोकप्रिय बना हुआ है जितना सन् 1973-74 में हुआ था। मेरी किसी पुस्तक का आज तक विमोचन या लोकार्पण नहीं हुआ। मुझे ऐसी बातों में कोई रुचि नहीं है लेकिन इस बार प्रकाशक ने पुस्तक रूप में इसके आने से पूर्व ही इतना प्रसिद्ध हो जाने का लाभ उठाया और लोकार्पण समारोह का आयोजन किया। लोकार्पण सुप्रसिद्ध साहित्यकार और चिन्तक श्री जैनेन्द्रकुमार ने किया और मुख्य भाषण दिया डॉ. विजयेन्द्र स्नातक ने।

उस सभा में 200 से अधिक साहित्यकार उपस्थित थे। न कोई मन्त्री था न उद्योगपति। ये सब देखकर मैं अपने अन्तर में इतना गद्‌गद हुआ कि डर गया।

शरत् का जैसा जीवन था उसे देखते हुए मैंने पुस्तक की भूमिका में स्पष्ट लिख दिया था कि यदि कोई यह कहेगा कि आपने जो कुछ लिखा है वह असत्य है तो मैं प्रतिरोध नहीं करूँगा। लेकिन असत्य की ओर इशारा करने वाला मुझे केवल एक ही पत्र, आज तक मिला उन्होंने बताया था कि अमुक गाँव का नाम आपने जो लिखा है वह गलत है, वास्तविक नाम यह है।

मात्र एक बंगाली बन्धु ऐसे थे जिन्होंने मेरा निरन्तर विरोध किया, अपवाद भी फैलाये। मैं उस दुखद काण्ड की चर्चा तो नहीं करना चाहता लेकिन इतना अवश्य कहूँगा कि मेरी रचना के सत्रह-अठारह वर्ष बाद उन्होंने स्वयं शरत्चन्द्र की जीवनी लिखी। वह अच्छे लेखक हैं और जो कुछ लिखा वह भी अच्छा ही है लेकिन जब उन्होंने लिखने का संकल्प किया तब शरत् का जीवन किसी के लिए रहस्यमय नहीं रह गया था। बंगाल में बंकिमचन्द्र के संग्रहालय के क्यूरेटर श्री गोपाल राय ने अनथक परिश्रम करके न केवल उनकी जीवनी लिखी बल्कि उनके लिखे अमूल्य पत्रों, बैठकीय कथाओं, भूमिकाओं और भाषणों की खोज-खोज कर प्रमाणिक संग्रह प्रकाशित किए इसलिए बांग्ला भाषा में उसके बाद कई जीवनियाँ आईं। अब हिन्दी में उन मित्र की भी जीवनी आ गई है क्योंकि अब सारी सामग्री सुलभ हो गई है। केवल उसको अर्थ देने में ही मतभेद हो सकता है।

एक व्यक्ति की अनेक जीवनियाँ लिखी जाती हैं और सब लेखक घटनाओं को अपने-अपने अर्थ देते हैं, यह स्वाभाविक है अस्वाभाविक नहीं लेकिन शरत् जैसे दिशाहीन और लोगों के शब्दों में चरित्रहीन व्यक्ति के जीवन के सत्य को खोज पाना सरल काम नहीं है।

स्वयं शरत् ने कहा था, "मैं आत्मकथा नहीं लिख सकता क्योंकि न तो मैं इतना सत्यवादी हूँ और न इतना बहादुर ही जितना एक आत्मकथा लेखक

को होना चाहिए। तब क्या वह नहीं जानते थे कि एक दिन उनका जीवन चरित्र निश्चय ही लिखा जाएगा और उसमें देने के लिए इतना कुछ होगा कि लेने वाले की झोली में ही नहीं समाएगा। सपाट जीवन जीने वाले के पास देने के लिए क्या होता है, देता वही है जो निचली गहराइयों से निकल कर आकाश की ऊँचाइयों में छा जाता है।

पीछे मैं 'आवारा मसीहा' का प्रकरण समाप्त करना चाहता था पर क्या वह समाप्त होने वाला प्रकरण है ? सन् 1959 में जब मैं इस यात्रा पर निकला था आज सन् 1995 में जब मैं ये शब्द लिख रहा हूँ मुझे कोई अन्तर ही दिखाई नहीं देता जब मेरे शरत् को समझने की अकिंचन धृष्टता करने के बाद आज भी शरत् के वे शब्द मुझे बुलाते हैं, बार-बार।

''कौन-सा ऐसा काम है जो मैंने नहीं किया, कौन-सी ऐसी गली है जिसमें मैंने पैर नहीं रखा। मेरा जीवन अन्ततः मानो एक उपन्यास ही है। उस उपन्यास में सब कुछ किया पर छोटा काम कभी नहीं किया। जब मरूँगा निर्मल खाता छोड़ जाऊँगा। उसके बीच स्याही का दाग़ कहीं नहीं होगा।

जब पंजाब विश्वविद्यालय, चण्डीगढ़ में अपना भाषण इन शब्दों के साथ समाप्त किया था तो पूरा हाल तालियों की गड़गड़ाहट के तुमुलनाद से गूँज उठा था। लोगों ने मुझे घेर लिया था और मुझे तुलसीदास की वह चौपाई याद आ गई थी–'राम से अधिक रामकर दासा।'

प्रश्न उठ सकता है 'छोटा काम' से उनका क्या अर्थ है ? बहुत स्पष्ट है–छोटा काम वह है कि जो हम हैं उसे न दिखाकर वह दिखाना जो हम नहीं हैं।

शरत् ने अपने को कहीं नहीं छिपाया। अपने और अपनी रचनाओं पर लगाये जाने वाले आरोपों के जवाब में उन्होंने जो कुछ कहा वही सत्य है। इतने वर्ष परोक्ष रूप में उनके साथ रहकर मैं उनके इन शब्दों के सत्य को निःसंकोच प्रमाणित कर सकता, 'मैंने अनीति का प्रचार करने के लिए कलम नहीं पकड़ी; मैंने तो मनुष्य के अन्तर में छिपी हुई मनुष्यता की उस महिमा को जिसे सब नहीं देख पाते नाना रूपों में अंकित करके प्रस्तुत किया है। मैं मनुष्य का अपमान नहीं करना चाहता। पुरुष हो या स्त्री गिरकर उठने का रास्ता सबके लिए खुला रहना चाहिए।'

शरत् साहित्य का यही सत्य है। इस सत्य को सबसे अधिक पहचाना वैज्ञानिक आचार्य प्रफुल्लचन्द्र राय ने। उन्होंने अपनी डायरी में लिखा–

धन्य शरत्चन्द्र। तुम इतने दिन कहाँ थे। कहाँ से आ गए। सचमुच तुम्हारे समान एक लेखक को बड़ी आवश्यकता थी। सामाजिक व्याधि और दुर्नीति का चित्रण करने के लिए तुमने जिस प्रकार कलम पकड़ी, उसकी कोई तुलना नहीं हो सकती। तुमने कभी भी धर्म-मत के ऊपर ओछा व्यंग विद्रूप नहीं किया इसलिए कुप्रथाओं के ऊपर कुठाराघात करने में कुण्ठित नहीं हुए। तुम्हारी रचनाएँ मर्मस्पर्शी हैं। अन्तस्तल तक में प्रवेश कर जाने वाले तुम्हारे चरित्रों के साथ एकाकार हुआ जा सकता है। तुम्हारी एक और विशेषता यह थी कि उनका सुख-दुःख पाठकों

का सुख-दुख है। सब कुछ सहज है। कोई कोरी कल्पना नहीं। प्रतिदिन के जीवन से चरित्र लिये हैं।

## 12

*'यात्राओं का अन्त नहीं वह बाहर भी है और भीतर भी'*

शरत् की जीवनी के लिए सामग्री की खोज करने में मुझे चौदह वर्ष लगे थे पर इसका यह अर्थ नहीं है कि सारे समय केवल यही एक काम करता रहता था। पारिवारिक और सामाजिक दायित्व भी थे मुझ पर। उनको मैंने सहज भाव से निभाया। नाना कारणों से देश और प्रदेशों की कई बार यात्राएँ कीं। वे यात्राएँ अब मेरे जीवन का अंग बन गई हैं और टेर लेती हैं मेरी चेतना को, जब भी उनको मन में आता है।

यूँ शरत् के साथ मैंने लगभग सारा समय यात्राओं में ही बिताया लेकिन उन यात्राओं का एक निश्चित उद्देश्य था और उनका उद्देश्य था सीमित घरौंदों को तोड़ कर अपने को अनन्त आकाश के नीचे उमड़ते-घुमड़ते सागर की तूफ़ानी लहरों में फेंक देना। जीवन को समझने की दृष्टि तो तूफ़ानी लहरों की यात्राओं के विश्वविद्यालय में ही मिलती है।

इस अवधि में मैंने जो अतिरिक्त यात्राएँ कीं उनमें प्रमुख रूप से महत्त्वपूर्ण हैं सन् 1959 और 1964 में कश्मीर की रोमांचक यात्राएँ। जुलाई 1962 में विश्व शान्ति सम्मेलन में भाग लेने महान् सोवियत रूस की यात्रा। सितम्बर 1964 में अपने पड़ोसी देश नेपाल की यात्रा। सन् 1965 में अपने देश के इस्पात के कारखानों का निरीक्षण। सन् 1966 के मार्च मास में जम्मू की यात्रा। सन् 1970 में एक बार फिर पत्नी और पुत्र के साथ गंगोत्री और गोमुख की यात्रा और अक्टूबर 1972 में सपत्नीक दक्षिण के चारों प्रान्तों का भ्रमण।

समय-समय पर मैं इन यात्राओं के बारे में बराबर लिखता रहा हूँ। इन सभी यात्राओं का अमिट प्रभाव अब भी मेरे मन पर बना हुआ है। अगर ये यात्राएँ सम्भव नहीं होतीं तो शायद आज मैं वह नहीं होता जो हूँ।

आज जब मैं ये पक्तियाँ लिख रहा हूँ महान् सोवियत समाजवादी गणतन्त्र ताश के पत्तों की तरह ढह गया है लेकिन जिस समय मैं वहाँ पहली बार सन् 1962 में गया था उस समय वहाँ का अनुशासन, स्वच्छता, वहाँ के नर-नारियों का हमारे प्रति अगाध स्नेह देखकर मैं भाव विभोर हो उठा था। पलका-पांवड़े बिछा दिये थे सारी जनता ने हमारे स्वागत में। दूसरे विश्व-युद्ध में जिन देशों की सबसे अधिक जान-माल की हानि हुई उनमें सोवियत रूस सबसे ऊपर था। उस देश का कोई भी परिवार ऐसा नहीं था जिसका एक न एक व्यक्ति उस युद्ध में शहीद न हुआ हो। यह स्वाभाविक है कि उन लोगों को अपने परिजनों के जाने का दुःख हो लेकिन उससे कहीं अधिक गर्व था उन्हें इस बात का कि

उनके वे परिजन अपनी मातृभूमि की रक्षा करते हुए शहीद हुए थे।

जहाँ भी हम जाते थे वे हमारा हार्दिक स्नेह और आदर के साथ स्वागत करते और एक प्रश्न अवश्य पूछते, "क्या सचमुच आप ये विनाशकारी युद्ध बन्द करवा सकेंगे ?" यह प्रश्न उनके अन्तर से उपजा था क्योंकि उन्होंने महानाश की वह विभीषिका अपनी आँखों से देखी थी।

उस युद्ध में लेनिनग्राद के घेरे के समय प्रत्येक नागरिक ने शत्रु की बर्बरता के सामने अपनी छाती खोल दी थी। वैसी मिसाल संसार में विरल ही है। कई लाख नागरिक मारे गए थे और वे अब एक ही विशाल कब्रिस्तान में सोये हुए हैं। हमारी मार्ग-दर्शिका युवती उस कब्रिस्तान को दिखाते हुए रो पड़ी थी, यह कहते हुए, "मेरा सारा परिवार यहीं सोया हुआ है, पर कहाँ ? यह मैं नहीं जानती।"

सब शहीद जैसे एकाकार हो गए थे। इस यात्रा में मैं महान् टॉलस्टाय के गाँव 'यासनाया पोलियाना' भी गया था। हमारे दल में एक से बढ़कर एक साहित्यिक, कलाकार, संगीतज्ञ और स्वाधीनता संग्राम के सेनानी थे लेकिन जिस प्रकार सोवियत रूस में टॉलस्टाय की प्रत्येक वस्तु को सुरक्षित रखा था, उसको देखकर लगता था जैसे आज भी टॉलस्टाय सपरिवार यहीं रह रहे हैं और उस युग के महान् साहित्यकारों, कलाकारों और वैज्ञानिकों आदि से बहस कर रहे हैं।

बड़ा कठिन है उस सबका वर्णन करना जो हमने वहाँ देखा वह मार्मिक स्मृति आज भी मेरे अन्तर में जीवित है।

इसी प्रकार गोर्की के निवास स्थान पर जाने का भी मुझे सौभाग्य प्राप्त हुआ। उस समय गोर्की की पुत्र-वधू जीवित थी। उसने हमें 'आपनजन' की तरह सब कुछ दिखलाया, समझाया और गोर्की के अटपटे प्यार की कितनी ही दास्तानें सुनाईं। उनके शयनागार में भगवान बुद्ध की मूर्ति देखकर मैं चकित रह गया था। टॉलस्टाय तो भारतीय संस्कृति के प्रति स्वाभाविक रूप से आकर्षित हुए थे, विशेषकर बुद्ध के प्रति। गाँधीजी तो उनको अपना गुरु मानते थे और उनसे उनका पत्र-व्यवहार भी हुआ था लेकिन गोर्की तो नास्तिक थे। उनकी पुत्र-वधू ने बताया कि गोर्की ने बौद्ध-धर्म का गहन अध्ययन किया था। गाँधीजी के साथी काका साहब कालेलकर हमारे साथ थे। उन्होंने बहुत गहरे जाकर बहुत से प्रश्न किये। साथ ही साथ वह बच्चों की तरह अटपटे प्रश्न करके उनको हँसाते भी रहते थे। काका साहब कालेलकर यासनाया पोलियाना ने भी ....

उस विशाल सम्मेलन में बार-बार यही प्रश्न गूँजता था कि क्या युद्ध बन्द हो सकते हैं ? क्या मानवता को बचाया जा सकता है ? आज जब मैं यह सब लिख रहा हूँ तो एक बड़ा प्रश्न प्रश्नचिह्न लग गया है इन प्रश्नों के सामने। इन सैंतीस वर्षों में हम भ्रष्टाचार (1999) के दावानल को ही दहकाते रहे, मानवता सिसकती रही। परिणाम सामने हैं।

इस एक यात्रा ने मुझको जितना झिंझोड़ा इतना कश्मीर की यात्रा को छोड़कर और किसी ने नहीं। पर सन् 1947 और सन् 1959 की यात्राओं की चर्चा यथा स्थान आ चुकी है। उसके प्राकृतिक सौन्दर्य की तुलना नहीं। उसने हमें मंत्र-मुग्ध

कर दिया था। वहाँ की वे सुन्दर झीलें, वे मनमोहक उद्यान, हिमाच्छादित पर्वत शृंखलाएँ! उस सौन्दर्य का वर्णन करने के लिए शब्द नहीं हैं मेरे पास। यूसमर्ग, गुलमर्ग, अनन्तनाग, पहलगाम और अमरनाथ इन सबके प्राकृतिक सौन्दर्य का वर्णन करते हुए मैंने बहुत कुछ लिखा है। सन् 1964 की यात्रा का उद्देश्य इसी सौन्दर्य को शब्दों में रूपायित करते हुए लेख लिखना था क्योंकि इन दिनों बहुत कम पर्यटक कश्मीर जा रहे थे और पर्यटक ही कश्मीर के आर्थिक जीवन का आधार है। इसलिए भारत ने सन् 1964 में सभी प्रमुख भाषाओं के एक-एक लेखक को वहाँ भेजा था।

संयोग से कश्मीर के अपदस्थ मुख्यमंत्री शेख अब्दुल्ला उसी उड़ान से कश्मीर जा रहे थे जिससे हम गए थे। उस समय वह जेल से मुक्त कर दिए गए थे और उनके और भारत सरकार के बीच में समझौते की वार्ता चल रही थी। जो एक समय कश्मीर का एकछत्र स्वामी था, उसे एक साधारण यात्री के रूप में चुपचाप बैठे हुए देखकर मुझे बड़ा दुःख हुआ। सत्ता मनुष्य को इसी तरह के खेल दिखाती रहती है।

जब हम लोग श्रीनगर के हवाई अड्डे पर उतरे तो हमारे स्वागत के लिए पर्यटन-विभाग के अधिकारी मालाएँ लेकर आए हुए थे। तब शेख अब्दुल्ला ने जो शब्द कहे थे वह मैं कभी नहीं भूल सकता। उन्होंने कहा था कि "मैं यह सोचकर ताज्जुब कर रहा था कि आज कश्मीर में मेरे लिए इतनी मालाएँ लाने वाला कौन है पर यह तो आप प्रगतिशील लेखकों के लिए हैं।"

यह कहकर वह मुस्कराए और बाहर चले गए। वहाँ कुछ कश्मीरी लोगों की छोटी-सी भीड़ एकत्रित हो रही थी। शेख अब्दुल्ला को देखकर वह चिल्लाए, "आप हमारे लिए दिल्ली से क्या लाए हैं ?"

उन्होंने क्या जवाब दिया, यह सुनने के लिए हम नहीं रुके। उस समय के मुख्यमंत्री बक्शी गुलाम मोहम्मद के दामाद, जो पर्यटन विभाग के डायरेक्टर थे और हमें लेने आए थे, वह भी मुस्करा कर आगे बढ़ गए। लेकिन इस सारी यात्रा में बार-बार एक प्रश्न मुझे कचोटता रहा कि जहाँ प्रकृति इतनी मादक, इतनी सुन्दर, नर-नारी भी सौन्दर्य की प्रतिमूर्ति, वहाँ इतनी गरीबी और इतनी बेबसी क्यों ? क्यों इतनी धर्मान्धता कि वे लोग भारत के साथ रहना ही नहीं चाहते।

आज 2003 में जब मैं ये पंक्तियाँ लिख रहा हूँ कश्मीर जर्जर हो चुका है। प्रकृति और पुरुष के शाश्वत सौन्दर्य के सामने प्रश्नचिह्न लग गया है।

कश्मीर की इस यात्रा के बाद इसी वर्ष (सन् 1964) मुझे नेपाल जाने का भी अवसर मिला।

हिन्दी की सुप्रसिद्ध प्रकाशक संस्था सस्ता साहित्य मंडल के अधिकारी वहाँ जा रहे थे। मैं उन दिनों उनके कार्यालय में ही बैठता था इसलिए उन्होंने मुझे भी अपनी टोली में शामिल कर लिया।

नेपाल भी हिमालय के आँचल में बसा हुआ है। इसलिए उसका प्राकृतिक

सौन्दर्य भी हमें आकर्षित करता है। हिमालय की सबसे ऊँची चोटी 'माउण्ट एवरेस्ट' इसी देश में है। लेकिन उसके सौन्दर्य से कश्मीर के सौन्दर्य की तुलना नहीं हो सकती। हिमालय की आयु बहुत कम है, इसलिए उसके गर्भ में मिट्टी भरी हुई है। नेपाल में यह स्पष्ट रूप से देखा जा सकता है। नेपाल जाने का हमारा सबसे बड़ा कारण यह था कि वहाँ के सुप्रसिद्ध गाँधीवादी नेता श्री तुलसी मेहर श्रेष्ठ हमें बार-बार बुला रहे थे। वह बरसों गाँधीजी के साथ साबरमती आश्रम में रहे थे और अब भी वह प्रत्येक वर्ष भारत आते थे और हमसे मिलते थे।

काठमाण्डू पहुँच कर हम उन्हीं के अतिथि बने। वह स्वयं उस समय भारत में ही थे लेकिन उनके स्थान पर उनके सहयोगी श्री रुद्रलाल और उनकी बहिन कुमारी शीलू प्यारी ने हमारा हार्दिक स्वागत किया। 'आदर्श गाँधी महिला विद्यालय' काठमाण्डू से कुछ दूर मनोहरा ग्राम में स्थित था। वहीं हम ठहरे और काठमाण्डू में जो कुछ दर्शनीय था वह देखा। यह मन्दिरों का प्रदेश है। यहाँ का सबसे प्रसिद्ध मंदिर है 'पशुपति नाथ' और उसकी यात्रा किये बिना शिव की पूजा सम्पन्न नहीं होती। इसलिए शिवरात्रि के अवसर पर हज़ारों यात्री वहाँ जाते हैं। कहते हैं तेरहवीं सदी में वहाँ के सम्राट जयसिंह रामदेव ने इसका निर्माण करवाया था। यह नेपाली स्थापत्य कला का अद्भुत नमूना है।

बागमती नदी के किनारे बने हुए इस भव्य मन्दिर को दूर से देखने पर मन पर बहुत गहरा प्रभाव पड़ता है। प्राणदायक प्रकृति के प्रांगण में और भी बहुत मंदिर हैं। स्वयंभू देवी का मन्दिर, तूर्जा भवानी का मन्दिर, बूड़ानाथ का मन्दिर सचमुच यह मन्दिरों की नगरी है और मन्दिरों के साथ बन्दरों की भी।

शक्ति पूजक होने के कारण यहाँ भैंसे और बकरे आदि बहुत काटे जाते हैं। देवी के मन्दिर की सीढ़ियों तक पर खून बहता रहता है।

दूसरी ओर भगवान बुद्ध के मन्दिर भी यहाँ मिलते हैं। बाज़ार में घूमते हुए हमने मन्दिरों पर मुक्त रति क्रीड़ा के चित्र भी देखे। वास्तव में यहाँ तांत्रिक प्रभाव अधिक है।

काठमाण्डू किसी समय क्रान्तिपुर के नाम से गौरवमयी नगरी रही होगी लेकिन अब तो वह गौरव क्षीण हो गया प्रतीत होता है। नेवारी यहाँ के मूल निवासी हैं और अधिक सुन्दर भी।

यहाँ एक और विशेषता मैंने देखी कि घर-घर में किसी न किसी लघु उद्योग का प्रचलन है। भारतीय यहाँ काफ़ी हैं और तब तक वहाँ भारतीय मुद्रा का भी चलन था। नेपाली भाषा पर भी हिन्दी का काफ़ी प्रभाव है। लिपि तो देवनागरी है ही।

काठमाण्डू के अतिरिक्त हम दो शहर और देख सके—'पाटन' और 'भक्तपुर'। पाटन का पुराना नाम कभी 'ललितपुर' था। तुलसी मेहर जी यहीं बागमती के किनारे एक छोटे से घर में रहते हैं। यहीं पर 'चर्खा प्रचार केन्द्र' और 'महिला उद्योग मंदिर' भी है। कई नदियों के संगम पर बसा होने के कारण यह स्थान बहुत सुन्दर दिखाई देता है। यहाँ भी प्राचीन कला के प्रतीक अनेक मन्दिर हैं।

भक्तपुर तो प्राचीन संस्कृति का केन्द्र बन गया है। देखने के लिए वहाँ पर मन्दिर और भवन ही नहीं, गरीबी भी है। हमारे मित्र खड्गसिंहमान जी राजाओं के जमाने में 20 वर्ष तक जेल में रहे और बाद में नेपाल के स्वतंत्र हो जाने पर मंत्री भी बने। राजदूत भी रहे। बहुत ही प्यारे और सरल व्यक्ति हैं। उस समय वह वहाँ नहीं थे पर उनकी पत्नी ने हमारी खूब आवभगत की।

उस समय वहाँ के दूतावास में सांस्कृतिक सचिव हमारे साहित्यिक मित्र इन्दू शेखर थे। उनके माध्यम से हम अनेकों व्यक्तियों से मिले और साहित्यिक सभा में हमारा सम्मान भी किया गया। आज भी वहाँ के अनेक लेखकों से मेरे व्यक्तिगत सम्बन्ध हैं।

नेपाल प्रभुसत्ता सम्पन्न एक स्वतन्त्र देश है लेकिन मुझे लगता रहा कि वह भारत का ही एक भाग है। राजनीति के कारण दिल टूटते और जुड़ते रहते हैं लेकिन आंतरिक सम्बन्ध कभी समाप्त नहीं होते।

मुझे याद है जब पंडित जवाहरलाल नेहरू ने भारत में 'एशियन कान्फ्रेंस' का आयोजन किया था तब मैं एशिया के देशों के सभी प्रतिनिधियों से मिला था और मैंने सभी प्रतिनिधियों में, भाषा व रूप रंग के अन्तर के बावजूद, आतंकित सांस्कृतिक एकता का स्पष्ट अनुभव किया था। नेपाली प्रतिनिधिमंडल से बात करते हुए न जाने मैंने क्या कहा कि उनमें से एक मित्र उठ बैठे और बोले, "विष्णु जी क्या आप समझते हैं कि मैं 'टिम्बक टू' से आ रहा हूँ। अरे, मैं तो काशी विश्वविद्यालय में पढ़ा हूँ।"

एक बार तो मुझे ऐसा लगा जैसे किसी ने मेरे गाल पर जोरदार तमाचा जड़ दिया हो। पर यह सच है कि न जाने कितने नेपालियों ने भारतीय स्वतन्त्रता-संग्राम में भाग लिया और जेल गए। उनसे हमारा अटूट सम्बन्ध है। राजनीति उसे भंग नहीं कर सकती। विश्व का एकमात्र हिन्दू राज्य है वह। इस कारण भी हमारा उनका आतंरिक सम्बन्ध बहुत सहज है।

उस यात्रा की एक और घटना याद है मुझे। एक दिन मैं वहाँ के एक विशिष्ट बंधु से बात कर रहा था। उनकी शिकायत थी कि भारत हमको अपने देश का एक भाग समझता है। वह बड़े भाई जैसा बर्ताव करता है लेकिन हमारी स्वतंत्र सत्ता है। हम कभी दास नहीं रहे और आपका देश कभी आज़ाद नहीं रहा।

अवाक् रह गया उनकी यह बात सुनकर। जवाब मैंने दिया लेकिन उन्होंने जो कुछ कहा था वह निखूट सत्य था। कारण चाहे कुछ भी रहा हो। उनको कोई दास नहीं बना सका लेकिन यह भी सच है कि नेपाली सैनिक दूसरे देश की सेना में भर्ती होकर लड़ते रहे हैं।

इसका कारण आर्थिक अधिक है। एक और बात भी है कि नेपाल में वहाँ के नरेश उतने शक्तिशाली नहीं रहे जितने वहाँ के राणा लोग। उनके चक्रव्यूह से नेपाल नरेश को तभी मुक्ति मिली जब महाराजा त्रिभुवन देव ने राणाओं के अत्याचारों से दुःखी होकर भारत में शरण ली थी। उसके बाद से राणा लोगों

की सत्ता समाप्त हो गई।

यात्राओं के वर्णन में इतना डूबा कि दिल्ली प्रवास जैसे स्मृति पटल से ही अदृश्य हो गया। मैं बीच-बीच में दिल्ली आकर रहता तो कॉफी हाउस तो जाना अनिवार्य था और अनिवार्य था मित्रों से नाना रूप प्रेमालाप अर्थात साहित्य को लेकर बहस करना। उनका वर्णन करने के लिए तो एक अलग से पुस्तक लिखनी होगी। यहाँ मैं मात्र उन दृश्यों में से एक की झलक मात्र दे रहा हूँ।

15 फरवरी, 1966

प्रातः 5 पर उठा। 5:15 पर घूमने गया। 7:15 पर लौटा। अखबार पढ़ा। टाइप किया हुआ काम देखा। नाटक वाला लेख चल रहा है। 11 पर उठा। 1½ तक स्नान भोजन और पढ़ना चला।

अन्दर आकर कुछ देर काम किया। थोड़ी देर लेटा। 3:00 पर उठा। 3:15 पर तैयार हो दरियागंज गया। वहीं मुरादाबाद वाले सेठ जी मिले। 4:30 तक राजेन्द्र यादव, चौधरी (जवाहर) और अजित (कुमार) से बहस की। तेज बात हुई राजेन्द्र से। 'कहानी के क्षेत्र में धांधली मचा रखी है। साहित्य न हुआ दंगल हो गया। अगर पुराने बुरे थे तो आप तो अपने को श्रेष्ठ मानते हैं। आप क्यों गाली देते हैं। उपेक्षा क्यों नहीं करते।'

4:30 पर चला। 5:30 तक सस्ता साहित्य मण्डल में रहा। 6 बजे एक शादी में गया। 6:30 के बाद 'टी हाउस' आया। 8 तक रहा। वहाँ भी कहानी पर चर्चा हुई। मुद्राराक्षस देर से आए। 9 तक घर आया और 10 पर लेट गया।

यह मात्र एक उदाहरण है उन दिनों के जीवन का। प्रायः प्रतिदिन इसी तरह की बहस चलती थी। बीच-बीच में पिकनिक पर भी चले जाते थे और नाटक के क्षेत्र में भी सक्रिय थे। दिल्ली आर्ट थियेटर के लिए मैंने बांग्ला की सुप्रसिद्ध कहानी 'देवी' का नाट्य रूपान्तर भी किया। बड़ा परिश्रम किया श्रीमती शीला भाटिया ने इसे मंचस्थ करने के लिए। इस सम्बन्ध में मैंने 9 फरवरी, 1966 की डायरी में लिखा है।

"...फिर नाटक देखने गया। मेरी दृष्टि में कुछ कमियों के बावजूद नाटक अच्छा रहा। इतना दुखान्त-गम्भीर नाटक था फिर भी जनता बैठी रही। भावुक अतिरंजना कहीं नहीं थी। बड़ा संयम था। नीरा कुकरेजा देवी के रूप में, सुरेन्द्र कोचर 'हरसुन्दरी' के रूप में बहुत ही सफल रही। वैसे सभी सफल थे पर वेद व्यास जमींदार न होते, नन्दा के स्थान पर कोई और 'उमा प्रसाद' होता तो नाटक में और भी जान पड़ जाती...पर सभी लोगों ने तारीफ़ की। राष्ट्रीय नाट्य विद्यालय के प्रिंसिपल व सुप्रसिद्ध निदेशक श्री अलका जी तो वास्तव में प्रशंसा कर रहे थे...मैं स्वयं कई जगह करुणार्द्र (द्रवित) हो उठा था।"

दूरदर्शन से मेरे सम्बन्ध बहुत प्रगाढ़ थे। 14 अप्रैल के प्रोग्राम में मुझे रंगीन गाँधी टोपी पहने देखकर मेरी पत्नी नाराज हो गई। उन दिनों तकनीकी कारणों से श्वेत वस्त्र पहनना वर्जित था। तभी वहाँ काम करने वाली एक युवती ने

मेरी प्रशंसा की। वह स्वयं बड़ी सुन्दर लग रही थी। बोली, "प्रभाकर जी, मुझे आपके सभी प्रोग्राम बहुत अच्छे लगते हैं।" वह नीली आँखों वाली सुन्दर लड़की है मुक्त और स्फूर्ति से भरी-भरी, इसके विपरीत समाचार वाचिका सलमा नाजुक, सरल और सीधी है।

यह माना एक उदाहरण है। सभी लिखने लगूँ तो एक रोमांचक पुस्तक तैयार हो जाएगी।

तो यह तो हुई साहित्य और कला की बात। अब एक दिन घर की कहानी भी सुन लीजिए।

3 जून, 1966

...10 के बाद स्नान भोजन किया। फिर 3:30 तक काम व आराम किया। 4 बजे मण्डल गया। 6 तक रहा। 8 तक टी हाउस। घर आकर 9 पर अमित का परीक्षाफल देखा। प्रथम श्रेणी में 510 नम्बर लेकर पास हुआ है। बड़ी खुशी हुई, मुझे आशा नहीं थी। स्वयं उसको भी नहीं थी पर मुझे प्रसन्नता है कि मैंने जो तीन बातें चाही थीं, उनमें एक तो पूरी हुई...आशा है शेष दोनों बातें भी पूरी हो जाएँगी। मैं बहुत प्रसन्न हूँ...सभी प्रसन्न हैं। प्रसाद खाया...।

ये दो उदाहरण हैं मेरी यात्राओं के अतिरिक्त मेरे असली जीवन के। आगे भी प्रयत्न रहेगा कि ऐसी झाँकियाँ देता चलूँ। एक त्रासदी की चर्चा करना चाहूँगा। कैसा न कैसा घटता रहता है जीवन में जिसको शब्द देने में भी हम साहस नहीं जुटा पाते।

11 जनवरी, 1967

लेकिन अगले ही वर्ष 11 जनवरी, 1967 को जो घटना घटी वह इतनी त्रासद थी कि उसको शब्द देना असंभव जैसा था। हमारे परम मित्र, सस्ता साहित्य मंडल, के मंत्री श्री मार्तण्ड उपाध्याय का सबसे छोटा पुत्र मंजुल वायु सेना में पायलेट था। हम लोग सदा की तरह उस दिन भी कार्यालय में काम कर रहे थे कि फोन की घंटी घनघना उठी। मार्तण्ड जी ने रिसीवर उठाया और फिर देर तक हाथ में पकड़े रहे। हम लोगों की दृष्टि उनकी ओर गई तो उनके चेहरे के भाव क्षण-क्षण में बदल रहे थे और वह शान्त रहने का भरसक प्रयत्न कर रहे थे...।

यशपाल जी ने पूछा, "क्या बात है।" उन्होंने कोई उत्तर नहीं दिया, फोन रख दिया। कुछ देर बाद ही हम जान सके कि उनके बेटे मंजुल का प्लेन क्रैश हो गया।

स्तब्ध रह गए हम सब। मन में तरह-तरह के विचार उठते रहे। हम सब मार्तण्ड जी के साथ उनके घर गए। अभी भी आशा थी कि शायद वह छतरी से कूद गया हो। लेकिन इतना ही पता लगा कि वायुयान गंगा में गिर गया है। पर मंजुल का क्या हुआ कोई कुछ नहीं बता पा रहा...

ग्यारह बजे फिर फोन की घंटी बजी। सब चौकन्ने हो उठे...पता लगा कि मंजुल कूद नहीं सका और उसकी मृत्यु हो गई। 23 वर्ष का सुन्दर, स्वस्थ, साहसी युवक इस प्रकार चल बसा। कितनी पीड़ा हो रही होगी माँ-बाप को। फिर भी मार्तण्ड जी ऊपर से शान्त हैं। टूट गए हैं, पर टूटते दिखाई देना चाहते नहीं। कुछ लोग और आते हैं। स्तब्धता के बीच। कुछ शब्द उठते हैं। मैं सोचता रहता हूँ—दुःख क्या है ? मृत्यु क्या है ? कैसे अचानक आ जाती है कभी-कभी ?...

उस रात मैं सो नहीं सका। अगले दिन फिर मार्तण्ड जी के पास गया। लोग आते-जाते रहे। वातावरण विषाद से भरा है। अभी तक ठीक पता नहीं लगा कि सेना वाले वायुयान को निकाल पाये या नहीं।

एक बजे घर आया। 5 बजे फिर गया। साढ़े 9 तक रहा। अनिश्चय का वह त्रासद वातावरण...गहरा विषाद घुटा-घुटा रुदन...मार्तण्ड जी एक बार तो संज्ञाहीन हो गए। सब रह-रह कर रो उठते हैं। लाश कल दोपहर तक मिल सकेगी। उसकी माँ की स्थिति का वर्णन करने को शब्द कहाँ से लाऊँ...

वह दिन भी बीत गया। अगला दिन। 13 जनवरी भी बीत रहा है। मार्तण्ड जी के बड़े भाई श्री हरिभाऊ राजस्थान में मंत्री हैं। वह भी आ गए हैं और भी बड़े-बड़े लोग आते हैं जाते हैं। बातें करके मन बहलाने की कोशिश करते हैं। अभी भी आशा है...बीच-बीच में हँसी का फव्वारा भी फूट जाता है कहीं से। आदमी अपने को कितना ठगता रहता है।

इसी तरह 14, 15 और 16 जनवरी सब आईं और चली गईं। बीच में मेरी महर्षि महेश योगी से भेंट हुई लेकिन वह अलग कहानी है। मुझे तो रह-रह कर मंजुल की याद आती है। बचपन से देखता रहा हूँ उसे। स्मृतियों में डूबते उतरते दिन बीत रहे हैं। लेकिन जहाज नदी में से नहीं निकल रहा। कैसी विडम्बना है उस वातावरण की। शब्द नहीं दिए जा सकते। सोचो तो किसी का नौजवान बेटा, बड़ी आशाएँ हों जिससे, वह अचानक इस तरह चला जाए और उसका शव भी न मिले...।

...नहीं, शव मिला, पर सात फरवरी को दुर्घटना के 27 दिन बाद। आठ फरवरी को सेना सीधे लेकर आएगी शमशान घाट। 12.30 बजे संस्कार होगा।

कैसा था वह कल ? मंजुल के शव को कोई नहीं देख पाया। माँ-बाप भी नहीं। कौन से शब्द वर्णन कर सकते हैं उनकी मन की स्थिति को। सैनिक लोग ताबूत में बन्द करके उसे लाए और चिता पर रख दिया। सैनिक सम्मान के साथ अन्तिम संस्कार सम्पन्न हो गया। कैसा त्रासद अध्याय था यह, 11 जनवरी से 8 फरवरी तक का। उसे केवल अनुभव ही किया जा सकता है। शब्दातीत है वह अनुभूति।

30 अप्रैल, 1967

इस अवधि में एक महत्त्वपूर्ण घटना घटी दिल्ली में। दक्षिण में हिन्दी का प्रचार और प्रसार करने के लिए महात्मा गाँधी ने दक्षिण हिन्दी प्रचार सभा की

स्थापना की थी। उसी की एक शाखा दिल्ली में भी काम करती थी। मेरा उस संस्था से निकट का सम्बन्ध रहा है। 1967 में इस शाखा का काम श्री आंजनेय शर्मा देखते थे। बहुत गतिशील व्यक्ति थे वे। उन्होंने अप्रैल 1967 में इस संस्था का वार्षिक अधिवेशन करने का निश्चय किया। यह सम्मेलन 30 अप्रैल से लेकर 2 मई तक चला। इसकी प्रबन्ध समिति में हिन्दी संस्था संघ के अध्यक्ष बाबू गंगाशरण सिंह, सुप्रसिद्ध कवि रामधारी सिंह 'दिनकर' जैसे दिग्गज लोग थे। मंत्री का काम तो श्री आंजनेय शर्मा देखते ही थे। मुझे इसका कोषाध्यक्ष बनाया गया था।

हम सबने मिलकर इस अधिवेशन को सफल बनाने का पूरा प्रयत्न किया। इसका उद्‌घाटन 30 अप्रैल, 1967 रविवार को प्रधानमंत्री इन्दिरा गाँधी ने किया। अध्यक्ष थीं सुप्रसिद्ध कवयित्री श्रीमती महादेवी वर्मा। श्री रामधारी सिंह दिनकर और चौधरी शेरसिंह जैसे सुप्रसिद्ध व्यक्ति इसमें उपस्थित रहे। श्रीमती इन्दिरा गाँधी के भाषण के अतिरिक्त जो सबसे महत्त्वपूर्ण भाषण हुआ वह था श्रीमती महादेवी वर्मा का। उसे अद्‌भुत की ही संज्ञा दी जा सकती है। उद्‌घाटन समारोह में बोलने वालों में चौधरी शेरसिंह जी भी थे। मैंने तो केवल सभापति का वक्तव्य ही पढ़ा था।

रात को कवि सम्मेलन भी हुआ। कुछ कविताएँ बहुत अच्छी रहीं लेकिन सन्ध्या के समय जो कवि-समारोह हुआ, वह बहुत सुन्दर रहा। आनन्द आ गया।

अगले दिन जैसा होता है अनेक प्रस्ताव पास किए गए। भविष्य की रूपरेखा पर विचार हुआ। रात को नृत्य समारोह था, वह भी सुन्दर रहा। बहुत लोग आए थे दक्षिण से। उनका उत्साह देखते ही बनता था। इसलिए दूरदर्शन वालों ने अगले दिन कुछ विशेष व्यक्तियों से इण्टरव्यू करने का काम मुझे सौंपा। उनमें आगरे के श्री राजगोपालन और मैसूर के श्री राजेश्वर राव प्रमुख थे। वे लोग इस भेंटवार्ता से बहुत प्रसन्न हुए।

शाम को पौने सात बजे प्रधान मंत्री ने सबको ऐटहोम पर आमन्त्रित किया। दक्षिण के सभी लोग आए। बहुत अच्छा वातावरण था। और इसी के साथ ये तीन दिन का समारोह सानन्द सम्पन्न हुआ।

साहित्य में आधुनिकता को लेकर भी एक गोष्ठी हुई। उसके अध्यक्ष थे डॉ. नगेन्द्र। वहाँ कुछ व्यक्तियों पर आक्षेप करने के कारण वातावरण में कुछ तनाव सा पैदा हो गया था। हमारी मानसिकता इसी तरह की बन गई है। अच्छा नहीं लगा लेकिन मुख्य समारोह पर इसका कोई प्रभाव नहीं पड़ा। मुझे खुशी इस बात की है कि दक्षिण भारत से आए हुए साहित्यिक और प्रचारक इस समारोह की सफलता से बहुत गद्‌गद थे।

बहुत कुछ है मेरी इस वर्ष की डायरी में जो तत्कालीन भारत के बारे में जानकारी देने वाला है पर उसे दे पाना असम्भव है। बस इस वर्ष की दो-एक और घटना की चर्चा करना चाहूँगा। उसका सम्बन्ध तत्कालीन राष्ट्रपति डॉ. जाकिर हुसैन से है—

12 मई, 1967

...11:45 पर डॉ. जाकिर हुसैन के घर पहुँचना था। 11:30 पर पहुँचा। 11:45 पर अन्दर गए। यहाँ सलीका शऊर खूब है। अच्छा लगता है। नौकर भी अदब से बाते करते हैं। लड़कियाँ आईं तो सलाम करके ही भीतर गईं। अन्दर सैनिक और सचिव थे। राह देखनी पड़ी। राष्ट्रभाषा प्रचार समिति की सदस्या थीं।... जापानी दल आया जो विनम्रता का अवतार था। डॉ. जाकिर हुसैन (सबसे) बड़े प्यार से मिले अन्दर ड्राइंगरूम में बैठे। सिरहाने की ओर कुरआन शरीफ की आयतें लिखी थीं। हुक्का भी था। समुद्र के सीप आदि थे।

...उनसे सन्देश माँगा तो बोले, ''काम करने वालों को 'काम' ही सन्देश और आशीष है।''

# 13

## *न मंज़िल है न मंज़िल का पता है*

पिछले अध्याय में कुछ महत्त्वपूर्ण यात्राओं की चर्चा हो ही नहीं सकी। ये सब यात्राएँ शरत् बाबू की जीवनी की सामग्री खोजने की यात्राओं के साथ होती रहीं।

कोलकाता में अपना कार्य पूरा कर मुझे बर्नपुर जाना था। वहाँ मेरी राखीबन्द बहन सरोज रह रही थी। उन दिनों उसके पति, जिन्हें प्यार से सब कृषि कहते थे, वहाँ के स्टील प्लांट में इंजीनियर थे। उनका आग्रह था कि दिल्ली लौटते हुए मैं बर्नपुर का स्टील प्लांट अवश्य देखूँ। यहाँ से मुझे भिलाई जाना था। वहाँ भी स्टील प्लांट था और मेरी प्रिय भतीजी स्नेहलता अपने पति श्री शिवदेव गुप्ता के साथ रहती थी। शिवदेव भी बड़े स्नेहिल और खुशदिल व्यक्ति हैं। उन्होंने भिलाई स्टील प्लांट में चीफ इंजीनियर के पद से अवकाश प्राप्त किया है। पास ही रायपुर में मेरी बेटी टीचर्स ट्रेनिंग कालेज में पढ़ रही थी। वहाँ के प्रिंसिपल श्री सालिगराम चतुर्वेदी मेरे बड़े भाई के मित्र और बहुत सज्जन व्यक्ति थे। तभी मेरी बेटी का एम.ए. का परीक्षाफल आया था। बिना किसी भूमिका के चतुर्वेदी जी बोले, ''बिटिया को यदि बी.एड. करना है तो यहीं से क्यों न करे?''

यह तो 'वरदान' मिलने जैसा था। सो उसे मिलना था ही। बीच में पड़ता था राउरकेला स्टील प्लांट। यहाँ भी मेरे एक अज़ीज़ इंजीनियर थे, तो मैं बर्नपुर से भिलाई तक स्टील संसार में रहा। क्या प्रभाव पड़ा मुझ पर यह मैंने तभी लिखा था। यह आज भी सत्य है। आज भी चुनौती हमें चेतावनी दे रही है। मैंने लिखा था–

''वह चित्र-विचित्र काला और रक्तिम धुआँ, जो कारखानों की चिमनियों से ऊपर उठता हुआ मानो आकाश को बताने जा रहा है कि भारत की प्रगति अब रोके नहीं रुक सकती। इतने रूप हैं उस धुएँ के काला, गैरिक और रक्तिम।

कारखाने में जाते समय उनकी ओर इशारा करके मेरे इंजीनियर मित्र ने कहा था, आप इन्हें पहचानते हैं ? कौन-सा कोक भट्ठी का है और कौन सा धमन भट्ठी का ?''

मैं मुग्ध मन से बोल उठा था, ''नहीं जानता ये कहाँ से उठे हैं, लेकिन कितने सुन्दर हैं। कैसे झूम-झूम कर आकाश की ओर जा रहे हैं। ये चिमनियाँ भारत की आकांक्षाओं की प्रतीक हैं और धुआँ उसके निवासियों के हृदय का उच्छ्वास है।''

इंजीनियर मित्र मेरी ओर देखकर मुसकराए। बोले, ''जी हाँ, यह वह स्थान है जहाँ भारत के अणु-बम तैयार होते हैं।''

अणुबम ! लेकिन एक कवि ने इन कारखानों को फ़ौलाद का ताजमहल कहा है। अपनी-अपनी कल्पना की उड़ानें हैं। वैज्ञानिक की दृष्टि में अणुबम चरम शक्ति का प्रतीक है, कवि की दृष्टि में निर्माण की सीमा ताजमहल है।

वे अब नहीं रहे। असमय ही उस सौम्य, शान्त, स्नेहशील, मधुरभाषी और प्रतिभाशाली व्यक्ति का देहावसान हो गया है।

पर आज मन इस बहस में पड़ने को नहीं चाहता। इन कारखानों की शक्ति और उपयोगिता को दोनों ने स्वीकार किया है। स्वर्गीय जवाहरलाल नेहरू ने इन्हें नए युग के नए तीर्थ और विज्ञान की नई दुनिया का प्रतीक माना था। उस दुनिया का जो केवल धरती पर क्रांतिकारी परिवर्तन नहीं कर रही बल्कि चन्द्रमा पर भी अपना अधिकार जमाने के लिए तड़प रही है।

घूम-घूमकर मैं देख रहा था—बड़ी-बड़ी धमन-भट्ठियाँ, चूने का पत्थर, खनिज लोहा, कोक आदि को मिलाकर फ़ौलाद का दहकता लावा तैयार कर रही हैं। वह लावा विशाल साँचों में ढलकर सिल्लियों में बदल रहा है। फिर वे सिल्लियाँ तेजी से दौड़ती हुई अनेक यंत्रों में से गुज़र रही हैं, नए-नए रूप ले रही हैं। वह रूप कितनी तेजी से बदल रहा है।

चारों ओर विशालकाय यंत्र, निरन्तर उठ रहा उनका नाद, बीच में तीव्र गति से दौड़ती हुई सिल्लियाँ, जो देखते-देखते कहीं चादरों और पट्टियों का, तो कहीं रेलों और छड़ों का रूप ले लेती हैं। वे रक्तवर्णी दहकती छड़ें बीस मील से भी अधिक प्रति घण्टे तीव्र गति से दौड़ती, अर्धवृत्त बनाती, जैसे निरन्तर विद्युत कौंध रही हो। प्रतिक्षण ऊपर से आता हुआ यंत्र उनको ठीक नाप और परिमाण में काटता रहता, रखता रहता और मनुष्य कहीं नहीं दिखाई देता। इंजन-घर के किसी कोने में बैठा हुआ वह बस यंत्र को आगे-पीछे करता और एक बार स्थिर कर देने पर वह व्यर्थ हो जाता। यंत्र गोलाई, ऊँचाई, लम्बाई सब कुछ अपने आप ठीक कर लेता। चादरें कट जातीं, उन पर कलई भी हो जाती।

सहसा मेरा मन कहीं भटक गया। क्या विचारों को भी इसी तरह उपयोगी नहीं बनाया जाता, क्या इसी विधि को 'रेजीमेंटेशन' नहीं कहते ? क्या यंत्र और मनुष्य समान हैं ? यंत्र के पास न बुद्धि है, न विवेक, इसलिए उसको उपयोगी बनाने का भार विवेकी मनुष्य के हाथ में है। वह उसे अणुबम का रूप दे, चाहे ताजमहल का इसीलिए उसके विचारों पर अंकुश नहीं लगाया जा सकता। वह

उसके अपने अन्तर में है। उसी शक्ति को कोई विवेक कहता है, कोई आध्यात्म।

मुझे फिर धमन भट्ठी की याद आ जाती है। उसके अन्दर पिघलता हुआ फौलाद ऐसा लगता था मानो अग्नि स्वयं पिघल रही हो। समुद्र के अन्तर में जैसे उत्ताल तरंगों का मंथन होता है वैसा ही वह तरल फ़ौलाद का मंथन था। नंगी आँखों से उसे देख पाना असम्भव है। विशेष चश्मे से देखने पर कैसा दिव्य इन्द्रधनुषी रूप दिखाई देता है। नाना-रूप ज्योति की लपटें, उमड़ती-घुमड़ती तरल अग्नि। मन करता था कि निरन्तर देखता ही रहूँ, उसके पास जाऊँ, उसे छुऊँ लेकिन उसके स्पर्श में तो मृत्यु है।

मुझे स्तब्ध देखकर ही मानों मेरे साथी इंजीनियर ने कहा, "इस्पात का सौन्दर्य देखना चाहते हो तो रात को मेरे साथ आना।"

सचमुच, मैं उस रात स्तब्ध रह गया। धरती पर मौन व्याप्त था। आकाश में तारे स्तब्ध होकर उस मौन को पी रहे थे। उन क्षणों में इस्पात का संगीत एक सम, ताल और लय पर निरन्तर उठता हुआ कैसा कर्णप्रिय लग रहा था। शब्द का 'सम' ही तो संगीत है।

उस स्तब्ध रात्रि में वह संगीत तेजी से दौड़ता हुआ रक्तवर्ण लावा, अग्निरूपिणी शिलाएँ, लगता जैसे सौन्दर्य और शक्ति दोनों वहाँ उतरे हों। क्षण-क्षण में उनका नया रूप लेना, ठीक समय पर, ठीक स्थान पर पहुँच जाना, ऐसा लगता था जैसे वहाँ अशरीरी आत्माएँ काम कर रही हों।

एक स्थान पर ढेरों तुड़ी-मुड़ी चादरें और छड़ें पड़ी हुई थीं। मैंने पूछा, ये क्या हैं ?

इंजीनियर ने उत्तर दिया, ये यन्त्र के क्रोध के रूप हैं। गीत में व्यवधान आने पर यंत्र उलटा काम करता है और जब तक मनुष्य सावधान हो तब तक बहुत कुछ बिगड़ जाता है। अब ये फिर नए सिरे से भट्ठी में जाएँगी।

ये कारखाने जहाँ भारत की औद्योगिक प्रगति, समृद्धि और शक्ति के प्रतीक हैं, वहाँ अन्तर्राष्ट्रीय सहयोग और स्नेह के प्रतीक भी हैं। ब्रिटेन, जर्मनी और रूस इन तीनों की सहायता से भारत की प्रतिभा और श्रम नई क्रांति को जन्म दे रहे हैं। यह औद्योगिक क्रान्ति भारत के नए सवेरे की अगवानी में शहनाई बजा रही है। मुझे उस कवि की याद आ जाती है जिसने गाया था।

*मुझ में गलता लोह सुनहरे/दिन की अगवानी को।*

लोहे का इतिहास कैसा रोमांचकर है। आदिसृष्टि में उल्का-पिण्ड से मनुष्य ने लोहे को खोजा, अपने औजार तथा हथियार बनाए। युगों बाद फिर पिरामिड बनाए, दमिश्क की तलवार बनायी, दिल्ली का लौह स्तम्भ बनाया। कैसे अचानक एक दिन गौण-उत्पादन के रूप में इस्पात प्रकट हुआ—वैसे-ही जैसे आज इस्पात के इन कारखानों में कोक-भट्ठियों की गैस में बेंजोल और तारकोल आदि तैयार हो रहे हैं।

ये कारखाने सचमुच सामूहिक श्रम और पौरुष के प्रतीक हैं। हमारी इस शस्य-श्यामला धरती पर औद्योगिक गरिमा के परिचायक हैं। तेजी से ढलता हुआ

इस्पात नए भारत के भाग्य का निर्माण कर रहा है। इसकी मोटी-मोटी छड़ें कटती हैं मानों गरीबी की हथकड़ियाँ कट रही हैं। चादरें फैलाती हैं मानो देश विकसित हो रहा है।

घूमते-घूमते लेबोरेटरी की ओर जा निकला। जो इस्पात यहाँ तैयार होता है, उसकी शक्ति, उपयोगिता और गुण-दोषों की यहाँ परख होती है। मेरे सामने वैज्ञानिक ने एक नमूने को मशीन में फिट किया। एक के बाद एक सभी पुर्जे गतिशील हुए और चार मिनट बाद दूर रखी हुई टाइप की मशीन पर स्वयं ही टाइप होने लगा, कार्बन इतना, कापर इतना आदि।

विज्ञान कहाँ-से-कहाँ पहुँच गया लेकिन क्या हमारी विचार पद्धति भी इतनी ही तीव्र-गति से परिवर्तित हो रही है ? शायद नहीं। हम अभी अपने घरोंदों में बन्द हैं और यह देखना नहीं चाहते कि इन कारखानों के भीतर और इनके पास बसी हुई सुन्दर और सुविधाजनक बस्तियों में एक नई औद्योगिक सभ्यता जन्म ले रही है। बड़ी तीव्रता से जीवन के मूल्य बदल रहे हैं, परिवार की तरह उनका भी विघटन हो रहा है। बहुत शीघ्र ये कारखाने हमारे लिए समृद्धि का मार्ग खोल देंगे। यदि हमने अपने मस्तिष्क के प्रकोष्ठों को इसी तरह बन्द रखा तो यह समृद्धि और शक्ति बोतल के जिन की तरह हमारे लिए चिन्ता का कारण हो जाएगी, उसी तरह जैसे पश्चिमी संसार आज परेशान है।

यंत्र-जगत् के कील-कोंट हमें समृद्धि दे सकते हैं, समृद्धि का सदुपयोग करने की सद्‌बुद्धि नहीं दे सकते। यह तभी हो सकता है जब हम यंत्र को सर्वसमर्थ और साध्य न मानकर स्वयं पर अधिकार करना सीखें। मनुष्य को विवेक की सम्पदा मिली है। क्या वह उसका प्रयोग नहीं करेगा ? कर सका तो फिर यह प्रश्न ही नहीं उठेगा कि ये कारखाने अणु-बम का निर्माण करते हैं या ताजमहल का।

1970 में एक बार फिर गंगोत्री की ओर जाने का कार्यक्रम बन गया। बन गया इसलिए कि मेरी पत्नी को भी यात्रा करने में बहुत आनन्द आता था। जब मैं प्रथम बार दक्षिण गया था तब उसने कितना हठ किया था साथ चलने का, इसकी चर्चा आ चुकी है। गंगोत्री वाले हमारे मित्र स्वामी सुन्दरानन्दजी का आग्रह भी था। इसलिए मैंने इस बार पत्नी सुशीला और बड़े बेटे अतुल को साथ लेकर जाने का निश्चय किया। उत्तरकाशी में कानपुर के चित्रकार रामगुप्त भी हमारे दल में आ मिले। स्वामीजी तो हमारे रहबर आतिथेय, मित्र सबकुछ थे।

मेरी पत्नी का मायका कनखल में था यद्यपि वे अब प्रयाग में बस गए हैं तो भी उसके बचपन के साथी तो थे ही। हम कनखल और हरिद्वार होते टिहरी पहुँचे। वहाँ उसकी बहन थी और स्वामी रामतीर्थ ने यहीं पर तो भिलगंना नदी में समाधि ली थी। वे अत्यन्त मेधावी और वेदान्त के धुरन्धर पण्डित थे। उतने ही सरल मानव भी थे। वे भारत के उन सपूतों में थे जिन्होंने युवावस्था में ही संसार छोड़कर संन्यास ग्रहण कर लिया था। जिस स्थान पर उन्होंने लिखना बीच में ही छोड़कर अपनी प्यारी गंगा की गोद में जाने को छलाँग लगाई थी फिर समाधिस्थ अवस्था में ही उनका शरीर मिल सका था, वह दृश्य जैसे मेरी

आँखों के सामने भासमान हो उठा।

पर हमें तो आगे बढ़ना था। उत्तरकाशी पहुँचकर पाया कि बारह वर्ष पहले जब मैं आया था तब से सबकुछ बदल गया है यहाँ। अब पैदल नहीं जाना पड़ता। बीच में लगभग एक मील को छोड़कर बसें चलने लगी हैं। हाँ, अब यहाँ से आगे जाने के लिए अनुमति लेनी पड़ती है। यहाँ के जिलाधीश श्री गंगाराम मेरे भाईसाहब के मित्र हैं। उन्होंने सहज भाव से सब प्रबन्ध कर दिया।

नगर विस्तृत हो गया है। गंगारामजी मंदिरों को नया रूप दे रहे हैं। बारह वर्ष पूर्व पार्वती की जिस प्रतिमा को उपेक्षा से अनदेखा कर गए थे वह तो बहुत प्राचीन निकली। अभयमुद्रा में शक्ति की प्रतीक यह मूर्ति शिवलिंग के पास है। नन्दी भी है पर जो डमरू कहीं नहीं दिखता वह यहाँ वर्तमान है।

साधु इन दिनों कम दिखते हैं। पिछली बार जिन सदा नग्न और मौन रहने वाले निवृत्ति मार्ग के हठयोगी स्वामी विष्णुदेव को अचरज से भर देखा था वे अब मुक्त हो चुके हैं।

सेब इधर खूब होने लगे हैं पर मिठास में जमुनोत्री की घाटी के सेब उत्तम हैं।

सितम्बर का अन्त होने पर भी शीत का प्रकोप नहीं है परन्तु प्रकृति कब क्रुद्ध होकर महानाश का दृश्य उपस्थित कर देती है, उसका प्रमाण इस बार भी मिला। हिन्दी कविता के सशक्त हस्ताक्षर भाई लीलाधर जगूड़ी को कितना सहना पड़ा वह देखकर मन काँप-काँप उठा।

पास ही ढाई मील ऊपर राजू के गाड़ के किनारे एक गाँव है, ग्योला। वहीं पर उनकी लगभग तीन एकड़ ज़मीन थी। उसमें नाना प्रकार के फलों के पेड़ थे, खेत थे और एक पनचक्की भी थी। अचानक एक दिन बिना किसी चेतावनी के जल-प्लावन का दृश्य उपस्थित हो गया। ऊपर से नीचे तक पानी का ऐसा आरा चला कि आजू-बाजू की जमीन भी नहीं बच सकी। उनके दो मकान थे। जो दूर तक रेल के डिब्बों की तरह पानी के साथ तैरते चले गए और सब ध्वस्त हो गया। साथ ही ध्वस्त हो गए परिवार के छः प्राणी। अपनी आँखों के सामने वह सबकुछ देखते रहे पर कुछ कर नहीं सके। सर्वोत्तम सौन्दर्य के प्रदेश में महानाश की विभीषिका भी उसी तरह रहती है।

गंगारामजी ने उसके लिए बहुत कुछ किया लेकिन प्रियजनों को तो वह लौटाकर नहीं ला सकते थे। इसी महानाश के कारण बहुत-से लोग यहाँ से जा रहे हैं। गाँव उजाड़ हो रहे हैं। प्रकृति सुन्दर ही नहीं क्रूर भी होती है। कवि ने इस द्वन्द्व को स्वयं इन शब्दों में व्यक्त किया है–

*जब वज्र गिरते हैं/पहाड़ धँसते और झीलें फूटती हैं*
*बादल दिशाएँ उजाड़ देते हैं/बिना मुँह, बिना दाँतों की नदियाँ*
*किनारे खा जाती हैं/शहरों-गाँवों और मवेशियों को डकार जाती हैं*
*मगर जिस पर हम फिर से/शुरू करते हैं जिन्दगी*

(घबराए हुए शब्द, पृष्ठ 55)

लेकिन हमें तो आगे बढ़ना था। सवेरे 11 बजे से पूर्व ही जीप मिल गयी। पिछली बार जिस मार्ग पर हम पैदल चलते हुए, प्रकृति को पास से देखते हुए, गए थे अब उसी मार्ग को दो दिन के स्थान पर दो घण्टों में पूरा कर लिया। समय बचाया हमने, पर प्रकृति के सान्निध्य से वंचित रह गए। अब तो यहाँ बाँध बँध रहा है इसलिए चारों ओर तपोवन में मकान, मशीनें दिखाई देती हैं। जिन रास्तों पर यात्री लोग बड़ी, कठिनता से ऊपर चढ़ पाते थे वहाँ अब पक्की सड़क पर आसानी से चले जाते हैं।

यहाँ के अधिशासी अभियंता श्री खरे भद्र पुरुष हैं। उनकी सुशिक्षिता पत्नी को साहित्य से अनुराग है। उनसे बातें हुईं और चाय पीकर हम फिर से आगे बढ़ गए। सब कुछ जनशून्य लगता है। पिछली बार उस पार के मार्ग से पैदल गए थे तो वहाँ के सुप्रसिद्ध गर्म कुण्डों में स्नान किया था। इस बार उस ओर मुँह कर प्रणाम किया और सुशीला को मत्स्यगंधा की कथा सुनाई।

भागीरथी का कल-कल संगीत अब भी सुनाई देता है लेकिन अब उसको सुनकर नींद नहीं आती क्योंकि क्षण तो भागा जा रहा है पर सुशीला इस प्राकृतिक सौन्दर्य की झलक से ही अभिभूत है। बोली अब तो हम एकदम आकाश में आ गए हैं। एकदम चढ़ाई है। पैदल कैसे पार किया होगा आपने यह पथ।

सुनकर आश्चर्य मुझे भी हुआ। 2,650 फीट पर पहुँच गए हम। तब कितना कष्ट था और अब कितनी सुविधा। तभी सहसा स्वामीजी बोल उठे, देखो हम हरसिल पहुँच गए। वह देखो, उस पार है।

मेरा मन 12 वर्ष पूर्व पहुँच गया। कितने कलकल करते झरने, नाले, हमने पार किए थे। जाड़ जाति की उस सुन्दरी से बातें की थीं। अब तो शायद वह प्रौढ़ा माँ बन गयी होगी लेकिन समय कहाँ है उस पार जाने का और उसे ढूँढ़ने का। बिल्सन का बंगला भी तो उसी ओर है। पर सेवों के उपवन और देवदार के सुन्दर वन अब भी बुला रहे हैं कुछ देर रुके लेकिन वह तो किसी स्टेशन के पास का सा बाज़ार था गन्दा, तंग और कोलाहल से पूर्ण।

मन को अच्छा नहीं लगा पर भोजन करना था यहाँ। यहीं पर नेहरू पर्वतारोहण के डायरेक्टर कर्नल जे.सी. जोशी से भेंट हुई। जितने दक्ष, उतने ही सौम्य और शान्त। कितनी गति है उनके पाँवों में। मैं देर तक उस गति को ही देखता रहा।

आगे छाया-पथ वैसा ही समतल, शीतल, वृक्षों से आच्छादित। जांगला चट्टी के बाद लंका पर आकर हमारा वाहन रुक जाता है। नदी पर पुल नहीं बन सका। दो किलोमीटर उतराई-चढ़ाई के बाद भैरव घाटी पहुँचेंगे।

भीड़ यहाँ भी नहीं है। मुझे डर था कि सुशीला इस उतराई-चढ़ाई से परेशान होगी लेकिन वह तो सहज भाव से उतरती चली गयी। अतुल चित्रकार के साथ रहता है। हैजे के टीके के कारण उसका हाथ सूज गया है। नीलवर्णा, उन्मादिनी जाड़ गंगा (जाह्नवी) शान्त दूधिया जलवाली भागीरथी में समा जाती है। उस उन्मादकारी चिलमन को देखकर हमें बहुत आनन्द आया।

शेष सब वही 12 वर्ष पूर्व वाले दृश्य हैं। कुछ दिन पूर्व उपराष्ट्रपति इधर आए थे इसलिए मार्ग कुछ और सुगम हो गए थे। सुशीला प्रसन्न होकर कहती है–"व्यर्थ ही डरा दिया था। मुझे न तो भय ही लगा और न कोई विशेष कठिनाई हुई।" मैं मुस्करा देता हूँ, और नई बनी धर्मशाला को देखता हूँ जो पिछली बार नहीं थी। सुशीला को मैं यह सब बातें बताता हुआ डाक बगले पहुँच जाता हूँ। वहीं हम ठहरे हैं।

12 वर्ष पूर्व 31 मई को उत्तर काशी से रवाना हुए थे और 5 जून को, 6 दिन में गंगोत्री पहुँचे थे लेकिन अब 21 सितम्बर को सवेरे 10.40 पर बैठे और उसी संध्या को 5.45 पर पहुँच गए। मेरे मन में नाना प्रकार के प्रश्न उठते हैं। इतिहास के पन्ने पलटता हूँ। भैरों चट्टी से हमने बस ली थी, पर ऐसा लगा था जैसे राजमार्ग पर चल रहे हों। प्रकृति के सौन्दर्य और विकरालता दोनों को अन्तर में समेटते हुए कुछ ही क्षणों में हम गन्तव्य स्थान पर पहुँच गए। सब कुछ शान्त है यहाँ। पुल पर से होकर हम उस पार स्वामीजी के आश्रम में पहुँच जाते हैं। बीच-बीच में, मैं सुशीला को सब कुछ बताता हूँ पर वह तो भाव-विभोर है। स्वामीजी के गुरु तपोवनमूजी महाराज जहाँ रहते थे उसे सुन्दर मन्दिर का रूप दे दिया गया है। मन यहाँ आकर वैसे ही शान्त हो जाता है। ऐसे पुण्य-पुरुषों का सान्निध्य और भी पवित्र और उदात्त बना देता है। स्वामीजी घूम-घूमकर सब दिखाते हैं। गौरीकुण्ड का रूप वही है पर इस बार जल कुछ कम है इसलिए उल्लास भी कुछ संयत है। हाँ पर संयम ने उसके सौन्दर्य को और निखार दिया है। हम लोग कॉफी पीते हैं और फिर स्वामीजी तथा सुशीला रसोई के काम में व्यस्त हो जाते हैं। हम तीनों बाहर घूमने चले आते हैं। अस्ताचलगामी सूर्य से दीप्त हिमशिखर जैसे हमारे अन्तर में रेखांकित हो गए हैं। स्वामीजी की कुटिया खूब लम्बी है। चटाई बिछी है। कई व्यक्ति रह सकते हैं। रसोई सबसे अन्त में है। दूर से आता भागीरथी का कलकल संगीत पुलक से भरता है। बस कुछ छात्र पर्वतारोही आ-जा रहे हैं। भोजन करने के बाद हम लोग डाक-बंगले में सोने चले आते हैं। जब भी आँख खुलती है वही मधुर, मौन संगीत गहन शीत के बावजूद हमें पुलकित कर देता है।

अगले दिन हम दोनों सवेरे बाहर चबूतरे पर बैठ जाते हैं और नाना रूप दृश्यों को देखते रहते हैं। कहाँ राजसी नगर के जन-बहुल मार्ग और कहाँ जन-विहीन गंगोत्री का दृश्य। सारा दिन घूम-घूमकर हम सब स्थानों को देखते हैं। जब हम गंगोत्री में स्नान कर रहे थे, तो सहसा सुशीला ने मेरा हाथ पकड़ लिया। बोली, "आओ हम माँ गंगे से प्रार्थना करें कि हमारा साथ कभी न छूटे।" लेकिन प्रार्थनाएँ, क्या ऐसी आसानी से स्वीकार की जा सकती हैं। अतुल अपने सूजे हुए हाथ को बाँधकर स्नान करता है। उपराष्ट्रपति के लिए विशेष रूप से स्नानागार बनाया गया था। वह अब नहीं है पर हमारा स्नानागार तो इन पत्थरों पर है जो कभी नष्ट नहीं हो सकता।

बार-बार पिछली यात्रा की याद आती है। गोमुख जाने से रोकने के लिए

तब हमें कितना डराया गया था। हम कैसे मार्ग खोजते हुए गए थे। कभी गंगा के गर्भ में उतरते तो कभी पहाड़ की चोटी पर चढ़ते लेकिन अब तो इस ओर तीन फुट चौड़ी एक पगडंडी बन गयी है। इस बार पुलिस का अधिकारी बहुत सौम्य है। उसका बेटा पढ़ने का बहुत शौक़ीन है। मैं उसे लौटने पर पुस्तक भेजने का वादा करता हूँ। काफ़ी देर घूमने के बाद हम डाक-बंगले लौटते हैं और फिर अपने चारों ओर देखते हैं। गंगा के वेग के कारण इस ओर कटाव हो रहा है। शायद एक दिन सब नष्ट हो जाए।

हम लोग गंगा के बीच में एक चट्टान पर जाते हैं उस पर मंदिर की आकृति खुदी हुई है। शंख और त्रिशूल भी हैं। गंगावतरण की कल्पना किसी ने शायद इन्हीं स्थानों को देखकर की थी।

स्वामीजी ने आगे जाने के लिए सब तैयारी कर ली है। पिछली बार खूब वर्षा हुई थी इस बार खूब धूप खिली है। हिम शिखर श्वेत कान्ति से मुखरित हैं। हरित वसना धरती सद्यःस्नाता नारी की भाँति सुवास बिखेर रही है।

भारवाहक कहीं नहीं दिखाई दे रहे। स्वामीजी उन्हें ढूँढ़ने निकलते हैं। तभी नेहरू पर्वतारोहण संस्थान का दल वहाँ आ जाता है उन्हें भी अभ्यास के लिए आगे जाना है। प्रिंसिपल कर्नल जोशी, वाइस प्रिंसिपल कप्तान पचौरी और डॉक्टर दम्पति सभी हमें अपने में समेट लेते हैं। खूब बातें होती हैं प्रकृति की, सच्चे और ढोंगी साधुओं की। कर्नल सहसा गम्भीर होकर बोल उठते हैं—हम सैनिक हैं जो कि शादी करके भी संन्यासी रहते हैं। पाँच-पाँच वर्ष पत्नियों से नहीं मिल पाते और बाबाजी हैं कि तीन-तीन पत्नियों के स्वामी हैं।

अट्टहास गूँजता है और तभी भारवाहक भी आ जाते हैं। हम लोग तैयार होकर आगे बढ़ जाते हैं। मेरी दृष्टि बार-बार दूसरी ओर जाती है। वहाँ वैसा ही दृश्य है। वृक्ष, लताएँ, औषधियों के पौधे और छतदार चट्टानें लेकिन इस ओर शान्त पगडंडी है। भय तो यहाँ भी है क्योंकि ऊपर उत्तंग शिखर है, और नीचे अतल में भागीरथी है। सुशीला सब ओर से बेखबर प्रकृति के सौन्दर्य को देखती हुई धीरे-धीरे आगे बढ़ती जा रही है। वह मुग्ध है उसके सौन्दर्य पर। स्वामीजी उसे कभी भोजपत्र दिखाते हैं, कभी तीव्र गति से आते नालों का परिचय देते हैं। वेटोस्लैव रोरिक ने पुकारा था—

*हिम्वान ओ सुन्दर,/तू हमें अद्वितीय निधियाँ प्रदान करता रहा है*
*और तू हमेशा के लिए प्रकृति के निगूढ़ रहस्यों का,*
*पृथ्वी और आकाश के सम्मेलन का प्रहरी बना रहेगा।*

एक स्थान पर मार्ग टूटा है। मैं सुशीला को सावधान करता हूँ। एक-दो बार तो सुन लेती है फिर कहती है इस बार आपने सावधान किया तो ज़रूर गिर जाऊँगी। मुझे अपना पथ स्वयं देखने दीजिए। मैं मुस्कुराकर पीछे हट जाता हूँ। तभी सहसा वर्षा होने लगती है और धीरे-धीरे तेज हो जाती है। अब वातावरण उदास और ठण्डा है। दाहिनी ओर हम नीचे उतरते हुए यहाँ के बने डाक-बंगले

पर पहुँच जाते हैं। बड़ी मुश्किल से एक कमरे में पाँचों को सोने को स्थान मिलता है। स्वामीजी भोजन के प्रबन्ध में व्यस्त होते हैं। अन्धकार की छाया शिखरों से उतरकर घाटी को ग्रस लेती है। मोमबत्ती कहीं छूट गई। एक छोटा-सा टुकड़ा था वह भी जलकर समाप्त हो जाता है। किसी तरह उस गहन अन्धकार में रात बिताकर हमें फिर आगे बढ़ना है। सुशीला तनिक भी अशान्त नहीं है। वह मुझसे सटकर लेटी है। इसी आशा-निराशा के द्वन्द्व में झूलते हुए रात बीत जाती है लेकिन प्रकाश के निर्माता सूर्य का कहीं पता नहीं। आकाश में मेघ-शावक आँख-मिचौली खेलते हैं। वर्षा निरन्तर उग्र रूप धारण करती जाती है और हम भीगते हुए अपने में सिमटे-सिमटे आगे बढ़ चलते हैं। मेरी दृष्टि उस पार की धर्मशाला पर जाती है जिसमें हम पिछली बार दो दिन रहे थे पर वह सब लोग तो आगे बढ़ गए। अब हम सबने पगडंडी से उतरकर नदी का पुल पार किया और अनन्तमुक्त बोलडरों के विस्तार के बीच आ गए। कभी उतरते, कभी चढ़ते उस विराट, वीराने में मार्ग बनाते, कहीं कोई आदमी नहीं, न सिर छिपाने को छत, पत्थर-ही-पत्थर, पानी-ही-पानी और उन सबको घेरे हुए अथाह सफेद अन्धेरा तभी सहसा स्वामीजी पुकार उठते हैं—देखो वह है गोमुख। वहाँ पहुँचते-पहुँचते हम हर्ष से पुलक उठते हैं। स्वामीजी कहते हैं बारह वर्ष पूर्व जहाँ आपने गोमुख देखा था वहाँ से दो फरलांग पीछे हट गया है।

क्या इसी तरह हटते-हटते वह समाप्त नहीं हो जाएगा लेकिन अभी तो हमें सिर छिपाने के लिए कुछ चाहिए। सहसा एक छोटी-सी धर्मशाला दिखाई देती है उसमें हम ठीक से बैठ भी नहीं सकते। वहीं पर हम कुलियों के साथ आग जलाते हैं। भोजन गर्म करते हैं, कुछ तैयार करते हैं। सुशीला पूजा की व्यवस्था करती है और स्वामीजी स्तवन का पाठ करते हैं। फ़ोटोग्राफी भी करते हैं। स्नान करना तो असम्भव दिखता है पर हम उस अजस्र वेगवती के बीच में पड़े पत्थरों पर खड़े हो जाते हैं। चारों ओर कोहरा है, ऊपर वर्षा है। गोमुख भी नहीं दिखाई दे रहा। किसी तरह हाथ-मुँह धोकर हम गुफा में लौट आते हैं। धुआँ घुट रहा है। आँखें कड़वे जल से ओत-प्रोत हैं। गीले कपड़ों को हम सुखाने की व्यर्थ चेष्टा करते हैं फिर भोजन गर्म करते हैं, चाय बनाते हैं। गर्म-गर्म हलुआ, कस्तूरी वटी और चाय, कैसा आनन्द है इस अपूर्व वन-भोज में, किसी राजमहल में, किसी हीटर के सामने कालीन पर लेटे हुए मेवा खाने से भी अपूर्व लेकिन हमें तो लौटना है। वहीं मार्ग पर अब हमें खुशी है क्योंकि हमारा हर कदम हमें घर की ओर ले जा रहा है। एक अनिर्वचनीय सुख हमें जकड़ता जाता है और हम डाक-बंगले में पहुंच जाते हैं। यहाँ तो अब रंग-बिरंगे टैंट लगे हैं। संस्थान के विद्यार्थी यहीं प्रशिक्षण के लिए आए हैं। वह हमारा मुक्त हृदय से स्वागत करते हैं। केप्टन पचौरी मेरी पत्नी के लिए गर्म कोट ले आते हैं, मुझे गरम जुराब देते हैं। दहकते अलाव के चारों ओर बैठे हुए हम बातें करते हैं। कितने प्यारे हैं सब लोग। रोटी, दाल-साग, कॉफी और खीर और फिर प्यार से खिलाने वाला हो तब स्वर्ग के देवता हमसे ईर्ष्या ही कर सकते हैं। कप्तान पचौरी कहते हैं

कि यहाँ भी मनुष्य मनुष्य की सहायता नहीं करेगा तो कहाँ करेगा।

सोने का वही क्रम शिव और पार्वती फिर पास-पास लेटे हैं। मैं ट्रांजिस्टर पर नाटक सुनने की चेष्टा करता हूँ लेकिन नींद की देवी न जाने कब आगोश में ले लेती है। सवेरे (25 दिसम्बर, 1970) जब आँख खुलती है तब सुखद स्वप्न से उठने की अनुभूति हमें विभोर कर देती है। मैं अनुभव करता हूँ वैदिक ऋषि के शब्दों में–

*उषा ने मुक्त किए हैं अन्धकार के द्वार/*
*किरण बिखेरता आलोक उसका*
*प्रगट हो गया है सामने हमारे/*
*वह फैलता है और दूर भगा देता है*
*तमसाकार दैत्य को*

अब हमारा गन्तव्य स्वामीजी की कुटिया है। वही मार्ग, वही दृश्य, वहाँ पहुँचने पर पता लगता है कि मार्ग में कोई दुर्घटना हो गयी है जिससे बस नहीं आ रही, शायद जीप आ जाए।

लेकिन यह अच्छा है कि वर्षा बंद हो गई। सामने के शिखर धूप में चमक उठे। श्वेत हिम चौंध पैदा करता है। देवदार और चीड़ के वैभवशाली वृक्ष मन को वैभव से भरते हैं और केदार-गंगा का संगीत उसे शक्ति देता है।

हम जब लौट रहे थे तब एक नवयुवक साधु मिले थे। मृगछाला पहने हुए थे और धारा-प्रवाह अंग्रेज़ी बोलते थे। साथ में एक बंगाली साध्वी भी थी पर उनकी रहस्य-गाथा, कौन स्वर दे उसको/प्रकृति साधना को शक्ति देती है तो वासना को भी उत्तेजित करती है। यहीं कामदेव भस्म हुए थे और यहीं पर शिव-पार्वती ने प्रणय-केलि के नए मानदण्ड स्थापित किए थे।

हम उत्तर काशी लौट आए। फिर टिहरी में दो दिन रुके और उसके बाद वही राजसी दिल्ली, वही भीड़, वही शोर।

दो वर्ष बाद मैं फिर पत्नी के साथ यात्रा पर निकल पड़ा। इस बार हमारा गन्तव्य कन्याकुमारी तक था लेकिन उसकी चर्चा अगले अध्याय में।

शरत् बाबू इन सब यात्राओं में हमारे साथ रहे और लिखना भी चलता रहा।

## 14

दिशाहीन सफ़र का कभी अन्त नहीं होता। मेरे दिशाहीन सफ़र का भी अन्त नहीं आ रहा। इसमें जितना योगदान मेरा है उससे ज्यादा मेरी पत्नी का है। उसने एक दिन मुझसे कहा था–'बेटों के लिए एक मकान बनवा दो और अपने लिए एक छोटी-सी कार खरीद लो। बस हम दोनों उसमें बैठकर घूमा करेंगे।'

गोमुख की यात्रा के बाद मुझे हिन्दी निदेशालय से मद्रास में उन हिन्दीतर

भाषी लेखकों के लिए, जो हिन्दी में लिखना चाहते हैं, आयोजित शिविर में आमंत्रित किया गया।

मैं प्रायः ऐसे शिविरों में जाता रहा हूँ। मैंने उनका यह आमंत्रण भी स्वीकार कर लिया विशेष रूप से इसलिए कि मेरी पत्नी का आग्रह था कि वह भी साथ जाएगी। गंगोत्री का जल दक्षिण में रामेश्वरम् के शिव को अर्पित होकर ही पूज्य होता है। तभी यात्रा का लाभ मिलता है। जिस किसी ने भी इस मान्यता का प्रचलन किया था वह निश्चय ही दूर दृष्टि सम्पन्न व्यक्ति था। उत्तर में हिमालय और दक्षिण में समुद्र से रक्षित यह देश एक है, और इस एकता को प्रमाणित करने के लिए हिमवान की पुत्री भागीरथी का जल दक्षिण में समुद्र के बीच में अवस्थित भगवान शंकर की जटाओं पर समर्पित होना चाहिए। इन्हीं जटाओं में तो उन्होंने स्वर्ग से पृथ्वी पर अवतरित होने वाली भागीरथी को धारण किया था। इसलिए मैंने सोचा कि हिन्दी निदेशालय के आमन्त्रण का लाभ उठाकर दक्षिण के चारों प्रान्तों में पत्नी के साथ यात्रा करना, हम दोनों के लिए ही सुखद अनुभव होगा।

दूसरों से परिचय करने में नारी सिद्धहस्त होती ही है। फिर मेरी पत्नी को तो किसी से भी परिचय करने में कोई संकोच नहीं होता था। शिविर की अवधि में उसने कई तमिल महिलाओं के साथ ऐसी मित्रता कर ली जैसे वे युगों की परिचिता हों। शिविर के बाद हमने मद्रास को केन्द्र बनाकर अपनी यात्रा आरम्भ की। 12 अक्तूबर, 1972 तक हम यहाँ रहे। फिर अपने मित्र श्री शौरिराजन से अनेक परिचय-पत्र लेकर हम दोनों उतना सामान लेकर निकल पड़े जितना हम स्वयं उठा सकें। इस यात्रा का पहला पड़ाव पांडिचेरी था। मैं वहाँ कई बार आ चुका था इसलिए हमें श्री माँ के दर्शन करने में कोई कठिनाई नहीं हुई। उस समय वह अस्वस्थ थीं फिर भी हमें उन्होंने अत्यन्त स्नेह के साथ आशीर्वाद दिया। हम पूर्वानुमति भी नहीं ले सके थे, इसलिए इस आशीर्वाद का महत्त्व मेरी पत्नी के लिए बहुत रोमांचकारी था। तीन दिन वहाँ रहकर हमने सबकुछ देखा। सभी मित्रों से मिले। श्री रवीन्द्र, स्वामी केशवानन्द, कु. अनुबेन, हिन्दी की सुपरिचित कवयित्री श्रीमती विद्यावती कोकिल, अरविन्द दर्शन के गहरे जानकार डॉ. इन्द्रसेन के परिवार आदि सभी ने हमें बड़े स्नेह के साथ सबकुछ दिखाया। मेरी पत्नी के सम्बन्ध में कु. अनुबेन ने अपने एक पत्र में लिखा था कि 'तुम्हारी पत्नी को देखकर ही मैं 'सुचि-स्मिता' का सही अर्थ समझ सकी।' मेरा भतीजा विनय यहीं पढ़ रहा था लेकिन अत्यन्त व्यस्त होने के कारण वह बराबर हमारे साथ नहीं रह सका।

शरत् बाबू तो अभी तक हमारे साथ थे ही। उनके सब मित्र 'बिजली' पत्रिका के सम्पादक श्री नलिनीकान्त सरकार के यहाँ रह रहे थे। उनसे भी भेंट करके मैंने वांछित जानकारी प्राप्त की। इस यात्रा की यह भी बहुत बड़ी उपलब्धि थी। तीन दिन वहाँ रहने के बाद हम लोग चिदम्बरम्, त्रिची, मदुरई, रामेश्वरम्, कन्याकुमारी होते हुए केरल में त्रिवेन्द्रम पहुँच गए। यहाँ तक की यात्रा का विस्तार

से वर्णन पहले कर चुका हूँ। इस बार भी बहुत कुछ देखा। मुग्ध कर देने वाली शिल्प की विराट कल्पना, अद्भुत कला-वैभव और श्रद्धा की गन्ध से सुवासित वातावरण। कहीं शेष शैयाशायी विष्णु, कहीं तांडव करते शिव, कहीं कार्तिकेय, गणेश। मान लूँगा कि आज धर्म को व्यापार बनाने वाली वृत्ति बढ़ी है फिर भी वहाँ ऐसा बहुत कुछ है जो उनके निर्माताओं के प्रति श्रद्धानत् करता है। भारतीय संस्कृति इन्हीं प्राचीरों में सुरक्षित रह सकी है। यहीं भद्रलोकों की सामन्ती संस्कृति के विरोध में भक्ति आन्दोलन का जन्म हुआ था जो कालान्तर में उत्तर भारत में फैल गया। आसेतु हिमालय एक राष्ट्र की परिकल्पना दक्षिण में ही जन्मी और पनपी। समुद्र के अन्तिम छोर पर कन्याकुमारी में बैठी वह चिर कुमारी उस शिव को पाने के लिए तप कर रही है जो हिमालय के उत्तुंग शिखर पर समाधिस्थ हैं।

अलग-अलग तीर्थों की विशेषताओं का वर्णन करना यहाँ सम्भव नहीं है। वैसे द्रविड़ शैली की सभी विशेषताएँ रामेश्वरम् में देखी जा सकती हैं। जहाँ तक मानवीय सम्बन्धों का प्रश्न है हमारे अनुभव बहुत सुखद रहे। कुम्भकोणम् जाते हुए जिस बस में हम सवार हुए उसका ड्राइवर बहुत ही संवेदनशील व्यक्ति था। वह देर तक मेरी पत्नी से हिन्दी में ही बातें करता रहा और अपने अनुभव सुनाता रहा। उसने हमारे ठहरने के लिए स्थान का प्रबन्ध कर दिया।

रामेश्वरम् से कन्याकुमारी जाते हुए हमारी बस रास्ते में खराब हो गयी। रात के एक बजे हम वहाँ पहुँच सके लेकिन हमें बड़ा आश्चर्य हुआ कि वहाँ विवेकानन्द स्मारक बन जाने के बाद एक पूरा नगर बस गया है। रामकृष्ण आश्रम के अतिरिक्त अनेक होटलों के एजेण्टों ने हमें घेर लिया। जिस होटल में हमें जगह मिली वह साधारण रूप से अच्छा था। लेकिन सवेरे जब हम घूमने निकले तो वह प्राकृतिक सौन्दर्य जो पहले देख चुका था वह अब समाप्त हो गया था। समुद्र में भी उतनी आसानी से सीपियाँ और शंख इकट्ठे नहीं कर सके। लेकिन भारत के अन्तिम छोर पर खड़े होकर हिमालय की कल्पना करना अपने आप में एक रोमांचक अनुभव था। स्मारक बहुत सुन्दर है। गाँधीजी का स्मारक भी हमने देखा। कन्याकुमारी का मन्दिर तो था ही लेकिन सूर्योदय और सूर्यास्त नहीं देख पाए। इसलिए तमिलनाडु की यात्रा समाप्त करके हम त्रिवेन्द्रम चले गए। मार्ग में कई सुन्दर मन्दिर हैं उनमें प्रमुख हैं शुचिन्द्रम का मन्दिर।

त्रिवेन्द्रम में हमारे पूर्व परिचित मित्र केरल हिन्दी प्रचार सभा के मन्त्री श्री वेलायुधन नायर और उनकी पत्नी सरस्वती थकंची ने हमारे लिए सुख-सुविधा जुटाने में कोई कसर नहीं छोड़ी।

मेरी पत्नी यहाँ के प्राकृतिक दृश्यों से बहुत प्रभावित हुई। ऐसा लगता था जैसे प्राचीनकाल के ऋषियों के आश्रम में आ गए हों और धरती माँ ने हरी धानी साड़ी पहन ली हो। यहाँ की मिट्टी लाल है। हम लोगों को उन्होंने खूब घुमाया। नारियल-खजूर और केले के घने वृक्षों के बीच नहरों-झीलों और समुद्र के किनारे। यहाँ का प्रसिद्ध कथकली का नाच भी देखा। प्राचीनकाल की

किसी-न-किसी कथा पर आधारित होता है वह नृत्य। यह नगर चट्टानों पर बसा हुआ है। यहाँ का चिड़ियाघर भी हम देखने गए लेकिन सबसे बड़ा आकर्षण तो मेरी पत्नी के लिए श्री पद्मनाम का मन्दिर था, जिसका गोपुरम् सतमंजिला है और पद्मनाम की शयनमुद्रा में सालिग्राम की सुन्दर मूर्ति को देखते ही मन श्रद्धा से भर जाता है। एक हजार खम्भों वाले मण्डप में, यहाँ भी हमने गीत गाते पत्थरों को देखा।

वेलायुधनजी उसके बाद हमें आठ मील दूर विश्व प्रसिद्ध कोवलम बीच दिखाने ले गए। समुद्र में झाँकती काली चट्टानें, नारियल के सघन कुंज, नील सागर में निरन्तर उठती लहरों के साथ जैसे समुद्र हमारे लिए शंख और सीपियाँ भेज रहा था। हम दोनों इतने मस्त हुए कि आगे बढ़ना ही भूल गए। बीच-बीच में हम यहाँ के किसानों के गीत भी सुन रहे थे। अर्थ ना समझते हों पर माधुर्य और लय तो सभी को मुग्ध कर देती है लेकिन हमें तो आगे बढ़ना था। जिधर दृष्टि जाती केले-ही-केले दिखाई देते। लाल, पीले, हरे, छोटे-मोटे और पतले, मीठे भी खट्टे भी और अनानास भी तो यहाँ खूब होता है। इलायची, लौंग, काजू सभी कुछ लिया हमने।

और फिर पहुँचे जगद्गुरु शंकराचार्य की भूमि कालटी में। उनकी कहानी तो सभी जानते हैं। उस स्थान को देखकर, जहाँ उन्होंने संन्यासी होते हुए भी अपनी माँ का दाह-संस्कार किया था, हम पुलकित हो उठे लेकिन हम तो यात्री हैं। यहाँ के मित्रों से बिदा लेकर केरल के सांस्कृतिक केन्द्र त्रिचूर जा पहुँचे। यहाँ मेरी बड़ी लड़की अनीता का सहपाठी सुधांशु चतुर्वेदी जिसने मलयालय भाषा लेकर एम.ए. किया था, रहता था। उसके होते हमें किसी तरह की कोई कठिनाई नहीं हुई। हमने यहाँ का शिव मन्दिर देखा लेकिन पास ही गुरुवायूर में कृष्ण भगवान का प्रसिद्ध मंदिर है। हरिजनों के मन्दिर प्रवेश को लेकर सबसे पहले यहीं सत्याग्रह हुआ था। वहाँ कृष्ण भगवान के दर्शन करने के बाद हम लोग कोषीकोड यानी कालीकट जा पहुँचे। यह बहुत पुराना बन्दरगाह है। अरब यात्रियों के जहाज़ यहीं आते थे। यहीं 24 जून, 1498 में वास्को-डी-गामा आया था। वह पहला यात्री था जिसने योरोप वालों के लिए भारत का मार्ग खोजा था। यहाँ हिन्दी बोलने वाले अनेक मित्र हमसे मिलने आए। इसी नगर से यहाँ का सुप्रसिद्ध दैनिक 'मातृभूमि' प्रकाशित होता है और हिन्दी का साप्ताहिक 'युग प्रभात' भी इसी संस्था की ओर से प्रकाशित होता है। तब इसके सम्पादक हमारे पुराने मित्र रवि वर्मा थे। इसी पत्र में 'आवारा-मसीहा' का एक खण्ड प्रकाशित होता रहा था। केरलवासी सबसे अधिक अखबार पढ़ने वालों में प्रमुख हैं।

तमिलनाडु भी पीछे नहीं है। वहाँ कांजीवरम में जब हम पहुँचे थे तब हमने अपार भीड़ को एक ओर जाते हुए देखा था तो मन में शंका हुई कि कहीं झगड़ा तो नहीं हो गया। पूछने पर पता चला कि 'सांध्य दैनिक' प्रकाशित हुआ है। उसी को लेने वह जा रहे हैं। उनमें रिक्शावाले भी थे। काश! हम उत्तर वाले उनसे कुछ शिक्षा ले सकते।

हम 'मातृभूमि' के संचालक सम्पादक सुप्रसिद्ध स्वाधीनता संग्राम के सेनानी श्री केशव मेनन से भी मिले। वे अब प्रज्ञाचक्षु हो गए थे, लेकिन उन्होंने इस क्षेत्र में जितना काम किया उतना शायद ही किसी और ने किया हो। बहुत बातें हुईं उनसे।

इसी बीच में मेरी पत्नी एक महिला सम्पादिका से बड़ी तन्मयता से बातें करने लगीं। दोनों एक-दूसरे की भाषा नहीं जानती थीं लेकिन फिर भी सम्पादिका अंग्रेजी में बोल रही थी और मेरी पत्नी हिन्दी में। बड़ा मज़ा आया उनको बातें करते देख कर। यहाँ विश्वविद्यालय है और वहाँ के हिन्दी विभाग के अनेक मित्र हमसे मिलने आए। और लोग भी आए और हमें वहाँ भी ले गए जहाँ वास्को-डी-गामा ने पहली बार इस भारत भूमि पर चरण रखे थे। तब कौन जानता था कि एक दिन योरोप के निवासी व्यापारी के रूप में आएँगे और हमारे स्वामी बन जाएँगे।

यह नगर पुराने मालाबार राज्य की राजधानी रहा है। उसके राजा का नाम समुद्रन था लेकिन पुर्तगाली उसे जमूरिन कहते थे। यहाँ भी खूब वर्षा होती है। भाषा भले ही भिन्न हो लेकिन यहाँ के बाज़ार वैसे ही थे जैसे हमारे उत्तर भारत के।

यहाँ हमारी केरल यात्रा का अन्त हो गया। अब हमें कर्नाटक जाना था। सवेरे बस पर भी अनेक मित्र आ गए और अपने स्वभाव के अनुसार मेरी पत्नी ने सभी से मित्रता कर ली थी। भाषा की जरा भी चिन्ता किए बिना वह किसी भी घर में चली जाती थी और सब को अपना बना लेती थी।

कई वर्ष बाद जब मैं तमिलनाडु गया तो एक सम्भ्रान्त तमिल महिला ने पूछा, "भाई साहब! आप अकेले हैं। भाभीजी कहाँ हैं ?"

मैंने उनकी ओर देखा और फिर उँगली नील गगन की ओर उठा दी। वे बहन हतप्रभ मेरी ओर देख रही थीं, दो क्षण बाद बोलीं, कितनी स्नेहिल थीं वे। कितनी कहानियाँ सुनाईं उन्होंने अपने प्रान्त की। उनमें से अनेक कहानियाँ हमारे यहाँ भी प्रचलित हैं।...

वे देर तक तरल स्वर में बातें करती रही। मैं द्रवित भी था और मुग्ध भी।

सारी यात्रा में हमें दिल्ली से बराबर पत्र मिलते रहे, इसलिए हमें उधर से कोई चिन्ता नहीं थी। कालीकट से मैसूर तक का बस का रास्ता इतना सुन्दर, इतना मनमोहक था कि उसका वर्णन करना बहुत मुश्किल है। वहाँ का एकमात्र पहाड़ी नगर ऊटी इसी मार्ग पर है। जब तक हम केरल की इस सीमा पर रहे सब कुछ भूल कर प्रकृति को मन्त्रमुग्ध देखते रहे लेकिन कर्नाटक में प्रवेश करने के बाद वह सौन्दर्य पीछे छूट गया। यहाँ हमने किसी को नहीं लिखा था। पता करके एक होटल में ठहर गए। प्रत्येक होटल में नगर और नगर के आस-पास के स्थानों को दिखाने की जानकारी रहती है। होटल बहुत अच्छा नहीं था लेकिन उन्होंने हमारी यात्रा की पूरी व्यवस्था करा दी। दो दिन पूरे घूमते ही रहे। बैलूर, हेलीविड सभी कुछ देखा। हैदरअली और टीपू सुलतान की याद आई। अंग्रेजों से कैसे लोहा लिया था उसके स्मारक जगह-जगह बने हुए थे। उन ऐतिहासिक

स्थानों को देख कर उनके पराधीनता और उससे संघर्ष करने की कहानी याद आती रही।

मैसूर में दशहरे का प्रसिद्ध मेला लगता है। यहाँ की विशेषता है चन्दन के खिलौने, हाथी दाँत की बनी चीज़ें, कांसे की प्रतिमाएँ, रेशमी वस्त्र और महल, पुराने भवन, गोमटेश्वर, श्रीरंगपट्टन और विशाल नन्दी और यहीं पर है कन्नमबाड़ी बाँध और कृष्णराज सागर और मुग्ध कर देने वाला सौन्दर्य का प्रतीक वृन्दावन का विशाल उपवन। इन सबकी चर्चा विस्तार से हम पीछे कर आए हैं।

उपवनों का नगर बैंगलूर पास ही था। यह भारत के सबसे सुन्दर नगरों में से माना जाता है। सुप्रसिद्ध रमन इंस्टीट्यूट और नन्दी हिल्स यहीं पर है।

लेकिन यहाँ पर भी और दूसरे स्थानों की तरह तिपहिया चालकों का वैसा ही व्यवहार था जैसा दिल्ली में होता है। हम दोनों पति-पत्नी अपना-अपना सामान बगल में दबाए एक तिपहिया चालक के पास पहुँचे। विद्या मंदिर, लखनऊ की यहाँ पुस्तकों की दुकान है। वहीं हमें ठहरना था। जहाँ हम खड़े थे वहाँ से वह दुकान दो मिनट के रास्ते पर थी लेकिन चालक ने हमसे पाँच रुपए वसूल किए और एक लम्बा चक्कर काट कर वह दुकान पर पहुँचा तो मैं चकित रह गया। उस दुकान के पास से एक गली जाती थी और मुश्किल से दो सौ तीन सौ गज दूर तिपहिया स्टैण्ड था। मैंने उससे कहा, "पाँच रुपए तो मैं तुम्हें दे दूँगा। लेकिन क्या तुम्हारा यह कर्तव्य नहीं था कि तुम हमें यह जानकारी देते कि इस गली को पार करते ही वह दुकान है। अब मैं तुम्हारे नगर के लोगों के बारे में क्या राय बनाऊँगा ?"

उस पर कोई असर नहीं हुआ। वह मुस्कुराया और चला गया।

बंगलौर से हम दोनों रेल द्वारा मद्रास आए। रात का वह सफ़र कभी नहीं भूलेगा। आरक्षण नहीं था। कुली ने अच्छे पैसे लेकर हमें एक कम्पार्टमेण्ट में बैठा दिया। थोड़ी ही देर में वहाँ जो भीड़ टूटी बस कहर बरपा हो गया। मेरी श्रीमतीजी यहाँ भी मात दे गयीं मुझे। उसने एक नारी से दोस्ती कर ली और दोनों एक बर्थ पर आराम से सो गईं और मैं सारी रात एक कोने में सिकुड़ा उन्हें सोते देखता रहा। शायद कभी कुछ क्षण बीरबल की खिचड़ी की तरह आँख झपक गई हों।

शौरिराजन हमारी कहानी सुन कर खूब हँसे। उनकी भाषा में उनकी भाभीजी बहुत कुशल थीं तभी तो उन्होंने उनकी पत्नी से धोती बाँधना और चटनी बनाना सीख लिया था।

एक बार फिर मद्रास को केन्द्र बनाकर हमने स्थानीय और आस-पास के दर्शनीय स्थल देखे। कांजीवरम्, पक्षीतीर्थम्, शिवकांची और महाबलिपुरम् आदि। हर स्थान पर मेरी आँखों में पुराने दृश्य उभरते रहे और परिवर्तन को रेखांकित करते रहे। इनमें महाबलिपुरम् ने मुझे पहले भी प्रभावित किया था और अब भी सबसे अधिक प्रभावित किया। यहाँ चट्टानों को काटकर सात मन्दिर बनाए गए थे लेकिन उनमें से अब एक ही शेष रह गया है। चट्टान में खोदे गए सांडों

की पंक्ति से घिरा यह मन्दिर बहुत सुन्दर है। पाण्डवों के नाम पर बने पाँच रथ भी यहीं पर हैं। यहाँ की एक विशेषता की ओर मैंने अपनी पत्नी का विशेष रूप से ध्यान दिलाया। यहाँ एक छोटी-सी पहाड़ी है। इस पर कुशल शिल्पियों ने बड़े सुन्दर चित्र उकेरे हैं, विशेषकर गंगावतरण का। यह इसलिए भी महत्त्वपूर्ण है क्योंकि यह भारतीय संस्कृति की एकता को प्रमाणित करता है।

ये दिवाली के दिन थे और इधर दिवाली पर रोशनी नहीं होती लेकिन पटाखे इतने चलाए जाते हैं, कि सोना मुश्किल हो जाता है। अल्पना और नाना रूप खिलौनों के द्वारा घरों को खूब सजाते हैं। मेरी पत्नी जिस घर में भी जाती थी वहाँ उस घर की गृहिणी उसकी माँग में सिन्दूर भरती जाती थी और भेंट भी देती जाती थी। उनके इस सम्मान-सत्कार से मेरी पत्नी बहुत प्रभावित हुई।

समय बहुत कम बचा था इसलिए हमने केवल तिरुपति जाने का ही निश्चय किया। तिरुपति की मान्यता सारे देश में है। उसका अपना ट्रस्ट है और देश में अनेक शिक्षण संस्थाएँ उसके सहारे चलती हैं। मन्दिर एक छोटी-सी पहाड़ी पर बना हुआ है। वहाँ का दृश्य अद्‌भुत है। जिस दिन हम वहाँ पहुँचे सौभाग्य से वह दिवाली का दिन था इसलिए दर्शनार्थियों की पंक्ति एक फर्लांग लम्बी ही थी। अन्यथा मीलों लम्बी पंक्ति होती है और बहुत से लोगों को निराश लौटना पड़ता है।

मेरी पत्नी ने विधि-विधान के अनुसार पूजा का सामान खरीदा। हमारी पंक्ति धीरे-धीरे आगे सरकने लगी लेकिन तभी मैंने देखा कि कुछ लोग दूसरी ओर से, बड़े आराम से जा रहे थे।

मैंने अपने साथ खड़े व्यक्ति से पूछा, ''यह लोग कौन हैं ?''

उत्तर मिला, ''यह विशिष्ट व्यक्ति हैं जो 100 रु. से 1000 रु. तक देकर तुरन्त दर्शन कर सकते हैं।''

मुझे बड़ा आश्चर्य हुआ कि भगवान के दरबार में भी रिश्वत चलती है। खैर हमें बहुत देर नहीं लगी। पुजारीजी ने हमारे पूजा के सामान में से कुछ निकाला और नारियल लेकर उसे तोड़ा। आधा हमें दे दिया। हम बाहर जाने के लिए आगे बढ़ गए।

मैंने सुना था कि यहाँ के लड्डू, जो प्रसाद में मिलते हैं, बहुत स्वादिष्ट होते हैं। हम लोग तुरन्त वहाँ पहुँचे लेकिन दरवाज़ा बन्द था। पूछने पर पता लगा कि अब भंडार बन्द हो चुका है। प्रसाद अब नहीं मिलेगा। हमने कहा हम इतनी दूर दिल्ली से आए हैं और कल ही लौट जाएँगे इसलिए क्या हमें निराश लौटना पड़ेगा ?

उन्होंने कहा कि अब भंडार नहीं खुलेगा, हम विवश हैं।

हमारे साथ और भी कई व्यक्ति थे। हमने निश्चय किया कि लड्डू लेकर ही जाएँगे। और हम वहीं बैठ गए, सत्याग्रह करने के लिए।

कुछ ही क्षण बाद यह समाचार वहाँ के एक अधिकारी को मिला। वह तुरन्त भागे-भागे आए और उन्होंने हाथ जोड़कर कहा, ''आपको प्रसाद अवश्य

मिलेगा, चिन्ता मत कीजिए।''

तभी जिसने भंडार बन्द किया था वह आया और जिसको जितने लड्डू चाहिए थे उतने दिए।

वह लड्डू जितने बड़े थे उतने ही स्वादिष्ट भी थे। हमने छः लड्डू खरीदे। एक हम लोगों ने खाया और एक नीचे आकर अपने आतिथेय को दिया। शेष दिल्ली के लिए रख लिए। उस समय ऋतु भी बहुत सुहावनी थी। हमारे आतिथेय की पत्नी उतनी ही सौम्य और सुशील थी। बड़े प्यार से उन्होंने हमें खिला-पिलाकर विदा किया। अब हमने 5 नवम्बर, 1972 को दक्षिण की यात्रा पूरी करके दिल्ली की ओर प्रस्थान किया। मेरी पत्नी की बड़ी इच्छा थी कि वह हैदराबाद और नागपुर अवश्य रुके। नागपुर के पास ही भिलाई है और वहाँ मेरी भतीजी स्नेहलता अपने इंजीनियर पति के साथ रहती है लेकिन यह सम्भव नहीं हो सका और हम दिल्ली लौट आए। और जैसा कि हर यात्रा के बाद होता था, सब बच्चों ने और बड़ों ने हमें घेर लिया। पत्नी विशेष रूप से गद्‌गद होकर वह वस्तुएँ दिखाने और बाँटने लगीं जो हम उनके लिए ही लेकर आए थे।

यात्रा कैसी भी सुखद और आनन्दप्रद क्यों न हो, घर लौटने से बड़ा सुख और कोई नहीं होता।

यात्रा का यह रोमांचक प्रसंग समाप्त करने से पूर्व स्नेह, सौहार्द और सुखद संयोग की तीन घटनाओं का संक्षेप में वर्णन करना चाहूँगा।

एक बार यात्रा के कार्यक्रम में किसी कारण व्यवधान पड़ जाने से उस नगर में नियत समय पर नहीं पहुँच सके पर जब वहाँ ट्रेन से उतरे तो आश्चर्य चकित रह गए। दो विद्यार्थी हमारे स्वागत के लिए उपस्थित थे।

मैंने पूछा ''आप कैसे आए।''

एक विद्यार्थी ने उत्तर दिया, ''कल जब आप नहीं आए तो हमने अनुमान लगाया कि आप इस गाड़ी से ही आ सकते हैं। आना आपको अवश्य था इसलिए हमारा अनुमान ठीक निकला आइए, जब चलें। आपके ठहरने और घूमने का सब प्रबन्ध हो चुका है। आज एक सभा भी है।''

महाबलिपुरम् में हमारे आतिथेय बहुत सज्जन पुरुष थे। उनसे अधिक उत्तेजित और उत्सुक थी उनकी छोटी बिटिया वह निरन्तर चहकती रही। मेरी पत्नी से तो उसने दोस्ती कर ली और जब हम चट्टानों पर घूमने निकले तो वह निरन्तर अपने पिता से आग्रह करती रही, ''अप्पा, इनको वहाँ नहीं ले चलेंगे ? वह स्थान नहीं दिखाओगे। वहाँ का दृश्य बहुत सुन्दर है।...''

और तिरुपति भगवान तो इतने प्रसन्न हुए कि उनकी पूजा में हमारे जो तीस रुपए खर्च हुए थे वे उन्होंने दिल्ली मनीऑर्डर से भिजवा दिए। हुआ यह कि वहाँ से जो पत्रिका निकलती थी, उन्होंने उसमें कहीं से लेकर मेरा एक लेख छाप दिया और पारिश्रमिक के रूप में तीस रुपए मनीऑर्डर से भेज दिए।

ऐसे ही संयोगों के नाना रूप अर्थ लगाकर धर्मभीरु जन जनता की श्रद्धा को अन्ध श्रद्धा का रूप देते रहते हैं।

लेकिन इस यात्रा से हमें जो अनुभव प्राप्त हुए वे निश्चय ही मन को मुक्त करने वाले थे।

फिर भी यात्रा कैसी भी सुखद और आनन्दप्रद क्यों न हो, घर लौटने से बड़ा सुख और कोई नहीं होता।

*जो मजा छज्जू के चौबारे में/वह बल्ख न बुखारे में।*

## 15

सन् 1960 में जब मैं बर्मा गया था, तो वहाँ के प्रसिद्ध व्यापारी श्री सत्यनारायण गोयनका का अतिथि बना था। गोयनकाजी बहुमुखी प्रतिभा के व्यक्ति हैं। व्यापार, साहित्य और अभिनय, सभी में उनकी रुचि रही है। अचानक उनके सिर में बहुत तेज दर्द रहने लगा। इतना कि वह सह नहीं पाते थे। उसके इलाज के लिए उन्होंने एक प्रकार से सारे संसार का भ्रमण कर डाला लेकिन कोई लाभ नहीं हुआ। तभी वह बौद्ध धर्म के प्रसिद्ध साधक उबा खिन के सम्पर्क में आए।

उन्होंने गोयनकाजी को विपश्यता-साधना करने की सलाह दी। विपश्यना-साधना, शास्त्र-सम्मत एक ऐसी साधना है जो मनुष्य को, अपने को, आर-पार देखने की शक्ति देती है। वह जान लेता है कि जो स्थूल शरीर हमें दिखाई देता है वह वास्तव में स्थूल नहीं है अपितु अणु-परमाणुओं का एक समूह मात्र है। गोयनकाजी ने उबा खिन को अपना गुरु स्वीकार किया और उनके आदेशों के अनुसार उस साधना का अभ्यास किया। उन्होंने पाया कि एक दिन उनके सिर का वह अभेद्य दर्द दूर हो गया है।

उसके बाद गोयनकाजी स्वयं लोगों को इस साधना का अभ्यास कराने लगे। सत्यनारायण गोयनका से गुरुजी बनने तक भी उनकी यात्रा बड़ी रोमांचक है। आज वह इस साधना के विशेषज्ञ माने जाते हैं। उन्होंने बहुत कुछ कहा और लिखा है इसके बारे में। उनका कहना है कि "विपश्यता न तो कोई जादू है और न कोई सम्मोहिनी विद्या, न मन्त्र विद्या है, न चमत्कार। न उसका सम्बन्ध दर्शन से है, न बौद्धिक तत्त्व-चिन्तन से। वह तो मात्र सत्य को जीने का अभ्यास है। सत्य यानी यथार्थ। यथार्थ इसी क्षण का होता है। भूतकाल की याद होता है। भविष्यकाल की कामनाएँ, कल्पनाएँ, वास्तविकता इसी क्षण की होती हैं। अतः विपश्यना इसी क्षण को जीने का अभ्यास है। वह पलायन नहीं है। जीवन से विमुखता भी नहीं है। प्रत्युत जीवन अभिमुख होकर जीने की शैली है। मन के मैल से मुक्त होना। यह काम कोई दूसरा नहीं कर सकता। उसे स्वयं करना है। धैर्यपूर्वक प्रयत्न करते हुए, एक दिन पूर्ण निर्मलता प्राप्त हो सकती है। मन निर्मल होगा तो सद्‌गुणों से भर जाएगा। दूषित मन पर आधारित सारे रोग, सारे दुख स्वतः दूर हो जाएँगे।

"विपश्यता शील, समाधि में स्थित होकर अन्तःप्रज्ञा जाग्रत करने का पावन

अभ्यास है। स्थितप्रज्ञ होने का शुभायास है। विपश्यना की सिद्धि कठिन अवश्य है पर असम्भव नहीं। वह स्वप्रयत्न साध्य है। केवल एक या एकाधिक विपश्यना शिविरों में सम्मिलित हो जाना ही सब कुछ नहीं है, वह तो जीवन-भर का अभ्यास है। विपश्यना का जीवन जीते रहना होगा, सतत सजग, सतत सचेष्ट, सतत सयत्न।''

हमारे भारत लौटने के कुछ दिन बाद बर्मा में फिर सैनिक शासन स्थापित हो गया और सारी जन-सम्पत्ति का राष्ट्रीयकरण हो गया। तब वहाँ से अधिकांश भारतीय भारत लौट आए। गोयनकाजी व्यापार की ओर से धीरे-धीरे विमुख होते गए और उन्होंने विपश्यना-साधना शिविर लगाने शुरू कर दिए। दस दिन के इन शिविरों में साधना की एक निश्चित पद्धति अपनाई जाती है, जो बहुत सरल है।

गोयनकाजी ने यशपालजी और मुझसे भी शिविर में आने का आग्रह किया। मुझे यह अवसर अगस्त सन् 1973 में मिल सका। मैं अपनी पत्नी सहित प्रसिद्ध सुरम्य और शान्त पहाड़ी नगर डलहौजी में लगनेवाले शिविर में शामिल हुआ। उस शिविर की विशेषता यह थी कि उसमें लगभग 200 विदेशी जन शामिल हुए थे। उनमें अधिकतर हिप्पी थे। जो समाज में होनेवाले अनेक अनुचित कार्यों के विरुद्ध विद्रोह के रूप में सब कुछ त्यागकर, आवारा व्यक्तियों की तरह घूमते रहते थे लेकिन उनके अन्तर में निरन्तर एक संघर्ष मचा रहता था। शान्ति की तलाश में वे यहाँ आए थे। यहाँ दूसरे अनेक साधना केन्द्रों की तरह से कोई आडम्बर नहीं था। गुरुजी दूसरे महात्माओं से भिन्न हैं वे न प्रभाव डालने के हथकण्डे जानते हैं और न दूसरों पर छा जाने की कोशिश करते थे। उन्होंने जैसे एक सहज सत्य का आविष्कार कर लिया था क्योंकि उनमें एक मोहिनी शक्ति पैदा हो गई थी। वही शक्ति इन सब व्यक्तियों को यहाँ खींच लाई थी। अज्ञात शान्ति की खोज में भटकते ये व्यक्ति कैसे सहज विश्वास से अपने जीवन की कहानी खोलकर रख देते थे।

दस दिन के इस शिविर के अपने कुछ नियम थे। ये विदेशी सब नियम पालन करने को तैयार थे लेकिन सैक्स-वर्जन उनकी समझ में नहीं आता था। वह तो मुक्त सैक्स के उपासक थे। प्रतिदिन सवेरे हम गुरुजी के सान्निध्य में इकट्ठे होते और उनके द्वारा बताई गई विधि के अनुसार अभ्यास करते थे। पहले चार दिन हमें नासिका रन्ध्रों से जो श्वास निकलता है उसका आस-पास की त्वचा पर क्या असर होता है उसका अध्ययन करना होता था। उसके बाद हम अपनी चेतना को मस्तिष्क के केन्द्र में स्थिर करते थे और फिर वह चेतना धीरे-धीरे हमारे पूरे शरीर में गति करते हुए पैरों की अँगुलियों से होते हुए बाहर निकल जाती थी और हमें अपने शरीर में एक प्रशमिक करनेवाला अहसास होता था जो हमारे पूरे अस्तित्व को अनिर्वचनीय सुख से भर देता था। यह क्रिया हमें दिन में कई बार करनी होती थी। हम अपने निवास पर भी कर सकते थे।

स्त्री-पुरुष, दोनों के लिए अलग रहने का स्थान निश्चित था। घूमने और भोजन के समय हम एक-दूसरे से मिल सकते थे। भोजन बहुत सादा होता था।

यहाँ अन्य साधना स्थूलों की तरह बहुत कठोरता नहीं थी। सब कुछ सहज भाव से होता था। गुरुजी उसी सहज भाव से मिलते थे और सबकी शंकाओं का निवारण करते थे। कभी-कभी कुछ साधक साधना करते हुए भाव-विह्वल हो रोने लगते थे। एक दिन मेरी पत्नी भी रो पड़ी थी। उसने मुझे बताया था कि तब चेतना उसके शरीर में घूम रही थी कि न जाने अचानक क्या हुआ कि वह भाव-विह्वल हो उठी और आँखों के आँसू बह निकले।

मेरी पत्नी अपने दूसरे बच्चे के प्रसव के समय शरीर से सब रक्त निकल जाने के कारण असाध्य अवस्था में पहुँच गई थी। डॉक्टरों के अथक परिश्रम के कारण उसकी चेतना तो लौट आई थी लेकिन वह काफी दिनों तक अर्द्धविक्षिप्त अवस्था में रही थी। इस कारण और भी कि उसने जिस पुत्र को जन्म दिया था उसकी मृत्यु चार दिन बाद ही हो गई थी और यह सत्य उसे बहुत दिनों तक नहीं बताया गया था।

हमारे परिवार का वातावरण बहुत शान्त, स्नेहिल और संयमित था। इस कारण वह शीघ्र ही रोगमुक्त होकर स्वस्थ हो गई लेकिन अन्तर में पुत्र-बिछोह की पीड़ा अनजाने ही उसे सालती रही।

इस शिविर में भाग लेने के कारण उसे और मुझे, दोनों को बहुत लाभ हुआ लेकिन दुर्भाग्य से हम फिर किसी कैम्प में नहीं जा सके। छः वर्ष बाद उसकी कैंसर से मृत्यु हो गई, और मुझमें फिर अकेले जाने का साहस ही नहीं हुआ।

लेकिन इस कैम्प में मुझे हिप्पियों को पास से देखने और समझने का अभूतपूर्व अवसर मिला। वह सब किसी-न-किसी रूप में विद्रोही थे। किसी को अपने माता-पिता के व्यवहार के प्रति अरुचि थी। किसी को समृद्धि से घृणा थी। किसी को साम्राज्यवाद के विस्तार से। वह सहज, सरल, जीवन की खोज में भटक रहे थे। एक घटना से मैं अपनी बात स्पष्ट करना चाहूँगा। उन हिप्पियों के साथ कुछ बालक भी थे। उनमें एक छोटी प्यारी-प्यारी-सी बच्ची भी थी; जो हर किसी के पास निःसंकोच चली जाती थी और बड़े प्यार से बातें करती थी। एक दिन मैं उससे बातें कर रहा था कि उसकी युवती माँ वहाँ आ गई। मैंने उससे कहा, ''तुम्हारी बच्ची तो बहुत प्यारी है।''

निःसंकोच उसने उत्तर दिया, अँग्रेज़ी में, "I got this beautiful girl from a beautiful man living above" अर्थात् मैंने यह सुन्दर बच्ची ऊपर रहनेवाले एक सुन्दर व्यक्ति से प्राप्त की है।

मैंने सहज भाव से पूछ लिया, ''क्या तुम्हारे पति भी तुम्हारे साथ आए हैं ?''

उसी सहज भाव से वह बोली, ''नहीं, नहीं, वह मेरा पति नहीं है। वह मेरा प्यारा दोस्त है।''

उनके लिए यह सब स्वाभाविक था, क्योंकि किसी से भी सेक्स सम्बन्ध स्थापित करना उनके लिए वर्जित नहीं है, कहूँ कि यह भी वर्तमान समाज की वर्जनाओं के प्रति एक प्रकार का विद्रोह ही है।

उस शिविर के आधार पर मैंने एक एकांकी लिखा था 'कूपे'। उसमें मैंने

अपनी पत्नी की एक और यात्रा की, जो उसने मेरे एक मित्र के साथ की थी, कथा कही है, पर यहाँ मैं उसके वे अंश दे रहा हूँ जो शिविर से सम्बन्ध रखते हैं। शिविर के तुरन्त बाद वह एकांकी मैंने लिखा था। इस कारण वह इस साधना-पद्धति के प्रभाव को अधिक स्पष्ट करता है। उस प्यारी बच्ची की माँ से बातें करते समय और स्त्री-पुरुष वहाँ आ गए थे। मैंने जूडिथ (बच्ची की माँ) से पूछा था कि वह कितने दिन से घूम रही है। एकांकी में मैंने वह सारी कहानी अपनी पत्नी के छद्म नाम के माध्यम से कही है। उसका नाम सान्त्वना है। वैसे वह मैं ही हूँ–

सान्त्वना–आप कितने दिन से घूम रही हैं ?

जूडिथ–कई वर्ष हो गए।

सान्त्वना–आपके बहुत मित्र हैं।

जूडिथ–स्वाभाविक है। अनेक देशों के अनेक युवकों के सम्पर्क में आई हूँ। प्यार किया है, पाया है।

सान्त्वना–(अल्पविराम) तुम बुरा तो नहीं मानोगी। तुम ग्रास, डोप, चरस, एल.एस.डी. आदि का सेवन करती हो।

जूडिथ–"करती हूँ। उससे मुझे आनन्द मिलता है। उस आनन्द का मैं वर्णन नहीं कर सकती। वह अनुभव करने की वस्तु है। जैसे स्वर्ग के द्वार खुल जाते हैं। प्रतिभा मुक्त हो जाती है।

सान्त्वना–(अल्पविराम) तो फिर वह क्या है, जो तुम्हें खाए जा रहा है। जो तुम्हारे जैसे युवक-युवतियों को दर-दर भटकने के लिए विवश करता है। साधुओं, योगियों, महात्माओं के पास तुम क्या पाना चाहती हो ?

जूडिथ–(अल्पविराम) बहुत दिनों तक यह सब करते-करते मैंने अनुभव किया कि नशे में जो आनन्द मिलता है वह जैसे मैकेनिक, जैसे उधार का आनन्द है। एक महात्मा[1] हैं जो दैहिक सैक्स के द्वारा समाधि की ओर ले जाने का दावा करते हैं, लेकिन मैं बिना किसी की सहायता के अपने ही अन्तर में से स्वयं मार्ग खोज लेना चाहती हूँ। सुना था भारत के योगी उस मार्ग को जानते हैं इसीलिए भटकती हूँ (एक गहन संगीत उभरता है। वे स्वर मिटते हैं। वर्तमान में सान्त्वना का एकाकी गम्भीर स्वर उभरता है।)

सान्त्वना–जितने लोगों से मैंने बात की है वे सभी उन अनुभवों से गुजर चुके थे। सैक्स, नशा, सब कुछ उनके लिए सहज हैं फिर भी वे भटक रहे हैं कितनी सच्ची है उनकी भटकन (अल्पविराम...संगीत) कुछ हैं जो परिवार के शासन से परेशान हैं। कुछ को आज की शोषणा की राजनीति त्रस्त करती है। वे औद्योगीकरण से प्राप्त ऐश्वर्य और विलास से ऊब चुके हैं। यह यांत्रिक और कृत्रिम जीवन उनको खोखला कर रहा है और वे उस आनन्द की तलाश में हैं जो उन्हें शान्ति के, स्वर्ग-द्वार के भीतर पहुँच जाने की शक्ति दें...।

---

1. भगवान रजनीश।

इस शिविर में नवयुवक सरदारजी भी थे। उनका नाम नाटक में मैंने सर्वजीत रखा है। उनकी एक प्रेमिका का नाम था मार्था। सर्वजीत के चरित्र को उभारने के लिए मैंने उन्हें सान्त्वना के साथ कूपे में यात्रा करते दिखाया है। यहाँ वे बन्धु शराब भी पीते हैं और सान्त्वना से छेड़छाड़ भी करते हैं लेकिन सान्त्वना उन्हें बुरी तरह से प्रताड़ित करती है तब वह कहता है, "बुरा मान गई हैं प्लीज, बात यह है कि मैं साथी के बिना नहीं रह सकता। बहुत घूमा हूँ, हिप्पियों के साथ, जिप्सियों के साथ। कितनी मुक्त और सहज हैं यह विदेशी युवतियाँ। बड़े गर्व के साथ कह सकती हैं Lot's of boy friends Lot's of sex मैं भी कह सक्ता हूँ Lot's of friends, Lot's of love making. वह यह भी कहता है कि गणित, विज्ञान और अध्यात्म की तरह नशे, सैक्स और योग की भी मंजिल एक ही है। ब्रह्मानन्द सरोवर में डुबकी लगाना, इत्यादि-इत्यादि।

सान्त्वना उसकी इस तरह की बातों से बहुत दुःखी होती है, लेकिन उसके सामने झुकती नहीं। जब वह उसकी बर्थ से नहीं हटता और कहता है, मैं नहीं हटूँगा। किसी स्त्री ने आज तक मुझे पीछे नहीं हटाया। तब सान्त्वना दृढ़ स्वर में उत्तर देती है, लेकिन मैं हटा दूँगी। मर्द है तो उसे औरत चाहिए ही। मर्द तेज पुंज है औरत उसके तेज को झेलनेवाली है। यह दलीलें अब बासी हो चुकी हैं। तुम्हारे जैसे चटोरे व्यक्तियों का विद्रोह नारी के पाशविक उपभोग तक ही सीमित रह गया है। तुम्हारे लिए नारी एक वेश्या है। मैं कहती हूँ इसी क्षण उठकर चले जाओ, नहीं तो, तुम्हारी खैर नहीं।" और वह जोर से चीख भी पड़ती है।

सान्त्वना ने कैम्प में रहते हुए मार्था से पूछा था, तुम माँ बननेवाली हो न!

मार्था–हाँ।

सान्त्वना–इसके पिता कौन हैं ?

मार्था–(मुस्कुराकर) मेरे लिए यह जानना जरूरी नहीं है। मैं भी पुरुष की तरह प्यासी हूँ। मुझे भी तृप्ति चाहिए। पुरुष कोई भी हो। वह सर्वजीत भी हो सकता है। शायद वही हो लेकिन तुम यह सब क्यों जानना चाहती हो ?

सान्त्वना–मैं जानना चाहती हूँ कि मुक्त साहचर्य और देह भोग के साथ सच्चे सुख की तलाश कैसे चल सकती है ?

मार्था–मुझे तो इसमें कोई विरोधाभास दिखाई नहीं देता। शरीर के अस्वीकार की बात तुम लोगों में ही है। हम लोगों में समर्पण की प्यास है। समर्पित होकर हम पूर्णता का अनुभव करती हैं। तुम्हारे लिए प्रेम एक बना-बनाया साँचा है। विवाह किया और वह साँचा ओढ़ लिया।

वह यह भी कहती है, कि मैंने गुरुजी से बहुत बहस की है, इस बारे में। उन्हें देह की प्यास से इन्कार है। वह तो चाहते हैं कि साधना के इन दस दिनों में परहेज किया जाए। उसके बाद जैसा अनुभव हो।

इसी तरह की बहसें वहाँ मेरे साथ हुई हैं। साधना का लक्ष्य यही है कि हम जैसे-जैसे उस मार्ग पर आगे बढ़ेंगे, वैसे-वैसे देह की प्यास शान्त होती जाएगी। मार्था को इस बात की चिन्ता नहीं कि प्यास शान्त होती है या नहीं, लेकिन उसे भी ऐसा

अवश्य लगता है कि सच्चे सुख के मिल जाने पर वह प्यास असंगत ही रहेगी।

बहुत-से साधकों ने इस प्रकार के कई-कई शिविरों में रहने के बाद अपने अनुभव लिखे हैं, जिनसे इस बात की पुष्टि होती है। जब मनुष्य यह जान लेता है कि वह कुछ नहीं, मात्र अणु-परमाणुओं का समूह है तो फिर उसकी लिप्सा धीरे-धीरे शान्त हो जाती है। जिस मुक्ति की चाह उसे भटका रही है उसको पाने का मार्ग उसे दिखाई देने लगता है।

शायद मुझे दूसरे और शिविरों में जाने का अवसर मिलता तो मैं इस सच्चाई पर, गहराई से विचार करने की शक्ति पाता। ऐसा हो नहीं सका लेकिन मैं यह निश्चय से मानता हूँ कि अस्वीकार करने और असंगत हो रहने में अन्तर है। अस्वीकार में नकार है और असंगत होने में किसी प्रकार का आग्रह नहीं है। यही स्थिति मनुष्य को शान्ति दे सकती है।

नाटक में सान्त्वना प्रेम को नकारती नहीं, उसने स्वयं प्रेम विवाह किया है पर वह असंगत और उच्छृंखलता को स्वीकार नहीं करती। इसलिए तो वह शिविर में आई है।

यह मेरी ही मान्यता है। मैं और भी अनेक सन्तों और योगियों से मिला हूँ। महर्षि महेश योगी, स्वामी मुक्तानन्द, साईंबाबा, भगवान रजनीश, स्वामी शिवानन्द आदि लेकिन मैं यह स्वीकार करूँगा कि मैं कहीं भी आश्वस्त नहीं हो सका। स्वामी मुक्तानन्द का व्यवहार अवश्य मानवीय दृष्टिकोण से सहज था। शेष सब मुझे असहज लगे। मेरा मूल्यांकन गलत हो सकता है परन्तु प्रचार की चाह मुझे सब जगह विकट रूप में दिखाई दी और जहाँ भी मैं इस चाह का अनुभव करता हूँ, मेरा मन वहाँ से विरक्त हो जाता है।

जैसे मैंने कहा कि यह मेरी निजी अनुभूति है। आवश्यक नहीं यह सही भी हो, पर इतना अवश्य सही है कि जहाँ भी मैंने सीमा का अनुभव किया, उसे मैं स्वीकार नहीं कर सका। मेरे लिए, फिराक गोरखपुरी के शब्दों में कहूँ तो—

*न मंजिल है न मंजिल का पता है,*
*मोहब्बत रास्ता ही रास्ता है।*

मोहब्बत कहो, साधना कहो, साहित्य कहो, विज्ञान कहो, जीवन कहो, यह सब कहीं सीमाएँ बनाते नहीं बल्कि सीमाएँ तोड़ते हैं। रास्ता-ही-रास्ता रहता है उनके सामने।

मैं नहीं जानता कि मैं अपनी बात कह सका हूँ, या नहीं लेकिन आज भी जब मैं यह पंक्तियाँ लिख रहा हूँ (6 मार्च, 1993) और जीवन का इक्यासीवाँ वर्ष पूरा कर रहा हूँ* तो मेरे लिए मंजिल नहीं रास्ता ही सत्य है। मैं ठहरना नहीं चाहता, चलते रहना चाहता हूँ, अकेले।

---

* पुनश्चः—अब तो दस वर्ष और बीत गए। बानवेवाँ वर्ष चल रहा है। तब भी मेरा विश्वास उसी तरह अटल है।

# 16

मेरे लिए शरत्-सम्बन्धी सभी स्थानों की खोज करना, उनके उपन्यासों में वर्णित पात्रों से, उनके कर्मस्थल पर जाकर पहचान करना, यह सब अनिवार्य था। लेकिन अनिवार्य तो यह भी था कि मैं अपने परिवार के प्रति, अपने दायित्व का निर्वाह करूँ। और उस दायित्व को निभाने की मैंने भरपूर चेष्टा की। उसी चेष्टा के प्रयत्नस्वरूप मैंने आकाशवाणी और दूरदर्शन के लिए जितना लिख सकता था, लिखा और बोला। एक लम्बी सूची है उन रचनाओं की। पर उनमें निश्चय ही कोई ऐसी महत्त्वपूर्ण कृति नहीं है जिसकी 'आवारा मसीहा' से तुलना की जा सके। लेकिन फिर भी फुटकर रचनाओं की औसत, 52 रचनाएँ प्रतिवर्ष रहीं। जिनमें अधिकतर रेडियो के लिए ही लिखी गईं। कहानियाँ तो वर्ष में छः से अधिक नहीं लिख पाया। इसके अतिरिक्त रेखाचित्र और यात्रा-वृत्तान्त भी लिखे। उनमें निश्चय ही कुछ मेरी अच्छी रचनाओं में, माने जा सकते हैं।

पुस्तकें इस अवधि में नौ प्रकाशित हुईं। उनमें महत्त्वपूर्ण हैं, 'दर्पण का व्यक्ति' 1968 (उपन्यास), 'डॉक्टर' 1967 (नाटक), 'युगे-युगे क्रान्ति' 1969 (नाटक), 'जमना-गंगा के नैहर में' 1964 (यात्रा-वृत्तान्त)। इसके अतिरिक्त कहानियों, एकांकियों और बाल-साहित्य के अनेक संग्रह भी प्रकाशित हुए। इन्हीं के कारण मैं आर्थिक परेशानियों से बच सका।

इसी अवधि में सन् 1969 में महात्मा गाँधी की शत्-वार्षिकी मनाई गई। आकाशवाणी के लिए तीन प्रमुख रूपक मैंने ही लिखे, जो उनके सम्पूर्ण व्यक्तित्व के परिचायक थे। एक था 'वैष्णव जन' जिसमें मैंने उनके प्रिय भजन 'वैष्णव जन' के आधार पर उनके जीवन दर्शन को रूपायित किया था, दूसरा था 'बा और बापू' जो पति-पत्नी के सम्बन्धों के साथ-साथ उनके जीवन में गहरे पैठने की दृष्टि को रेखांकित करता था। तीसरा था 'गाँधीजी का आत्ममन्थन' जिसे एक तरह से उनके जीवन-दर्शन का सार कह सकते हैं। जब-जब संकट आए तो उनके अन्तर में तुमुल संघर्ष मचा। यह उनके अनतर के उसी संघर्ष की कहानी है।

इसके अतिरिक्त गाँधी स्मारक-निधि के लिए मैंने गाँधीजी के जीवन के 700 महत्त्वपूर्ण प्रसंगों का चयन करके उन्हें दस पुस्तकों में संकलित किया। वे प्रसंग एक तरह से उनके जीवन और उनकी मान्यताओं के दर्पण हैं।

अछूतों को लेकर, उन्हीं के लिए मैंने एक पुस्तक लिखी, 'मैं अछूत हूँ,' जिसमें मैंने अपनी दृष्टि से उसके जन्म और विकास की प्रक्रिया पर ऐतिहासिक दृष्टि से प्रकाश डाला है।

इसके अतिरिक्त साहित्य सृजन से जिन और घटनाओं और व्यक्तियों का सम्बन्ध हो सकता है। उनमें सबसे प्रमुख और मेरे लिए सबसे अधिक गौरवपूर्ण है विश्व प्रसिद्ध हेलेन केलर, जो न केवल गूँगी और बहरी ही थी, बल्कि नेत्रहीन भी थी। लेकिन उनके प्रतिभा के शिखर को शारीरिक अपंगता ने तनिक भी

धूमिल नहीं किया अपितु और भी अधिक भासमान किया। अँग्रेजी भाषा में उन्होंने विशेष सम्मान प्राप्त किया था। दर्शन उनका प्रिय विषय था। लिखती थीं मानों कविता करती थीं। हार्वर्ड विश्वविद्यालय ने उन्हें तीन सौ साल पुरानी परम्परा को तोड़कर 'डॉक्टर ऑफ लॉ' की डिग्री प्रदान की। इनके सम्बन्ध में मैंने इसी अवधि में एक संस्मरणात्मक लेख लिखा था लेकिन इनसे भेंट हुई 22 फरवरी, मंगलवार, सन् 1955 को, राष्ट्रपति भवन में। यह भेंट मेरे जीवन की उपलब्धियों में सर्वोपरि है। इन दिनों राष्ट्रपति भवन में जाना हमारे लिए बहुत आसान था। अक्सर वहीं से फोन आ जाता था। उस दिन भी राष्ट्रपति के व्यक्तिगत सचिव का फोन आया। उन्होंने बताया कि आज एक बहुत ही महत्त्वपूर्ण बात हो रही है। कुमारी हेलेन केलर यहाँ आ रही हैं। आप लोग भी आ जाइए।

सुनकर हम तो गद्गद हो आए। मार्क ट्वेन ने कहा कि "उन्नीसवीं सदी के दो अत्यन्त रोचक व्यक्तित्व हैं। नेपोलियन और हेलेन केलर।" नेत्रहीन होकर भी जिनके नेत्र नहीं हैं उनकी वह दृष्टि थी। मूक होकर भी जो बोल नहीं सकते, उनकी वह वाणी थी। निराशा और असम्भव का वह मूर्तिमान निषेध थी। ऐसे व्यक्तित्व से मिलने के अवसर का मोह हम कैसे त्याग सकते थे। जब हम वहाँ पहुँचे, तो कुछ ही क्षणों में राष्ट्रपति भवन के अशोक कक्ष में हमने अपने को राष्ट्रपति डॉ. राजेन्द्रप्रसाद, उपराष्ट्रपति डॉ. राधाकृष्णन्, प्रधानमन्त्री डॉ. जवाहरलाल नेहरू, मौलाना अबुल कलाम आजाद, डॉ. देशमुख, श्री रेड्डी, डॉ. हुमायूँ कबीर आदि से घिरे पाया। न विशेष नियन्त्रण था, न किसी कानून की पाबन्दी का नियम था। मानो वह एक स्नेह गोष्ठी थी—अनौपचारिक, पारिवारिक।

मैंने इस सम्बन्ध में अपने संस्मरण सन् 1963 में लिखे थे। उसी के कुछ अंश यहाँ दे रहा हूँ—

पाँच बजने में अभी भी कुछ मिनट शेष हैं। फाल्गुनी अमावस्या वासन्ती मादकता से पूर्ण है। सामने की खिड़की से देखता हूँ, शानदार मुगल उद्यान, हलके आवरण से घिरता आ रहा है पर मेरा ध्यान आज इधर नहीं है। रह-रहकर सामने के द्वार को देखता हूँ। सहसा परदा हिलता है और उसके पीछे से प्रकट होती हैं दो नारियाँ। निमिष मात्र में अशोक-कक्ष स्तब्ध हो रहता है। वातावरण में जैसे तरलता उमड़ आती है। पाता हूँ कि दाहिनी ओर जो नारी है, उसके मुख पर स्नेह-दीप्त है। नयनों से शाश्वत करुण झर रही है। उन्होंने हल्के नीले रंग का गाउन पहना है। पैरों में सफेद जालीदार सैंडिल है और सिर पर जो टोपी है, मानों वह चमेली के फूलों से गूँथी गई है और उसकी पवित्र गन्ध वातावरण को सुहासित कर देती है। उनके गौरवर्ण में स्पष्ट ही लालिमा दिखाई दे रही है। मैं अनुभव करता हूँ, उनके चारों ओर निस्तब्धता और अन्धकार अवश्य है पर उनके विचारों में रंगों की तरंगें हैं।

ये उनके अपने शब्द हैं। मैंने उस दिन इन्हीं शब्दों को मूर्त देखा और मूक रहा। बोलकर अपने मन पटल पर अंकित उस पवित्र प्रभाव को धूमिल करने की तनिक भी इच्छा नहीं हुई। उनके साथ उनकी मन्त्री कुमारी पोली थामसन

हैं, जो लम्बी हैं, पर शीघ्र ही देखता हूँ कि वहीं वे अत्यन्त कुशाग्रबुद्धि, सजग और विनम्र हैं। वही तो हेलेन केलर की दृष्टि है, वाणी है।

धीरे-धीरे आकर कुमारी हेलेन केलर मुगल उद्यान के समीपवाले कोने में एक सोफे पर बैठ जाती हैं। फिर बारी-बारी वहाँ उपस्थित व्यक्ति उनसे मिलते हैं। मैं उनके पास खड़ा मन्त्र-मुग्ध-सा केवल उन्हें देखता ही रहता हूँ। वह डॉ. राधाकृष्णन के मस्तक को छूकर कुछ कहती हैं। दर्शन के सम्बन्ध में वह उनसे विचार-विनिमय कर चुकी हैं। प्रधानमन्त्री के गाल वह बड़े स्नेह से सहलाती हैं। वहीं पर तो उन्होंने उनकी सौजन्य, सादगी और विचारपूर्ण नीति को, अपनी अँगुलियों के स्पर्श द्वारा पढ़ा है। उनकी दृष्टि और वाणी जैसे अब इन अँगुलियों में समा गई हैं। जब कोई भी कुछ बात कहना चाहता है तो कुमारी पोली थामसन अपनी अँगुलियों द्वारा उनकी अँगुलियों का स्पर्श करती हैं। स्पर्श की गति इतनी तीव्र है कि बस गति ही दिखाई देती है। स्पर्श ही उनकी भाषा है; जो शब्दहीन है, पर अर्थगर्भित है। वह स्पर्श उनके लिए उतना ही सहज है, जितना किन्हीं दो व्यक्तियों के लिए स्वर। अँगुलियाँ हिलती हैं और कुमारी थामसन इनकी मूक भाषा को शब्द देती हैं। कहीं कोई आशंका नहीं, झिझक नहीं। सहसा बीच में रुककर कुमारी केलर, कुमारी थामसन के मुख पर हाथ रखती है। वह गति करता है, उस गति द्वारा वह कुछ सुनती है, कुछ कहती है।

राष्ट्रपति, उप-राष्ट्रपति, प्रधानमन्त्री, शिक्षा मन्त्री और दूसरे मन्त्री, सभी उनसे बातें कर चुके हैं। कुछ बैठे हैं, कुछ खड़े-खड़े बातें कर रहे हैं। अभी-अभी किसी ने पूछा था, ''हमारे राष्ट्रपति कैसे हैं ?''

कुमारी हेलेन केलर ने उत्तर दिया था, ''मेरा ख्याल है कि वह बड़े प्यारे हैं। वह न केवल बढ़िया हैं बल्कि दूसरों को मोह लेनेवाले और प्रभावशाली हैं।''

सहसा मेरे पास खड़े हुए अजमेर के श्री जीतमल लूणिया मुझसे कहते हैं, ''इनसे कहो, मैंने इनकी जीवनी हिन्दी भाषा में सबसे पहले प्रकाशित की थी।''

मैं तुरन्त उन्हें कुमारी थामसन के पास ले जाता हूँ। उनका परिचय देता हूँ और वह अँगुलियों की भाषा में कुमारी हेलेन केलर से सब कुछ कह देती है। सुनकर उनके मुख पर जैसे तरल माधुर्य का ज्वार उमड़ आता है। बोल उठती है, ''थैंक यू।''

ये शब्द नहीं थे, शब्द की ध्वनि थी जो इस वाक्य का आभास दे रही थी। तब सहसा मुझे उस क्षण की याद आ जाती है जब उनकी पहली अध्यापिका कुमारी एन सलीवान अनुशासनहीन बालिका हेलेन के साथ संघर्ष कर रही थी। विलियम गिब्सन ने 'दि मिरेकल वर्कर' में इस संघर्ष का बड़ा सुन्दर चित्रण किया है—

हेलेन को दबाकर वह पिछवाड़े के पम्प के पास ले गई। पम्प के हैण्डिल पर उसने केलर के हाथ जमाए। उन हाथों पर अपने हाथ रखकर उसने हैण्डिल ऊपर-नीचे किया, फिर हाथ उठा लिए। हेलेन समझ चुकी थी कि अब वह अकेली है—शिक्षिका एन के संरक्षण में। एन के हाथ उठाने के बाद भी वह हैण्डिल चलाती रही। पम्प से पानी निकला। एन ने हेलेन को सामने लाकर पानी की धार से

उसकी हथेलियाँ भिगोईं, फिर उसकी हथेली पर अँगुली से लिखा, 'डब्ल्यू ए टी ई आर—वाटर।'

खाली बर्तन धार के नीचे रखकर उसने हेलेन के हाथों से पानी भरवा लिया। केलर-कुटुम्ब के सभी सदस्य डायनिंग-रूम से बाहर आकर दूर खड़े सब देख रहे हैं। हेलेन का रिक्त चेहरा एन की ओर उठा हुआ था। एन ने बच्ची के भीतर मचे द्वन्द्व को भाँपा। हेलेन के होंठ काँप रहे थे। क्यों ?

पुरानी यादें...

जब वह छः मास की थी—बाबा—एक शब्द था जो लड़ रहा था—बेताब था फूट पड़ने को—बाबा...

और सचमुच हेलेन के गले से आवाज़ निकली—"बाबा..." उसके हाथ का बर्तन धरती पर गिर पड़ा। उसकी धातु झनक उठी। पानी ने हेलेन केलर के पैर भिगो दिए। वह फिर से रिरियाई—"बाबा।"

एन ने आनन्दावेग से पागल होकर बच्ची के हाथ को थाम लिया और चीख उठी, "यस, यस डियर, ओ माई डियर।"

हेलेन ने हाथ छुड़ाए और जमीन पर बैठ गई। वर्षों से बन्द मस्तिष्क के द्वार आज खुल गए थे और इस महान विश्व के प्रति अदम्य कौतूहल से हेलेन उबल रही थी। उसने जमीन को छूकर देखा और प्रश्नवाचक उत्सुक हथेली उसकी ओर बढ़ा दी ताकि वह उस पर 'अक्षर' के 'इशारे' लिखकर बताए कि नीचे जो चीज है, जिस पर वह खड़ी है, क्या है, इसे क्या कहते हैं ?

एन ने हथेली पर लिखा, 'जी आर ओ यू एन डी—ग्राउण्ड।'

हेलेन ने पम्प को छुआ। एन ने हथेली पर हिज्जे लिखे, 'पी यू एम पी—पम्प।'

एन का हर्ष अतिरेक पर पहुँच गया था। चीखने लगी, "श्रीमती केलर, श्रीमती केलर।"

उसके पुकारने से पहले ही पूरा केलर-कुटुम्ब पास आ चुका था।

कुमारी हेलेन केलर जन्मजात अन्ध-बधिर नहीं हैं। 18 महीने की आयु में अचानक रोग के कारण वह वाणी और दृष्टि दोनों खो बैठीं। जिस समय कुमारी सलीवान ने उनका भार सम्भाला तब वह लगभग सात वर्ष की थीं। चेहरे पर भोलापन कम, शिकायत अधिक थी। अनुशासनहीनता भी थी पर बुद्धि की कमी नहीं थी। छः मास की आयु से ही वह बोलने लगी थीं। वाटर को वावा कहती थी। उसी बुद्धि को वापस लाने के लिए कुमारी सलीवान को घोर संघर्ष करना पड़ा और वह सफल हुई। दृष्टि और ध्वनि, दोनों को उन्होंने अँगुलियों की सांकेतिक भाषा में रूपान्तरित कर दिया।...

मैं इन्हीं विचारों में खोया-खोया न जाने कहाँ पहुँच गया था कि सहसा चौंककर देखता हूँ वह 75 वर्षीया करुणामूर्ति जो प्रधानमन्त्री के पास एक-दूसरे सोफे पर जा बैठी हैं। पण्डितजी कहीं बहुत दूर विचारों के सागर में डूब गए हैं और हेलेन केलर गोद में एक तकिया रखे धीरे-धीरे उस पर हाथ फेर रही हैं। सब शान्त, मौन है। केवल पास के कक्ष से आती हुई संगीत की ध्वनि अन्तर

को तरंगित कर रही है। मेरी जिज्ञासा जागती है। पाता हूँ कि किसी ने उनसे पूछा था कि क्या वह बता सकती है, इस समय कौन-सा संगीत हो रहा है ? वह उसी संगीत की तरंगों के स्पन्दन को मृदु मन्द गति से तकिए पर हाथ फेरती हुई आत्मसात् कर रही हैं।

सहसा संगीत रुक जाता है और उनकी अँगुलियाँ कुमारी थामसन की अँगुलियों के साथ नृत्य करने लगती हैं। वह सब बता देती हैं। स्वर, लिपि, लय, ताल, धुन, सभी कुछ तो सही है।

स्वयं कुमारी केलर ने लिखा है, "सुख का एक द्वार बन्द होने पर दूसरा खुल जाता है, लेकिन कई बार हम बन्द दरवाज़े की तरफ़ इतनी देर तक ताकते रहते हैं कि जो द्वार हमारे लिए खोल दिया गया है, उसे देख नहीं पाते। यदि कुमारी सलीवान उनके जीवन में प्रवेश करके उस दूसरे खुले द्वार की ओर बरबस, उनका मुँह न कर देतीं।"

उन्हीं के शब्दों में "मेरी अध्यापिका मेरे इतने पास हैं कि मैं कभी अपने को उनके बिना सोच ही नहीं सकती। मुझमें जो कुछ अच्छा है, वह सब उन्हीं का है। मुझमें कोई भी प्रतिभा, कोई भी उत्साह, कोई भी प्रसन्नता ऐसी नहीं है, जो उनके प्रिय स्पर्श द्वारा जाग्रत न हुई हो।"

हमें पूरा एक घण्टा उनके समीप रहने का अवसर मिला। उन अनुभूति को शब्दों में नहीं बाँधा जा सकता। उस दिन यह स्पष्ट हो गया कि बड़ी-से-बड़ी शारीरिक अपंगता मनुष्य के मार्ग की बाधा नहीं बन सकती। वह दृष्टिहीन होकर भी दृष्टिवालों से अच्छी हैं। बहरी होकर भी अन्तरवीणा की झंकार सुनती हैं। वह तैरना, घुड़सवारी करना, नाव खेना जानती हैं। वह शतरंज और ताश भी खेल लेती हैं। उन्हीं के शब्दों में, "अगर उल्लंघन के लिए रेखाएँ न होतीं, जीतने के लिए बाधाएँ न होतीं, पार करने के लिए सीमाएँ न होतीं, तो मानव जीवन में पुरस्कार की तरह आनेवाले आनन्द के अनुभव में कुछ-न-कुछ कमी आ जाती।"

"आज भी मन जब निराशा की गुंजल में फँसने लगता है तो उस कर्ममयी की ममतामूर्मि दृष्टि में उभर आती है और उसी के साथ-साथ अन्तर में उभर आता है उस अव्यक्त आनन्द का अनुभव, जिसे कहते हैं आत्म-विश्वास, आत्म-प्रेरणा, आत्मनिष्ठा।"

इसी अवधि में एक और ऐसी घटना घटी जिसने मुझे अपने अन्तर में झाँकना और अपने से घमासान करने का अवसर दिया।

अपने प्रारम्भिक जीवन की विषमताओं और विडम्बनाओं के कारण मेरे मन में हीनभावना घर कर गई थी और हीन-भाव सदा उग्ररूप में प्रकट होता है। उसका अनुभव मुझे तब हुआ जब 21 जून, 1972 को मेरे जीवन के साठ वर्ष पूरे हुए। मुझे जन्मदिन मनाने का कभी शौक नहीं रहा। इसका कारण हीनभाव ही था लेकिन मेरे नवयुवक मित्रों ने जिनमें सर्वश्री मुद्राराक्षस, देवराज दिनेश, रमेश गौड़, जवाहर चौधरी, शैलेन्द्रकुमार पाठक, वीरेन्द्र त्रिपाठी प्रमुख थे इन्होंने 'कृतिकार' संस्था की ओर से मेरी षष्ठिपूर्ति समारोहपूर्वक मनाने का निश्चय किया।

मैंने उसका भरसक प्रतिवाद किया लेकिन उन्होंने मेरे अनुरोध को स्वीकार नहीं किया। उस समय मैं दिल्ली से बाहर चला गया था लेकिन समारोह में सम्मिलित होने के लिए मुझे दिल्ली लौटना ही पड़ा। मैं स्वीकार करूँ या न करूँ लेकिन मैंने अपने अन्तर में निश्चय ही गौरव का अनुभव किया होगा।

इतनी अधिक संख्या में साहित्यकारों का एक समारोह में एकत्रित होना भी आश्चर्यजनक था। बिना निमन्त्रण के ही सहज स्नेह का आगमन था। मेरे लिए यह सचमुच आश्चर्य का विषय था कि मैं इतने मित्रों के स्नेह का पात्र हूँ। इस समारोह को स्वयं प्रेरित आत्मीयतापूर्ण कहकर महिमामण्डित किया गया। समारोह की अध्यक्षता की मेरे गुरु, प्रसिद्ध साहित्यकार और चिन्तक श्री जैनेन्द्रकुमार ने। यह संयोग की बात है कि पुरानी पीढ़ी के एक सशक्त हस्ताक्षर, सरल प्राण और महान् कलाकार भगवतीप्रसाद वाजपेयी इस अवसर पर आशीर्वाद देने के लिए आए। अन्य वक्ताओं में प्रसिद्ध नाटककर और आकाशवाणी के महानिदेशक श्री जगदीशचन्द्र माथुर, प्रोफेसर विजयेन्द्र स्नातक, मोहन राकेश, भारतभूषण अग्रवाल, मुद्राराक्षस, गोपालप्रसाद व्यास, इन्द्रजीत सिंह 'तुलसी', शैलेन्द्रकुमार पाठक, अक्षयकुमार जैन, चिरजीत, लक्ष्मीचन्द्र जैन आदि मित्रों ने स्नेहोद्‌गार प्रगट करते हुए कहा, ''प्रचलित अभिनन्दनीय परम्पराओं के कानूनों के अनुसार न तो इसमें विष्णुजी की स्तुति की गई है न उन्हें असाधारण पुरुष बताया गया। इसके विपरीत सबकुछ उनकी कृति और व्यक्ति के लिए ही था।''

जगदीशचन्द्र माथुर ने एक विशेष बात कही थी—'आवारा मसीहा' तब तक प्रकाशित नहीं हुआ था लेकिन उसके बहुत से अंश इधर-उधर छपे थे। माथुरजी ने उसी के आधार पर 'आवारा मसीहा' की प्रौढ़ता और गहराई को सराहा था। उनका कहना था कि ''ऐसी जीवनी एक सफल नाटककार ही लिख सकता था क्योंकि सफल जीवनी लेखन भी नाटक की तरह घटनाओं का संयोजन माँगता है।''

इस अवसर पर एक उत्तरीय, नारियल तथा हरिप्रकाश त्यागी द्वारा बनाया गया उनका चित्र भेंट किया गया।

एक दूसरे पत्रकार ने लिखा, ''कृतिकार द्वारा आयोजित यह समारोह राजधानी के 25 वर्षों के इतिहास में हर दृष्टि से अनूठा था। स्नेह, प्यार और आत्मीयता से ओत-प्रोत दिखावा, चापलूसी से दूर।...''

निस्संकोच कहा जा सकता है कि यह विष्णुजी के अपने व्यक्तित्व का ही जादू था जो हर सम्प्रदाय, हर अखाड़े का पहलवान सहज भाव से खिंचा चला आया।

दिनमान में श्री सर्वेश्वरदयाल सक्सेना ने लिखा कि ''सही ढंग से अभिनन्दन करने की परम्परा इस समारोह से शुरू की जा सकती है। संयोजन चूँकि पेशेवर संयोजकों के हाथ में नहीं था। इसीलिए पेशेवर अध्यक्ष और भाषणकर्ता भी नहीं थे। समारोह लेखकों द्वारा लेखक के लेखन के लिए था। वातावरण यह प्रस्तुत करने में सक्षम रहा।''

उन्होंने और भी बहुत कुछ लिखा था लेकिन जिस बात की ओर मैं इंगित करना चाहता हूँ वह इससे भी महत्त्वपूर्ण है। जाने-माने कथाकार श्री श्रवणकुमार

ने अज्ञेयजी और जैनेन्द्रजी से एक प्रश्न किया था–विष्णु प्रभाकर की गणना आप किन लेखकों में करेंगे।

वात्स्यायनजी ने स्पष्ट शब्दों में कहा था–"He is not great."

प्रश्नकर्ता ने पूछा–"Great से आपका क्या अभिप्राय है।"

अज्ञेयजी का उत्तर था, "मेरा मतलब है उनमें पावर नहीं है।"

श्रवणकुमार के शब्दों में, "यही प्रश्न मैंने जैनेन्द्रकुमार के सामने दोहराया और वह अपने स्वर को खींचते से बोले, 'वह पॉजिटिव हैं नैगेटिव नहीं।' यानी उनके अनुसार बिना नकार किए कभी सशक्त नहीं हो सकता।"

समारोह के अध्यक्ष पद से भाषण देते हुए भी उन्होंने यह बात दोहराई थी और यह भी कहा था, "अच्छा होता विष्णुजी के लेखन में मिर्ची भी होती।" मिर्ची से उनका अभिप्राय नकारात्मक ही था, किन्तु यह विवाद का प्रश्न है कि विष्णु प्रभाकर के लेखन में पूरा स्वीकार ही है, नकार नहीं है।

यह बात मैंने अपने भाषण में भी कही थी, जीवन में झगड़ना बहुत ज़रूरी है। मैंने यह भी कहा था कि मैंने कभी अपनी डायरी में लिखा था कि 'मैं प्रतिज्ञा करता हूँ कि मैं जीवन में एक साधारण व्यक्ति बना रहूँगा और संघर्ष करता रहूँगा।'

अपने सृजन से मुझे सन्तोष नहीं, संघर्ष से ज़रूर है। इसीलिए मेरे मन में शिथिलता नहीं आती। मैं गर्दोगुबार में भी नीचे की चीज देखने का आदी हूँ।

इन दो महान् कलाकारों ने मेरे बारे में जो कहा, सबसे अच्छा मुझे यही लगा था। इसी ने तो मुझे निरन्तर संघर्ष करने की शक्ति दी।

## 17

*मस्लहत आमेज होते हैं सियासत के कदम,*
*तू न समझेगा सियासत तू अभी इन्सान है।*

'आवारा मसीहा' के रचनाकाल के चौदह वर्ष केवल 'आवारा मसीहा' के कारण ही मेरे लिए महत्त्वपूर्ण नहीं हैं। इस अवधि में भ्रमण के अतिरिक्त देश और परिवार में भी बहुत महत्त्वपूर्ण परिवर्तन हुए।

भारत के प्रथम प्रधानमन्त्री पण्डित जवाहरलाल नेहरू और दूसरे प्रधानमन्त्री श्री लालबहादुर शास्त्री की मृत्यु इसी अवधि में हुई। यह मृत्यु सहज मृत्यु नहीं थी, बल्कि दोनों ही प्रधानमन्त्रियों की मृत्यु से पूर्व ऐसी परिस्थितियों में से गुज़रना पड़ा, जिनकी सम्भवतः उन्होंने कल्पना तक न की होगी।

पण्डित जवाहरलाल नेहरू राष्ट्र नेता थे। भारत के प्रथम प्रधानमन्त्री थे। बहुत कुछ लिखा है मैंने उनके बारे में। यह शायद बहुत कम लोग जानते हैं

कि वे अत्यन्त संवेदनशील व्यक्ति होते हुए भी और प्रजातन्त्र में पूर्ण विश्वास रखते हुए भी स्वभाव से सामन्तवादी थे। उनके सारे क्रियाकलापों में यह द्वन्द्व निरन्तर उभरता रहा। इसके अतिरिक्त वह गाँधी के प्रभाव के कारण एक महान् मानव तो बन सके लेकिन एक सफल राजनीतिज्ञ नहीं बन पाए। बड़े दिलवाला व्यक्ति कूटनीतिज्ञ नहीं बन सकता। उनका आदर्श था अपने मन को जितना हो सके, बड़ा करो, अनन्त की भाषा में सोचो इसीलिए मैंने उन्हें राजनीति की दलदल में भटकता एक इन्सान लिखा है। मैंने उनके इन दोनों रूपों को बहुत अच्छी तरह से और बहुत पास से देखा है। वह बुरी तरह से क्रुद्ध होकर किसी को पीट सकते थे तो मजदूर की रोती हुई बच्ची को गोद में उठाकर उसी तरह प्यार-दुलार भी कर सकते थे।

यहाँ उन सबका विश्लेषण करना सम्भव नहीं होगा। लेकिन उनकी गहन संवेदनशीलता को प्रकट करने के लिए यह एक घटना ही काफ़ी है–

एक बन्धु एक प्रान्त के राज्यपाल तथा विनोबाजी के दल के लोगों की कुछ चिट्ठियाँ लेकर उनके पाए आए। कहा–"मैं पढ़ना चाहता हूँ, पर दान लेकर नहीं, पुस्तकें बेच-बेचकर पढ़ना चाहता हूँ।"

पण्डितजी इस भावना से बड़े प्रसन्न हुए और अपने प्रकाशक को बुलाकर कहा, "यह साहब हैं जो इस तरह नायाब तरीके से पढ़ना चाहते हैं। आप तो उन्हें पुस्तकें उधार देंगे नहीं। लेकिन मेरी गारण्टी पर इनको दो हज़ार रुपए तक का माल दे दें। ये बेचकर पैसा आपको दे देंगे। कमीशन जितना ज़्यादा-से-ज़्यादा दे सकें दे दें।"

प्रकाशक ने उन बन्धु को पुस्तकें दे दीं। एक दो बार तो उन्होंने समय पर रुपए भेजे लेकिन, फिर बिल्कुल मौन साध लिया। असल में वह अव्वल नम्बर के धोखेबाज थे, बहुतों के पैसे मार चुके थे। बड़ी परेशानी के बाद एक होटल में साहबी ठाठ-बाट के साथ रहते पकड़े गए। जाहिर है कि पण्डितजी बहुत नाराज हुए, लेकिन जब उसने मिलने की इच्छा प्रकट की तो तुरन्त राजी भी हो गए।

कैसी अद्भुत थी वह मुलाकात ? युवक कुर्सी पर बैठा था और पण्डितजी लाल-पीले हुए उसकी ओर इशारा कर-करके कह रहे थे–"तुमने समझ क्या रखा है ? जानते हो, मैं सारे अखबारों में छपवा दूँगा कि तुम झूठे हो, धोखेबाज़ हो, चोर हो। तुम समझते हो मैं तुम्हें हरगिज पुलिस में नहीं दूँगा, पर तुम्हारी ऐसी बदनामी कराऊँगा कि देखते रह जाओगे कोई भरोसा नहीं करेगा। तुमने दोस्तों को धोखा दिया है। विनोबाजी को बदनाम किया है।"

उन बन्धु ने कहा, "पण्डितजी कुछ दिन की मोहलत और दे दीजिए। मैं सारी रकम चुका दूँगा।"

पण्डितजी बोले, "तुम्हारा मुँह क्या है मोहलत माँगने का। झूठे कहीं के, शर्म नहीं आती मोहलत माँगते हुए।"

अजीब-सा वातावरण हो गया था कमरे में। कई मिनट तक कोई कुछ नहीं बोला, परन्तु तभी फौलाद पिघल उठा। पण्डितजी ने मुस्कराकर अपने प्रकाशक

से कहा, "इन साहब से कहें कि जितना हो सके चुका दें। नहीं तो सारा पैसा मेरी रॉयल्टी के हिसाब में डालकर मुझसे वसूल कर लें। आपकी तो संस्था है। आप कहाँ से इतना नुकसान उठाएँगे।"

उनकी राजनीति का आधार भी यही मानवता थी। उन्होंने पश्चिम से राष्ट्रीयता और स्वतन्त्रता की दीक्षा ली। देश की पराधीनता की कसक उन्होंने इंग्लैण्ड के स्वतन्त्र वातावरण में महसूस की। उनकी राष्ट्रीयता इसीलिए परम्परा के अर्थों में संस्कृति नहीं थी; वह देशभक्ति के दायरे में भी सीमित नहीं थी, वह विशुद्ध अन्तर्राष्ट्रीयता थी क्योंकि वह मानवता से उद्भूत थी और इस क्षेत्र में उनके दीक्षा गुरु थे महात्मा गाँधी, जिनका विश्वास था कि आखिर में तोप की नहीं, इनसान की अजेय आत्मा विजयी होती है। इसीलिए समाजवाद को माननेवाले होकर भी उन्होंने गाँधी-नीति को व्यावहारिक रूप देने की यथाशक्ति कोशिश की। तब क्या यह विचित्र बात नहीं है कि वे राजनीति में गाँधी की विरासत लेकर आए और अन्तर्राष्ट्रीयता को उन्होंने मानवता का पर्याय माना। इसी विचित्रता में से उनके जीवन के विरोधाभास तथा उनके जीवन की असफलताएँ उत्पन्न हुईं। उन्होंने महामानव की ऊँची वेदी पर से कहा, "आइए, अपने दिमाग़ की खिड़कियाँ खोल दें ताकि हम बदलते हुए समाज को सही पृष्ठभूमि में देख सकें और उस नई दुनिया की झाँकी पा सकें जिसमें काले बादलों को चीरती हुई कुछ किरणें फूट रही हैं। ये किरणें हमें शान्ति से पूर्ण एक नया उजाला दिखा रही हैं। यह उजाला है—राष्ट्रों में सहयोग और सद्भावना तथा हर देश के लिए तरक्की के अवसर।"

इसी भावना पर तो पंचशील का महामन्त्र आधारित था। इसी भावना पर आधारित था उनका गुलामी के विरुद्ध अनवरत युद्ध। मात्र अपने देश की गुलामी के विरुद्ध नहीं, बल्कि विश्व के प्रत्येक पीड़ित राष्ट्र की गुलामी के विरुद्ध।

इसीलिए वे पराधीन जातियों के आन्दोलनों से जन्म लेती हुई दुनिया के केन्द्र बन गए थे। चीन, स्पेन, चेकोस्लोवाकिया, हिन्देशिया, मिस्र, इथोपिया, अफ्रीका जहाँ कहीं भी, जब कभी भी, भारत के स्वतन्त्र होने पर या इससे पूर्व संकट के बादल गहराए उन्होंने अपनी सहानुभूति उन्हें दी, उनके साथ कन्धे-से-कन्धा मिलाकर खड़े हो गए। वह एक दुनिया में, एक इनसान में और एक इनसानियत में विश्वास रखते थे। उन्होंने भारत को जनतन्त्र दिया, तटस्थता दी। योजना आयोग दिया, विज्ञान और वैज्ञानिक दृष्टि दी। समाजवाद पर आधारित आर्थिक नीति को अपनी जलवायु के अनुसार ढालकर नई अर्थनीति दी। उद्योगीकरण द्वारा भारत की समृद्धि की नींव रखी। एक आदर्श, एक ऐसा आदर्श जो हमारी सांस्कृतिक धरोहर का सार था, भारत के सामने रखा। उन्होंने कहा, "हमें याद रखना है कि दूसरे को बर्दाश्त करना न सिर्फ़ एक गुण है, बल्कि आज भी राष्ट्रीय या अन्तर्राष्ट्रीय समस्याओं को सुलझाने का सही तरीका है। अन्तर्राष्ट्रीय जगत् में हम इस सहअस्तित्व और पंचशील के उसूलों को लागू करना कह सकते हैं। सहअस्तित्व का मतलब केवल लड़ाई-झगड़ों को दूर करना नहीं है बल्कि इस

बात को मंजूर करना है कि हर देश को अपने ढंग की जिन्दगी बितानी चाहिए और दूसरे देशों के जीवन में दखलन्दाजी नहीं करना चाहिए। आज की दुनिया में हम किसी भी देश को अपना दुश्मन नहीं मानते। न किसी जाति को अपना विरोधी मानते हैं। सब देशों के साथ हमारी दोस्ती है, चाहे वे देश एक-दूसरे के विरोधी ही क्यों न हों ?''

इस सिद्धान्त में वही मानवता का स्वर है लेकिन मानवता और राजनीति की राशि एक नहीं होती। राजनीति में केवल सफलता साध्य है, साधनों की उसे चिन्ता नहीं रहती। किसी भी शर्त पर 'सफलता', किसी साधन से 'सफलता'—यही उसका मूलमन्त्र है। वह जिन साधनों का सहारा लेकर प्राप्त की जाती है वे प्रायः मानवता की जड़ों पर कुठाराघात करनेवाले होते हैं। छल, षड्यन्त्र, झूठ, विश्वासघात कुछ भी वहाँ असाध्य नहीं है। राजनीति में बेईमानी-ईमानदारी जैसे शब्द नहीं होते। वहाँ कोई किसी का विश्वास नहीं करता। गाँधी ने इसी राजनीति को सत्य का रूप देना चाहा था और नेहरू ने इसी राजनीति को मानवता का चोला पहनाने का प्रयत्न किया, दोनों को प्राणों का मूल्य चुकाना पड़ा। जिन्होंने आख़िरी लम्हे तक मानवता के ऊँचे आदर्श और शान्ति तथा प्रगति के लिए अपनी पूरी ताक़त लगा दी थी, राजनीति ने उन्हीं को उखाड़ फेंका। गाँधी ने साम्प्रदायिकता की वेदी पर प्राण दिए, नेहरू ने राष्ट्रों के परस्पर विश्वास (पंचशील) की वेदी पर।

अपनी द्वन्द्वात्मक विचारधारा के कारण नेहरूजी न तो गाँधीजी के विचारों और आदर्श को ही पूर्ण रूप से अपना सके और न ही चाणक्य की कूटनीति को अपना सके। इसी मानवतावादी, दयालु व्यवहार के कारण उनके निर्णय भी कभी-कभी उनके लिए दुखदायी हो जाते थे। वह हर किसी पर आसानी से विश्वास कर लेते थे।

यही हुआ। चीन और भारत के सम्बन्धों में वह एक युग से उलझे हुए थे। नेहरूजी ने चाऊ-इन-लाई की बातों पर विश्वास कर लिया। सन् 1950 में कम्युनिस्ट चीन के साथ राजनयिक सम्बन्ध स्थापित होने के बाद 'तिब्बत से व्यापार और समागम' पर चीन के साथ समझौता हो गया। और जब चीन के प्रधानमन्त्री चाऊ-इन-लाई भारत आए तो पंचशील समझौते पर भी हस्ताक्षर हो गए। और पं. नेहरू ने चीन की यात्रा भी की।

लेकिन यह सौहार्द भाव अधिक समय तक नहीं बना रहा। 31 मार्च, सन् 1959 को चीन ने तिब्बत पर आक्रमण कर दिया जिसके फलस्वरूप दलाईलामा के साथ 14,000 शरणार्थी भारत आ गए। यहाँ एक महत्त्वपूर्ण बात की ओर इशारा करना आवश्यक है। जिस समय मैं सन् 1956 में आकाशवाणी में काम कर रहा था तब चीन के प्रधानमन्त्री चाऊ-इन-लाई और तिब्बत से श्री दलाईलामा और श्री पंचमलामा दिल्ली आए थे। उन्हें आशंका थी कि चीन उन पर आक्रमण करेगा। उन्होंने यह बात नेहरूजी से कही भी थी। लेकिन नेहरूजी ने उन्हें आश्वासन दिया कि प्रधानमन्त्री चाऊ-इन-लाई ऐसा नहीं करेंगे, ऐसा उन्होंने मुझे विश्वास

दिलाया है। किन्तु सन् 1959 के आक्रमण ने उनके विश्वास को डगमगा दिया। उसी वर्ष 21 अक्तूबर को चीनी सैनिकों ने भारत की सीमा में लाँगजू और लद्दाख में घुसकर 13 सैनिकों की हत्या कर दी।

उसके बाद सन् 1960 में चाऊ-इन-लाई और जवाहरलाल नेहरू में इन प्रश्नों को लेकर वार्ता शुरू हुई, उन दिनों मैं सिंगापुर गया हुआ था। वहाँ के प्रसिद्ध दैनिक के सम्पादक ने मुझसे कहा था कि पं. नेहरू बहुत भूल कर रहे हैं। चीनियों को हम जानते हैं उन पर विश्वास नहीं किया जा सकता। यह बात पं. नेहरू से कह दीजिए।

हम राजनीति के व्यक्ति नहीं थे, फिर भी हमने यह सन्देश उन तक पहुँचा दिया। किन्तु परिणाम कुछ नहीं निकला और जुलाई, 1962 में जब हम शान्ति सम्मेलन के लिए रूस गए तब वहाँ यह स्पष्ट हो गया था कि चीन भारत पर आक्रमण करेगा और उसने सचमुच 26 अक्तूबर, 1962 को नेफा और लद्दाख दोनों क्षेत्रों में आक्रमण कर दिया।

नेहरूजी आवेश में आ गए और उन्होंने चीनियों को तुरन्त बाहर निकाल फेंकने को कहा, लेकिन हमारे पास तो साधन ही नहीं थे। न हथियार, न आधुनिक उपकरण, यहाँ तक कि वस्त्र तक नहीं थे। जो भेजे वह भी बिचौलियों ने कोलकाता के बाज़ारों में बेच दिए। परिणाम यह हुआ कि चीन जितनी भूमि चाहता था उस पर उनका अधिकार जताकर, एकपक्षीय युद्ध विराम घोषित कर दिया।

इस स्थिति से पण्डितजी को बहुत दुःख पहुँचा। उन्होंने बड़े दर्द भरे स्वर में राष्ट्र से क्षमा माँगी। फिर उस विवाद को लेकर 10 दिसम्बर को कोलम्बो में छः राष्ट्रों का सम्मेलन हुआ। इस सम्मेलन में जो प्रस्ताव पास किया गया वह भारत ने तो स्वीकार कर लिया लेकिन चीन ने नहीं। उस समय देश की स्थिति बहुत नाजुक हो गई थी। जबकि चीन पीछे हट गया था फिर भी हमारे एक बहुत बड़े भूभाग पर उसने कब्जा कर लिया था और अभी तक वह उसके कब्जे में है। इस समय नेफा से लौटे कुछ सैनिकों से सेना के अस्पताल में मिलने का अवसर मिला था। उन्होंने जो यातना झेली उसका शब्दों में वर्णन करना असम्भव है। उनके आक्रोश की सीमा न थी।

इसी वर्ष सन् 1963 में 28 फरवरी को डॉ. राजेन्द्रप्रसाद का, और 12 दिसम्बर को राष्ट्रकवि मैथिलीशरण गुप्त का देहावसान हो गया।

राजेन्द्र बाबू जितने सहज, सरल और ग्रामीण व्यक्ति दिखाई देते थे, उतने ही प्रतिभाशाली। जवाहरलालजी ने ठीक ही कहा था कि उनकी मृत्यु के साथ राजेन्द्र युग समाप्त हो गया। वह मात्र व्यक्ति नहीं अपितु विशिष्ट मूल्यों के प्रतीक थे। जब-जब काँग्रेस में आन्तरिक कलह के क्षण आए उन्होंने ही उसको सँभाला। सुभाष बाबू के विद्रोह के बाद इन्होंने ही काँग्रेस का नेतृत्व किया। इसी प्रकार जब शेख अब्दुल्ला ने कश्मीर को एक स्वतन्त्र राज्य बनाना चाहा तो रफी अहमद किदवई के साथ मिलकर उन्होंने मुद्दों पर विचार करके पाकिस्तान की सरहद पर उन्हें गिरफ़्तार किया। पीछे स्थान-स्थान पर जो उनकी चर्चा आई

है उससे यह स्पष्ट हो जाता है।

मैथिलीशरण गुप्त राजनीति में रहते हुए भी एक विशुद्ध साहित्यकार थे। उनका सबसे बड़ा योगदान है हिन्दी में खड़ी बोली को कविता के योग्य बनाना। क्योंकि भारतेन्दु बाबू हरिश्चन्द्र यह घोषणा कर चुके थे कि खड़ी बोली में कविता नहीं हो सकती। तब श्रीधर पाठक, अयोध्यासिंह उपाध्याय 'हरिऔध' और मैथिलीशरण गुप्त आदि ने खड़ी बोली में न केवल कविता ही की अपितु श्रेष्ठ महाकाव्यों की रचना भी की।

गुप्तजी ने रामकथा को नया रूप देकर 'साकेत' की रचना की। 'भारत-भारती' एक तरह से स्वाधीनता संग्राम के काल की गीता है। उन्होंने 'यशोधरा', 'विष्णुप्रिया', 'जयद्रथ-वध' और 'द्वापर' आदि अनेक महत्त्वपूर्ण ग्रन्थों की रचना की। 'काबा और कर्बला' भी लिखा। वैष्णव होते हुए भी उन्होंने सभी धर्मों के महापुरुषों को अपने साहित्य में अंकित किया। वह वास्तव में मानवता के प्रतीक थे–

*तभी समर्थ भाव है कि हारता हुआ तरे*
*वही मनुष्य है कि जो मनुष्य के लिए मरे*

इस सबके बावजूद हिन्दी समीक्षकों का एक बहुत बड़ा दल उन्हें कवि मानने से ही इनकार करता है। लेकिन क्या वह समीक्षा और परिचय के मोहताज थे। अन्तिम समय के इस पद में वह अपना परिचय स्वयं ही दे गए–

*जल हे दीपक जल तू/जिनके आगे अँधियारा है*
*उनके लिए उबल तू/कुछ न रहेगा, बात रहेगी*
*सब जागें तब सोना सुख से/तात न हो चंचल तू,*
*जल हे दीपक जल तू,*

लेकिन यहाँ तो प्रश्न पं. नेहरू का है। चीन के प्रधानमन्त्री चाऊ-इन-लाई के विश्वासघात ने इनको भीतर तक तोड़ दिया। उसके बाद वह अपने को पुनः नहीं पा सके। भुवनेश्वर में काँग्रेस अधिवेशन में उन पर अचानक फालिज का प्रकोप हुआ और कुछ ही दिनों बाद 27 मई, सन् 1964 को उनके निधन के साथ एक और युग का अन्त हो गया।

इससे कुछ समय पूर्व ही संसद में उनके विरुद्ध अविश्वास का प्रस्ताव भी आया था मैं अपने जीवन में केवल उसी दिन संसद में गया था। केवल यह देखने के लिए कि नवभारत के निर्माता तथा गाँधी के तथाकथित उत्तराधिकारी, उस व्यक्ति ने अविश्वास को किस रूप में लिया। मुझे बहुत दुःख हुआ जब उन्हें मैंने एक सोफ़े पर लेटे हुए देखा। बीच-बीच में वह उत्तर देते थे और फिर लेट जाते थे। महान् समर्थ व्यक्ति जिसने एक बार तो विश्वभर में अपना सिक्का जमा दिया था उसको इस कारुणिक अवस्था में देखकर मन में बहुत पीड़ा हुई। मुझे याद है कि अलीगढ़ के एक नवयुवक मुस्लिम नेता अंसार हरवानवी ने आचार्य

कृपलानी को कुछ कह दिया, उस समय कृपलानीजी ने 'कृषक प्रजा पार्टी' के नाम से एक नई पार्टी का गठन किया था। उस कटाक्ष को सुनकर वह आपे से बाहर हो गए। तब श्री मोहनलाल गौतम दौड़कर उनके पास आए और किसी तरह उन्हें सँभाला लेकिन नेहरूजी दयनीय दृष्टि से उस दृश्य को देखते रहे।

उसके बाद वह किसी कार्य से देहरादून गए। वहाँ उनके परम मित्र और साथी डॉ. श्रीप्रकाश रह रहे थे। उनसे उन दिन जो बातें हुईं वह बहुत ही करुणाजनक थीं। श्रीप्रकाश ने कहा था, "जवाहर, तुम जानते हो देश किधर जा रहा है ? क्या हालत हो गई है इसकी ?"

नेहरूजी ने उत्तर दिया था, "श्रीप्रकाश, क्या तुम समझते हो मैं कुछ जानता ही नहीं। पर मैं करूँ क्या ? मेरी कोई सुनता ही नहीं।"

इन वाक्यों पर टिप्पणी करना व्यर्थ है।

वहाँ से वह लौटे और उसी रात उनका स्वर्गवास हो गया। एक ओर विराट व्यक्तित्व, जिसने एक लम्बे युग तक संसार को सम्मोहित किए रखा, चुपचाप अस्त हो गया।

मुझे ठीक याद है कि उस समय मेरे बच्चे भिलाई जा रहे थे। तभी रेडियो से स्वर उठा, वह संगीत की आत्मालता का स्वर था—"रो/मत माता, लाल तेरे बहुतेरे...।" हम समझ गए और उसके बाद जैसा कि हो सकता था, दिल्ली में कई दिन तक मानव-समूह का तूफ़ान उमड़ता रहा। उनमें विश्व के कोने-कोने से आए नाना रूप व्यक्ति थे। उसके बीच में ऐसे लोग भी थे जो हँस-हँसकर चाय और मिठाई का सेवन कर रहे थे। सबकुछ के बावजूद यह तो मानना ही होगा कि नेहरू के विराट व्यक्तित्व ने भारत की भावी राजनीति को प्रभावित किया। यदि उनके समकालीन नेताओं का धीरे-धीरे देहान्त न हो जाता तो सम्भवतः वह गलतियाँ न होतीं जिनके कारण देश दुर्बल होता चला गया। सरदार पटेल, मौलाना आजाद, गोपाल स्वामी आयंगर, रफी अहमद किदवई यह सब नेहरूजी पर अंकुश रख सकते थे और उनमें कुछ कर गुज़रने का साहस भी था।

नेहरूजी का व्यक्तित्व सारी सामन्तवादी[1] दुर्बलताओं के बावजूद इतना प्रभावशाली और मोहक था कि सारे संसार में यह प्रश्न गूँजने लगा था कि नेहरू के बाद कौन ? मुझे याद है सन् 1962 में रूस में मास्को शान्ति सम्मेलन में यही प्रश्न मुझसे स्काटलैण्ड के बड़े पादरी ने पूछा था। तब मैंने उनसे पूछा था कि आप क्यों इतने परेशान हैं ?

उन्होंने बड़े शान्त स्वर में उत्तर दिया था कि विश्व इस समय किसी भी शर्त पर युद्ध नहीं चाहता, वह शान्ति चाहता है। और हम जानते हैं शान्ति की वह सच्ची आवाज़ गाँधी और नेहरू के देश से ही उठ सकती है। गाँधीजी चले गए, नेहरूजी अगर चले जाएँ तो फिर कौन है ?

---

1. मैंने उनके आक्रोश की आँच को सहा है तो प्यार की ऊष्मा का परस भी पाया है। इसी विरोधाभास के कारण वे कभी-कभी ठीक समय पर ठीक निर्णय नहीं ले पाते थे।

मैंने उन्हें आश्वासन दिया था कि चिन्ता न कीजिए, वह व्यक्ति समय पर आ जाएगा क्योंकि भारत की जनता शान्ति की पक्षधर है।

और मुझे खुशी है कि मेरा यह आश्वासन कुछ समय के लिए ही सही, पूरा हो गया। उसके बाद तो भारत की राजनीति में देश प्रमुख न रहकर व्यक्ति प्रमुख हो गया।

# 18

पिछले अध्याय में मैंने विराट व्यक्तित्व के अन्त की चर्चा की थी और यह आशा भी की थी कि भारत जिस शान्तिप्रियता के लिए उन दिनों प्रसिद्ध था उस परम्परा को जीवित रखनेवाला व्यक्ति अभी शेष था। गाँधी युग की राजनीति में डॉ. राजेन्द्रप्रसाद संकटकाल के व्यक्ति के रूप में प्रसिद्ध हुए। नेहरू-युग में वह गौरव मिला श्री लालबहादुर शास्त्री को। यही वह व्यक्ति था जिसने उस परम्परा को और भी आगे बढ़ाया।

एक दिन जब असम-बंगाल के सम्बन्धों को लेकर उस भूभाग पर संकट के बादल घिर आए थे तब श्री नेहरू ने उन्हीं को वहाँ भेजा था, और उन्होंने बिना शोर मचाए धीरे-धीरे वहाँ के घायल जनमानस को शान्त और स्वस्थ किया था। और जब दो चिर-मित्र देशों, भारत और नेपाल में किन्हीं गलतफहमियों के कारण मनमुटाव उभरता दिखाई दे रहा था, तब भी श्री नेहरू ने इसी अजातशत्रु शान्तिदूत को नेपाल भेजा था, और सभी जानते हैं कि उसी दिन से गलतफहमियाँ तूफ़ान के काले बादलों की तरह छँटती चली गई थीं।

दास-कमीशन पर निर्णय लेकर सरदार प्रतापसिंह कैरों को मुख्यमन्त्री के पद से मुक्त करना क्या कम साहस का काम था; और जब कश्मीर में पवित्र बाल की चोरी को लेकर झंझावात उमड़ आया था तब उस भयंकर भीड़ में यही नन्हा-सा इनसान अडिग खड़ा रहा था। और, उसे शान्त करके लौटा था और लंका के भारतीयों को लेकर जो समझौता उन्होंने किया उसकी शानदार कहानी बहुत पुरानी नहीं है।

उस पर उत्तर के पड़ोसी का निरन्तर चुनौती देना और पाकिस्तान से दो बार दुर्भाग्यपूर्ण संघर्ष—एक के बाद एक भयंकर झंझावातों ने इन्हें घेरा पर वह तनिक भी उत्तेजित नहीं हुए। उन्होंने उसी शान्त और मृदु पर दृढ़ स्वर में कहा कि हम शान्ति के उपासक हैं परन्तु दुर्बलता के नहीं। जो शान्ति चाहता है उसके हम मित्र हैं, पर जो हमारी शक्ति की परीक्षा लेने को उत्सुक है उसे भी हम निराश नहीं करेंगे।

छोटा कद बहुत से इतिहास-पुरुषों को परेशान करता रहा है परन्तु शास्त्रीजी कहा करते थे, "मुझे नए सिक्के बहुत पसन्द हैं। मेरा कद इतना छोटा है कि जो चीज़ छोटी होती है वह मुझे प्रिय लगती है।"

काया से वामन लेकिन विराट व्यक्तित्व के धनी जीवन के संघर्षों से जूझते हुए वे धीरे-धीरे प्रधानमन्त्री के पद तक पहुँचे थे, इसीलिए उनकी सहानुभूति सदा जनसाधारण के साथ रही।

उन्होंने धर्म, दर्शन और इतिहास की समन्वय भूमि काशी में शिक्षा पाई थी। लाला लाजपतराय और युगपुरुष महात्मा गाँधी उनके गुरु थे। इनके आदर्शों को जीकर ही उन्होंने कर्मयोगी का विरद पाया था। उन्होंने कहा था, ''लड़ाई से समस्याएँ सुलझती नहीं और पैदा होती हैं। एक-दूसरे से लड़ने के बजाय, हम गरीबी, बीमारी और अज्ञान से लड़ें। सामान्य लोग यह चाहते हैं कि उनको शान्ति से तरक्की करने का मौका मिले।''

यह सचमुच एक अद्भुत पर महत्त्वपूर्ण संयोग है कि महात्मा गाँधी का जन्म और मरण जिस मास में हुआ था उसी मास में शास्त्रीजी का जन्म और मरण हुआ। जन्म तो दोनों का 2 अक्तूबर, एक ही तारीख़ का है। मृत्यु गाँधीजी की 30 जनवरी को और शास्त्रीजी की 11 जनवरी को हुई।

शास्त्रीजी गाँधी मार्ग के उन पथिकों में से थे जो अपने आपको अपने ध्येय के लिए विसर्जित कर देते हैं इसीलिए श्री जवाहरलाल नेहरू के शब्दों में हम कह सकते हैं, ''अत्यन्त ईमानदार, दृढ़ संकल्प, शुद्ध आचरण और महान्, परिश्रमी, ऊँचे आदर्शों में पूरी आस्था रखनेवाले निरन्तर सजग व्यक्ति का ही नाम है—लालबहादुर शास्त्री।''

स्वतन्त्र भारत के प्रथम प्रधानमन्त्री श्री जवाहरलाल नेहरू का निधन 27 मई, 1964 को हुआ और 9 जून को लालबहादुर शास्त्री ने उनका स्थान लिया। इस बीच श्री गुलजारीलाल नन्दा कामचलाऊ प्रधानमन्त्री के पद पर रहे।

शास्त्रीजी लगभग डेढ़ साल ही इस पद पर रहे। उनका यह छोटा-सा कार्यकाल झंझावातों से भरा हुआ था लेकिन उन्होंने बड़े ही साहस और शान्ति के साथ उनका सामना किया। उनसे मेरा सम्पर्क उतना तो नहीं हो पाया जितना राष्ट्रपति राजेन्द्रप्रसाद और प्रधानमन्त्री पं. जवाहरलाल नेहरू के साथ था, फिर भी कई बार सभा-समारोहों में मिलना हुआ। दो बार विशेष रूप से उनसे बातचीत हुई। एक बार तब, जब हिन्दी के प्रसिद्ध कथाकार और नाटककार मोहन राकेश पर एक गुण्डे ने अचानक आक्रमण पर दिया था तब हम एक प्रतिनिधिमण्डल लेकर उनसे मिलने गए थे। उस समय वह बाहर लान में टहल रहे थे। हमारी बात सुनकर उनकी पहली प्रतिक्रिया यह थी कि तुम लोगों ने भी उसे छेड़ा होगा लेकिन जब हमने सब बातें बताईं तो उन्होंने तुरन्त कार्यवाही की और उस गुण्डे को जो उस इलाके के लोगों को बहुत परेशान कर रहा था, गिरफ़्तार करने का आदेश दे दिया था।

दूसरी बार हमारा मिलना तब हुआ था जब पहली बार 9 अप्रैल, 1965 को कच्छ में पाकिस्तान ने आक्रमण किया था और 30 जून को ब्रिटेन की मध्यस्थता से युद्धविराम हो गया था।

लेकिन 1 सितम्बर, 1965 को छम्ब में पाकिस्तानी सेना ने फिर आक्रमण

कर दिया। जिसके फलस्वरूप 6 सितम्बर को जवाबी कार्यवाही में भारतीय सेना ने पाकिस्तान में प्रवेश किया लेकिन 23 तारीख को सुरक्षा परिषद के प्रस्ताव के फलस्वरूप एक बार फिर दोनों देशों ने युद्ध-विराम स्वीकार कर लिया।

इन्हीं दिनों की बात है जब युद्ध चल रहा था तो साहित्यकारों के एक दल ने सीमा पार करके युद्धभूमि में जाने की इच्छा प्रकट की। उस समय संसद के सदस्य और पंजाबी के प्रसिद्ध लेखक ज्ञानी गुरुमुख सिंह मुसाफिर के सहयोग से हम दो-तीन बार शास्त्रीजी से मिले। सर्वश्री शिवदानसिंह चौहान और अमृता प्रीतम जैसे और भी कई प्रमुख साहित्यकार थे। शास्त्रीजी ने अन्ततः हमें अनुमति दे दी और कमाण्डर को बुलाकर कहा कि ये साहित्यकार आपको युद्ध करते देखना चाहते हैं। आप इसका प्रबन्ध कर दीजिए। कमाण्डर ने उत्तर दिया कि ये लोग सीमा पर पहुँच जाएँ, वहाँ मैं सब प्रबन्ध कर दूँगा।

हमें बड़ा आश्चर्य हुआ। क्योंकि सभी सांसदों और पत्रकारों को कमाण्डर अपने साथ ले जाते थे। हमने यह बात उनसे कही, लेकिन कमाण्डर नहीं माने। लालबहादुरजी बस देखते और सुनते रहे, बोले एक शब्द नहीं। तब हमने कहा, ''ऐसी स्थिति में हम नहीं जाएँगे।''

और हम लौट आए। किसी ने हमें नहीं रोका। उस दिन हमें इस देश में साहित्यकार की जो स्थिति है, उसका सही पता चला। सेना के आदेश में परिवर्तन कराना प्रधानमन्त्री के हाथ में भी नहीं था।

लेकिन देश की प्रतिष्ठा को बचाने के लिए जो भी हो सकता था वह उन्होंने किया। इसी समय उन्होंने 'जय जवान जय किसान' का प्रसिद्ध नारा दिया था जो बाद में बहुत लोकप्रिय हुआ था।

युद्ध-विराम हो जाने पर रूस के प्रधानमन्त्री कासिगन ने दोनों देशों में स्थायी समझौता कराने की इच्छा से दोनों प्रधानमन्त्रियों को ताशकन्द आमन्त्रित किया। लालबहादुर जी के साथ सरदार स्वर्ण सिंह और यशवन्तराव चौहान भी गए। दोनों तब कैबिनेट मन्त्री थे। कई दिन की सघन बातचीत के बाद 10 जनवरी, 1966 को अन्तिम रूप से दोनों देशों के प्रधानमन्त्रियों ने 'ताशकन्द घोषणा-पत्र' पर हस्ताक्षर कर दिए। उस समय देश में तरह-तरह की अफ़वाहें फैल रही थीं। कुछ लोग समझौते के पक्ष में थे, कुछ विपक्ष में। संयोग से मैं 10 जनवरी को चम्बल घाटी के एक नगर मुरैना में अपने एक मित्र के पास ठहरा हुआ था। हम लोग बराबर रेडियो के सामने बैठे रहे और जब घोषणा-पत्र पर हस्ताक्षर होने की खबर सुनाई गई तो हमने सन्तोष की साँस ली और लेट गए। रात के 12 बज चुके थे। हम कैसे जान सकते थे कि उस समय शास्त्रीजी के मन में घमासान मचा हुआ है। उन्होंने भारत में अपनी पत्नी को फोन पर यह सूचना भी दी और पूछा भी कि यह ठीक हुआ न, देशवासी इसे स्वीकार कर लेंगे ?

मुझे सवेरे ही पाँच बजे की बस से दिल्ली लौटना था लेकिन तीन भी नहीं बजे थे कि मुरैना के मजिस्ट्रेट की ओर से एक सन्देश लेकर एक व्यक्ति वहाँ आया और उन्होंने यह सूचना दी कि प्रधानमन्त्री श्री शास्त्री नहीं रहे।

सुनकर हम सब सकते में आ गए। कई क्षण, कुछ सूझा ही नहीं। उन व्यक्ति ने बताया कि उनको दिल का दौरा पड़ा। डाक्टर उनके साथ गए थे, वहाँ के डाक्टर भी आए, लेकिन कोई उन्हें बचा न सका।

मेरे मन में नाना प्रकार के विचार उठ रहे थे और मुझे लग रहा था कि जब हम विजय की ओर बढ़ रहे थे तब, उस घोषणा-पत्र को यह देश शायद स्वीकार नहीं करेगा। अख़बारों में ऐसी ख़बरें आ भी रही थीं। उनके अन्तर में भी कहीं-न-कहीं यह अपराध-बोध रहा होगा और सम्भवतः उसी के परिणामस्वरूप उनके हृदय की गति बन्द हो गई।

मैं तैयार होकर जब बस अड्डे पर पहुँचा तब गहरा अँधेरा छाया हुआ था। बस की टिमटिमाती रोशनी में कुछ लोग ऊँघ रहे थे, कुछ देख रहे थे। जैसे ही मैं बस में चढ़ा एक साथ कई स्वर उठे, "क्यों साहब, हमने जो कुछ सुना, वह सच है क्या ?"

मैंने उत्तर दिया कि यदि आपका आशय प्रधानमन्त्री लालबहादुर शास्त्रीजी के देहावसान से है तो आपने ठीक ही सुना है।

यह सुनते ही यात्रियों पर परस्पर विरोधी तीव्र प्रतिक्रिया हुई। एक सज्जन बहुत दुःखी हुए लेकिन एक और सज्जन ने बड़े क्रुद्ध होकर अपमानजनक शब्दों में कहा, "अच्छा हुआ, मर गया।"

तीसरी एक वृद्धा थी, उसने बड़े करुण स्वर में रोते हुए कहा, "भैया, उस बेचारे को तो उन लोगों ने जहर देकर मार दिया।"

जितने मुँह उतनी ही बातें।

शान्ति का एक और प्रबल पक्षधर चला गया। उनके देहावसान के साथ देश की राजनीति ने एक गहरी करवट ली।

उनके बाद प्रधानमन्त्री बनीं श्रीमती इन्दिरा गाँधी। एक युग का अन्त हो गया। वह युग जो देशभक्तों का युग था, जिनके सामने व्यक्ति नहीं देश रहता था। अब जिस युग का आरम्भ हुआ वहाँ देश गौण हो गया, प्रमुख हो गया व्यक्ति और वे नाना रूप विचारधाराएँ। कम्युनिस्ट पार्टी जैसा संगठन भी सन् 1964 में बँट गया था और एक नया संगठन कम्युनिस्ट (मार्क्सवादी) अस्तित्व में आया।

श्री लालबहादुर शास्त्री के शासनकाल की एक और प्रसिद्ध घटना जिससे मेरा सम्बन्ध रहा था वह थी हिन्दी को लेकर एक नए झंझावात का जन्म होना। संविधान के अनुसार 1955 में हिन्दी को सम्पर्क भाषा का पद मिल जाना चाहिए था लेकिन कुछ प्रान्तों ने विशेषकर तमिलनाडु और बंगाल ने इसका विरोध किया। तमिलनाडु में तो कई व्यक्तियों ने आत्मदाह तक कर लिया था और बंगाल में एक माह का शोक मनाया गया था।

उन दिनों मैं शरत् बाबू की जीवनी की सामग्री की खोज में, कोलकाता में था। जिस भी लेखक के पास जाता तो पता लगता कि वह शोक मना रहे हैं लेकिन फिर वह धीरे-से कहते, "भैया, हमें कलकत्ते में ही रहना है।" फिर

वे मेरे प्रश्नों का उत्तर देने लगते थे। लेकिन एक दिन जब मैं बंगाल के सुप्रसिद्ध कवि दम्पति नरेन्द्र देव और राधारानी देवी के घर गया तो बड़ा अद्भुत दृश्य उपस्थित हो गया। मैं उनसे शरत् बाबू के बारे में प्रश्न करता लेकिन वे हिन्दी के बारे में बोलने लगते। दुःखी होकर मैंने श्रीमती राधारानी देवी से बड़े ही विनम्र शब्दों में कहा, "दीदी, मैं हिन्दी की बात करने नहीं आया, वह सम्पर्क-भाषा बने, न बने, इससे मुझे कोई मतलब नहीं है। आप यदि यह चाहती हैं कि बांग्ला देश की सम्पर्क-भाषा बने तो मैं आपके साथ हूँ। मैं बांग्ला का झण्डा लेकर सबसे आगे चलूँगा। हाँ, अँग्रेजी का समर्थन मैं नहीं करूँगा।"

उन्होंने उत्तर दिया, "ना, बाबा ना। हम सारी दुनिया घूम आए। सम्पर्क-भाषा तो हिन्दी ही होगी।"

मैंने कहा, "तब आप शोक क्यों मना रहे हैं ?"

वह बोली, "यह राजनीति है और सच बात तो यह है कि हिन्दी जिनकी मातृभाषा है वे हर तरह से पिछड़े हुए हैं। एक ही दिन में वे प्रथम श्रेणी के नागरिक बन जाएँगे और हम द्वितीय श्रेणी के। अभी और रुकना चाहिए।"

मन-ही-मन मैं बहुत हँसा पर मैंने उसी विनम्रता से कहा, "इस बात का तो मिल-बैठकर फैसला हो सकता है। आन्दोलन की क्या ज़रूरत है ?"

मैं यह देखकर और भी चकित रह गया कि हम ये बात कर रहे थे तो घर के सभी व्यक्ति, यहाँ तक कि नौकर भी वहाँ आकर जमा हो गए थे और सब हिन्दी में बोल रहे थे।

यह घटना सन् 1965 की है और आज सन् 1999 में मैं जब यह सब लिख रहा हूँ, इस समस्या का अभी तक कोई निश्चित समाधान नहीं हो सका है। बस इतना ही तय हुआ था कि जब तक एक भी प्रान्त हिन्दी का विरोध करता रहेगा, अँग्रेजी को नहीं हटाया जाएगा। आज भी अँग्रेजी उसी तरह से छाई हुई है बल्कि उसका प्रभाव अधिक ही बढ़ गया है। सबसे अधिक दुःख इस बात का है कि जहाँ हिन्दीतर प्रान्तों में हिन्दी का विकास हुआ है वहाँ जिन प्रान्तों की मातृभाषा हिन्दी है, हिन्दी समाप्त होती जा रही है।

मैं राजनीति में कभी सक्रिय नहीं रहा, इसलिए मेरा आनेवाली घटनाओं से वहीं तक सम्बन्ध रहा, जहाँ तक तत्कालीन शासकों ने हमारा सहयोग चाहा। यह सहयोग भाषा तक ही सीमित था।

श्रीमती इन्दिरा गाँधी के राज्यकाल में बहुत झंझावात उठे। पं. जवाहरलाल नेहरू तो गाँधी और चाणक्य नीति के बीच में ही भटकते रहे लेकिन इन्दिराजी की गाँधी-नीति से सिवाय नाम साम्य के कोई विशेष सम्बन्ध नहीं रह गया था।

इनके राज्यकाल में पंजाब एक बार फिर बँटा और हरियाणा नए प्रान्त के रूप में सामने आया। मेरे जीवन का वह भाग, जिसमें मनुष्य का स्वतन्त्र व्यक्तित्व विकसित होता है, पंजाब में बीता था। लेकिन अब मुझे पंजाब के स्थान पर हरियाणा प्रान्त का प्रयोग करना पड़ता है। पंजाब दूसरे स्थान पर आ गया। मुझे ऐसा लगता है जैसे मैं स्वयं दो भागों में बँट गया। या यूँ क्यों न कहूँ कि

मैं हरियाणवी हूँ न पंजाबी। हालाँकि ये दोनों प्रान्त मुझे अपना समझकर मेरा सम्मान करते हैं। राजनीति मनुष्य को किस तरह से महत्त्वहीन कर देती है यह उसका उदाहरण है। वैसे साहित्यकार न किसी एक प्रान्त का होता है, न किसी एक भाषा का। उसका सम्बन्ध तो मनुष्य से है।

सन् 1967 मेरे लिए इसलिए महत्त्वपूर्ण नहीं है कि इन्दिरा गाँधी सत्ता में आईं अपितु इसलिए महत्त्वपूर्ण है कि राष्ट्रपति के पद पर ऐसे व्यक्ति आए जो भारत की मिली-जुली संस्कृति के प्रतीक ही नहीं थे बल्कि गाँधीजी के प्रिय शिष्य भी थे।

उनसे मिलने का कई बार संयोग हुआ और हर बार मैंने यह अनुभव किया कि मैं कुछ ऊपर उठ गया हूँ।

गाँधीजी के बारे में गुरुदेव रवीन्द्रनाथ ने एक स्थान पर लिखा है कि जिस प्रकार शिल्पकार एक भद्दे और अनगढ़ संगमरमर के टुकड़े में सौन्दर्य की उपासना करता है उसी प्रकार गाँधी महाराज ने भी मिट्टी में से जीवन्त पुरुषों को जन्म दिया। वे जीवन भर सेवक बने रहे। उन्हीं में एक थे डाक्टर जाकिर हुसैन।

गाँधीजी ने उन्हें जो मिशन सौंपा था उन्होंने बड़ी तत्परता और खूबी से पूरा किया। विशेषकर उनके रचनात्मक कार्यों के लिए अपने को होम कर दिया। गाँधीजी ने बुनियादी शिक्षा का काम उन्हें सौंपा था। वे ऐसा समाज चाहते थे जिसमें प्रत्येक व्यक्ति को कुछ-न-कुछ उत्पादन करना पड़े। जो कुछ सीखा या पढ़ा जाता है वह महत्त्वपूर्ण नहीं है। महत्त्व इस बात का है कि कैसे सीखा और पढ़ा जाता है। उन्हीं के शब्दों—"बुनियादी तालीम का आमतौर पर यह अर्थ किया जाता है कि दस्तकारी के जरिए शिक्षा देना। मगर यह कुछ अंश तक ही ठीक है। नई तालीम की जड़ इससे कुछ गहरी जाती है। उसका आधार है सत्य और अहिंसा। झूठ और हिंसा तो बन्धनकारक हैं। उनका शिक्षा में कोई स्थान नहीं हो सकता। सच्ची-शिक्षा हरेक को सुलभ होनी चाहिए। वह चन्द लाख शहरियों के लिए ही नहीं पर करोड़ों देहातियों के लिए उपयोगी होनी चाहिए। ऐसी शिक्षा कोरी पोथियों से थोड़ी ही मिल सकती है। यह तो जीवन की किताब में से मिल सकती है।"

गाँधीजी की तरह उनकी भी मान्यता थी कि शिक्षा ऐसी होनी चाहिए जिससे आदमी की कथनी और करनी में कोई अन्तर न रहे। उन्होंने कहा है—"समग्र शिक्षा का अर्थ है पूरे मस्तिष्क का विकास।" प्रसिद्ध शिक्षाशास्त्री पेस्तालाजी ने कहा है कि शिक्षा ऐसी होनी चाहिए, जिससे बच्चों का मस्तिष्क, हृदय और हाथ तीनों की क्षमता विकसित हो। गाँधीजी ने इस पर बहुत प्रयोग किए परन्तु खेद की बात है कि हमारे देश के स्कूलों में इस पर तनिक भी ध्यान नहीं दिया जाता और बच्चों के दिमाग में ठूँस-ठूँसकर दुनिया भर के विषयों को भरने की कोशिश होती है। वे व्यक्तित्व के विकास पर कोई ध्यान नहीं देते। उन्हें इस बात से कोई मतलब नहीं कि लिखना-पढ़ना सीखकर विद्यार्थियों को केवल कोई हुनर ही नहीं सीखना है बल्कि यह भी सीखना है, कि उस हुनर का उपयोग किस उद्देश्य के लिए किया जाए।

जो सच्चा है, जो विनम्र है, जो प्रेम करता है वही स्पष्ट बात कह सकता है। 1946 में साम्प्रदायिकता की आग को बुझाने की मार्मिक अपील करते हुए, उन्होंने नेताओं से पूछा था—"जानवरों की इस दुनिया में आप मानवता की रक्षा कैसे करेंगे ? खुदा के लिए इस मुल्क की सियासत को सुधारिए और जल्द-से-जल्द उसकी ऐसी बुनियाद डालिए जिसमें कौम कौम पर भरोसा कर सके। कमज़ोर और जोराबर का डर न हो। गरीब अमीर से बचा रहे। जहाँ हरेक वह बन सके, जिसकी बनने की उसमें योग्यता है।"

राजनीति से उन्हें प्रेम नहीं था। उनका क्षेत्र शिक्षा ही था। फिर भी वे यह बात जानते थे कि जो राजनीति के खिलाड़ी हैं वे उसी क्षेत्र में तो पैदा होते हैं। उन्होंने एक बार कहा था, "प्रधानमन्त्री स्कूल में पढ़ने जाते हैं। मेरा यह कहना शायद आपको चौंका दे, पर दरअसल इसमें चौंकानेवाली बात कोई है नहीं। आज जितने विद्यार्थी स्कूल-कालेजों में पढ़ रहे हैं, उनमें से एक ही क्यों, अनेक आगे चलकर इस देश के राष्ट्रपति और प्रधानमन्त्री आदि होंगे। ऐसी अवस्था में हमें यह सोचना ही पड़ेगा कि हम भावी प्रधानमन्त्रियों के प्रति अपना कर्तव्य पूरा कर रहे हैं या नहीं। हम उनकी शिक्षा-दीक्षा की उचित व्यवस्था करने में सफल हुए हैं या भारत के भावी भाग्य-विधाताओं के साथ खिलवाड़ कर रहे हैं।"

वे जितने बड़े शिक्षाशास्त्री थे, उतने ही बड़े कला-पारखी और लेखक भी। गुलाब के पुष्पों से उन्हें अत्यन्त प्रेम था। जिस प्रकार उन्होंने अपने त्याग और बलिदान के आधार पर जामिया मिलिया जैसे राष्ट्रीय विद्यालय का निर्माण किया, उसी प्रकार सच्ची लगन से उन्होंने गुलाबों की नई-नई किस्में ईजाद कीं। वे साग-सब्ज़ी उगाने के भी उतने ही प्रेमी थे। अंगूरों की खेती में भी उनको उतनी ही रुचि थी। पशु-पक्षियों से भी उन्हें उतना ही प्रेम था, जितना अपने देश भारत से। भारतीय गणराज्य के सर्वोच्च पद, राष्ट्रपति पद की शपथ लेते हुए उन्होंने कहा था, "मैं भारत को और उन्नत बनाने और बिना जाति, रंग और धर्म-भेद के अपने लोगों की भलाई के लिए कार्य करने की प्रतिज्ञा करता हूँ। सारा भारत मेरा घर है। मैं सच्ची लगन से इस घर को मजबूत और सुन्दर बनाने की कोशिश करूँगा ताकि वह मेरे महान् देशवासियों का उपयुक्त घर हो, जिसमें इंसाफ़ और खुशहाली का अपना स्थान हो।"

लेकिन देश के दुर्भाग्य से ऐसे राष्ट्रपति का कार्यकाल केवल दो वर्ष का ही रहा। वह 13 मई, 1967 को राष्ट्रपति बने और 3 मई, 1969 को उनका निधन हो गया। उनके देहावसान पर एक शायर ने दर्द भरे स्वर में कहा था और ठीक कहा था—

*सफये अव्वल से फक्त एक ही मैंख्वार उठा/*
*कितनी सुनसाँ है लेकिन तेरी महफिल साकी*
*एक ही शमा बुझी मौत के हाथों लेकिन/*
*कितनी तारीक हुई कौम की मंजिल साकी।*

# 19

इस दिशाहीन सफ़र में अपनी यात्राओं की चर्चा करते हुए मैं अपने परिवार को भूल गया। भूल गया कि वह मेरी सबसे बड़ी शक्ति था और उसी शक्ति के बल पर मैं यह सब कर सका। इस पूरी अवधि में हम छः भाइयों के संयुक्त परिवार में कभी कोई ऐसी समस्या पैदा नहीं हुई जो हमें उलझन में डाल सकती। एक गुँथा हुआ परिवार, स्नेह और विश्वास के आधार पर एक इकाई बना रहा। यद्यपि इस बीच मैंने पत्नी के साथ कई यात्राएँ कीं। और जिनकी चर्चा भी मैं कर चुका हूँ लेकिन हमारे इतने बड़े परिवार में जो कुछ स्वाभाविक रूप से घटित होता रहा उसके बारे में मैंने एक शब्द भी नहीं लिखा। लिखने की आवश्यकता भी नहीं थी। वह अपने बारे में लिखना ही तो था।

हमारे परिवार से और लोग प्रभावित न हुए हों, ऐसा नहीं। विदेशियों तक के लिए हमारा परिवार एक आकर्षण का केन्द्र बन गया था। मेरे रूसी मित्र श्री प्योत्र बारान्निकोव की पहली पत्नी ने लेनिनग्राद रेडियो से हमारे संयुक्त परिवार के सम्बन्ध में वार्ता प्रसारित की थी। वे कई बार हमारे घर आ चुकी थीं और मुझे भी उनके दिल्ली प्रवास में उनके निवास पर जाकर भोजन करने का अवसर प्राप्त हुआ था। उन्होंने मेरी कहानियों का रूसी भाषा में अनुवाद भी किया था। 26 कहानियों का वह संकलन मेरे पास आज भी सुरक्षित है।

इसी तरह फ्रांस के एक टी.वी. फिल्म निर्माता ने भारत की नारी पर एक फिल्म बनानी चाही थी। प्रधानमन्त्री श्रीमती इन्दिरा गाँधी से लेकर गाँव की नारियों तक, पर उन्होंने फिल्म तैयार की थी।

उन्होंने हमारे संयुक्त परिवार के बारे में भी सुना था और वे उसको भी उस फिल्म में सम्मिलित करना चाहते थे। यद्यपि इस देश में संयुक्त परिवार प्रथा धीरे-धीरे समाप्त हो रही थी, फिर भी यहाँ-वहाँ एकाध परिवार मिल जाता था। उन्हीं में हमारा परिवार भी एक था। फ्रेंच टी.वी. वालों ने हमारे परिवार के बारे में सुना और वे अनुमति के लिए हमारे पास आए। हमें क्या आपत्ति हो सकती थी।

फिर तो तीन दिन वे सब लोग सवेरे पाँच बजे से पहले ही हमारे घर आ जाते थे, और रात के ग्यारह बजे के बाद जाते थे। इस बीच वे हमारे परिजनों की गतिविधियों का निरीक्षण करते और फिल्म बनाते रहते। सोकर उठने से लेकर, रात को सो जाने तक की, सारी प्रक्रिया को उन्होंने अपनी फिल्म में अंकित किया। वे हमारे बच्चों के साथ स्कूल तक जाते थे। हमारी जो लड़कियाँ स्कूल में पढ़ाने लगी थीं, वे कैसे पढ़ाती हैं, इसका भी उन्होंने अध्ययन किया और बड़े परिश्रम से एक सुन्दर फिल्म तैयार की।

तब हमने वह फिल्म नहीं देखी थी लेकिन एक वर्ष बाद एक फ्रेंच युवती से टी हाउस में मेरी मुलाकात एक मित्र ने कराई। मेरा नाम सुनते ही उस युवती ने, जिसका नाम मीरा था, मुझसे कहा अच्छा तो आप वही विष्णु प्रभाकर हैं

जिनके परिवार की फिल्म हमने अपने टी.वी. सेट पर देखी थी। मात्र एक बिन्दु को छोड़कर उसने फिल्म को बहुत सराहा उसने कहा कि फिल्म बहुत सुन्दर है लेकिन मैं यह नहीं मान सकती कि आपका पूरा परिवार रोज इसी तरह ईश वन्दना करता है जिस तरह फिल्म में दिखाया गया।'[1]

उसकी सूक्ष्म परिवेक्षण दृष्टि पर मैं चकित रह गया लेकिन मुझे इस बात की खुशी भी हुई कि यूरोप में भी हमारे रहन-सहन के तरीकों के प्रति इतनी जिज्ञासा है।

आत्मश्लाघा के दोष को स्वीकार करते हुए भी मैं यह स्वीकार करूँगा कि इसके पीछे ही मेरी सफलता का रहस्य छिपा हुआ है।

संयुक्त परिवार की विशेषताओं का वर्णन करने लगूँ तो एक ग्रन्थ तैयार हो जाएगा। आज संयुक्त परिवार समाप्त हो गए हैं। हमारा परिवार भी लगभग बिखर गया है लेकिन उसके कारण हैं। मुख्य कारण है–पीढ़ियों में विचारों का अन्तर। हम लोगों के परिवार में धीरे-धीरे तेरह पुत्रियों और आठ पुत्रों का जन्म हुआ। और वे साथ-साथ ही बड़े हुए, खेले, पढ़े। विवाह होने पर ही वे अलग हो सके। तेरह लड़कियों को तो अपने-अपने घर जाना ही था, आठ बेटों का कार्यक्षेत्र भी अलग-अलग हो जाने के कारण कुछ को दिल्ली से बाहर जाना पड़ा। संयोग से अधिकतर लड़कियाँ आज दिल्ली में ही हैं। लड़कों में मेरा छोटा बेटा इंजीनियर है और नागपुर में रहता है। मेरा एक भतीजा आजकल पेरिस में अपनी पत्नी के साथ रहता है और वहीं काम करता है। उसने अरविन्द आश्रम, पाण्डिचेरी में और जवाहरलाल यूनिवर्सिटी से फ्रेंच पढ़ी और यहीं से एम.ए. पास करके पेरिस चला गया।

हमारे सबसे बड़े भाई का सन् 1980 में देहान्त हो गया। उनकी एकमात्र सन्तान, एक लड़की का विवाह नवम्बर सन् 1961 में भिलाई स्टील प्लाण्ट में कार्यरत एक इंजीनियर से हुआ और आज सन् 1993 में वह तीन बेटों की माँ है। अपने पति के साथ जो अवकाश प्राप्त कर चुके हैं, वहीं रहती हैं। उसके तीनों बेटे इंजीनियर हैं, जिनमें दो अब अमेरिका में कार्यरत हैं। दोनों विवाहित हैं। एक-एक बच्चे के पिता हैं। तीसरा भी विवाहित है। वह चित्तौड़ में कार्यरत है। उसके दो बच्चे हैं।

हमारे परिवार में दूसरी पीढ़ी में वह ही सबसे बड़ी सन्तान है। हम लोगों की एक बहन भी थी, जिसका अपने शैशव में ही देहान्त हो गया था।

हिन्दू जाति बड़ी विचित्र है। लड़कियों से उसे घृणा भी है और वह यह भी मानती है कि हर व्यक्ति को कम-से-कम एक कन्या का विवाह तो करना ही चाहिए, क्योंकि कन्यादान को बड़ा पुण्य का कार्य माना जाता है इसलिए हमारे माता-पिता ने हमारे चाचाजी की एक पुत्री को गोद लेकर सन् 1954 में

---

1. बड़ी खुशी की बात है कि अनथक परिश्रम करने के बाद हिन्दी जाननेवाली एक फ्रेंच महिला श्रीमती एमी की कृपा से यह फिल्म इसी वर्ष (2003) हमें मिल गई है।

उसका विवाह किया था। उसके पति का एक दुर्घटना में देहान्त हो गया। अपनी चार पुत्रियों और एक पुत्र के साथ अब वह मेरठ में रहती है।

सन् 1961 में लता की शादी के बाद दो शादियाँ सन् 1967 में हुईं। एक शादी मेरे छोटे भाई की लड़की सुषमा की और दूसरी मेरी अपनी बड़ी बेटी अनीता की। ये शादियाँ क्रमशः मई और नवम्बर सन् 1967 में हुईं। दोनों अध्यापिकाएँ बनीं। मेरी बेटी तो अब तक अवकाश प्राप्त कर चुकी है। मैं तो एक साधारण लेखक था और जब मेरी बेटी का विवाह होना निश्चित हुआ तो मेरे पास कुछ भी नहीं था। लेकिन जिस प्रकार हम सबने मिलकर अपनी भतीजी का विवाह किया था उसी प्रकार सब भाइयों की सहायता से यह कार्य भी बड़ी कुशलता से सम्पन्न हुआ। मैं अलौकिक सत्ता में विश्वास नहीं करता लेकिन कभी-कभी अद्भुत संयोग घटित हो जाते हैं। वे क्यों और कैसे घटित होते हैं, इसका जवाब न तो वैज्ञानिकों के पास है, न अध्यात्मवादियों के। हम यह कहकर मन को समझा लेते हैं कि ईश्वर की इच्छा से ही यह सब होता है। गालिब का एक शेर है—

*हमको मालूम है जन्नत की हकीकत गालिब,*
*दिल को बहलाने को यह ख्याल अच्छा है।*

हुआ यह कि मेरे पास पैसे की व्यवस्था नहीं थी लेकिन मैं चिन्तित भी नहीं था। बड़े भाईसाहब ने मुझे 5000 रुपए दिए। दूसरे भाइयों ने भी दिए। लेकिन जो बात मैं रेखांकित करना चाहता हूँ वह यह है कि उन दिनों हिन्दी निदेशालय हिन्दी पुस्तकों की ख़रीद बड़े पैमाने पर करता था। मेरे रेखाचित्रों का संग्रह उसी समय प्रकाशित हुआ था। हिन्दी निदेशालय ने उसकी तीन हज़ार प्रतियाँ खरीद लीं। पाँच हज़ार से कुछ अधिक ही मुझे इस पुस्तक से मिल गए। कुछ समय पूर्व ही मैंने अपने दो लघु उपन्यास 'स्वप्नमयी' और 'दर्पण का व्यक्ति' एक आशुलिपि सीखनेवाले विद्यार्थी को बोलकर लिखाए थे। ज़रूरत उसको थी, मुझे नहीं। इसलिए इनको छपवाने की भी मैंने चिन्ता नहीं की। लेकिन जब पैसों का प्रश्न सामने आया तो अचानक उन पाण्डुलिपियों की याद आई और मैंने उनको ढूँढ़ निकाला। फिर उन्हें लेकर मैं अपने प्रकाशक राजपाल एण्ड सन्ज़ के पास गया। उन्होंने कुछ दिनों बाद मुझे सूचना दी कि वे इन दोनों पुस्तकों को पेपर बैक और हार्ड बाऊण्ड, दोनों संस्करणों में निकालेंगे और इसके लिए उन्होंने मुझे अग्रिम रॉयल्टी के रूप में पाँच हज़ार रुपए भी दिए। मामा लोगों को भात देना ही था और जैसा कि हिन्दू परिवारों में प्रथा है, माँ अपनी बेटी की शादी के लिए शुरू से ही कुछ-न-कुछ बनाती रहती है।

इस प्रकार उन दिनों पच्चीस हजार रुपए में इतनी शानदार शादी हुई कि सब लोगों ने उसे सराहा। इसका श्रेय संयोग और संयुक्त परिवार, दोनों को ही जाता है।*

लेकिन इससे पूर्व एक और घटना ऐसी घटी जो आज भी मेरे मन और मस्तिष्क पर छाई हुई है। हम जो कुछ आज हैं या जो कुछ तब थे, उस सबका श्रेय हमारी माताजी को है। उन्होंने ही हमारे पूरे परिवार को बाँधे रखा। वे शासन भी करती थीं और प्यार भी करती थीं। लेकिन मन की बहुत निश्छल थीं। उन्हें संग्रह करने में नहीं, देने में मज़ा आता था। उन्होंने मुझसे कहा था, "बेटे, तुम किसी प्रकार की चिन्ता मत करना। सब काम ठीक हो जाएगा।" मेरे साथ भी यही हुआ है। कितने ही तूफानों से गुजरकर आज हम शान्ति और सम्मान के साथ जी रहे हैं।

मेरी उन्हीं स्नेहमयी माताजी को मृत्यु के समय दो महीने तक बहुत कष्ट सहना पड़ा। उन्हें हरपिजोस्टर हो गया था और यह गर्दन की ओर, ऊपर फैलने लगा था। इसीलिए बहुत कष्ट हुआ लेकिन मृत्यु के समय वे पूर्णतया शान्त थीं। यह सब मैं लिख चुका हूँ। यहाँ इसकी चर्चा मैंने इसलिए की, क्योंकि सन् 1967 में इन दो शादियों से पूर्व 12 अक्तूबर, सन् 1966 को हमारे पिताजी की 87 वर्ष की आयु में, मृत्यु हो गई। मृत्यु के समय वे पूर्ण शान्त थे। उन्हें कोई विशेष कष्ट नहीं हुआ। उन्हें मीठा खाने का बहुत शौक था। माताजी के श्राद्ध का अवसर था, उन्होंने पूछा, "क्या बनाया है ?"

मैंने उत्तर दिया, "जी, बनाया तो कुछ नहीं। बाज़ार से इमरतियाँ ले आए हैं।"

वे बोले, "दो इमरती मुझे भी देना।"

मैंने कहा, "इमरती खाकर क्या आप मरना चाहते हैं ?"

वे बोले, "तो क्या होगा, मर जाऊँगा।"

और विधि का विधान देखिए इमरती खाकर उन्हें दस्त आने लगे और अगले दिन, रात को बड़ी शान्ति के साथ, वे चिरमौन में लीन हो गए। उनके सब बेटे-बहुएँ उनके सामने खड़े थे। एक बार उन्होंने सब पर दृष्टि डाली और फिर दो बार 'राम' और एक बार 'ओऽम्' कहकर ब्रह्म में लीन हो गए।

मैं यह सब देख रहा था और मेरे अन्तर में एक तुमुलनाद मचा हुआ था। मेरे पिताजी ने हमारे निर्माण की कभी चिन्ता नहीं की। सब कुछ माँ ने किया। वे तो निरन्तर पूजा-पाठ में लगे रहते थे और छुआछूत के इतने पक्षपाती थे कि हम जरा भी तब की भाषा में किसी भंगी, चमार से छू जाते तो हमें तुरन्त नहाना पड़ता, मुसलमान के हाथ का छुआ नहीं खा सकते थे। लेकिन वे जितनी कठोरता

---

* इस विवाह में शुरू में हमें दहेज प्रथा के कारण बड़े कड़वे अनुभव हुए। आज भी इस अभिशाप के कारण वधू-दहन के समाचार प्रकाशित होते रहते हैं।

बरतते, मैं उतना ही विद्रोही होता चला गया। जान-बूझकर मैं वो ही काम करता जो वे नहीं चाहते थे।

पिताजी की मृत्यु के उन क्षणों में इसी तरह की असंख्य घटनाएँ मेरे मस्तिष्क में घटाटोप बनकर छा गईं और मैं सोचने लगा कि विधि का यह कैसा विधान है। सन्तान का सही अर्थों में पालन करने वाली माँ को इतना कष्ट भोगना पड़ा। उसी ने तो हमें पढ़ने-लिखने के लिए बचपन में ही अपने से दूर भेज दिया था और जो सदा दूसरों के लिए जीती रही उसे इतना कष्ट क्यों हुआ और पिताजी ने हमारे लालन-पालन और शिक्षा में कोई रुचि नहीं ली, वे इस परम शान्ति में कैसे लीन हो गए। वे तो डण्डे के जोर से हमें कहा करते थे, "जो सन्तान माता-पिता की सेवा नहीं करती वह नरक में जाती है।" लेकिन माँ ने इस सम्बन्ध में कभी एक शब्द भी नहीं कहा।

मैं माँ को अपना गुरु मानता रहा, मानता भी हूँ लेकिन वर्षों बाद एक दिन अचानक मेरे अन्तर में जो घटाटोप था उसमें प्रकाश की एक रेखा, विद्युत की तरह चमकी और तभी जैसे आकाशवाणी हुई हो, "तेरे असली गुरु तो तेरे पिता हैं। उन्होंने ही तो तेरे अन्तर में विद्रोह की भावना भरी थी। उसी के कारण तू वह बन सका, जो आज है।"

मैं इस सत्य से इन्कार नहीं कर सका।

अनीता की शादी के बाद हमारे गुँथे हुए परिवार में ढीलापन आने लगा। वह स्वाभाविक ही था क्योंकि बच्चे अब बड़े हो चुके थे और उनकी रुचियाँ हम भाइयों से भिन्न थीं। इसलिए यह सब सहज भाव से होता रहा।

इसके बाद की दो और घटनाओं की चर्चा करना बहुत आवश्यक है। एक मेरे छोटे भाई की, दूसरी बेटी सुजाता के विवाह की। वह इसलिए महत्त्वपूर्ण है कि हमारे परिवार में पहला प्रेम और विजातीय विवाह था। मैं तो प्रारम्भ से ही इसके पक्ष में था लेकिन अनेक कारणों से अभी तक यह सम्भव नहीं हो सका था। अब जो हुआ उसका महत्त्वपूर्ण कारण था।

जैसा कि मैंने लिखा है आर्यसमाज के प्रभाव में आने के बाद मैं तथाकथित अछूत जातियों, मुसलमानों और दूसरे प्रान्त के लोगों से पारिवारिक सम्बन्ध स्थापित करना चाहता था। हमारी पीढ़ी में यह विवाह के स्तर पर सम्भव नहीं हो सका। मेरी माताजी अत्यन्त उदार होने पर भी इस सीमा तक नहीं जा सकती थीं। पिताजी और अन्य रिश्तेदारों का तो प्रश्न ही नहीं उठता।

जब हम अपने बच्चों के विवाह करने की स्थिति में आए तो शुरू में मात्र अपनी जाति के अन्दर ही, कुछ बन्धन तोड़कर, हम सन्तुष्ट हो गए। हम अग्रवाल जाति के हैं लेकिन जैसा मैं लिख आया हूँ, हमारे एक पुरखा के मुसलमानों का साथ देने पर उन्हें जाति से बहिष्कृत कर दिया गया था। मूल अग्रवाल अपने को बीसा अग्रवाल मानते थे और किसी भी कारणों से जो उनसे अलग हुए थे, उन्हें दस्सा मानते थे।

हम दस्सा तो नहीं बन सके लेकिन राजा का साथ देने के कारण राजवंशी

बन गए। बीसा अग्रवाल हम लोगों के परिवारों में अपनी कन्या नहीं देते लेकिन बाद में हमारे परिवारों की कन्याओं को अपने परिवार में लेने लगे थे। मेरी बेटी का विवाह बीसा अग्रवालों में ही हुआ है लेकिन जब मेरी भतीजी सुजाता का विवाह एक पंजाबी मलिक परिवार में हुआ तो वह सचमुच एक छोटी-मोटी क्रान्ति थी। उसके बाद तो मार्ग खुल गया।

सुजाता का विवाह न केवल अन्तर्जातीय था बल्कि प्रेम-विवाह भी था। उसने फिजियोथैरेपी का कोर्स किया था और फिजियोथैरेपिस्ट बनकर डॉक्टर कहलाने लगी थी। वहीं उसका सम्पर्क डॉक्टर सतीश मलिक से हुआ जो अब जाने-माने मनोचिकित्सक हैं और अन्ततः वे दोनों एक सूत्र में बँध गए। अब तो हमारे परिवार में अनेक प्रान्त और अनेक जातियाँ हैं। प्रेम-विवाह भी हुए हैं और पूर्व नियोजित भी लेकिन सभी सफल हैं और हमारे परिवार में यह अहसास कभी भी नहीं होता कि वे किसी और जाति या प्रान्त के हैं।

आगे चलकर मेरी छोटी बेटी अर्चना ने तो किसी धर्म के अनुसार विवाह नहीं किया बल्कि कोर्ट में जाकर विवाह किया। हाँ, अभी तक कोई मुस्लिम धर्म का व्यक्ति प्रत्यक्ष रूप से हमारे परिवार का अंग नहीं बना, परोक्ष रूप से तो हैं।

तो इस दृष्टि से सुजाता और सतीश मलिक का विवाह हमारे परिवार में एक छोटी-मोटी सुखद क्रान्ति का कारण बन गया जो निरन्तर परवान चढ़ती रही। इसी अवधि की एक और महत्त्वपूर्ण घटना है, 2 अक्तूबर, सन् 1968 को होनेवाला गाँधी जन्म-शती-समारोह। गाँधी विचारधारा से तो हमारा सारा परिवार काँग्रेसी होने के नाते प्रभावित तो था ही, लेकिन मैंने लेखक होने के नाते उस विचारधारा को आत्मसात किया, इसलिए मेरा दायित्व इसके प्रति और भी बढ़ गया।

शताब्दी का विधिवत उद्घाटन तत्कालीन राष्ट्रपति डॉ. जाकिर हुसैन ने 2 अक्तूबर, सन् 1968 को किया। भारत सरकार के संचार माध्यम स्वाभाविक रूप से इस अवसर के अनुरूप कार्य करने के लिए प्रतिबद्ध थे। और इसमें सन्देह नहीं कि उनके अनुरूप ही देश ने उनको याद किया और बड़ी श्रद्धा के साथ उन्हें अपनी श्रद्धांजलि अर्पित की।

मेरा सम्बन्ध सरकार द्वारा प्रचारित संस्थानों से नहीं के बराबर ही रहा है लेकिन आकाशवाणी से बँटवारे के बाद मुझे बहुत गहरे जुड़ना पड़ा। मैं नियमित रूप से उनके स्टाफ में तो नहीं था लेकिन हिन्दी लेखकों के अभाव में हम कुछ व्यक्तियों को उस समय बहुत कार्य करना पड़ा। गाँधी-शताब्दी से पूर्व तो मैं डेढ़ वर्ष तक नाट्य प्रभाग का निर्देशक भी रह चुका था। इसलिए स्वाभाविक रूप से गाँधीजी के सम्बन्ध में रूपक लिखने का दायित्व मुझे सौंपा गया।

इस सम्बन्ध में मैंने क्या कहा इसकी चर्चा पीछे आ चुकी है। लेकिन मैं

सरकारी कार्यक्रमों की तड़क-भड़क से दूर ही रहा। किसी की जन्मशती मनाने का अर्थ ऊहापोह मचाना नहीं है अपितु उसके सन्देश और कार्यों को अपने जीवन में उतारना है। यह आवश्यक नहीं कि हम उनसे शत-प्रतिशत सहमत ही हों लेकिन ऐसे अवसरों पर अन्तर्मन्थन करना अत्यन्त आवश्यक है। वे इतने महान् किन कारणों से बने, इस बात को जाने बिना हम किसी व्यक्ति को कैसे जान सकते हैं। हमने सब कुछ किया लेकिन यह अन्तर्मन्थन ही नहीं किया। यह सब जीवन साधना से दूर मात्र व्यक्ति पूजा का आडम्बर था, यही हम करते आए हैं और यही हम कर रहे हैं।

इसी अवधि की एक और घटना को मैं नहीं भूल सकता। हिन्दी का प्रचार करनेवाली संस्थाओं का भारत सरकार ने एक संघ बना दिया था। उसी संघ के अध्यक्ष थे महान् साधक और अनथक परिश्रमी समाजवादी बाबू गंगाशरण सिंह। वे जितने प्रेमिल स्वभाव के थे, उतने ही कठोर नियामक भी थे।

जिन संस्थाओं से वे जुड़े थे वे मात्र राष्ट्र भाषा से सम्बन्धित नहीं थीं। देवघर विद्यापीठ जैसी अनेक शिक्षण संस्थाओं के वे कुलाधिपति और कुलपति थे। सबके उत्कर्ष और अपकर्ष में वे समान रूप से भागीदार थे। वे निरन्तर सरकार से जूझते रहते और उन्हें सक्रिय रखने का प्रयत्न करते। कई बार मुझे भी खींचते अपने पास, कभी पुस्तकों का सम्पादन करवाते, कभी संस्थाओं के उत्सवों में ले जाते।

उस दिन फोन पर उनके कार्यालय से सूचना मिली—"गंगाबाबू चाहते हैं कि आप उनके साथ कटक चलें। वहाँ राष्ट्रभाषा प्रचार समिति का रजत जयन्ती समारोह है। एक संगोष्ठी में आपको हिन्दी साहित्य पर बोलना है। हवाई जहाज से चलेंगे।"

अगले दिन टिकट हाथ में था और गंगाबाबू विमान-तल पर उपस्थित थे। भुवनेश्वर पहुँचकर देखता हूँ कि गंगाबाबू यहाँ उतने ही लोकप्रिय हैं जितने बिहार या दिल्ली में। हवाई जहाज़ से उतरते ही घिर गए थे। राजभवन में ठहरे हम। मैं तो चकित था वहाँ के सामन्ती वैभव और व्यवहार पर, कमरे से बाहर झाँका नहीं कि न जाने कहाँ से आकर तीन-चार क्लासफोर अफसर सलाम झुकाते, "क्या चाहिए हुज़ूर! कहीं जाना चाहेंगे?"

मैं कतराकर अन्दर चला जाता लेकिन गंगाबाबू उसी सहज भाव से जैसे दिल्ली के संस्था संघ के अँधेरे बन्द कमरे में साथियों के बीच खर्राटे भरते थे वैसी ही वीतरागता के साथ प्रशस्त सामन्ती प्रकोष्ठ में सोते रहते। सचमुच वैरागी का मन पाया था उन्होंने। किसी को डाँटते, किसी को सराहते, राज्यपाल से उनकी गरिमा के अनुरूप बातें करते। मैं उस सारे समय मूकदर्शन बना रहता, देखता रहता गाँधी के देश के वैभव को। वे बार-बार मेरा परिचय कराते। मेरे भाषण से बहुत प्रसन्न हुए। मेरे भी परिचित, साहित्यकार मित्र थे पर मेरा परिचय सीमित था, उनका असीम—स्वाधीनता संग्राम के उनके साथी, समाजवादी मित्र, साहित्य-सेवी, हिन्दी प्रचारक और शिक्षण के क्षेत्र में विशेषज्ञ सभी से मिलने वे उनके घर गए।

उन्हीं की कृपा से रथ-यात्रा के उत्सव में मैं बलभद्र, सुभद्रा और कृष्ण के विग्रहों का स्पर्श कर सका।

वे साहित्य के गहरे अध्येता भी थे। मेरी एक लम्बी कहानी पढ़ी कहीं। मिले तो गद्‌गद स्वर में उसका वह मार्मिक विश्लेषण किया कि मैं चकित-विभोर उन्हें देखता ही रह गया।

काश, कोई उनकी जीवन-गाथा लिख सके। वह उस संघर्षमय युग की गाथा होगी जो आदर्शों के लिए जिया और समाप्त हो गया। गंगाबाबू उसी युग की आकाश गंगा के देदीप्यमान नक्षत्र थे। उन्हीं का प्रकाश उधार लेकर तो विधाता अपनी धरती पर सूरजचन्दा की सृष्टि करते हैं।

## 20

*देख, दहलीज से काई नहीं जाने वाली,*
*ये खतरनाक सच्चाई नहीं जाने वाली।*

शरतूचन्द्र की जीवनी के सम्बन्ध में चौदह वर्ष की खोज के बीच मुझे जो और अनुभव हुए, उनमें एक और रोमांचक और महत्त्वपूर्ण घटना का जिक्र मैं यहाँ करना चाहूँगा, वह है चम्बल के बागियों के बीच में व्यतीत किए गए कुछ दिन।

मुझे यह सुयोग, गाँधीवादी विचारधारा के साकार रूप श्री काशिनाथजी त्रिवेदी की कृपा से मिला। वे उन लोगों में से हैं जिन्होंने गाँधीजी के विचारों को पूरी तरह से जिया है। वे उस समय चम्बल घाटी शान्ति मिशन के लिए काम कर रहे थे तभी मुझे भी वहाँ आने के लिए आमन्त्रित करते हुए उन्होंने लिखा—

'24 मई का आपका कृपा पत्र आज सुबह यहाँ मिला। कृतज्ञ हुआ...मिशन के हमारे साथियों में से भाई श्री गुरुशरणजी आपसे स्टेशन पर मिलेंगे और रोज वे ही एकाध और साथी सहित जैसे मैं भी आपके साथ जाते रहेंगे। 11 को सुबह भोजन आदि से निपटकर आप मिशन की जीप में 10.30 से 11 के बीच जाने के लिए निकलेंगे और वहाँ शाम 4.30 या देर में देर 5 तक बागी भाइयों के बीच रहेंगे। एक ही अहाते के अन्दर बनी चार बारकों में बागी भाई रहते हैं। भोजन-विश्राम आदि के बाद 2 से 4.30 बजे के बीच अलग-अलग बारकों में उनके साथ मिलने और चर्चा करने का सिलसिला रहेगा। यदि इस बीच जेल में बारकों के सामने शामियाना लग सका तो सब बागी भाइयों से सामूहिक रूप में मिलने और चर्चा करने की सुविधा हो जाएगी। आजकल तो हम अलग-अलग बारकों में उनसे मिलते हैं, भजन-कीर्तन से आरम्भ करते हैं और चर्चा, प्रश्नोत्तर से समाप्त करते हैं। उनकी रुचिवृत्ति देखकर कुछ प्रेरणादायक और दिशादर्शक प्रसंग उनके सामने रखने का प्रयास रहता है। आपके पास तो प्रसंग-कथाओं

का भण्डार है, इसलिए आप निकट से इस समाज को देखने के बाद जो कहना-समझाना-सुझाना उचित समझें, सो कहें, समझाएँ और सुझाएँ।'

वहाँ जाकर मैंने यह सब बड़ी शिद्दत के साथ अनुभव किया।

कोई मनुष्य सम्पूर्ण रूप से शिव है न शैतान। शैतान के अन्तर में शिव और शिव के अन्तर में शैतान बैठा मुस्कुराता रहता है। बड़े-से-बड़े जल्लाद के जीवन में भी वे क्षण आते हैं जब वह दयालु कहलाए जाने के लिए लालायित हो उठता है। मनुष्य की शिव-शक्ति को जाग्रत करने के लिए इन्हीं क्षणों को पकड़ने की आवश्यकता होती है।

इन क्षणों को पकड़ने की प्रक्रिया हृदय-परिवर्तन की प्रक्रिया है। सम्पूर्ण सुधार के लिए चाहिए अजस्र स्नेह और दोषी बनाने वाली परिस्थितियों को दूर करने का अनथक प्रयत्न। यही सच्चे अर्थों में अधिक मानवीय और अधिक सभ्य रीति है।

इससे पूर्व राजा के समक्ष आत्म-समर्पण के कई किस्से सुनने में आए हैं लेकिन सत्तर के दशक में एक अभूतपूर्व घटना घटी। चम्बल घाटी और बुन्देलखण्ड प्रभाग के तथाकथित दुर्दान्त दस्युओं ने, जो अपने को बागी कहते हैं, भोले बालकों की तरह सर्वोदय नेता जयप्रकाश नारायणजी के सामने आत्मसमर्पण कर दिया। गाँधीजी की प्रतिमा के सम्मुख हथियार रखकर वे स्वेच्छा से जेल चले गए। सन् 1960 में मेजर जनरल यदुनाथ सिंह जी के प्रयत्नों से और विनोबाजी की प्रेरणा से 19 बागियों ने आत्मसमर्पण किया था। इस बार यह संख्या 400 से ऊपर पहुँच गई है। इस अघटित घटना से साधारण मनुष्य ही नहीं, चिन्तक भी विस्मित हैं। क्या आज के यान्त्रिक युग में जब हृदय की महत्ता समाप्त प्रायः हो गई है, इतनी बड़ी संख्या में बागी भाइयों का स्वेच्छा से जेल चले जाना चमत्कार नहीं है! अपनी आँखों से देखा है मैंने कि वे जरा भी दुःखी नहीं हैं।

एक भाई ने गद्‌गद होकर 'मेरा उद्धार होना था इसलिए बागी बना। अपने को जेल में नहीं समझता। यह तो मन्दिर है। आप जैसे लोगों के दर्शन हुए।'

एक गाँव वाले ने सर्वोदय कार्यकर्त्ता से कहा था—दुनिया परेशान होती। आपने जाल डालकर ठीक कर दिया। आप ही भगवान हैं।

दुर्दान्त दस्यु मोहरसिंह और मूरतसिंह, जिनसे शासन आतंकित था, इतने सरल प्राण लगे कि सहसा विश्वास नहीं आया। नव-शिक्षित बच्चे की तरह जब मोहरसिंह ने, जिस पर सबसे अधिक दो लाख रुपयों का इनाम था, अटक-अटककर परन्तु सुन्दर अक्षरों में स्लेट पर अपना नाम लिखा तब उसके चेहरे पर जो विजयोल्लास की मुस्कान चमकी, वह सचमुच बालोचित सरलता की थी। शैतान के अन्तर में बैठा शिव न जाने इस मुस्कान को कहाँ छिपाए हुए था। अवसर मिलते ही वह प्रकट हो गई। उसने कहा था—"मैंने दिल से समर्पण किया है। यह ठाकुर की जबान जो कछु बोलत है सो दिल सोई बोलत है।"

मूरतसिंह ने सन् 1948 में देश के स्वतन्त्र हो जाने के बाद स्वेच्छा से आत्मसमर्पण कर दिया था। क्या वह किसी से कम देशभक्ति थी लेकिन पुलिस

ने उसे इतना सताया, इस प्रकार अपमानित किया कि उसे फिर बीहड़ों की शरण लेने को विवश होना पड़ा। इन 24 वर्षों में पुलिस एक बार भी उसका सामना नहीं कर सकी। उसने प्रतिज्ञा की थी मैं गोली खाकर मर जाऊँगा, किन्तु जयप्रकाश आए और उसने आत्मसमर्पण कर दिया।

मैंने पूछा—सन् 1948 और 1972 में क्या कोई अन्तर है ?

मुस्कुराकर उसने उत्तर दिया—जमीन-आसमान का अन्तर है।

पूछा—अब कैसा लगता है ?

हाथ जोड़कर उसने आँखें ऊपर को उठाईं और कहा—सब कुछ उस पर छोड़ दिया है।

वह जेल में ठाठ से रहता है। पूजा-पाठ, खान-पान सभी की सुविधा उसे है, लेकिन मन जैसे मूक हो गया हो। बेटे के लिए चिन्तित था, क्योंकि वह शराब पीता है। यही स्थिति मोहरसिंह, माधोसिंह और मलखानसिंह की है। मोनी रामसहाय, फद्‌दे राजा नाहरसिंह, शंकरसिंह, बाँकेलाल, प्रतापसिंह और जगजीतसिंह, जो बीहड़ों में भी एकान्त चिन्तन में व्यस्त रहता था...नाम गिनाना व्यर्थ है। प्रायः सभी व्यक्ति सरल-प्राण और धर्म में आस्था रखने वाले हैं। उनके लिए बागी बनना अन्याय के प्रतिकार का प्रश्न था, पाप-पुण्य का नहीं। वे लोग हत्याएँ करते थे तो मुक्त-हस्त से गरीबों पर पैसा भी लुटाते थे।

लेकिन इसका अर्थ यह नहीं कि वे सभी सन्त हो गए हैं या उनकी समस्याएँ नहीं हैं। उनकी समस्याओं का कोई अन्त नहीं है। कुछ तो यहाँ तक सोचते हैं कि जब उन्होंने आत्मसमर्पण करके पश्चात्ताप कर लिया तो अब दण्ड कैसा ? वर्षों जेल में रहने के बाद उनके पास नया जीवन जीने को समय ही कहाँ रह जाएगा ? देखा जाए तो वास्तविक समस्याएँ समर्पण के बाद ही आरम्भ होती हैं। शान्ति मिशन ने अब तक जो अभूतपूर्व कार्य किया है वह उसके सामने कुछ नहीं है जो उसे अब करना है। भले ही उनका उत्साह सीमित नहीं है, क्योंकि उनका ध्येय शुभ और सुन्दर है क्योंकि यह केवल कानून और व्यवस्था की समस्या नहीं है, यह एक आर्थिक, सामाजिक और मनोवैज्ञानिक समस्या है। जो अब तक प्राण देते थे, धन लूटते थे, नारी की प्रतिष्ठा पर आक्रमण करने से भी जो नहीं चूके उनको शान्ति मिशन ने नया जीवन जीने की प्रेरणा दी। उनकी राजसिक और किसी सीमा तक तामसिक वृत्ति को सात्विकता की ओर मोड़ा। क्या यह केवल डर के कारण ही सम्भव हो सका ?

जो उनके पास रहे हैं, वे जानते हैं कि डरते वे अब भी नहीं, परन्तु जैसा कि माधोसिंह ने, जिसके सिर पर डेढ़ लाख रुपए का इनाम था, कहा—"सबकुछ तो मिल जाता था बीहड़ों में, सब कुछ कर सकने की आज़ादी थी, पर बार-बार सोचा इस लुकाछिपी का अंजाम क्या ? बस घृणा हो गई।"

भागना और भागना, न सुख की नींद न चैन की साँस, तभी तो उसने 'घृणा' शब्द का प्रयोग किया। वह पढ़ा-लिखा चतुर व्यक्ति है। विनोबा की प्रशंसा में उसने लोक-तर्ज पर सुन्दर गीत लिखा है। इस समर्पण-यज्ञ को आरम्भ करने

का श्रेय इसी को है। अपने जीवन को खतरे में डालकर वह जयप्रकाशजी से मिला। जयप्रकाश नारायण ने यह बात भरी सभा में बताई कि आठ माह पूर्व श्री माधोसिंह उनसे रामसिंह के नाम से पन्ना जाकर मिले और कहा कि दो-चार दस की बात नहीं सैकड़ों बागी आत्मसमर्पण करने के लिए सहर्ष तैयार हैं। श्री जयप्रकाशजी को सहसा विश्वास नहीं हुआ तो अन्त में रामसिंह ने कह ही दिया कि मैं ही माधोसिंह हूँ। वे क्षण बड़े ही सस्पेन्स के थे। जयप्रकाशजी ने पूछा, "तुम्हारे ऊपर एक लाख का शासन की ओर से इनाम घोषित है। तुम्हें ऐसा बताने में कोई हिचक नहीं हुई।"

उत्तर मिला, "आप पर पूरा भरोसा है। आपको वर्षों से जानता हूँ। आपके हाथों धोखा नहीं हो सकता।"

उसने बड़ी-बड़ी ऊपर उठी मूँछें ही साफ करवा दी थीं। "मैंने प्रण किया था कि अपने साथियों का आत्मसमर्पण करवाकर मूँछें बनवाऊँगा।"

सर्वोदय कार्यकर्ता तो सन् 1960 से ही प्रयत्नशील रहे हैं। जयप्रकाशजी के इस समस्या को सुलझाने का भार उठाते ही उनके प्रयत्नों में गति आ गई। उनके साथ थे पुराने बागी पं. लोकमन दीक्षित उर्फ़ लुक्का और मानसिंह के छोटे पुत्र तहसीलदारसिंह। उन्होंने नाना प्रकार से बागियों को समझाया। कहा—"तुम कायर हो। मरोगे तो लोग तुम्हारी लाशों पर थूकेंगे। समर्पण करोगे तो फाँसी होने पर भी प्रियजन संस्कार कर सकेंगे।"

बागी भाइयों की भी कुछ शर्तें थीं। जयप्रकाशजी के माध्यम से सरकार ने पूर्ण सहयोग देने का वचन दिया और तब वह घटना घट गई जिसमें सभी विजेता हैं, विजित कोई नहीं। इसी अद्‌भुत स्थिति पर भावी इतिहासकार चिन्तन करने के लिए विवश होंगे।

आज चम्बल घाटी शान्ति मिशन के नेता, कार्यकर्ता, राज्यों के मुख्यमन्त्री और सभी सम्बन्धित अधिकारी, नाना दलों के राजनीतिज्ञ, पत्रकार, साधारण जनता और बागी भाई सभी एक-दूसरे से पूर्ण सहयोग कर रहे हैं। अभी इसमें आवेश और उफान है, पर स्थायी कार्य गम्भीर चिन्तन की अपेक्षा रखता है। सोचना होगा, समस्या का मूल कहाँ है ? इतिहास पर दृष्टि डालें तो यह परम्परा बहुत पुरानी मालूम होती है। जब दिल्ली के चौहानों को हराकर सुल्तान गद्दीनशीन हुए थे, तभी से ये लोग जंगलों में रहकर दिल्ली पर आक्रमण करते रहे, इसीलिए वे अपने को डाकू नहीं, बागी कहते हैं और समानान्तर सरकार चलाने का दावा करते हैं। लेकिन आज वह स्थिति नहीं रही है। मानसिंह के युग तक रोबिनहुड की परम्परा कायम रही है। वह गरीबों की सहायता करता था और 'राजा' कहलाता था। नारी की प्रतिष्ठा पर उसने कभी आक्रमण नहीं किया। उसके शिष्य लुक्का ने एक ऐसे व्यक्ति को पकड़ा था जिसके बारे में सुना था कि वह धनवान है। हमें मालूम न था कि वह गरीब है। उसी व्यापारी ने बताया कि मैं गरीब हूँ, मेरे पास पैसा नहीं और मेरी लड़की की शादी के लिए उसके मामा द्वारा जमा किए हुए पाँच हज़ार रुपए हैं, वो मैं तुम्हें दे सकता हूँ। हमने पूछा कि कन्या

की उम्र क्या है, उसने बताया कि वह पन्द्रह-सोलह साल की होगी। फिर हमने उससे कहा कि आप खाना खाइए और कन्या का विवाह करने के लिए घर जाइए। हमें आपका पैसा नहीं चाहिए।

ऐसी अनेक घटनाएँ हैं लेकिन इस ऐतिहासिक कारण के अतिरिक्त और भी अनेक कारण हैं। ये लोग अति दुस्साहसी हैं। अन्याय का प्रतिकार करना अपना अधिकार समझते हैं। उनका ध्येय वाक्य है–

*जिस का बैरी सुख से सोए, उसके जीवन को धिक्कार...*

और बैर के कारण बहुत सहज हैं। जातिगत स्पर्धा, भूमि का असमान बँटवारा, सामाजिक, पारिवारिक झगड़े–ये सब प्रतिष्ठा का प्रश्न बन जाते हैं। निर्धनता का एक और प्रमुख कारण है। पुलिस और किसी सीमा तक राजनीतिज्ञों के कारण भी बागियों का समूह बढ़ता जाता है। चम्बल के भयानक बीहड़ उन्हें पुकारते हैं और वे वहाँ स्वच्छन्द जीवन जीने के लिए चले जाते हैं।

समर्पण के लिए आए एक व्यक्ति से मैंने पूछा–"तुम क्यों बागी बने भाई ?"

उसका सहज उत्तर था–"इन लोगों ने मेरी ज़मीन छीन ली और मैं बदला लेने के लिए बागी बन गया।"

लुक्का ने कहा, "समाज व गाँव के अत्याचार से हम त्रस्त हो गए थे। पुलिस ने हमें बहुत ही परेशान किया इसलिए हम डाकू बन गए।"

एक शिक्षित युवक ने किसी कारण हत्या की और फिर भागकर बागियों के दल में शामिल हो गया। न अदालत–वकील का खर्च, न सज़ा का डर।

एक धोबी के लड़के ने एक ब्राह्मण से कर्ज लिया। कर्ज चुकाने के लिए उसी की नौकरी करने लगा। ब्राह्मण ने एक दिन कहा–"मैं तुझे बन्दूक देता हूँ मेरे दुश्मन को मारकर बागियों के पास भाग जा।"

लड़का भागा तो पर दुश्मन को मारकर नहीं, कर्ज चुकाने के लिए भागा, लेकिन तिगुना रुपया भेज देने पर भी कर्ज ज्यों-का-त्यों बना रहा और लड़के का पिता मजदूरी करता रहा।

शोषण और दुस्साहस की इन कहानियों का कोई अन्त नहीं है, इसलिए समर्पण की यह प्रक्रिया तब तक पूर्ण नहीं मानी जा सकती; जब तक ये सब कारण दूर नहीं हो जाते। यदि शासन चम्बल के बीहड़ों को समतल करके कृषि योग्य भूमि में परिवर्तित कर सकता है और भूमि का ठीक-ठीक बँटवारा करके, इस प्रभाग में समुचित गृह-उद्योग स्थापित कर देता है तो निश्चय ही इस समस्या की जड़ पर चोट करता है। तब न रहेगा गरीबी का प्रश्न, न होगा अन्याय का प्रतिकार करने की भावना से उत्पन्न संघर्ष। तब प्रगति की दौड़ में यह प्रदेश किसी से पीछे नहीं रहेगा। सामाजिक और आर्थिक वातावरण कुछ-से-कुछ हो जाएगा।

शिक्षा के प्रसार का महत्त्वपूर्ण प्रश्न भी इसी के साथ जुड़ा है। देश में होने वाले नए परिवर्तन को समझने और कार्य के नए क्षेत्रों को खोजने के लिए

यह नितान्त आवश्यक है। जो शक्ति बीहड़ों में सुख-सुविधा प्राप्त करने और दण्ड से बचने में खर्च होती रही, वही रूपान्तरित होकर नए मनुष्य के निर्माण में खर्च हो सकती है।

लेकिन शासन क्या यह सब करने को प्रस्तुत है ? या कुर्सियों की जोड़-तोड़ ही उसका लक्ष्य है ? शान्ति मिशन के पास उत्साह है, दृष्टि भी है, पर शक्ति और साधनों का अभाव है। उसके सहयोग से शासन को ही प्रमुख भूमिका निभानी होगी। शान्ति मिशन मानस बदलने की प्रक्रिया में निश्चय ही सक्रिय सहयोग दे सकता है, क्योंकि अधिकांश बागी भाई, मन्त्रबिद्ध की तरह विनोबा और जयप्रकाशजी के प्रति समर्पित हैं।

एक प्रश्न बार-बार उठता है, क्या बागी भाइयों को हीरो नहीं बनाया जा रहा है ? क्या सचमुच उनका हृदय परिवर्तन हो चुका है ? उस दिन ग्वालियर के केन्द्रीय कारागार में, उनके बीच मैं बैठा था। कीर्तन चल रहा था। कुछ उसमें सक्रिय रूप से भाग ले रहे थे, कुछ उसमें तन्मय थे, कुछ के लिए वह तमाशा भी हो सकता था। सोचने लगा, मेरे चारों ओर जो ये दस्यु हैं—मेरे बिल्कुल पास बैठे हैं—मोहरसिंह, माधोसिंह, मूरतसिंह आदि जिनके जुल्मों की कहानियाँ सुनकर ही लोग काँप उठते हैं। लेकिन अब कितने शान्त, कितने सरल हैं। लेकिन अब जुल्मों की कहानियाँ सुनकर ही लोग काँप उठते हैं। वे सभी मेजर जनरल यदुनाथ सिंह की स्नेहमयी भाभी के चरण छूते हैं और कहते हैं, "माँ तुम आती हो तो बड़ा अच्छा लगता है..."

सोचता हूँ क्या ये शब्द कहने वाले सचमुच हत्यारे हैं ? क्या ये हमारी ही तरह मनुष्य नहीं हैं ? अपने अन्तर को टटोलें तो क्या हम उनसे कम जालिम हैं ? ये अन्याय न सह सकने की प्रवृत्ति के कारण कानून हाथ में लेते हैं, लेकिन सभ्य समाज ऐसा कौन-सा गुनाह है जो नहीं करता ? इनके गुनाह ढके रहते हैं, बागियों के उजागर हो जाते हैं, उसके सुधरने की आशा है। हमारे लिए तो वह भी सम्भव नहीं है। विनोबा ने ठीक ही कहा था—"पता नहीं डाकू कौन हैं ? डाकू भी शोषण करता है, हम भी तरह-तरह से शोषण करते हैं। भगवान हमें भी 'डाकू' की उपाधि दे सकता है।"

उनके परिवार के पुनर्वास का प्रश्न है, उनके बच्चों की शिक्षा का प्रश्न है। "बागी की पत्नी को घर में कोई अधिक समय तक टिकने नहीं देता। नाम बदलकर रहती है। अनेक घर बदल लिए, मकान मालिक अलग परेशान करते हैं।"

बच्चे अपने बागी पिता का नाम नहीं लिखवाते—नाना, मामा, चाचा आदि का नाम लिखवाकर स्कूल में पढ़ते हैं। अच्छे स्कूलों में पढ़ना चाहते हैं।

इसके साथ ही भूमि का प्रश्न है, शत्रुओं से हथियार रखवाने का प्रश्न है, मन का मैल दूर करके प्रीति की डोरी बाँधनी है। यही तो अहिंसा का सच्चा रूप है।

इस आत्म-समर्पण से पुलिस विशेषकर बिचौलिए बहुत दुखी हैं। बिचौलिए

जो बागियों को शस्त्र लाकर देते थे, सामग्री जुटाते थे, सोना गलाते थे, उनका धन अपने पास रखते थे यानी उनके साहूकार थे। समर्पण से पूर्व कई बागी सरदार इनसे रुपया इकट्ठा करते घूमे थे। शायद कुछ मिला हो, पर जो शेष रह गया है उसके मिलने की कोई आशा नहीं है। इसलिए वास्तविक हृदय परिवर्तन तो उनका होना है और इन छुटभइए राजनीतिज्ञों का भी जो समर्पण के इस पवित्र अवसर को अपनी उन्नति की सीढ़ी बनाने के लिए एक-दूसरे को धर-पटक रहे हैं।

क्या हम सही परिप्रेक्ष्य में देखना सीखेंगे ?

मैं इधर मुरैना गया और बहुत से लोगों से मिल सका। उनमें जमानत पर छूटा हुआ एक 'बागी' भी था। चार ऐसे व्यक्ति थे, जिन्हें डाकू भगाकर ले गए थे। इनमें से एक व्यक्ति के कान भी उन्होंने काट डाले थे। मैं दो-तीन, उन परिवारों से भी मिला, जिनके अधिकांश व्यक्ति 'बागियों' ने मार डाले थे और अब उन परिवारों के सामने जीवनयापन की समस्या है। इन सबकी कहानियाँ मैंने सुनीं। ये कहानियाँ सचमुच ही बहुत मार्मिक और दिल दहला देने वाली थीं।

पुलिस के अधिकारियों के साथ तो मैं था ही। उनसे भी बातें हुईं। उनकी अपनी विचारधारा है, जिससे आप परिचित हैं लेकिन फिर भी उनका एक पक्ष है। उनका कहना है कि इस समस्या का समाधान पुलिस की अधिक चौकियाँ बनाकर और बल प्रयोग कर किया जा सकता है। उनमें निश्चय ही कुछ अच्छे आदमी भी हैं।

मैं शहर के लोगों से भी मिला। यद्यपि वे समस्या के इस समाधान से किसी सीमा तक सहमत हैं परन्तु वे यह मानते हैं कि 'बागियों' की ज़रूरत से ज्यादा पूजा की जा रही है। साधारण जनता पर उसका प्रभाव यह पड़ता है कि 'बागी' बनने का यह पेशा बहुत अच्छा है। यूँ भी गाँवों में इसको अच्छा समझने वाले लोग बहुत हैं। आपको यह जानकर आश्चर्य नहीं होगा कि एक व्यक्ति ने कहा था—''बागियों ने आत्मसमर्पण कर दिया, अच्छा है लेकिन अब बनियाँ बड़ी निर्भीकता से तकाजा करने के लिए आ जाता है।''

यह मजाक नहीं है। उस परिवेश को समझने का एक मार्ग है। अधिक विस्तार में न जाकर केवल दो बातों की ओर आपका ध्यान दिलाना चाहता हूँ।

1. आप जानते ही होंगे कि कुछ डाकुओं ने पुलिस के सामने आत्मसमर्पण किया था। उनको वे सुविधाएँ नहीं दी गईं जो ग्वालियर जेल में रखे गए बागियों को दी गईं।

उनका कहना है—हमने भी तो उसी दृष्टि से आत्मसमर्पण किया था, जैसे ग्वालियर जेल में रखे गए बागियों ने किया था, फिर हमारे साथ यह भेदभाव क्यों बरता जा रहा है ? हमारे बच्चों और परिवारों की सहायता क्यों नहीं की जा रही ? इत्यादि, इत्यादि।

2. जो व्यक्ति या परिवार बागियों के द्वारा सताए गए हैं और जो इस

समय बुरी हालत में हैं यहाँ तक कि उनके बच्चों की देखरेख करनेवाला भी कोई नहीं है, उनकी ओर सरकार क्यों नहीं ध्यान देती ? उनकी स्थिति तो बागियों के बच्चों से कम खराब नहीं है। क्या इस नवनिर्मित समिति को उनकी ओर ध्यान नहीं देना चाहिए ?

मुझे तो ऐसा लगता है कि समस्या का समाधान न तो बहुत सरल है, और न सहज ही। जो आज बागी नहीं हैं वे कल नहीं होंगे, इसकी कोई गारण्टी नहीं है। केवल अवसर मिलने की बात है। सफेदपोश भी इसी मनोवृत्ति के शिकार हैं। बहुत गहरे जाकर इस प्रश्न का विचार करना होगा और वैसा ही समाधान भी ढूँढ़ना होगा।

और जब आज सन् 2003 में यह लिख रहा हूँ तो 27 वर्ष बीत चुके हैं। आज भी इस समस्या का अन्त नहीं हुआ है। अब भी वह क्षेत्र कमोबेश बागियों के आतंक से पीड़ित है ही। दुर्दान्त दस्यु सुन्दरी फूलनदेवी[1] की करुण कहानी सभी जानते हैं। वैसे वह अब तो नेता बन गई है यानी सफेदपोश डाकू। हम सब किसी-न-किसी रूप में डाकू हैं।

अन्तर्मन्थन के लिए इससे बड़ी और क्या समस्या हो सकती है। आओ सोचें जरा।

## 21

मैं अपने इस दिशाहीन सफ़र को सन् 1980 के आरम्भ तक समाप्त करना चाहता हूँ। इस वर्ष जो दो व्यक्ति मेरे प्रेरणास्रोत थे, उनकी मृत्यु हो गई, कहूँगा मृत्यु नहीं देहावसान हो गया। मेरी पत्नी ने जनवरी के आरम्भ में मुझसे विदा ली और भाई साहब गए फरवरी के मध्य में, शिवरात्रि के दिन।

लेकिन इससे पूर्व मेरे जीवन में कुछ और महत्त्वपूर्ण घटनाएँ घटीं जिनसे मेरा गहरा सम्बन्ध रहा। उनमें सबसे महत्त्वपूर्ण हैं दो विश्व हिन्दी सम्मेलन जो सन् 1975 और 1976 में क्रमशः नागपुर और मॉरीशस में सम्पन्न हुए।

प्रथम, विश्व हिन्दी सम्मेलन 20 जनवरी, 1975 को* नागपुर (महाराष्ट्र)

---

1. अब तो उसकी हत्या कर दी गई है।

* एक बात स्वीकार करूँगा। बाहर से सब कुछ शान्त होने पर भी मेरा मन कभी-कभी बड़ा अशान्त हो उठता था। 5 जनवरी 1975 की डायरी में लिखे ये वाक्य इस बात के साक्षी हैं—"मन फिर आतंकित रहा। मनुष्य का मन कष्टकर कल्पनाएँ करने में जितना प्रर्ववर है उतना प्रेम और रचनात्मक कार्य करने में होता तो स्वर्ग सचमुच धरती पर उतर आता। जितनी शक्ति हम दूसरों को दोष देने और उन पर आक्रमण करने में बिताते हैं उतनी आत्ममन्थन करने में बिताते तो सब समस्याएँ सुलझ जातीं।

यह केवल एक उदाहरण मात्र था। सन् 1975 से लेकर सन् 1980 में मेरी पत्नी और मेरे अग्रज के देहावसान तक की मेरी डायरी निर्मम साक्षात्कार की डायरी है।

में आयोजित किया गया। इसका उद्घाटन किया भारत की प्रधानमन्त्री श्रीमती इन्दिरा गाँधी ने। इस समारोह में बोलते हुए काका कालेलकर और भारत के स्वास्थ्य मन्त्री डा. कर्ण सिंह ने हिन्दी को संयुक्त राष्ट्र संघ में मान्यता दिलाने का जो आह्वान किया था, उसे प्रथम विचार गोष्ठी में जो हार्दिक अनुमोदन मिला वह आह्लादजनक और अद्भुत था। उस गोष्ठी के अध्यक्ष थे मॉरिशस के प्रधानमन्त्री डा. शिवसागर रामगुलाम और विशिष्ट अतिथि थे हमारे विदेश मन्त्री श्री यशवन्तराव चव्हाण। विशिष्ट वक्ता थे मॉरिशस के युवा और क्रीड़ा मन्त्री श्री दयानन्दलाल वसन्तराय, फिजी के सीनेटर श्री विवेकानन्द शर्मा, सोवियत रूस और चेकोस्लोवाकिया के प्रतिनिधिमण्डल के नेता क्रमशः डा. चेलिशेव और डा. स्मेकल, पश्चिम जर्मन के डाक्टर लोथर लुत्से और त्रिनिदाद के श्री शम्भूनाथ कपिलदेव। संयोजन किया था इन पंक्तियों के लेखक ने।

अधिवेशन का आरम्भ बृहदारण्यक उपनिषद् के मन्त्र 'मधुवाता ऋतायते' और यारी के गीत 'झिलमिल-झिलमिल बरसे नूरा, नूर जहूर सदा भरपूरा' से हुआ। विश्व में सबसे अधिक बोली जाने वाली भाषाओं में हिन्दी का तीसरा स्थान माना जाता है, लेकिन विनोबाजी कहते हैं कि चीन में कम-से-कम 30-40 भाषाएँ हैं। इतने लम्बे-चौड़े प्रदेश में एक भाषा हो ही नहीं सकती। संख्या की दृष्टि से नम्बर एक हैं अँग्रेज़ी बोलनेवाले और नम्बर दो हैं हिन्दी बोलने वाले।

जो भी हो उस दिन उस मंच पर एक के बाद एक विश्व की सब दिशाओं से आनेवाले हिन्दी और अहिन्दी भाषी लोगों ने हिन्दी को ऐसा अपना लिया जैसे सात स्वर एक राग में समाए रहते हैं। प्रवासी भारतीयों ने तो स्पष्ट घोषणा की 'हिन्दी है तो हम हैं, हिन्दी नहीं है तो हम नहीं हैं।'

प्रस्ताव को प्रस्तुत करने वाले श्री दयानन्दलाल वसन्तराय ने अपने पूर्वजों की पुण्यभूमि भारत का अभिनन्दन करते हुए कहा—''हम यह मानकर चलते हैं कि मॉरिशस में यदि हमें भारतीय धर्म और संस्कृति को बनाए रखना है तो हमें हिन्दी का आश्रय ग्रहण करना ही होगा। हम प्रत्येक परिस्थिति में उसे अपनाए रखेंगे। हम हिन्दी को संकुचित नहीं, विशाल बनाना चाहते हैं ताकि वह एक अन्तर्राष्ट्रीय भाषा के रूप में सारी दुनिया में प्रिय और मान्य हो सके।

''मॉरिशस में भारतीय मूल के लगभग सभी व्यक्ति भोजपुरी बोलते हैं। कुछ चीनी लोग भी भोजपुरी बोलते हैं। कुछ गोरे भी भोजपुरी समझ लेते हैं। अतः हिन्दी हमारे देश की प्रमुख भाषा है। यह स्वाभाविक ही है कि हमारा हिन्दी अनुराग दिन-प्रतिदिन बढ़ रहा है। संख्या बल के नाते हिन्दी को उसका स्थान मिलना ही चाहिए, इस प्रश्न पर हम आपके साथ हैं। यू.एन.ओ. और उसकी उप-संस्थाओं में हिन्दी का प्रयोग न होना हमारी निर्बलता का सूचक है। इसके लिए आवाज उठाने की आवश्यकता है। आवाज़ ही नहीं संघर्ष करने की आवश्यकता है और यह पहल भारत को करनी होगी। हम सब अपना समर्थन देंगे।''

उन्होंने इस सम्मेलन का एक मंच के रूप में स्वागत करते हुए यह भी

कहा—"हम लोग जिनकी सभ्यता और संस्कृति का मूल एक है, क्यों नहीं विभिन्न धर्मों को आदर देते हुए सांस्कृतिक धरातल पर 'हिन्दी ब्रदरहुड' की स्थापना करें।"

वह भावविभोर होकर बोले और अन्त तक वही स्थिति बनी रही। उनके बाद विश्व के दूसरे कोने, फिजी के सीनेटर विवेकानन्द शर्मा ने प्रस्ताव का हार्दिक समर्थन किया। उन्होंने घोषणा की, "हमारी भाषा, हमारी संस्कृति और हम सब भारत का अभिन्न अंग हैं। दीवाली हमारा राष्ट्रीय पर्व है। तुलसीदास के रामचरितमानस के बिना हमारे देश में हिन्दुओं का नाम भी शेष न रहता...इसलिए हम हिन्दी के प्रचार और प्रसार के लिए जो कर सकते हैं, कर रहे हैं और करते रहेंगे।"

प्रवासी भारतीयों के इन नेताओं की स्पष्ट घोषणा के बाद मैंने अपने देश के विदेश मन्त्री श्री चव्हाण से प्रार्थना की।

उन्होंने प्रत्यक्ष रूप से प्रस्ताव की चर्चा तो नहीं की, पर अप्रत्यक्ष रूप से इस विचार को पूर्ण समर्थन देते हुए कहा, "किसी भाषा को अन्तर्राष्ट्रीय प्रामाणिकता उसके बोलनेवालों की शक्ति पर ही मिल सकती है। धीरे-धीरे हिन्दी वह स्थान प्राप्त कर रही है। भारत से बाहर 93 विश्वविद्यालयों में वह पढ़ाई जाती है। क्या यह इस बात का प्रमाण नहीं है कि लोग यह समझने लगे हैं कि हिन्दी के ज्ञान के बिना भारत को नहीं समझा जा सकता ?...हिन्दी भाषी सब भाषाओं को आदर दें। हिन्दी इस युग की भाषा है उसका विकास निरन्तर होता रहेगा।"

उनके बाद रूस के भारतविद् डॉ. चेलिशेव ने अपने देश की ओर से प्रस्ताव को पूर्ण समर्थन देते हुए कहा—"वे खुशी से सक्रिय रूप में हिन्दी भाषा के प्रचार के लिए कार्य करते हैं। विश्व में हिन्दी का विशेष स्थान है इस तथ्य को स्वीकार करना ही होगा। यह इसलिए भी आवश्यक है कि भारत शान्ति के लिए संघर्ष कर रहा है।...यह काम स्वतन्त्रता की 25वीं वर्षगाँठ पर हो जाना चाहिए था।"...

उन्होंने यह प्रस्ताव भी किया कि एक अन्तर्राष्ट्रीय मण्डल को हिन्दी की गतिविधियों का प्रकाशन कर विभिन्न देशों को उपलब्ध कराना चाहिए।

डॉ. चेलिशेव के बाद मैंने प. जर्मनी के डॉ. लोथार लुत्से से प्रार्थना की कि वे इस प्रस्ताव पर अपने विचार प्रकट करें। उन्होंने जो भाषण दिया वह चकित कर देनेवाला था। उनकी अभिव्यक्ति व्यंग्यात्मक किन्तु विश्वास से पूर्ण थी—"मैं कौन होता हूँ आपसे कुछ कहनेवाला, क्योंकि डॉ. राममनोहर लोहिया के शब्दों में कठिनाई यह है कि हिन्दी की स्थिति के बारे में भारतीय ही हमारे विचारों से सहमत नहीं होते।...हिन्दी में विश्व भाषा बनने की क्षमता है लेकिन दुःख यही है कि विदेशों में जाने वाले आपके भारतीय ही यह कहकर कि पढ़ने योग्य साहित्य तो अँग्रेज़ी में ही है, हिन्दी और दूसरी भारतीय भाषाओं का अपमान करते हैं। उन पर अंकुश लगाना चाहिए।"

उन्होंने फिर डॉ. लोहिया को उद्धृत करते हुए बताया कि हिन्दी मध्य देश की भाषा के रूप में दुनिया की सेवा कर सकती है, पर हिन्दी के साथ अँग्रेजी

का विकल्प नहीं हो सकता है, बंगला या तमिल का हो सकता है। जब आपके अपने देश में ही हिन्दी और अन्य भाषाओं की स्थिति स्पष्ट नहीं है तब मैं अपने देश में उसकी बात कैसे कर सकता हूँ?

उन्होंने विशुद्ध भारतीय अर्थों में सेवा करने पर जोर दिया। उनके भाषण से उपस्थित जनता भावविभोर हो उठी। इस बार आए सुदूर त्रिनिदाद के श्री शम्भूनाथ कपिलदेव। उन्होंने प्रस्ताव का अनुमोदन तो किया ही साथ ही कभी हिन्दी, कभी भोजपुरी, कभी अँग्रेज़ी में भाषण देकर उस विशाल पण्डाल को कहकहों से भर दिया। उन्होंने बड़े दर्द भरे शब्दों में शिकायत की, "एक सौ तीस वर्ष पूर्व वेस्टइण्डीज में भेजकर आप हमें भूल गए। हम हिन्दी भाषी हैं। हमारी सभ्यता और संस्कृति का आधार हिन्दी है। तुलसी के दोहों और चौपाइयों ने हमें विकास की प्रेरणा दी है। आज भी हमारे घरों में भोजपुरी बोली जाती है।"

चैक विद्वान डॉ. स्मेकल ने शुद्ध हिन्दी, में शुद्ध उच्चारण के साथ अपने देश का समर्थन देते हुए कहा–"हिन्दी को सीमित दायरे से निकालना ही होगा।" उन्होंने संस्कृतनिष्ठ हिन्दी की वकालत की और व्याकरण के आधार पर रची हुई पुस्तकों को अनुपयोगी बताते हुए ऐसी पुस्तकों के प्रणयन पर जोर दिया जिनमें प्राचीन और अर्वाचीन सभ्यता के मूल तत्त्वों का ज्ञान सम्पादित किया गया हो। उन्होंने विश्व हिन्दी विद्यापीठ के विचार का भी समर्थन किया।

इसी बीच डॉ. शिवसागर रामगुलाम ने प्रस्ताव का समर्थन करना सहर्ष स्वीकार किया और सहज भाव से, सहज हिन्दी में बोलकर उन्होंने सबको चकित कर दिया। उन्होंने घोषणा की–"मॉरिशस संयुक्त राष्ट्र संघ में हिन्दी को उसका उचित स्थान दिलाने में सदैव आगे रहेगा।"

अन्त में मैंने मौखिक रूप से उस प्रस्ताव को पारित करने के लिए प्रस्तुत किया तो वहाँ उपस्थित विशाल जनसमूह ने तालियों की गड़गड़ाहट के उन्माद के साथ उसका अनुमोदन करते हुए जो हर्षध्वनि की वह अपूर्व थी। इस प्रकार हमारे विदेशमन्त्री के सामने ही विश्व हिन्दी सम्मेलन ने उस प्रस्ताव को पारित कर दिया और उस क्षण को इतिहास में अमर बना दिया।

प्रस्ताव पास कर देने से ही कर्तव्य की इतिश्री नहीं हो जाती, यह चेतावनी प्रायः सभी वक्ताओं ने दी थी। यह ठीक भी है, पर यह भी उतना ही ठीक है कि जब तक किसी प्रस्ताव के पीछे संकल्प और भावना का बल नहीं होता तब तक कर्तव्य की प्रेरणा भी नहीं जागती।

इसी गोष्ठी में लंका के डॉ. रत्नसारा थैरा, गियाना के अध्यापक श्री रामलाल, सूरीनाम की श्रीमती कमला जगमोहन सिंह तथा त्रिनिदाद की श्रीमती लीला मुसाई ने भी मूल प्रस्ताव को हार्दिक अनुमोदन देते हुए अपने-अपने देश में हिन्दी की स्थिति पर प्रकाश डाला। श्रीमती कमला तो उस समय भाव-विभोर होकर रो पड़ीं, जब उन्होंने कहा–"मैं बचपन से अपने माता-पिता की भूमि को देखने को लालायित थी। सोचा भी न था कि मेरी यह इच्छा पूर्ण होगी, पर इस सम्मेलन ने असम्भव को सम्भव बना दिया।" उसी भावावेश में उन्होंने स्व-रचित कविता

का सस्वर पाठ भी किया। श्रीमती लीला मुसाई ने शिक्षण के क्षेत्र में अपने अनुभव पहले हिन्दी और फिर अँग्रेज़ी में सुनाए।

सान्ध्यकालीन गोष्ठी के संयोजक डॉ. विजयेन्द्र स्नातक थे। प्रमुख वक्ता थे जापान के प्रो. दोई, पूर्वी जर्मनी के डॉ. नेस्पीताल और डॉ. श्रीमती गात्सलाफ, रूस के डॉ. लिफ्रेवस्की, स्वीडन के डॉ. पियर्सन, कनाडा के डॉ. क्रिस्टोफर किंग, कैम्ब्रिज के डॉ. मेक्ग्रेगर और अमेरिका की कुमारी कराइन बोमर। उनके भाषण बहुत सुन्दर और महत्त्वपूर्ण थे।

यह गोष्ठी न केवल प्रस्ताव पारित करने के कारण ही महत्त्वपूर्ण हो उठी थी, पर कुछ ऐसे तथ्य भी उभरकर सामने आए थे जो हिन्दी प्रचार को ही नहीं हमारी सरकार की भी आँखें खोलने वाले थे–

(1) प्रायः सभी देश हिन्दी को भारत की भाषा मानते हैं। चाहते हैं कि सभी बाहर जाने वाले भारतीय उसमें बात कर सकें।

(2) भारत में अँग्रेजी का वर्चस्व समाप्त होना चाहिए। भारतीयों को अपनी भाषा पर गर्व करना चाहिए।

(3) वही हिन्दी लोकप्रिय हो सकती है जो संस्कृत से प्रेरणा लेती है।

(4) वे ऐसी पाठ्य-पुस्तकें पढ़ना चाहते हैं जो भारत की संस्कृति से अनुप्राणित हों।

(5) भारतीय दूतावासों के अधिकारी इस सम्बन्ध में उन्हें पूरी जानकारी देने वाले हों।

(6) भारत मूल के व्यक्तियों का हिन्दी के प्रति रुझान भावात्मक है। इससे पहले कि नई पीढ़ी सब कुछ भूल जाए, हमें उस ओर ध्यान देना चाहिए इसलिए नहीं कि वहाँ हमारा साम्राज्य स्थापित हो, बल्कि इसलिए कि हमारा और उनका रागात्मक सम्बन्ध जुड़ा रहे। वे हमसे बड़ी आशाएँ रखते हैं। हमें उन्हें निराश नहीं करना चाहिए।

(7) वे भारतीय जो नाना कारणों से विश्व भर में फैले हुए हैं हिन्दी और दूसरी भारतीय भाषाओं के द्वारा ही भारतीय संस्कृति का परिचय दे सकते हैं, अँग्रेज़ी द्वारा नहीं।

सम्मेलन में और भी बहुत कुछ हुआ पर इस गोष्ठी में जो तथ्य उभरकर आए, वे जहाँ हमारे गर्व और उल्लास का कारण हो सकते हैं वहाँ रुककर सोचने को भी विवश करते हैं। सोचने की यह प्रक्रिया चल ही रही थी कि अचानक एक दिन शिक्षा मन्त्रालय से फोन पर सूचना मिली कि मुझे अगस्त 76 में मॉरिशस में होने वाले द्वितीय विश्व हिन्दी सम्मेलन में भाग लेने जाना है। तब तुरन्त एक अनिर्वचनीय आनन्द से भर आया मेरा मन...।

और 27 अगस्त, 1976 की दोपहर को जब हम अरब सागर के ऊपर से उड़ रहे थे तब देखता हूँ कि नीचे अपार जलराशि है तो ऊपर अन्तहीन शून्य। उनके बीच में है तरल वाष्प होकर भी नाना रूपधारी श्वेत-श्याम मेघ और जब हमारी आकुल-व्याकुल दृष्टि उस बामन रूप द्वीप पर पड़ी तो उसी धरती के

कवि श्री सोमदत्त बरवौरी की कविता का यह पद स्मरण हो आया—

*सारे जग को छोड़ के पीछे/आयी कहाँ से जननी मेरी/मेरी पालिका। हिन्द महासागर के बीच/नील गगन के नीचे/पहने साड़ी ईख की/पर्वतों की मलिका।*

सचमुच नौ दिन के अपने प्रवास में जिस सौन्दर्य से साक्षात्कार हुआ वह स्वप्नवत था, इसीलिए उस द्वीप को मैंने नाम दिया 'स्वप्नद्वीप'। मूँगे की चट्टानों के कारण निरापद समुद्र से घिरा, ज्वालामुखी पर्वतमाला से वेष्टित ईख की साड़ी के ऊपर इन्द्रधनुष टाँके ऊपर-नीचे उठते स्वच्छ मार्गों को सहेजे, मॉरिशस का सौन्दर्य मन को एक शान्त उल्लास से भर देता है।

सड़कों पर कार हैं, बस हैं, कुछ मोटरसाइकिल भी हैं। यूँ बैलगाड़ी भी देख सकते हैं, पर यातायात पेट्रोल पर ही निर्भर है। जीवन स्तर काफ़ी ऊँचा है। उसी के अनुसार वेतन है।

गाँव में बस बाज़ार नहीं है। शेष सब आधुनिक सुविधाएँ उपलब्ध हैं। भीड़ कम है पर गाँधी संस्थान में सम्मेलन स्थल पर जनता हज़ारों की संख्या में उमड़ पड़ी थी। पर्व के जैसा उल्लास था सब कहीं। पूरा देश दुल्हन की तरह सजा था। हिन्दी और अहिन्दी भाषी जनता और सरकार सभी सम्मेलन की सफलता के लिए प्रतिश्रुत थे। संयोजक श्री शाअरा फ्रांसीसी भाषा-भाषी थे। स्वागत-सत्कार और स्नेह देने में उन्होंने तनिक भी कंजूसी नहीं की।

विश्व में हिन्दी का क्या स्थान हो इसको लेकर कोई मतभेद नहीं था। बस इतना ही उन्होंने कहा और ठीक कहा कि हिन्दी को अन्तर्राष्ट्रीय रूप लेना है तो उसे दूसरे हिन्दीभाषी देशों के मुहावरों को, अपने में समाहित करना होगा। उच्चारण के भी नाना रूप होने स्वाभाविक हैं। मॉरिशस की ओर से एक बात और कही गई कि जो पाठ्य-पुस्तकें बनती हैं उनमें स्थानीय लेखकों की रचनाएँ भी रहनी चाहिएं; क्योंकि हर देश की अपनी अलग समस्याएँ, अपनी अलग संवेदना होती है।

सम्मेलन में भाग लेने वाला भारत का प्रतिनिधिमण्डल स्वाभाविक रूप से सबसे बड़ा था और उसमें हिन्दी के अतिरिक्त दूसरी भाषाओं के प्रसिद्ध सर्जक भी थे। बंगाली भाषा के सुप्रसिद्ध कथाशिल्पी श्री विमल मित्र तथा पंजाबी की जानी-मानी कवयित्री श्रीमती अमृता प्रीतम उनमें प्रमुख थे। हिन्दी के साथ उर्दू के शायर भी थे। हिन्दी के मूर्धन्य साहित्यकारों में अनेक ऐसे थे जो कई बार पहले भी यहाँ आ चुके थे।

विदेशों से जानेवाले प्रतिनिधियों की संख्या इस बार अधिक नहीं थी फिर भी लगभग पन्द्रह देशों के प्रतिनिधि बराबर उपस्थित रहे। अन्त में सम्मेलन ने मॉरिशस में एक विश्व हिन्दी केन्द्र की स्थापना का निर्णय लेकर एक ठोस रचनात्मक कदम उठाया। यह केन्द्र विभिन्न देशों में हो रहे कार्यों में तालमेल रखेगा और एक अन्तर्राष्ट्रीय पत्रिका का प्रकाशन भी करेगा।

यह गौरव प्राप्त करने में मॉरिशस के भारतवासियों ने जो कष्ट सहे, जो तपस्या की उसका लेखा-जोखा बड़ा मार्मिक है। किस प्रकार उन लोगों ने चोरी-चोरी 'बैठकों' के माध्यम से हिन्दी को जीवित रखा, किस प्रकार रामचरितमानस और सत्यार्थ प्रकाश ने उसे घर-घर पहुँचाया, यह कहानी मॉरिशस के इतिहास में स्वर्णाक्षरों में अंकित हो चुकी है।

न केवल भोजपुरी बोलने वाले बिहारियों ने बल्कि दूसरे अहिन्दी भाषियों ने भी हिन्दी के प्रचार-प्रसार में हार्दिक योग दिया है। सन् 1901 में गाँधीजी यहाँ आए थे। उन्होंने ही डॉ. मणिलाल को वहाँ भेजा था। तब से लेकर नई पीढ़ी के हिन्दी लेखकों तक न जाने कितने सांस्कृतिक राजदूत वहाँ गए। अब भारतवासियों के साथ-साथ क्रियोल भी हिन्दी के पक्षधर हैं। गाँवों में भी सभी भोजपुरी बोल या समझ लेते हैं। नगरों में क्रियोली प्रमुख है पर धीरे-धीरे उसका विरोध मुखर हो रहा है विशेषकर हिन्दुओं में। क्रियोली मात्र बोली है, भाषा नहीं। राजभाषा अँग्रेज़ी है, उसके बाद फ्रेंच का स्थान है।

वहाँ की एक लोककथा के अनुसार मारीच ने मरते समय राम से यह वर माँगा था कि वह हमेशा उनका नाम सुनता रहे। जैसे ही राम ने उसका स्पर्श किया वह मोती बन गया। वही मोती मॉरिशस है जिसे राम ने उठाकर इस ओर फेंक दिया था। इसका क्षेत्रफल कुल 720 वर्ग मील है। जनसंख्या लगभग नौ लाख है पर युगों तक वह राम का नाम न सुन सका। फोनीशियस, मलय, अरब, चीनी, डच, फ्रांसीसी और अँग्रेज़ सब बारी-बारी से आए और गए पर उनमें राम का नाम कौन लेता ? वह लिया उन बिहारियों ने जो पिछली सदी के पूर्वार्ध में वहाँ आने को विवश किए गए थे। तब से मारीच की आत्मा रोज राम का नाम सुन रही है और हिन्दी जी रही है। उसे जीवित रखने में आर्यसमाज और कबीरपंथियों का योगदान भी कम नहीं है। वास्तव में धर्म ने ही मॉरिशस को भारतीय भाषाएँ दीं लेकिन वहाँ जातिपाँति का वैसा बखेड़ा नहीं है जैसा भारत में। जो व्यक्ति सबसे पहले यहाँ आया था उसी के नाम पर वंश चलता है। भगी भी यहाँ नहीं है। यहाँ बहुत कुछ ऐसा है जो हम सीख सकते हैं।

हिन्दी के लिए अलख जगानेवालों की सूची में डॉ. मणिलाल से लेकर श्री अभिमन्यु अनत तक बहुत लम्बी सूची है। साहित्य-सृजन की दृष्टि से स्थिति बहुत निराशाजनक नहीं है। अभिमन्यु अनत के अतिरिक्त दयाल, धुरन्धर, नेमा तथा भानुमति नामदान आदि नई पीढ़ी के लेखक मॉरिशस के क्षितिज पर उभर रहे हैं। नाटक के क्षेत्र में भारत के महर्षि-दम्पति ने बहुत ही सराहनीय कार्य किया है। गाँधी संस्थान और उसके निदेशक श्री के. हजारीसिंह तथा श्री गंगादत्त शर्मा का योगदान भी कम नहीं है।

इस सम्मेलन ने इसी काम को और गति दी। सम्मेलन के अध्यक्ष डॉ. कर्ण सिंह इस काम के लिए सबसे उपयुक्त व्यक्ति थे। प्रस्तावों और स्वागत-समारोहों से अधिक उनके मधुर संगीत ने मॉरिशसवासियों को मोह लिया था। यही बात उन प्रतिनिधियों के लिए भी कही जा सकती है जो सम्मेलन की लक्ष्मण रेखा

लाँघकर वहाँ के लेखकों और साधकों के घर जाकर उनसे मिल सके। लेखक को भी वह संयोग कई बार मिला। उन्हीं अवसरों पर उस देश की कुछ अन्तरंग पहचान हो सकी।

एक दिन ऐसा हुआ कि एक स्थानीय मित्र किसी कारणवश समय पर नहीं पहुँच सके। हमको ले जानेवाली बस भी आकर चली गई। हम दो व्यक्ति अकेले पड़ गए। ऐसी स्थिति में परेशान हो उठना स्वाभाविक था। सोच नहीं पा रहे थे कि क्या करें कि तभी एक युवती और एक युवक अपने भारतीय गुरुजी की तलाश में वहाँ आए। उनके गुरुजी जा चुके थे। तब वह लड़की हमारे पास आई। हमारी परेशानी देख चुकी थी। बोली, "आपका मूड ऑफ (बिगड़ा) है। आइए मेरे साथ। कहाँ चलना है।"

वे जबलपुर में शिक्षा प्राप्त कर चुके थे। हिन्दी पढ़ाते थे। फिर तो वह सारा दिन उनके साथ बीता। पहले वह हमें अपनी कार में बाज़ार ले गई, कुछ खरीदारी करनी थी। फिर लौटकर खाना खाया। उनके साथ उसके गाँव गए। वहाँ उसके परिवार के वृद्धजनों से मिले। चाय पी। तत्पश्चात् उस युवक के साथ एक दूसरे गाँव में उसके घर गए और अन्त में आर्य समाज मन्दिर में स्थानीय भद्रपुरुषों और विद्यार्थियों से भेंटवार्ता हुई। उस अन्तरंग वार्तालाप में ही हम उस देश की समस्याओं से साक्षात्कार कर सके। निस्सन्देह उस दिन हम मॉरिशस का एक अत्यन्त मनोरम प्राकृतिक दृश्य देखने से वंचित रह गए पर वहाँ के निवासियों से विशेषकर बिन्दु और देवप्रकाश से जो अन्तरंग परिचय हुआ, वह प्रकृति के सौन्दर्य से सहस्र गुना महत्त्वपूर्ण था। सोचकर सुख होता है कि कैसे हमें प्रसन्न करने को वह युवती हिरण झरने व विशालकाय कछुए खाने ले गई थी। अन्त में बोली थी, "अपनी बेटी से कहना मुझे पत्र लिखा करे।"

वहाँ न शेर और भालू जैसे हिंसक पशु हैं, न साँप आदि जहरीले जीव, पर ऐसा भी नहीं कि, सबकुछ सौम्य-ही-सौम्य हो। तूफ़ान वहाँ भी आते हैं, प्राकृतिक भी और मानव निर्मित भी। सारा अर्थशास्त्र गन्ने की खेती पर निर्भर है, जो भारतीयों के हाथ में है पर मिलों पर अँग्रेज़ों का आधिपत्य है। बाज़ार चीनियों के कब्जे में है जो खूब मोल-तौल करते हैं। क्रियोल है अधिकतर मज़दूर या मल्लाह।

लेकिन जिस तरह से भारतीयों ने अपने जीवन को (देश और समाज, दोनों को) सँवारा है, जिस साधना और सहिष्णुता के बल पर वे बन्धक मजदूरों की उपस्थिति से उबरकर यहाँ तक पहुँचे हैं, वह उनके भविष्य के प्रति आश्वस्त करने वाला है। जिन्होंने 'राम गति, देह सुमति' के क्रान्तिकारी मन्त्र के माध्यम से अपनी संस्कार भावना को गतिमय किया। धन की शक्ति में अविश्वास करना विश्वास के अर्थों को झुठलाना है। आज अनेक धार्मिक, सामाजिक और साहित्यिक संस्थाएँ उसी तप के बल पर चल रही हैं। उसी तप के बल पर प्रकाशित हो रही हैं अनेक मासिक-त्रैमासिक पत्रिकाएँ। 'जनता' नाम का एक साप्ताहिक भी निकलता है। बैठकों से लेकर द्वितीय विश्व सम्मेलन तक की उनकी यह यात्रा

उसी तप का जयगान है। आज आवश्यकता है इस इतिहास को लिखने की। यही हिन्दी भाषा, हिन्दी साहित्य और भारतीय संस्कृति का इतिहास होगा ? और यह किसी भी साधनारत देश के लिए प्रकाश स्तम्भ का काम देगा।

## 22

*'ढूँढ़ता फिरता हूँ मैं, ए–इकबाल अपने आपको।*
*आप ही गोया मुसाफिर, आप ही मंज़िल हूँ मैं ॥'*

दिशाहीन सफ़र का यह अध्याय लिखने की प्रक्रिया में मन न जाने कैसा न कैसा हो आया। अपने से ही पूछ लिया क्यों लिखा मैंने यह सब ? क्यों फँसा आत्मश्लाघा के चक्रव्यूह में। अपने को जानने के लिए निःसंग, निर्मम दृष्टि चाहिए, क्या यह मेरे पास है ? इसका उत्तर मैं स्वयं नहीं दे सकता इसलिए कभी चिन्ता भी नहीं की। इसलिए गलत समझे जाने का संकट झेलकर सदा चलता चला गया अपनी दिशाहीन राह पर जिसकी कोई मंज़िल नहीं होती। मुझे अपनी सीमित शक्तियों का अहसास है पर हारना मैंने नहीं सीखा।

फिर भी कितना ही शक्तिशाली मनुष्य क्यों न हो वह थकता ज़रूर है। किसी पड़ाव पर रुकने और नई शक्ति पाने के लिए, इसलिए मैंने भी निश्चय किया है कि कहीं रुककर अपने भीतर और बाहर की दुनिया की पड़ताल करूँ और फिर आगे बढ़ूँ।

मैं कह चुका हूँ मैं आत्मकथा नहीं लिख रहा, लिख ही नहीं सकता। ये तो मेरे जीवन के संस्मरण हैं, ये वे संस्मरण हैं जिन्होंने मुझे वह बनाया जो आज मैं हूँ, लेकिन फिर भी ये संस्मरण उतने अन्तर्मुखी नहीं हैं जितने बहिर्मुखी। सबकी बात कहने का अधिकार मुझे नहीं है पर अपनी बात कह सकता हूँ। मेरे संघर्षशील जीवन में माँ के बाद जिसे मैं अपना कह सकता था वह थी मेरी पत्नी लेकिन मेरे इस दिशाहीन सफर में वह भी बीच में ही छोड़ जाने को विवश हो गई।

उसके बाद मैं भीड़ में अकेला होकर ही जिया। वह कहानी अभी मेरे अन्तर में ही है इसलिए जैसा मैं कह चुका हूँ मेरी पत्नी के 8 जनवरी, 1980 को कैंसर के कारण मुझसे जुड़ा होने के क्षण तक ही सफ़र जारी रखूँगा। इसी के एक माह और सात दिन बाद मेरे अग्रज ने भी मुझे अकेला छोड़ दिया। वे ही तो परिवार में ऐसे बचे थे जो मुझे 'विष्णु' कहकर पुकारते थे। शिवरात्रि के दिन; जब पूर्ण सूर्य ग्रहण लगा था उन्होंने भी मेरे जीवन को अँधेरे से भर दिया।

इसलिए प्रकाश के इन्तजार में मुझे वहाँ पड़ाव डालना ही पड़ा ? और कहना पड़ा—

*तय होंगे जिन्दगी के कई कोस किस तरह।*
*जब तुम ही इस सफ़र में मेरे हम सफ़र नहीं ॥*

लेकिन उससे पहले अभी बहुत कुछ कहना है, बहुत कुछ जो हंगामी भी है और दर्दनाक भी।

राजनीति से आज़ादी के बाद मेरा कोई सीधा सम्बन्ध नहीं रहा। सन् 1952 तक मैं काँग्रेस का सक्रिय सदस्य अवश्य था पर नेताओं का व्यवहार देखकर मैंने त्यागपत्र दे दिया और पूरी तरह अपनी साहित्य की दुनिया में लौट आया। जैसा मैं लिख आया हूँ डॉक्टर राजेन्द्रप्रसाद और पं. जवाहरलाल नेहरू के समय तक बेरोकटोक आना-जाना होता रहा पर जैसे-जैसे समय बीतता गया मैं नेताओं के लिए अजनबी बन गया, कुछ अपने में सिमटे रहनेवाले अपने स्वभाव के कारण, कुछ राजनेताओं द्वारा साहित्य की उपेक्षा के कारण।

राजनीति में भी एक उर्दू शायर के अनुसार रहबर और रहजन का अन्तर मिटता जा रहा था–

*रहबरों रहजन का अन्तर मिट गया इस दौर में।*
*क्या ज़रूरत है खुदाया नाखुदा पैदा करें।।*

सन् 1968 में जहाँ एक ओर 2 अक्तूबर को राष्ट्रपति जाकिर हुसैन ने महात्मा गाँधी जन्म शताब्दी समारोह का उद्घाटन किया, वहीं उसके समाप्त होते ही 12 नवम्बर को काँग्रेस कार्यसमिति ने प्रधानमन्त्री श्रीमती इन्दिरा गाँधी को काँग्रेस से निष्कासित कर दिया। उस दिन के बाद देश की स्वाधीनता के लिए प्राणों की बाज़ी लगाने वाली भारतीय राष्ट्रीय काँग्रेस दो भागों में बँट गई। इस रस्साकशी में जीत इन्दिराजी की हुई। मार्च 1971 में होनेवाले मध्यावधि चुनाव में वे ही विजयी हुईं और फिर प्रधानमन्त्री बनीं। यही नहीं वर्ष का अन्त होते न होते दिसम्बर 1971 में पाकिस्तान ने पूर्वी बंगाल के प्रश्न को लेकर भारत पर आक्रमण किया तो इन्दिराजी ने पूर्वी बांग्ला का साथ दिया। पाकिस्तान दो भागों में बँट गया। भारत ने बांग्लादेश को मान्यता दे दी। यद्यपि उसके लिए देश को बहुत मूल्य चुकाना पड़ा पर उस समय तो बांग्लादेश एक स्वतन्त्र सत्ता-सम्पन्न देश के रूप में प्रतिष्ठित हो गया। पाकिस्तानी सेना ने भारत की सेना के सामने आत्मसमर्पण कर दिया।

तब भारतीय संसद ने इन्दिराजी को रणचण्डी, महाकाली न जाने क्या-क्या कहकर सम्मानित किया। वह अद्भुत दृश्य था पर कौन जानता था कि नियति क्या खेल खेल रही है ?

देश की आन्तरिक स्थिति बहुत चिन्ताजनक हो चुकी थी। भ्रष्टाचार का दावानल दहक रहा था। स्थिति इतनी अमानवीय हो उठी थी कि श्री जयप्रकाश नारायण, जिन्होंने अपने को विनोबा के आन्दोलन के लिए समर्पित कर दिया था, वे सक्रिय राजनीति में वापस लौटे और उन्होंने भ्रष्टाचार उन्मूलन तथा प्रजातन्त्र को सशक्त करने के उद्देश्य से 'समग्र क्रान्ति' आन्दोलन आरम्भ कर दिया। उसने किस प्रकार सारे देश को प्रभावित किया, किस प्रकार शासन की नींव डगमगा उठी उसका चित्रण करना यहाँ सम्भव नहीं, सभी प्रसिद्ध व्यक्ति उसके साथ थे।

काँग्रेस के अतिरिक्त दूसरी राजनीतिक पार्टियाँ भी उसे समर्थन दे रही थीं।

इसी समय समाजवादी नेता राजनारायण ने प्रधानमन्त्री के चुनाव को हाईकोर्ट में चुनौती दी और अन्ततः 12 जून, 1975 को उसे अवैध घोषित कर दिया गया। कल्पना की जा सकती है कि तब देश में कैसा तूफान उठा होगा। उस तूफान के आगमन की सूचना श्री जयप्रकाश नारायण द्वारा शुरू किए गए आन्दोलन से मिले समर्थन से मिल गई थी।

घटनाएँ इन दिनों बड़ी तेजी से घट रही थीं। उच्चतम न्यायालय ने इलाहाबाद हाईकोर्ट का निर्णय स्थगित कर दिया था और अन्ततः 7 नवम्बर को उसने प्रधानमन्त्री इन्दिरा गाँधी के चुनाव को वैध घोषित कर दिया। लेकिन इससे पहले स्थिति इतनी बिगड़ चुकी थी, कि राष्ट्रपति को आपात-स्थिति की घोषणा करनी पड़ी। जिसके परिणामस्वरूप श्री जयप्रकाश नारायण और श्री मुरारजी देसाई और अन्य असन्तुष्ट नेता बन्दी बना लिए गए थे। राष्ट्रीय स्वयंसेवक संघ, आनन्द मार्ग, जमाते इस्लामी आदि ऐसी 24-25 संस्थाएँ प्रतिबन्धित कर दी गई थीं।

व्यक्तिगत रूप से मैं किसी संस्था से नहीं जुड़ा था, लेकिन मेरी सहानुभूति श्री जयप्रकाश नारायण के साथ थी। जिन 4-5 साहित्यकारों ने उन्हें सक्रिय समर्थन देने का मन बनाया था उनमें सर्वश्री जैनेन्द्र कुमार और भवानीप्रसाद मिश्र के साथ मैं भी था। बाद में रैली के समय नेताओं ने जिस तरह का व्यवहार किया, उससे मुझे बहुत दुःख हुआ। प्रधानमन्त्री से मिलने के लिए जैसे वे एक-दूसरे को धकेलकर जाने को जीप में बैठने को लपके उससे तो मुझे बहुत ही पीड़ा हुई और मैं आन्दोलन का समर्थन करते हुए भी बहुत सक्रिय नहीं हो सका।

बहुत लम्बी कहानी है यह लेकिन मैं यहाँ उन दो घटनाओं का निश्चय ही वर्णन करना चाहूँगा, जो आपातकालीन स्थिति के लगने से पूर्व ही घट चुकी थीं। प्रधानमन्त्री इन्दिरा गाँधी समाज के सभी वर्गों से सम्पर्क बनाए रखने में विश्वास करती थीं। उन्होंने देश की स्थिति पर विचार करने के लिए दिल्ली में उपस्थित विभिन्न भाषाओं के साहित्यकारों को भी आमन्त्रित किया। इस आमन्त्रण के पीछे उनकी सांस्कृतिक सचिव कुमारी उषा भगत और श्री जैनेन्द्र कुमार का विशेष योगदान था। 23 मई, 1975 को हम उनसे मिले। उस मिलन-गोष्ठी का जो वर्णन उस दिन मैंने अपनी डायरी में किया, वही मैं यहाँ कर रहा हूँ।

23 मई, 1975 आज 5.20 से 7.05 बजे तक प्रधानमन्त्री से भेंट हुई। 18 लेखक थे। प्रधानमन्त्री थीं, उनकी सांस्कृतिक सचिव उषा भगत तथा नेहरू म्यूजियम के क्यूरेटर श्री नन्दा थे, खुलकर बातें हुईं। वे ज़रा भी परेशान नहीं थीं। सभी प्रश्नों के उत्तर दिए पर टालना भी खूब जानती थीं। उन्होंने बहुत-सी बातें स्वीकार कीं। भ्रष्टाचार, अनुशासनहीनता, मूल्यों का बढ़ना, मूल्यों का गिरना, राजनीतिक जीवन में भ्रष्टाचार पर यह स्वीकार नहीं किया कि जनता संस्थाओं में विश्वास खो रही है। डॉ. लक्ष्मीनारायणलाल (हिन्दी के सुपरिचित नाटककार) ने ऊपर के स्तर की चरित्रहीनता की बात कही। मैंने डीफेक्शन का प्रश्न उठाया, उन्होंने बिल की बात कहकर दोष विरोधी पक्ष को दिया। गाँधी नीति की चर्चा

हुई तो बोलीं कि इसे सब स्वीकार नहीं करेंगे। वह स्वयं सादगी में विश्वास करती हैं। उन्हें टैंट में रहना अच्छा लगता है।

ब्यूरोक्रेसी में भ्रष्टाचार की चर्चा हुई परन्तु हम कहीं नहीं पहुँच सके। बहस में अराजकता की चर्चा हुई, फैमिलीप्लानिंग की चर्चा हुई, उनकी कठिनाइयाँ थीं, अछूतों की समस्या भी उठी। दफ्तरों में काम न होने की बात भी सामने आई। विश्व में भी यह समस्याएँ हैं। हिन्दी के जाने-माने लेखक श्री भीष्म साहनी का सुझाव था कि एक संस्था सिटीजन कौंसिल जैसी बने। उसमें राजनीति से दूर के लोग रहें। वे कुछ नोर्म्स तय करें, बार-बार मिलें तब कुछ रूप निकल सकेगा।

पहली Meeting थी, समझने की कोशिश की पर कहीं पहुँच नहीं पाए। उन्होंने अपना दोष कहीं स्वीकार नहीं किया।

श्री मन्मथनाथ गुप्त ने तानाशाही का सुझाव दिया, प्रेस को कोसा। कुछ Remark कसे, कुछ लेखक-पत्रकार बहुत बोले थे पर न्यायमूर्ति खोसला ठीक थे, जैनेन्द्रजी ने भी केवल धन्यवाद ही दिया।

उन दिनों इसको लेकर बिल लाने की बात चल रही थी। देश की आन्तरिक स्थिति बहुत चिन्ताजनक हो चुकी थी।

सोचता हूँ कुल मिलाकर निराशा ही हाथ लगी। लगा जैसे वे समर्थन चाहती थीं, सहायता चाहती थीं, पर वे थीं शान्त, सौम्य, विनोदप्रिय, सादी छींट वाली साड़ी, सफेद बिना बाँहों का ब्लाउज पहने थीं। बाल वही दाहिनी ओर श्वेत बाईं और काले। शायद रँगे गए होंगे, व्यक्तित्व प्रभाव छोड़ने वाला लेकिन राजनीति की महक से महकता। मैंने कागज की महँगाई और बसों में शरारत का प्रश्न भी उठाया और श्री भीष्म साहनी ने सुझाव का समर्थन किया कि राजनीति से दूर के लोगों का सहयोग लें। विद्यार्थियों का प्रश्न उठा, श्री जयप्रकाशजी के आन्दोलन के सम्बन्ध में उन्होंने कहा कि मैं अपने ऊपर कोई दबाव सहन नहीं कर सकती। उन्होंने यह भी कहा कि जनता मेरे साथ है। किसी ने इस पर कहा, "आपको तो 40% वोट भी नहीं मिले थे।"

एक बार किसी बात पर हम लेखकों और पत्रकारों में मतभेद हो गया तो वह मुँह फेरकर व्यंग्य से मुस्कराईं, यह मुस्कुराहट कुछ अर्थ रखती थी।

मैं बीच-बीच में बाहर की ओर देखने लगता था। दूर-दूर तक वृक्ष थे, धूप थी, जो साँझ होते-होते सिमट गई। चारों तरफ छत पर सिक्योरिटी के आदमी थे, वृक्षों पर और जहाँ कहीं भी खुली जगह थी, वहीं वे दिखाई दे रहे थे। कमरे में जाने से पूर्व भी यन्त्र से हम सबकी जाँच की गई। अन्दर कमरे में कोई नहीं आ सकता था। लगता था वह एक तरह की शालीन जेल है। उनकी बातों का तो नहीं पर व्यक्तित्व का मुझ पर गहरा प्रभाव पड़ा। उन्होंने एक क्षण को भी यह अनुभव नहीं होने दिया कि वे प्रधानमन्त्री हैं। दृढ़ता उनमें थी, त्वरा भी थी पर वह बड़ी शालीनता से उत्तर देती थीं। ऐसे कि निरुत्तर हो जाए। मैंने और शायद डॉ. लक्ष्मीनारायण ने भी एक बड़ी कटु बात कही थी, "You are heading the most corrupt Govt. in the world."

उन्होंने तुरन्त उत्तर दिया, "Yes, I know it, But what is the way out. Tell me, so I have called you."

इस प्रकार यह भेंटवार्ता समाप्त हुई और हम उस कैद से बाहर आए। वहाँ तो चारों तरफ़ पुलिस-ही-पुलिस थी। पूरा तीन मूर्ति भवन उससे घिरा हुआ था। दीवार से चिपके सब सैनिक संगीन लिए खड़े थे। तब तक आतंकवाद का युग नहीं आया था लेकिन इससे पता लगता है कि जयप्रकाश नारायण के आन्दोलन से वे कितनी आतंकित हो उठी थीं।

इसी गहमागहमी के बीच हमने यह अनुभव किया कि हमें श्री जयप्रकाश नारायण से मिलना चाहिए। विशेष रूप से श्री जैनेन्द्रकुमार उन दोनों में समझौता कराने में बहुत उत्सुक थे।

अन्ततः एक सप्ताह बाद 30 मई को हम लोगों ने गाँधी प्रदर्शनी में श्री जयप्रकाश नारायण से मिलने का निश्चय किया। तब तक उनका स्वास्थ्य काफ़ी खराब हो चुका था। जब मैं वहाँ पहुँचा, तो मुझे उनको देखकर बहुत पीड़ा हुई। वे वह जयप्रकाश नारायण नहीं थे जिनसे मैं कोटा के 'हिन्दी साहित्य अधिवेशन' में मिला था। और उनको अपनी पुस्तक 'स्वाधीनता संग्राम' भेंट की थी। उनका एक पत्र भी मेरे पास सुरक्षित है। उस समय वे कितने प्रफुल्लित, स्नेहपूर्ण और सजग लगे थे। इस समय उतने ही चिड़चिड़े से मालूम हो रहे थे, बहुत जल्दी क्रोध आ जाता था। परिस्थितियों और अस्वास्थ्य का दबाव ही इसका कारण था। मैं कुछ देर से 5.30 बजे वहाँ पहुँचा तब वह अँग्रेज़ी में बोल रहे थे। और ऐसे बोल रहे थे, कि हम ठीक तरह से सुन नहीं पा रहे थे। मैंने उनसे प्रार्थना की, कि आप हिन्दी में बोलें। उन्होंने उत्तर दिया कि बातचीत अँग्रेज़ी में शुरू हुई थी। इसलिए मुझे अँग्रेज़ी में बोलना पड़ा।

इसके बाद उन्होंने हिन्दी में बोलना शुरू किया, बातें समझ में आईं। समग्र क्रान्ति की बात, युवा शक्ति की बात, इसी पर वे अपने विचार प्रकट कर रहे थे। इन्दिराजी से उनकी जो भेंट हुई, उसकी चर्चा भी उन्होंने की लेकिन वो बहुत स्पष्ट रूप में नहीं समझा सके। फिर बिहार के बारे में बात हुई, वे विधानसभा को भंग करने की माँग को वापस लेने को तैयार थे।

बहुत से लोग, बहुत से प्रश्न कर रहे थे और वे बिगड़े स्वास्थ्य के कारण अपने को संयत नहीं रख पा रहे थे। उन्होंने इस आन्दोलन में सब पार्टियों को साथ रखने की बात कही थी। इस पर मैंने उनसे एक प्रश्न पूछा—

"सारी पार्टियों का एक साथ आपके साथ चलना कैसे सम्भव होगा, विशेषकर जनसंघ आपकी नीति से कैसे सहमत होगा।"

मुझे स्पष्ट याद है कि तब उन्होंने बड़े गम्भीर स्वर में कहा था कि मुझे श्री अटलबिहारी वाजपेयी ने विश्वास दिलाया है कि वे इस आन्दोलन में दलगत राजनीति से ऊपर उठकर भाग लेने को तैयार हैं।

उत्तर प्रदेश की राजनीति की चर्चा भी हुई लेकिन कुल मिलाकर कम-से-कम मैं तो सन्तुष्ट नहीं हो सका। मैंने एक बात और अनुभव की कि उनके भक्त

भी बड़े असहिष्णु दिखाई दे रहे थे। वहाँ पर बैठे, एक सज्जन ने पूछा, "यह सब तो ठीक है, पर आम आदमी तो रोटी चाहता है।"

व्यंग्य से श्री जयप्रकाशजी ने कहा, "सारी रामायण हो गई और आपको यह पता ही नहीं लगा कि राम मरा या रावण।" यानि वे यह बताना चाह रहे थे कि मैं जनता की रोटी के लिए ही ये सब आन्दोलन चला रहा हूँ। एक बात और उन्होंने कही कि आप लोग नेतृत्व की चिन्ता न करें। वह शून्य में से भी आएगा, पर आएगा अवश्य।

लेकिन जयप्रकाशजी का बहुत अदम्य आशावाद काम नहीं आया। स्थिति धीरे-धीरे अराजकता में परिवर्तित होती चली गई और अन्ततः जैसा कि श्रीमती इन्दिरा गाँधी की योजना थी 26 जून, 1975 को राष्ट्रपति ने देश में आपातकालीन स्थिति की घोषणा कर दी। इसके परिणामस्वरूप जहाँ एक ओर देश की व्यवस्था में सुधार हुआ, कम-से-कम एक वर्ष तो अनुशासन के प्रति जागरूकता बढ़ी, लेकिन दूसरी ओर उसके चरित्र के अनुरूप पुलिस का व्यवहार भी बहुत कटु हो उठा और शीघ्र ही फिर अराजकता के लक्षण दिखाई देने लगे और जैसा हम कह चुके हैं आपातकालीन स्थिति के कारण सर्वश्री जयप्रकाश नारायण आदि सभी नेता गिरफ्तार कर लिए गए।

उसके लगभग दो सप्ताह बाद ही उच्चतम न्यायालय ने श्रीमती इन्दिरा गाँधी का चुनाव वैध घोषित कर दिया। शक्ति फिर इन्दिरा गाँधी के हाथों में केन्द्रित हो गई लेकिन असन्तोष भी बढ़ता रहा। जनता को प्रसन्न करने के लिए अगले वर्ष संविधान में संशोधन करके भारत को समाजवादी, धर्मनिरपेक्ष गणराज्य घोषित कर दिया और साथ ही नागरिकों के मौलिक अधिकार भी रेखांकित कर दिए गए।

लेकिन इससे पहले मैं 21 मार्च, 1977 को आपातकालीन स्थिति के हटने तथा 22 मार्च को होने वाले चुनाव में काँग्रेस की करारी हार और जनता पार्टी की अभूतपूर्व विजय का वर्णन करूँ, मैं अपने साहित्य-जगत् में लौट आना चाहता हूँ क्योंकि कथा-शिल्पी शरत्चन्द्र चट्टोपाध्याय की जन्मशती पास आ रही थी। वैसे तो उसका उद्घाटन 17 सितम्बर, 1975 को हो चुका था। अर्थात् उनकी जन्मतिथि से एक वर्ष पूर्व। और यह उनकी जन्मतिथि के एक वर्ष बाद अर्थात् 17 सितम्बर, 1977 तक चलता रहा। इस अवधि में उनकी लोकप्रियता के जो रोमांचक अनुभव मुझे हुए, आगे के परिच्छेद में मैं उनका वर्णन करूँगा।

## 23

*'गहन अन्धकार के अन्तर में ही प्रकाश छिपा रहता है।'*

जिस समय भारत का राजनीतिक क्षितिज भयावह काली घटाओं से घिरता आ रहा था उसी समय साहित्य और संस्कृति के क्षेत्र में मानव मूल्यों में आस्था

के स्वर भी उभर रहे थे। उस समय की जिस एक घटना से मेरा गहरा सम्बन्ध रहा है, उसी की चर्चा मैं यहाँ करना चाहूँगा।

वह घटना थी बंगाल के अमर कथा-शिल्पी शरत्‌चन्द्र की शतवार्षिकी के सम्बन्ध में देशभर में होनेवाले समारोह। क्या यह आश्चर्यजनक नहीं है ? एक ऐसा लेखक जिसका जन्म बंगाल में हुआ, जिसने केवल अपनी मातृभाषा बांग्ला में लिखा, वह समूचे देश के विभिन्न भाषा-भाषी प्रान्तों में सबसे अधिक लोकप्रिय था और आज भी है। यह तथ्य जहाँ एक ओर भारत की मूलभूत एकता को प्रमाणित करता है वहाँ इस बात को भी पुष्ट करता है कि मन का अधिष्ठाता देवता साहित्य ही है और मन ही तो मनुष्य है।

साहित्य मनीषी और समीक्षक इस बात को कतई स्वीकार नहीं करते कि लोकप्रियता किसी साहित्यकार के महान् होने का प्रमाण है। इसके विपरीत ऐसा लेखक पाठक को रोमांचित तो कर सकता है परन्तु अन्तर की गहराई को नहीं छू सकता। ऐसे लेखक अश्रुगलद् भावुकता के शिकार होते हैं। गहन चिन्तन और भाव प्रवणता से उनका विशेष सरोकार नहीं होता।

हम इस विवाद में न उलझते हुए इतना ही कहना चाहते हैं कि जो व्यक्ति सारे देश को उद्वेलित कर दे और नारी जाति जिसे मुक्त-कण्ठ से अपना मसीहा स्वीकार कर ले उसे क्या कहेंगे। उस समय नारी जाति ने उनका अभिनन्दन करते हुए कहा था—उसकी कुछ पंक्तियाँ हम यहाँ दे रहे हैं—

"...सब तरह का आत्मापमान तथा सब तरह की हीनता की हालत में भी नारी की प्राकृतिक विशेषताएँ सब देशों के, सब समाजों में मौजूद हैं; तुमने उसके अकृत्रिम रूप को प्रत्यक्ष किया है। उसकी सत्य प्रकृति का अध्ययन किया है। हे सन्नारियों के अन्तर्यामी, हम तुम्हारी वन्दना करती हैं।"

क्या इन शब्दों में शरत् की महानता मूर्तिमान नहीं हो उठी है। ऐसी प्रशंसा कदाचित् ही किसी देश के साहित्यिक को मिली हो।

सारे मान-अपमान के बीच जीने वाले इस लेखक ने जनता का जो प्यार पाया था वही शतवार्षिकी के समारोहों में मुखर हो उठा था। उनका सारा जीवन आरोपों, अपवादों और विरोधाभासों से घिरा रहा था, पर इस अवसर पर समीक्षकों ने उनका पुनर्मूल्यांकन किया। उनको लेकर कितनी ही नई पुस्तकें कितने ही नए पत्रों के, पत्रिकाओं के वृहद् विशेषांक प्रकाशित हुए, उन सबमें उनके जीवन में अब तक के अनजाने, अनछुए पक्षों पर प्रकाश डाला गया। उनकी शक्ति को पहचाना और उनके अवदान को स्वीकार किया।

उनके जीवन में आश्चर्य-ही-आश्चर्य है। हमारे वामपंथी मित्रों ने देश और विदेश, कहीं भी उन्हें उनके योग्य स्थान नहीं दिया लेकिन वामपंथियों की ही एक शाखा ने (सोशलिस्ट यूनिटी सेण्टर) उनको सबसे अधिक मान-सम्मान दिया। उनको सही रूप में निष्पक्ष भाव से समझा और अपूर्व उत्साह से दो वर्ष तक उनकी जन्म-जयन्ती मनाई। उनका जन्म 15-9-1876 को हुआ था लेकिन इन मित्रों ने 15-9-1975 से 15-9-77 तक समारोह किए थे अर्थात् जन्मतिथि के

एक वर्ष पहले से लेकर, जन्मतिथि के एक वर्ष बाद तक, पूरे देश में नाना रूपों में उनका जयगान होता रहा। जयगान तो पूरे देश में अनेक संस्थाओं ने भव्य-से-भव्य समारोह मनाकर किया लेकिन जिस आस्था और ईमानदारी के साथ यूनिटी सैण्टर ने काम किया, उसकी तुलना किसी और संस्था से नहीं की जा सकती।

इस संस्था के संस्थापक श्री शिवदास घोष ने शरत् साहित्य को मात्र पढ़ा ही नहीं था उसमें अन्तर्निहित अर्थ को भी जान लिया था। शब्द बहुत छलिया होते हैं। न जाने कितने अर्थ अपने में समाए रहते हैं। सही अर्थ को पहचानना लेखक और उसके उद्देश्य को पहचानना है। वह काम केवल शिवदास घोष ही कर पाए। मैं उनके प्रशंसकों की बात नहीं करता, उनको पहचानने का दावा करने वालों की बात करता हूँ।

शरत् को नारी का मसीहा कहा जाता है। इस तथ्य को हम तब ही पहचान सकते हैं जब हम अपने को शरत् के युग में ले जाएँ और पूर्वाग्रह से मुक्त दृष्टि से देखने की चेष्टा करें।

यूनिटी सैण्टर ने न केवल 'अखिल बंगाल शरत् शतवार्षिकी समिति' का गठन किया, बल्कि 'अखिल भारतीय शरत् शतवार्षिकी' का भी गठन किया और पूरे देश में घूम-घूमकर बड़े उत्साह से संगोष्ठियाँ और जनसभाएँ कीं।

मैं इस समिति से समग्र रूप से जुड़ा हुआ था। अखिल बंगाल शरत् शतवार्षिकी के अध्यक्ष श्री बलाईचन्द मुखोपाध्याय (बनफूल) थे और मन्त्री थे श्री माणिक मुखोपाध्याय।

अखिल भारतीय शरत् शतवार्षिकी समिति के अध्यक्ष थे गुजराती के ख्यातनामा कवि श्री उमाशंकर जोशी और दो प्रधानमन्त्री थे श्री माणिक मुखोपाध्याय और स्वयं, इन पंक्तियों का लेखक।

उस समिति में हिन्दी के कई प्रसिद्ध सर्जक भी थे। उनमें मैं विशेष रूप से श्रीमती महादेवी वर्मा का नाम लेना चाहूँगा। वे शरत् की अनन्य प्रशंसिका थीं। जब मैंने उनसे समिति का उपाध्यक्ष का पद स्वीकार करने के लिए अनुरोध किया तब उन्होंने मेरे अनुरोध को स्वीकार करते हुए लिखा था, 'शरत् मेरे प्रिय कथाकार हैं। उनके शतवार्षिकी समारोह में मेरा यत्किंचित भी सहयोग रहे तो मुझे प्रसन्नता ही होगी।' मन्त्री होने के नाते मुझे लगभग सारे भारत में घूमना पड़ा। मैं तो कहूँगा कि मेरे पैरों में जैसे पंख लग गए थे, और मैं दो साल तक उड़ता ही रहा था।

जाने का अर्थ मात्र जाना नहीं था बल्कि भाषण देना था। यह सब कैसे हुआ इसका एकमात्र कारण यह था कि मैंने 14 वर्ष के अनथक शोध के बाद शरत् की जो जीवनी 'आवारा मसीहा' लिखी थी, वह सन् 1972 में दिल्ली के प्रसिद्ध साहित्यिक पत्र 'हिन्दुस्तान' में तथा केरल के कालीकट नगर के साप्ताहिक पत्र 'जीवन प्रभात' में सन् 1973 में प्रकाशित होनी शुरू हो गई थी। पुस्तक रूप में वह मार्च 1974 में, दिल्ली के जाने-माने प्रकाशक राजपाल एण्ड सन्ज़

से प्रकाशित हुई।

उस सबकी चर्चा पहले आ चुकी है। यहाँ मैं केवल इतना ही कहना चाहता हूँ कि इस जीवनी के कारण मुझे सारे देश में आमन्त्रित किया गया। उस सबका विवरण देना तो असम्भव जैसा है। एक विशाल ग्रन्थ तैयार हो सकता है लेकिन जो बात मैंने अनुभव की और जिससे मैं अभिभूत हुआ वह थी शरत् के प्रति साधारण व्यक्तियों की अकृत्रिम प्रीति। मुझे स्थान-स्थान पर ऐसे व्यक्ति मिले जिनको देखकर मैं यह आशा कभी भी नहीं कर सकता था कि उन्होंने शरत् के चरित्रों को इतनी गहराई से समझा है, आत्मसात् कर लिया है, विशेषकर नारियों ने।

मुझे ऐसे भी व्यक्ति मिले जो शरत् के ग्रन्थों की विधिवत् पूजा करते थे। आन्ध्र प्रदेश में तो बहुत से व्यक्ति यह समझते थे कि शरत् उन्हीं के प्रदेश के हैं। मैं स्वयं तो उस जन-सभा में उस समय उपस्थित नहीं था जब एक श्रोता ने एक जाने-माने बंगाली विद्वान वक्ता से यह प्रश्न पूछा था, "क्यों साहब, क्या हमारे शरत् बाबू का आपकी भाषा में अनुवाद हो चुका है?"

लेकिन एक ऐसे व्यक्ति से मैं अवश्य मिला था जो देखने में एक बहुत ही साधारण दुकानदार थे, किन्तु मुझसे बातें करते हुए उन्होंने शरत् के सुप्रसिद्ध उपन्यास 'चरित्रहीन' की त्रस्त पात्र किरणमयी के चरित्र का जो मनोवैज्ञानिक विश्लेषण किया उसे सुनकर मैं आश्चर्य से भर उठा था। उनसे मुझे यह भी मालूम हुआ कि उनकी पत्नी शरत् को उनसे अधिक जानती है।

यह मात्र इकलौती घटना नहीं है। कुमायूँ विश्वविद्यालय के कुलपति डॉ. देवीदत्त पन्त ने मुझे सबसे पहले कुमायूँ विश्वविद्यालय, नैनीताल में आमन्त्रित किया था। मैं विस्मित-सा, उन्हें देखता रह गया था जब उन्होंने मुझे बताया कि जिस समय 'आवारा मसीहा' 'साप्ताहिक हिन्दुस्तान' में धारावाहिक रूप में आ रहा था, उन दिनों वह, जिस दिन साप्ताहिक नैनीताल पहुँचता था, उस दिन दो मील की दूरी पर अपना आदमी खड़ा कर देते थे जिससे वह अंक उन्हें सबसे पहले मिल सके।

कहाँ हैदराबाद का एक साधारण दुकानदार और कहाँ एक कुमायूँ विश्वविद्यालय का कुलपति, लेकिन शरत् के प्रति दोनों की आस्था एक ही बिन्दु पर थी। यह मात्र मैं एक उदाहरण दे रहा हूँ। स्थान-स्थान पर जिस प्रकार लोगों ने विशाल पैमाने पर भव्य समारोह किए, उसे देखकर मैं मुग्ध हो उठा। वह मात्र शिष्टाचार दिखाने की ही बात नहीं थी बल्कि अन्तर से निकली प्रीति का अवदान था। कितने नगरों के नाम गिनाऊँ, बंगाल तो उनकी जन्मभूमि और कर्मभूमि, दोनों थी। कहाँ नेपाल में रुद्रपुर, कहाँ नैनीताल; पंजाब विश्वविद्यालय, चण्डीगढ़, मध्य प्रदेश में ललितपुर, इन्दौर, जबलपुर, भोपाल, सागर, महाराष्ट्र में बम्बई, नागपुर, उत्तर प्रदेश में मुरादाबाद, झाँसी, इलाहाबाद, काशी, आगरा, कुमायूँ, हापुड़, बिहार में जमशेदपुर, बेगूसराय, मुंगेर, भागलपुर, पटना, राँची, राजस्थान में अजमेर, भारत की राजधानी दिल्ली, तमिलनाडु में मद्रास, हरियाणा में गुड़गाँव और सोनीपत,

बंगाल में कोलकाता में तो समारोहों की कोई सीमा नहीं थी। बंगाल सरकार और साहित्य अकादमी ने भी बड़े पैमाने पर समारोह का आयोजन किया। मुझे वहाँ छोटे-छोटे स्थानों पर भी जाना पड़ा। उनमें से पुरलिया एक ऐसा ही स्थान था और मैं वहाँ हिन्दी में बोला था। मैं सभी जगह हिन्दी में बोला था केवल कोलकाता में 'अखिल बंगाल शरत् शतवार्षिकी समारोह' में मैंने अँग्रेज़ी में पर्चा पढ़ा था लेकिन प्रश्नोत्तर वहाँ भी हिन्दी में हुए थे।

उत्साह और उमंग जो, श्रद्धा और आस्था का ही दूसरा रूप है, मुझे एक स्थान को छोड़कर सभी जगह देखने को मिली और वह एक स्थान था सेण्ट स्टीफन कॉलेज, दिल्ली। जिसमें वक्ता, उनके मित्र, कॉलेज के कार्यकर्ता, चपरासी आदि सबको मिलाकर कुल दस व्यक्ति थे। मिराण्डा हाउस की स्थिति भी बहुत अच्छी नहीं थी। इसके विपरीत जो सबसे अधिक बदनाम है उस हिन्दू विश्वविद्यालय, काशी में उपस्थिति की कोई सीमा नहीं थी। मैंने वहाँ तीन भाषण दिए, दो विश्वविद्यालय में और एक पत्रकार विद्यालय में। दो भाषणों में तो न केवल संख्या की दृष्टि से विद्यार्थी अधिक थे बल्कि उन्होंने जो संयम और सद्भावना का परिचय दिया उससे तो मैं अभिभूत हो उठा।

मेरे पहले व्याख्यान के अध्यक्ष थे विश्वविद्यालय के कुलपति डॉ. श्रीमाली। मेरे द्वारा लिखी गई शरत् की जीवनी का नाम है 'आवारा मसीहा'। डॉ. श्रीमाली ने अपने भाषण का आरम्भ इसी नाम की व्याख्या से किया। उन्होंने इसके जो अर्थ बताए उन्हें सुनकर मैं स्वयं चकित रह गया क्योंकि जब मैंने यह नाम रखा था तब मुझे उसका आभास भी नहीं था।

शरत् बाबू जब ऑपरेशन के लिए अस्पताल में दाखिल हुए तब कवि-कुल-गुरु रवीन्द्रनाथ ठाकुर ने उनके हाल पूछने के लिए अपने निजी सचिव श्री नन्दगोपाल सेनगुप्त को भेजा था। उनसे बातें करते हुए शरत् ने कहा था, "मेरा जीवन एक आवारा लड़के के रूप में शुरू हुआ, अन्त कहाँ हुआ यह आप जानें।"

तब सहसा मेरे मन में बिजली-सी कौंध गई और मेरे मुँह से निकला, अन्त तो मसीहाई में ही हुआ।

बंगाल की नारियों ने उनका सार्वजनिक अभिनन्दन करते हुए उन्हें नारी जाति का मसीहा कहकर सम्बोधित किया था। इसी के आधार पर मुझे 'आवारा मसीहा' नाम सूझा था। लेकिन डॉ. श्रीमाली ने कहा 'आवारा' और 'मसीहा' दो शब्द हैं। मसीहा का अर्थ सब जानते हैं लेकिन आवारा का अर्थ या यो जानते ही नहीं या गलत जानते हैं। आवारा व्यक्ति में वे सब गुण होते हैं उत्साह, काम करने की क्षमता, निर्भयता, बस उसके सामने दिशा नहीं होती और जिस दिन उसे दिशा मिल जाती है उस दिन वह मसीहा ही बनता है। इसलिए शरत्चन्द्र की जीवनी का इससे सुन्दर और सटीक और कोई नाम हो ही नहीं सकता था।

कितना ऊपर उठ गया था मैं उस क्षण। मैंने स्पष्ट शब्दों में कहा, ''डॉ. साहब, इस नाम का यह अर्थ तो मुझे भी नहीं पता था।''[1]

कोई अन्त नहीं है ऐसी घटनाओं का। लोग मुझे घेर लिया करते थे आदर और श्रद्धा के साथ। मुझसे प्रश्न-पर-प्रश्न करते चले जाते थे और मैं चकित-विस्मित होता रहता था कि बंगाल के एक छोटे-से गाँव में पैदा हुए एक अनाम व्यक्ति ने कैसे सारे देश को अभिभूत कर दिया, अपना बना लिया, प्रमाणित कर दिया कि देश एक है और देश को एक करने की शक्ति, संस्कृति और साहित्य में ही है।

पश्चिम बंगाल की सरकार ने शरत् बाबू के अनुरूप ही आयोजन किया था। प्रदर्शनी भी लगाई थी और बंगाल के प्रसिद्ध लेखक, समालोचक और इतिहासकार उसमें उपस्थित हुए थे। डॉ. सुकुमार सेन जिन्होंने बांग्ला साहित्य का इतिहास लिखा है, उन्होंने उसमें शरत् को ऊँचा स्थान नहीं दिया लेकिन मेरे भाषण देने के बाद उन्होंने मुस्कराते हुए, बड़े सहज भाव से पूछा था, ''क्या सचमुच इस देश के लोग शरत् बाबू को इतना प्यार करते हैं ?''

मैंने उत्तर दिया था, ''जी हाँ, सारे देश में हो रहे समारोह क्या इस बात का प्रमाण नहीं हैं ?''

इन यात्राओं में भी मुझे शरत् बाबू के सम्बन्ध में अनेक नई जानकारियाँ मिलीं। जैसे गुजराती में सबसे पहले सन् 1925 के आस-पास श्री महादेव देसाई ने उनकी कुछ रचनाओं का अनुवाद, स्वयं महात्मा गाँधी के आदेश पर किया था। वह रचनाएँ थीं—बिराजबहू, बिन्दो का लल्ला, राम की सुमति और मंझली दीदी।

'षोडशी' नाटक में जो एक गीत आता है—

*'तोर पाबार समय छिल जखन/ओरे अबोध मन,*
*मरण खेलार नेगाय मेते/रइलि अचेतन।*
*ओरे अबोध मन।'*

यह गीत स्वयं उन्होंने ही लिखा था।

हिरण्मयी देवी के विवाह को लेकर इन दिनों फिर विवाद उठ खड़ा हुआ था। सुप्रसिद्ध कवयित्री श्रीमती राधारानी देवी, जो शरत् बाबू की परम शिष्या थी, उन्हें उनकी पत्नी नहीं मानती थी। भले ही शरत् बाबू ने वसीयतनामे में उन्हें अपनी पत्नी क्यों न स्वीकार किया हो ? श्रीमती राधारानी देवी ने मुझे श्रीमती निरुपमा देवी के सम्बन्ध में जो कुछ बताया था उससे स्पष्ट हो गया था कि शरत् बाबू निरुपमा देवी को प्यार करते थे। यह बात मैं 'आवारा मसीहा' में स्पष्ट कर चुका हूँ लेकिन इस यात्रा में मुझे एक और महत्त्वपूर्ण तथ्य मालूम हुआ, वह यह कि श्रीमती निरुपमा देवी ने पत्र लिखकर उनसे विधवा चरित्र

---

1. यह घटना भी आ चुकी है पर मुझे लगा कि इसे यहाँ देना भी आवश्यक है।

की आलोचना न करने की प्रार्थना की थी। उन्होंने वचन दिया था, "तुम्हारे मन को आघात पहुँचाए ऐसा कुछ कभी नहीं लिखूँगा।" निरुपमा देवी से उनके सम्बन्धों की विवेचना करते समय इस तथ्य को नजरन्दाज नहीं किया जा सकता।

एक और तथ्य की ओर संकेत करना चाहूँगा। एक रात वह सोते-सोते जाग उठे। गाँव में शोर मच रहा था। चीत्कार भी सुनाई दे जाता था। वह तुरन्त बाहर आए। पता चला दो युवक चोरी करते हुए पकड़े गए थे और गाँव वाले उन्हें मार रहे थे। विचलित होकर शरत् बाबू ने उन लोगों से कहा, "मारो मत, चोरी की है तो पुलिस को सूचना दो।"

लेकिन जब पुलिस उन्हें लेकर चली गई तो उनकी अवस्था यह थी कि, दिन चढ़ गया पर वह अपने कमरे से बाहर नहीं निकले। पत्नी ने अनुनय-विनय की। मित्र आए और समझाते रहे पर वह रोते रहे। कहते रहे कि कितना बड़ा पाप किया है मैंने, दो युवकों को चोर बना दिया। उन्हें पुलिस को सौंप दिया, वहाँ से वह दोनों अब चोर बनकर ही निकलेंगे।

जमशेदपुर में एक मित्र ने, एक बड़ी ही रोचक घटना सुनाई। मित्रों के साथ वह कहीं जा रहे थे। मार्ग में एक गाँव पड़ा। उन्होंने सहसा पूछा, "बता सकते हो यह गाँव अमीर है या गरीब।"

मित्रों ने कहा, "बिना देखे हम कैसे बता सकते हैं ?"

शरत् बाबू बोले, "मैं बात सकता हूँ यह गाँव अमीर है। इन कुत्तों को देखो, कैसे मोटे-ताजे हैं। गाँव वालों के पास इनको देने को खाना है तभी तो यह मोटे हैं।"

उनकी इस परिवेक्षण शक्ति से मित्र लोग चकित रह गए।

अन्त नहीं है उनके संस्मरणों का।

सोशलिस्ट यूनिटी सेण्टर के साथ यदि मैं जुड़ा नहीं होता तो मैं उन्हें एक बार और इतनी गहराई से नहीं जान पाता। उनके रिश्तेदारों से भी मिलना हुआ। उनकी भतीजी एक बार फिर बड़ी श्रद्धा से मिली। भागलपुर के बंगाली टोला में भी, मेरे प्रति, उनकी श्रद्धा का पार नहीं था। वहाँ पर बंगीय साहित्य सम्मेलन ने बड़ा समारोह किया था। उस समय वहाँ सारा नगर शरत्मय हो उठा था।

श्री सत्येन्द्रनारायण अग्रवाल से मेरी यहीं मुलाकात हुई, जो बाद में प्रगाढ़ मित्रता में बदल गयी। वे काँग्रेसी शासन में विधानसभा के उपाध्यक्ष रह चुके थे और श्रीयुत् श्रीप्रकाश के दामाद थे। उनके परिवार से आज भी मेरा गहरा नाता है। वही क्यों, सारे भारत में न जाने कितने परिवार मुझे 'आवारा मसीहा' और 'शरत् शतवार्षिकी' के कारण मिले।

बंगाल के सभी प्रसिद्ध लेखकों से परिचय हुआ। दूसरे प्रान्तों में भी मुझे श्रद्धेय उमाशंकर जोशी जैसे महान् लेखकों का सामीप्य मिला। राजनीति में सर्वश्री हीरेन मुखर्जी, भाषाविद् डॉ. सुनीतिकुमार चटर्जी, बलाईचन्द मुखोपाध्याय 'बनफूल' कितने नाम गिनवाएँ। संस्कृति और साहित्य, यहाँ तक कि राजनीति के क्षेत्र के अनेक सुधी-जनों से अपार स्नेह पाया लेकिन इन सबमें मैं सबसे अधिक कृतज्ञ

हूँ सोशलिस्ट यूनिटी सेण्टर का और उसके सचिव श्री माणिक मुखोपाध्याय का एवं दूसरे अनेक भाई-बहनों का, जिनका मुझे अजस्र प्यार मिला।

और इस सबके निमित्त बने शरत् बाबू।

वही तो जाने-अनजाने हम सबको, पूरे देश को, जोड़ने की कड़ी बन गए थे। उनके प्रति नतमस्तक होकर मैं सुप्रसिद्ध कवि काजी नजरुल इस्लाम के शब्दों में कहूँगा—

*अवमाननार अतल गहरे ये मानुष छिलो लुकाए,*
*शरत् चांदेर ज्योत्स्ना तादेर दिलो राजपथ दिखाए।*

## 24

घटाएँ जितने प्रचण्ड वेग से गहराती हैं, बिजली उतनी ही तीव्रता से चमकती है।

सन् 1975 से 1980 तक का समय भारत के इतिहास में अनेक कारणों से महत्त्वपूर्ण है। इस दौरान जहाँ मैं एक ओर सितम्बर 1975 से सितम्बर 1977[1] तक पूरे दो वर्ष, अमर कथा-शिल्पी शरत्चन्द्र चटर्जी की जन्मशती के उपलक्ष्य में उल्लास और आनन्द के वातावरण में रमा रहा। नाना रूप अनुभवों से गुजरता रहा। कोई एक नगर नहीं, कोई एक प्रान्त नहीं बल्कि समूचे देश में श्रद्धानत् होकर साहित्य के प्रति अपनी निष्ठा व्यक्त की। वहीं दूसरी ओर इसी अवधि के दौरान देश के राजनीतिक क्षितिज पर अभूतपूर्व षड्यन्त्रों और संकटों के बादल गहराते रहे और मेरे अपने जीवन में भी एक ऐसी त्रासदी घटी कि जिसने मेरे भावी जीवन को एक त्रासद शून्य से भर दिया।

जहाँ तक देश की स्थिति की चर्चा की बात है; वह मैं उसी सीमा तक कर सकता हूँ जिस सीमा तक मेरा सम्बन्ध रहा है। यद्यपि मैं सन् 1952 में कांग्रेस से त्यागपत्र देकर अपने साहित्य-संसार में लौट आया था, लेकिन फिर भी देश को प्रभावित करने वाली गतिविधियों में एक निर्दलीय नागरिक के रूप में भाग लेता ही रहता था। पिछले अध्यायों में मैं इस बात की चर्चा कर चुका हूँ कि भ्रष्टाचार के दावानल से घिरे देश की स्थिति से दुखी होकर जयप्रकाश नारायण, जिन्होंने अपना जीवन विनोबाजी के भू-आन्दोलन को अर्पित कर दिया

1. केवल 22 जनवरी, 1976 से 29 जनवरी, 1976 की मुंगेर से कोलकाता तक की यात्रा के जो संस्मरण मैंने अपनी डायरी में लिखे वे बड़े अनूठे हैं। यह यात्रा शरत् को लेकर थी। इन आठ दिनों में कितने भाषण दिए, कितनी जिज्ञासा थी श्रोताओं में अधिक-से अधिक जानने की। शायद ही तन्तुष्ट कर पाया मैं उन सबको फिर भी वे प्रसन्न थे, गद्गद थे। कितना प्यार दिया मुझे कितना आदर किया मेरा। विशेषकर महिलाओं ने। आग्रहपूर्वक खिलाना, बातें करना, कितनी सजग, स्नेहमयी। शब्द नहीं मेरे पास उस सबको आकार देने के लिए।

था, वह सन् 1974 में फिर सक्रिय संघर्ष की राजनीति में लौट आए थे और भ्रष्टाचार-उन्मूलन तथा प्रजातन्त्र को मज़बूत करने के उद्देश्य से, बिहार से एक देशव्यापी आन्दोलन का संचालन कर रहे थे।

उसके बाद घटनाएँ बड़ी तेजी से घटने लगीं। उनका अन्त 26 जून, 1975 को राष्ट्रपति द्वारा आपातकालीन स्थिति की घोषणा से हुआ। पूरा राष्ट्र एक तरह से जेलखाना बन गया था। सभी असन्तुष्ट नेता जेल के सींखचों के पीछे चले गए और अनेक संस्थाएँ गैरकानूनी घोषित कर दी गईं। संविधान में भी संशोधन हुए। प्रेस कौंसिल को भंग करने का निर्णय लिया गया। प्रधानमन्त्री इन्दिरा गाँधी ने अपनी रक्षा के लिए बीस सूत्री आर्थिक कार्यक्रम घोषित किया। आश्चर्य यह है कि उसके जवाब में मैंने एक और बीस सूत्री कार्यक्रम तैयार किया पर वह मेरे फाइल में ही पड़ा रहा।

आपातकालीन स्थिति की अवधि में कुछ अच्छे काम भी हुए। अनुशासन जैसे फिर से लौट आया, भले ही वह थोपा हुआ था। कम-से-कम कुछ समय के लिए दफ्तरों में काम होने लगा और गाड़ियाँ वक्त पर आने-जाने लगीं; लेकिन दूसरी ओर पुलिस ने जिस प्रकार अमानुषिक अत्याचार किए उसके कारण विरोधी राजनीतिक विचारधारा के व्यक्तियों का ही नहीं बल्कि साधारण जन को भी पुलिस के तामसिक कोप का शिकार होना पड़ा। किसी को भी पकड़कर जेल में डाल देना, पिटाई कर देना, यह सब मैंने अपनी आँखों से देखा है।

हमारे मित्र किस प्रकार भूमिगत हुए, वहाँ से उन्होंने किस तरह से कार्य चलाया। किस तरह सेन्सर ने निर्दोष रचनाओं को भी नहीं छपने दिया। सम्पादक लोग साहित्यिक रचनाओं में भी निर्दोष प्रसंगों पर अँगुली उठाने लगे। मेरे एक बाल नाटक 'पानी फिर आ गया' को लेकर सम्पादक महोदय ने जो स्वयं बड़े प्रसिद्ध लेखक हैं, मुझे लिखा था—

"मैंने नाटक को दुबारा पढ़ लिया। मैंने जिस बात की ओर इशारा किया था उसका निराकरण 'प्रकाश' शब्द की जगह 'रोशनी' कर देने से नहीं होता। इसमें शासक और शासित की सीमा रेखा की बात पर भी एतराज़ नहीं है। आपातकालीन स्थिति में रहते शासक को अधिकार छोड़ने की बात कहने में अनेक प्रकार के अवांछित अर्थ लगेंगे, जो न हमारा उद्देश्य है और न आपका। और यदि इस प्रसंग को नाटक से निकाल दें तो नाटक के शिल्प में ढीलापन आ जाता है।"

यह मात्र एक उदाहरण है। ऐसे और भी पत्र मेरे पास हैं। एक और प्रसिद्ध सम्पादक ने लिखा—

"सम्पादकों पर छोड़ तो दिया किन्तु कौन चीज़ जा सकती है और कौन चीज नहीं जा सकती, यह भी तो समस्या है। जिसमें कुछ भी नहीं होता, उसे भी काट देते हैं।...किसी तरह छोटे-छोटे शुद्ध सात्विक आपकी परिभाषा में, गाँधीवादी साहित्य छापकर ही अंक निकाल रहे हैं।"

इस तरह उस समय और भी न जाने क्या-क्या हुआ, उस सबको यहाँ

देना असम्भव है। लोग भूमिगत होकर आन्दोलन चला रहे थे और वहाँ से पत्र भी निकाल रहे थे। कुछ लोगों ने तो आत्मदाह तक कर लिया था। एक ऐसे ही पत्र में, ऐसा ही समाचार बड़े-बड़े अक्षरों में प्रकाशित हुआ–

**''जालिम इन्दिरा सरकार के विरोध में महाराष्ट्र के प्रसिद्ध कलाकार तथा सन्त विनोबा भावे के प्रमुख शिष्य श्री प्रभाकर शर्मा का 14 अक्तूबर, 1976 को आत्मदाह।''**

दूसरी ओर विरोधी पक्ष के नेता संगठित होकर मोर्चा ले रहे थे, उन्होंने जनता पार्टी के नाम से एक नई पार्टी का गठन किया लेकिन मैं उससे सन्तुष्ट नहीं हो पाया। क्योंकि उसमें जनसंघ, समाजवादी पार्टी आदि विभिन्न विचारधाराओं की पार्टियों के नेता थे। जयप्रकाशजी का सम्मान तो था और वह प्रभावशाली भी थे, लेकिन वह इतने बीमार हो चुके थे कि सबको एक सूत्र में पिरोने में सफल नहीं हो पाए। बाहर से सब एक लगते थे लेकिन अन्दर से सबकी महत्वाकांक्षाएँ अलग-अलग थीं। फिर भी इस आन्दोलन को जनता का समर्थन प्राप्त था और इन्दिरा गाँधी के विरुद्ध वातावरण गहराता जा रहा था। अन्ततः सन् 1977 के मार्च में आपातकालीन स्थिति को हटाना पड़ा और नए चुनाव कराए गए। उन चुनावों में जनता पार्टी को अभूतपूर्व विजय प्राप्त हुई। मैं साक्षी हूँ उस अद्भुत और अपूर्व समर्थन का जो जनता ने जनता पार्टी को दिया। हर कहीं, सड़कों पर, दफ्तरों में, कॉफी हाउसों में जनता दल का जयनाद गूँजता था। फिर भी मुझे विश्वास था इन्दिराजी स्वयं तो जीत ही जाएँगी। लेकिन जब मेरे बेटे ने लखनऊ से फोन किया कि वे बुरी तरह हार रही हैं तो विश्वास नहीं कर सका था, पर नियति (जनता) अपना खेल खेल चुकी थी। लेकिन दक्षिण ने उनकी लाज रख ली। वहाँ काँग्रेस का वर्चस्व बना रहा। 24 मार्च को श्री मोरारजी देसाई, प्रधानमन्त्री बने और 25 मार्च को श्री नीलम संजीव रेड्डी राष्ट्रपति बने।

आगे बढ़ने से पूर्व दो बातों की ओर संकेत करना आवश्यक समझता हूँ। पूरे देश में यह प्रसिद्ध हो गया था विनोबाजी ने आपातकालीन स्थिति को 'अनुशासन पर्व' कहा था। उससे जनता में रोष था पर प्रश्न यह था कि अनुशासन पहले सरकार से शुरू होना है। इन्दिराजी इस वाक्य खण्ड को छिपा गईं। विनोबाजी ने भी प्रतिवाद नहीं किया।

दूसरी बात बहुत महत्त्वपूर्ण है। एक ओर पुलिस और गुप्तचर विभाग में हमारे मित्र भी थे। वे आने वाली घटनाओं की सूचना हमें टी हाउस में आकर दे जाते थे। उदाहरण दूँ–एक मित्र गिरफ़्तार होने वाले हैं, यह सूचना देने गुप्तचर विभाग के एक मित्र हमारे पास आए जिससे कि हम उन्हें सूचना दे सकें।

मैंने कहा था कि आप ही क्यों नहीं बात करते उनसे ?

उनका उत्तर था–मैं वहाँ नहीं जा सकता, वह स्थान मेरे कार्यक्षेत्र से बाहर है।

एक और महत्त्वपूर्ण बात यह थी कि इस अवधि में मैंने इन्दिराजी को

उनके जन्मदिन पर एक पत्र लिखा था। एक नवोदित महिला पत्रकार के बार-बार आग्रह करने पर एक पत्रिका के विशेषांक के लिए। उसमें मैंने उन्हें याद दिलाया था कि आप गाँधीजी की शिष्या हैं और गाँधीजी जन्मदिन को आत्ममन्थन का दिन मानते थे। आप भी आत्ममन्थन कीजिए...दूसरी बात, आपने विश्वकवि रवि ठाकुर के शान्ति निकेतन में भी शिक्षा प्राप्त की है, उनका कहना था कि देश मिट्टी की दीवारों से नहीं बनता, वह मनुष्यों से बनता है।...हम तो आपको रणचण्डी, महादेवी, दुर्गा तभी मानेंगे जब आपके राज्य में ईमानदार व्यक्ति को भी जीने का अधिकार मिल जाए। इस पत्र को लेकर एक हिन्दी दैनिक में सम्पादक के नाम काफ़ी पत्र छपे। कुछ ने मेरा समर्थन किया, कुछ ने कहा कि मैं ठकुरसुहाती करता हूँ।

जनता राज्य में ऊपर से देखने में सब ठीक-ठाक दिखता था लेकिन अन्दर-ही-अन्दर बहुत कशमकश थी। प्रधानमन्त्री पद के लिए चार-पाँच दावेदार थे। सर्वश्री चन्द्रशेखर, चौधरी चरण सिंह, जगजीवनराम, अटलबिहारी वाजपेयी आदि। ऊपरी तौर से देखा जाए तो यह सब एक मज़ाक-सा लगता था लेकिन कुछ ही दिनों बाद उन लोगों के मतभेद उभरकर सामने आ गए।

इन्दिरा गाँधी चुनाव में हार चुकी थीं लेकिन कर्नाटक की एक सीट से जीतकर वह संसद की सदस्य बन गईं। लेकिन जनता पार्टी ने 10 सितम्बर, 1977 को, उन्हें भ्रष्टाचार के आरोप में गिरफ़्तार कर लिया। बाद में वह मजिस्ट्रेट द्वारा बिना शर्त रिहा कर दी गईं। संयोग से जब उन्हें संसद मार्ग के पुलिस थाने में ले जाया जा रहा था, मैं वहाँ उपस्थित था। बहुत थोड़े से लोग उनके साथ थे, कोई हंगामा नहीं हुआ।

यह सब देखकर मेरे मन में बहुत विचार-मन्थन हुआ। उन दिनों की डायरी में मैंने बहुत कुछ लिखा है, क्षण-क्षण घटित होनेवाली घटनाओं के बारे में। दो-तीन लाइनें इस बात का प्रमाण हैं। 3-11-77 को मैंने लिखा है–

"क्या हो रहा है मेरे देश में, महँगाई, गन्दगी, अनुशासनहीनता, कैसे होगा उद्धार। भविष्यवक्ता दिसम्बर तक स्थिति ख़राब बताते हैं। क्या सचमुच भविष्यवक्ताओं की आवश्यकता है ? वे चेतावनी कहाँ देते हैं, वे तो कुछ निश्चित तथ्य आरोपित करते हैं..."

इसी बीच इन्दिराजी से मिलना हुआ। उस भेंट का विवरण मैंने अपनी डायरी में इस प्रकार दिया है–

"आज 31-10-77 को अचानक श्रीमती इन्दिरा गाँधी से मिलना हुआ। बिना बताए श्री प्रकाशवीर शास्त्री ने कुछ पत्रकारों को अपने घर चाय पर बुलाया। मुझे कैसे और क्यों बुलाया, पता नहीं। मेरे अतिरिक्त वहाँ सर्वश्री गोपालप्रसाद व्यास, जगदीश चतुर्वेदी, धर्मवीर गाँधी, चन्दूलाल चन्द्राकर, अक्षयकुमार जैन, यशपाल जैन, वीरेन्द्र, डी.पी. सिंह और स्वयं प्रकाशवीर शास्त्री।

मैं 3.10 पर वहाँ पहुँचा। 3.30 पर इन्दिराजी आईं, उनके साथ निर्मला देशपाण्डे थीं। मुझे ही नहीं यशपाल जैन को भी अचरज हुआ। प्रकाशवीर शास्त्री

ने मुझसे कहा—"वे खुलकर बात करना चाहती हैं। जो प्रश्न चाहो पूछ सकते हो।"

उन्होंने इन्दिराजी से भी कह दिया था कि विष्णुजी कुछ पूछना चाहते हैं।

बहुत प्रश्न पूछे गए। हाल में तमिलनाडु में उन पर हुए आक्रमण की चर्चा से वार्ता आरम्भ हुई। इन्दिराजी को काले झण्डों के प्रदर्शन की सूचना थी और यह भी पता था कि लोग हिंसा पर उतर सकते हैं। उन्होंने बताया कि उनके वहाँ पहुँचने पर लोगों ने घर गलियों से निकल-निकलकर ईंटें फेंकनी शुरू कर दीं। उसी समय निर्मला बोल उठीं—"इनको बचानेवालों के कपड़े खून से तर हो गए।"

बाद में उन्होंने कहा कि मेरा दुर्भाग्य है कि मुझे चोट नहीं लगी।

इन्दिराजी ने बताया कि कैसे उनके त्रिची न जाने पर वहाँ के लोग उनके पाए आए, बताया 3 लाख व्यक्ति बैठे हैं। कुछ मुट्ठी भर लोगों ने शरारत की थी। थोड़ा नुकसान किया पर मंच सुरक्षित था। 12 बजे सभा थी। डेढ़ बजे वे दूसरी गाड़ी से गईं। पता लगा कि पहली गाड़ी में तीन सौ सशस्त्र व्यक्ति बैठे थे। वे किसी स्टेशन पर गड़बड़ी करना चाहते थे। मुख्यमन्त्री ने बाद में बताया भी कि श्रीमती गाँधी मर सकती थीं।

पूछा गया, इसके पीछे तो डी.एम.के. और डी.एम. थे। वे बोलीं, "हाँ, लगता तो है पर इशारा दिल्ली की ओर से था।"

अनेक प्रश्न उठे। मैंने कहा, "काँग्रेस में जो गड़बड़ है वह क्या है ?"

वे बोलीं, "हाँ, है तो पर यह होना ही था। पुरानी बात है। मैं प्रधानमन्त्री नहीं बनना चाहती थी लेकिन मुझसे किसी ने नहीं पूछा।"

यशपालजी ने कहा, "आप कुछ दिन मौन क्यों नहीं हो जातीं ?"

बोलीं, "कैसे मौन होऊँ। कोई कुछ नहीं करता है। दूसरे कहीं जाते तक नहीं। चुनाव हुए तो बस चव्हाण गए एक बार। आखिर पार्टी का काम कौन करेगा। पार्टी में तो हलचल होती रहनी चाहिए।"

वे ब्रह्मानन्द रेड्डी के विरुद्ध हैं, यह स्पष्ट हो गया। बोलीं, "जब वे अध्यक्ष बने थे तो कहा था कि वे आन्ध्र और कर्नाटक में कुछ-न-कुछ करेंगे पर गद्दी पर आते ही उन्होंने श्री देवराज उर्स को न बुलाकर पाटिल को विशेष निमन्त्रित सदस्य बना लिया। उर्स नाराज़ हो गए, कह गए, 'तुमने मुझे निकाला है, मैं तुम्हें निकाल कर दम लूँगा।' "

यह पुराना झगड़ा है। बंगाल में भी और दूसरे प्रान्तों में भी।

मित्रों (जगदीश, गाँधी, चन्दूलाल चन्द्राकर) ने कहा, स्पष्ट है दो तिहाई बहुमत आपका है।

मैंने कहा, "चव्हाण आपसे मिले, क्या स्थिति है ?"

वे मुस्कराकर बोलीं, "इंच-इंच बढ़ रही है।"

मैंने कहा, "अब आप यह क्यों नहीं मान लेतीं कि दो पार्टी हैं जनता और काँग्रेस। दोनों रहें।"

बोलीं, "दो ही कहाँ हैं ?"

मैंने कहा, "और भी रहें तो क्या ?"

वे कुछ नहीं बोलीं। जनता के बारे में उनकी राय थी कि वह एक कहाँ है। एक तभी हो सकती है जब औरों को दबाकर एक दल छा जाए।

उनका कहना था वह जनसंघ है। आर.एस.एस. का दबदबा बढ़ा है। पहले वह भारतीयता की बात करता था, अब हिन्दुत्व की बात करता है। देश में उसकी शाखाएँ फैल गई हैं। विशेषकर उत्तर प्रदेश में और महाराष्ट्र में।

वे बार-बार जनसंघ की बात करती थीं। मोरारजी भाई से तीन बार मिलने की चर्चा हुई। विशेषकर निजी व इधर-उधर की बातें हुईं। विनोबाजी, जानकीदेवी बजाज, उनके बेटे रामकृष्ण की आँखों के बारे में बातें हुई थीं।

उन्होंने पुराने साथियों की चर्चा की। दिनेशसिंह से वे नाराज थीं। धवन को बचा गईं। संजय को भी निर्दोष बताया, कहा कि वह तो बिन्ना है उसने मुझे कभी सलाह नहीं दी। बंसीलाल मुझसे बहुत कम मिलते थे। मिलते थे भी तो बहुत संक्षेप में बातें करते थे। अधिकतर श्री चिरंजीत यादव ही मिलते थे।

जिन मन्त्रियों ने उनके विरुद्ध गवाही दी, उनकी भी चर्चा हुई, बोलीं, "पहचानने में गलती हो ही जाती है।"

उनसे शुरू में श्री शंकराचार्य से मिलने के बारे में भी बात पूछी गई।

बोलीं, "हाँ, मैं मिली थी। उन्होंने दोनों हाथ उठाकर आशीर्वाद दिया। बोले, 'कुछ माँगो'।"

मैं अपने लिए कुछ नहीं माँगती। मैंने उनसे कहा, "आप सन्त लोग देश की गरीबी मिटाने के लिए कुछ करें।"

किसी ने याद दिलाया, परिवार के लिए भी कहा था ?

हाँ, परिवार और देश के लिए भी कहा था।

काँचीपुरम् की जनसभा में न जा सकी।

मैंने कहा, "अब हैदराबाद, आन्ध्रप्रदेश व कर्नाटक जाना है।"

बोलीं, "हाँ।"

"पाटिल-उर्स संघर्ष का कोई असर पड़ेगा।"

"पता नहीं, पर बहुमत तो देवराज उर्स उसके साथ है।"

ऐसे-वैसे प्रश्न वे साफ बचा जाती थीं।

"पता नहीं," "आप जानें," "वे जानें," कहकर बात टाल जाती थीं।

स्वास्थ्य ढीला लगता था। पूछा तो बोलीं, "दो दिन से सोई नहीं।"

खाने-पीने की वस्तुओं की चर्चा हुई तो कहने लगीं, "हम तो साधारण लोग हैं। कुछ भी खा लेते हैं। एक ही वस्तु हो तो आलू भी खा सकती हूँ।"

यशपाल बोले, "आप चने खा सकती हैं ?"

"हाँ।"

"कैसे काबुली या..."

"कैसे भी।"

"अंकुरित खाती हैं ?"

वे समझीं नहीं। समझीं तो बोलीं, "हाँ, वे ही खाती हूँ।"

किसी ने पूछा, "खेत से सब्ज़ी आ जाती है ?"

"हो जाती है। पहले तो गेहूँ थे।"

चन्द्राकर—"मैंने देखी है ज़मीन। बड़ी उपजाऊ है।"

यशपाल—"मकान बन गया है।"

"पता नहीं, अभी तो पूरा नहीं हुआ।"

फिर उसके तकनीकी पक्ष की चर्चा हुई।

यशपाल ने ओरोविल की चर्चा की।

बोलीं, "मैंने नहीं देखा ओरोविल।"

कुछ प्रश्नोत्तर मुझे याद नहीं रहे।

कुल मिलाकर वे जनता पार्टी से नाराज़ हैं। उस पर जनसंघ व स्वयंसेवक संघ का वर्चस्व मानती हैं। उन्होंने कोई गलती नहीं की। वे काँग्रेस में बहुमत में हैं। उनकी इच्छा नेतृत्व की है।

जब एक मित्र ने कहा, "काँग्रेस की यह स्थिति जनता भी समझ नहीं रही, तब देश का क्या होगा ?"

"जो होगा..."

मेरी राय उनके बारे में अच्छी नहीं है। वे चाणक्य की बेटी हैं। गाँधीजी के बारे में चर्चा हुई। मैंने कहा—"तीस वर्ष तक काँग्रेस गाँधी का नाम लेती रही, पर किया कुछ नहीं। जनता भी नाम ले रही है पर वह भी कुछ कर सकेगी, इसमें सन्देह है।"

मोरारजी भाई के प्रसंग में मूत्र की चर्चा हुई तो उन्होंने घृणा से मुँह बिचका दिया।

वैसे यह प्राकृतिक पद्धति बहुत पुरानी है। यूँ देखा जाए तो ज़हर की दवा ज़हर है, कहावत भी चली आ रही है कि ज़हर, ज़हर को मारता है। यह बात बहुत कम लोग जानते होंगे कि चेचक का टीका, चेचक की मवाद से ही बनता है। और भी अनेक बीमारियों के लिए पशु-पक्षियों आदि का रक्त, मूत्र, काम में लाया जाता है। लेकिन उन दिनों इस बात को बहुत उछाला गया।

यह इण्टरव्यू बड़ा अटपटा है मगर इससे उनकी मानसिकता स्पष्ट हो जाती है। प्रधानमन्त्री पद पर रहते हुए जब उनसे भेंट हुई तो वातावरण में एक गरिमा थी। आज वह एक विद्रोही के रूप में आक्रमण कर रही थीं। लेकिन दुःख तो यह है कि जो लोग सत्ता में आए थे वे भी कुछ नहीं कर पाए। यह सच है कि पहले दो वर्ष जनता का उनके प्रति विश्वास बढ़ा और उन्होंने भी अच्छे शासक होने का परिचय दिया। लेकिन इन्दिरा गाँधी को लेकर वे बार-बार बदले की भावना से काम करते रहे। 19 दिसम्बर, 1978 को उन्हें लोकसभा ने सदन की सदस्यता से वंचित कर दिया और लोकसभा के स्थगन की तिथि तक कारावास का दण्ड दिया लेकिन फिर 26 दिसम्बर को वे जेल से रिहा कर दी गईं।

इधर इसके बाद जनता पार्टी की स्थिति जिस प्रकार अस्त-व्यस्त हुई, उसका वर्णन करना कठिन है। चौधरी चरण सिंह ने पार्टी से विद्रोह कर दिया और मोरारजी ने 15 जुलाई, 1979 को प्रधानमन्त्री पद से इस्तीफा दे दिया। उन दिनों लोकसभा एक तमाशा बनकर रह गई। यानी 16 जुलाई को जनता पार्टी का पतन हो गया। जनता पार्टी का कौन व्यक्ति, कब, कौन से दल में जा मिलेगा पता ही नहीं लगता था।

मोरारजी के बाद चौधरी चरण सिंह जनता (स) का गठन करके नई काँग्रेस की सहायता से प्रधानमन्त्री बन गए। राजनीति की भी कैसी माया है। जनता सरकार के गृहमन्त्री के रूप में चरणसिंह बार-बार इन्दिराजी को परेशान करते रहे। फिर उन्हीं की सहायता से प्रधानमन्त्री बन गए। लेकिन इन्दिराजी भी चाणक्य-नीति की प्रतिमूर्ति थीं। उन्होंने 1 महीना, 3 दिन बाद अर्थात् 20 अगस्त को चरणसिंह सरकार से समर्थन वापस ले लिया। उसके बाद लोकसभा भंग कर दी गई, लेकिन चुनाव होने तक चरणसिंह कामचलाऊ प्रधानमन्त्री बने रहे।

जयप्रकाश नारायण, जिन्होंने इस क्रान्ति का श्रीगणेश किया था, इन दिनों बहुत बीमार चल रहे थे। उनके गुर्दे ख़राब हो चुके थे। डायलेसिस पर जी रहे थे। उसको लेकर तरह-तरह की अफ़वाहें फैलीं लेकिन कब तक...अन्ततः 8 अक्तूबर, 1979 को उनका निधन हो गया।

10 जनवरी, 1980 को सातवीं लोकसभा का चुनाव हुआ। जिस प्रकार पिछले चुनाव में जनता पार्टी ने अभूतपूर्व विजय प्राप्त की थी, उसी जनता पार्टी के कुशासन और आपसी संघर्ष के कारण इन्दिरा गाँधी ने बड़ी सरलता से दो-तिहाई बहुमत प्राप्त कर लिया। चरणसिंह ने प्रधानमन्त्री पद से त्याग-पत्र दे दिया। वह प्रधानमन्त्री अवश्य बने लेकिन एक दिन भी लोकसभा का सामना नहीं कर पाए। बस, लाल किले पर झण्डा फहराने का गौरव अवश्य प्राप्त किया शायद यही उनका लक्ष्य भी था। राजनीति कैसी हरजाई है। जैसे मानव संस्कृति से उसका कोई सम्बन्ध ही नहीं हो। शतरंज की बिसात पर लोग चालें चलते हैं और प्रेमचन्द की कहानी 'शतरंज के खिलाड़ी' के पात्रों की तरह उनका त्रस्त और हास्यास्पद अन्त हो जाता है।

लेकिन मैं राजनीति के चक्रव्यूह में नहीं फँसना चाहता। मैं फिर अपने साहित्य जगत् में लौट आना चाहता हूँ।

## 25

शरत्चन्द्र के जीवन पर आधारित मेरी पुस्तक 'आवारा मसीहा' सन् 1974 में प्रकाशित हुई। मेरे जीवन के महत्त्वपूर्ण चौदह वर्ष इस पुस्तक के लिखने में लग गए लेकिन इस पुस्तक का जैसा स्वागत हुआ, उसकी मैंने कल्पना भी नहीं की थी। इस समय मैं यहाँ केवल उन तीन पुरस्कारों की चर्चा करना चाहूँगा

जो सन् 75-76 में मुझे प्राप्त हुए। इनमें सबसे पहला पुरस्कार मुझे लेखकों की एक संस्था 'राइटर्स यूनियन ऑफ इण्डिया' की ओर से जनवरी, 76 में मिला। इस पुरस्कार के साथ कोई धनराशि नहीं थी। इसके तुरन्त बाद दूसरा पुरस्कार अप्रैल, 76 में उत्तर प्रदेश शासन की ओर से मिला; उसके साथ 3,000 रुपए की धनराशि भी थी। पुरस्कार का नाम था 'तुलसी पुरस्कार'।

इसके बाद जो तीसरा पुरस्कार मुझे मिला, वह अनेक कारणों से महत्त्वपूर्ण था। 15 नवम्बर, 1976 को मुझे 'सोवियत लैण्ड नेहरू पुरस्कार' देने की घोषणा की गई। मुझे प्रथम श्रेणी का पुरस्कार मिला। मेरे लिए इससे भी बढ़कर हर्ष की बात यह थी कि मेरे साथ जो दो अन्य व्यक्ति पुरस्कृत हुए उनमें एक थे विश्व प्रसिद्ध रूसी चित्रकार श्री स्वेतोस्लाव रोरिक। उनके पिता भारत आकर 'मनाली' में बस गए थे। इन्होंने भी अपने पिता के पदचिन्हों पर चलते हुए, वहीं रहने का निर्णय किया और विवाह भी यहीं की सुप्रसिद्ध सिने तारिका देविका रानी से किया।

दूसरे थे सुप्रसिद्ध पत्रकार और सोवियतविद् श्री विवेकानन्द मुखर्जी। तीसरा, मैं स्वयं था। हमारे साथ द्वितीय श्रेणी में जो तीन अन्य व्यक्ति सम्मानित हुए, वह थे, प्रसिद्ध मराठी पत्रकार और लेखक श्री नारायण देसाई। दूसरे थे मनोवैज्ञानिक 'पावलोक इन्स्टीट्यूट', कोलकाता, के निदेशक। तीसरी केरल की शिक्षाविद्, मलयाली भाषा की स्कॉलर श्रीमती लीलावती।

प्रथम श्रेणी का पुरस्कार पानेवालों को 10,000 रुपए नकद और दो सप्ताह की सोवियत यात्रा का प्रावधान था। द्वितीय श्रेणी वालों के लिए भी दो सप्ताह की यात्रा का प्रबन्ध था लेकिन पुरस्कार राशि 5,000 थी। ये पुरस्कार भारत सरकार के विदेश मन्त्री श्री यशवन्त राव बलवन्त राव चव्हाण द्वारा प्रदान किए गए थे।

देश के विभिन्न भागों से आए हुए मनीषियों और साहित्यकारों से खचाखच भरे हॉल में मुझे सचमुच एक सुखद अनुभूति हुई। विशेष रूप से इसलिए कि दो सप्ताह रूस की यात्रा करने का अवसर मिलेगा।

किसी कारणवश श्री रॉरिक हमारे साथ नहीं जा पाए थे। वे ही हमारे दल के नेता थे। उनकी अनुपस्थिति में उनके स्थान पर श्री विवेकानन्द मुखर्जी नेता नियुक्त किए गए। वे बहुत ही सरल, स्नेही और संवेदनशील प्राणी थे।

श्री रॉरिक की एक बात मुझे कभी नहीं भूलती। मंच पर जब हम परस्पर बातचीत कर रहे थे तो मैंने किसी प्रसंग में उनसे कहा था कि "मि. रॉरिक हिमालय आपका घर है लेकिन मैं भी अनेक बार वहाँ की यात्रा कर चुका हूँ। वह जितना गौरवशाली है उतना ही सुन्दर भी है।"

रॉरिक मेरी ओर मुड़े, मुस्कराए और बोले–"Himalaya is beauty and beauty is Himalaya."

इसके बाद बहुत सारी औपचारिकताओं के चक्रव्यूह में भी फँसना पड़ा लेकिन अन्ततः अगले वर्ष 3 अगस्त, 1977 को हमें सूचना विभाग बुलाया गया,

वर्षा हो रही थी और हम केवल पाँच व्यक्ति ही वहाँ थे। न जाने क्यों उस दिन उत्सव का वातावरण नहीं बन सका। हाँ, समिति के सचिव और हमारे प्रिय मित्र राणा जंगबहादुर ने उस छोटी-सी महफ़िल को अपने विनोदों से गुलज़ार रखा। मुझसे बोले, "देखो, जैसे ही तुम हवाई जहाज से उतरो और तुम्हें पहली औरत दिखाई दे तो उसे तुरन्त किस (Kiss) कर लेना।"

हम लोग इस शब्द का हमेशा एक विशेष अर्थ लगाते हैं अन्यथा रूस में यह नमस्कार के अर्थ में प्रयुक्त होता है। स्वागत करना भी कह सकते हैं।

यहाँ से विदा लेकर हम लोग जाने की तैयारी में लग गए। कई विदाई समारोह भी हुए। शुभकामनाओं के साथ पुष्प-गुच्छ भी भेंट किए गए। मुझे उनमें से डॉ. कीर्ति केसर की, सुगन्ध की प्रतीक, मोतियों की माला सबसे अच्छी लगी।

हम तेज-वर्षा में पालम हवाई अड्डे पर पहुँचे। सब काम आसानी से हो गए लेकिन जहाज़ एक घण्टा लेट था। हमारे साथ कुछ बच्चे भी थे जो अकेले थे लेकिन उनकी मस्ती देखते ही बनती थी।

यात्रा का विस्तार से वर्णन करने लगूँ तो एक पूरी पुस्तक लिखी जा सकती है। रात हो आई थी। तीन बजे के बाद खाना मिला। उसमें मांस भी था। मैंने निकलवाना चाहा तो 'व्योम-बाला' बोली, "रहने दीजिए, खाइए मत।"

हम लोग 7.45 पर मास्को हवाई अड्डे पर पहुँचे। खूब बादल छाए हुए थे। इधर घर से भी हम वर्षा ही में चले थे। मन में आशा थी कि सन् 62-सा ही गर्मजोशी से हमारा स्वागत किया जाएगा। पर यहाँ तो कोई भी दिखाई नहीं दे रहा था। बाहर आने पर एक युवक से भेंट हुई, वही हमें लेने आया था। उसका नाम था ब्लादिमीर पहली बार आए थे तो विश्व शान्ति सम्मेलन के कारण नाना देशों के लोग आए हुए थे। वे सब शान्ति के लिए व्यग्र थे लेकिन अब तो हम एक रुटीन निभाने आए थे।

सम्मानित अवश्य हूँ पर पद की मर्यादा किसके पास है। मुझे बार-बार सन् 1962 की याद आती थी। कई लड़कियाँ हमारे साथ थीं। हिन्दी में बातें करती थीं। मार्ग कितना सुन्दर लगता था। हम पिकिंग होटल में ठहरे हैं। पिछली बार ठहरे थे उक्रेनिया में। उससे इसकी कोई तुलना नहीं हो सकती। काउण्टर पर एक अत्यन्त सुन्दर, लम्बी लड़की थी सहसा मुझे जंगबहादुर की बात याद आ जाती है लेकिन बीच में तो काउण्टर है और लड़की मुस्कराती तक नहीं।

यहाँ के और भारत के समय में ढाई घण्टे का अन्तर है। हमने अपनी घड़ी ठीक की। आवश्यक कामों से मुक्त होकर कार्यक्रम बनाया गया। सबसे पहले हम 'मीत्रो' पहुँचे। मन खिल उठा। स्वागत में उत्साह भले न हो पर दृश्य वही सन् 62 के थे। वही गतिमय जीवन, वही भीड़, वही मौन, वही पढ़ने का शौक, बिजली की सीढ़ियों पर भी पढ़ना। प्रशस्त, भव्य प्लेटफार्म, स्वचालित द्वार, सब सुन्दर लगता है। लेकिन आज 6 मई, 1994 जब मैं ये पंक्तियाँ लिख रहा हूँ तो वहाँ सब कुछ खत्म हो चुका है। वहाँ के मित्र यहाँ आकर हमसे वहाँ

की दुर्दशा का वर्णन करते हैं। कैसे हो जाता है यह सब। 75 वर्ष में एक देश जो विश्व की सबसे बड़ी शक्ति बन गया था वही 15 दिन में धूल-धूसरित हो गया। महँगाई की कोई सीमा नहीं है, नारियों की दुर्दशा का वर्णन नहीं किया जा सकता।

लेकिन मैं तो सन् 77 की बात ही कहूँगा। हम खूब घूमे, बहुत कुछ देखा। म्यूजियम, वह प्रसिद्ध स्थान जहाँ पर स्मरणीय घटनाएँ घटी थीं। नई पीढ़ी को अपने क्रान्तिकारी अतीत पर गौरव करने की प्रेरणा देने और यह बताने के लिए कि अन्याय का प्रतिकार कैसे किया जाता है।

आज खाने में, दूध में ब्राउन ब्रैड, मक्खन, चीज, टमाटर हैं। खाना खाकर हम फिर घूमने निकल पड़ते हैं। घूमना-ही-घूमना। लोक-नृत्य देखते हैं, लोकगीत सुनते हैं। लेकिन दुकानों पर काम करने वाली लड़कियाँ न तो दक्ष हैं, न व्यावहारिक। अचानक कहीं से अल्हड़-सी सुन्दर जिप्सी लड़की सामने आ खड़ी होती है। कहती है नमस्ते और माँगती है केंडी, यह भारत ही से तो आई थी किसी समय।

एक और परिवर्तन देखा इस बार मैंने। पहले सड़क पर मुश्किल से कोई कार दिखाई देती थी, अब सड़क भरी पड़ी है। फिर भी हमारे देश की तरह आपाधापी नहीं है। अब सन्[1] 1994 में अवश्य यही हालत हो गई होगी। तब तो सब कुछ व्यवस्थित था। न शोर, न मारपीट, न दुर्घटना, न भीख माँगने वाले। न कुत्ते भौंकते हैं, न गाय सींग मारने दौड़ती है। कैसा लगता होगा उन लोगों को सन् 1994 में, जब सब कुछ बदल चुका है। बहुत कुछ देखा और अभी तो बहुत कुछ देखना है। अगले दिन सवेरे पौने पाँच बजे उठता हूँ। भारत में तो तब 7.15 बजे होंगे। वर्षा फिर शुरू हो जाती है। सड़क तपस्विनी की तरह भीगी जा रही है लेकिन स्त्री-पुरुष छतरी, बरसाती लिए भागे जा रहे हैं। किसी के पास कुछ भी नहीं है।

हमारे साथ दो मार्गदर्शक हैं, दो ब्लादिमीर। हम उनके साथ अपने भारतीय मित्रों से मिलने जाते हैं। नरेश मिलते हैं, सोमसुन्दर मिलते हैं। आज उनका जन्मदिन है। मैं लन्दन ले जाने के लिए मिठाई लाया हूँ, वह उन्हें दे देता हूँ। साथ ही 'आवारा मसीहा' की एक प्रति भी। वहाँ से हम क्रेमलिन में ऐतिहासिक नुमाइश देखने जाते हैं। यहाँ मुझे मोहनजोदड़ो जैसी कृतियाँ दिखाई दीं। लेकिन उस सबका वर्णन करने का हमारे पास वक्त कहाँ है। सहसा तभी एक तातारी सज्जन लपकते हुए हमारे पास आते हैं और कहते हैं, "मैं मुसलमान हूँ।"

भारत में भी मुसलमान हैं इसीलिए वह हमारी ओर आकर्षित होता है। विदेश में आकर अपनापन कितना व्यापक अर्थ ग्रहण कर लेता है।

डेरे पर लौटने के बाद हम नोवस्की की एजेन्सी के पास जाते हैं। हम

---

1. वास्तव में अब सन् 2003 है। सन् 1994 में 'वीणा' में धारावाहिक रूप से प्रकाशित रूप में संस्मरण।

उन्हीं के मेहमान हैं। वहाँ मौजूद तीन व्यक्तियों में मैं श्री कोलान्दा को पहचान लेता हूँ। वह भारत में बहुत दिन रह चुके हैं उन्हें बहुत-सी चीज़ें भेंटस्वरूप दे देते हैं। काँच के पशु, चन्दन का हाथी और एक लेख भी लेकिन न जाने क्यों मन बार-बार सन् 62 में लौटता है। कहाँ 62 की गर्मजोशी, कहाँ 77 की उदासी और अब, 2003 में जाना पड़े तो शायद भीख भी न मिले।

सोच रहा हूँ कि सहसा दिल्ली के पुराने साथी मनचन्दा सामने आ जाते हैं।

हमारा एक मार्गदर्शक भालौद खूब हिन्दी, उर्दू जानता है। योग में उसकी बड़ी रुचि है। उस समय मेरी आयु 65 वर्ष की थी लेकिन उसने 40-45 वर्ष के लगभग बताई। विवेकानन्द मुखर्जी भी मुझसे इश्क करते हैं लेकिन वह क्या जानें, मेरे अन्तर में क्या है ?

शाम को 'बैले ऑन आइस' देखने गए। चारों तरफ़ सिगरेट पीती, आइसक्रीम खाती, प्यार की पींग बढ़ाती, युवतियाँ, नारियाँ, सब कुछ रोचक, सबको हँसानेवाला। नृत्य में भी सब शराब की उत्तेजना से भरे थे। एक युवती, एक कोने में उदास बैठी थी। उसे कोई बुला नहीं रहा था। काश, मुझे नाचना आता।

अगले दिन हम यास्नाया पोलियाना गए। यह टॉलस्टाय का गाँव है। पहले देख चुका हूँ मैं, पर वह उल्लास नहीं था अब फिर भी स्वच्छता और शालीनता अब भी वैसी ही थी वहाँ। तब तो हम कितने लोग थे अब तो केवल पाँच-छः हैं। प्रकृति भी कुछ बदली हुई है और हाँ, पहले की अपेक्षा अब यात्री भी तो बहुत आने लगे हैं।

शादी का मौसम है। चारों ओर जोड़े घूम रहे हैं। टॉलस्टाय यहाँ 50 वर्ष तक रहे। सब कुछ देखा उनका। सन् 62 में आया था तो देख गया था उस सोफे को, जिस पर टॉलस्टाय के 13 बच्चों का जन्म हुआ था, देखकर मैं अब भी चकित रह गया। मैं बीच-बीच में जाने कहाँ पहुँच जाता हूँ। कमरों में, उन चित्रों में न जाने क्या-क्या ढूँढ़ने लगता हूँ। इतना कुछ है यहाँ कि कभी श्रद्धा से ओत-प्रोत हो उठता हूँ तो कभी आश्चर्य से चकित। उनकी समाधि पर भी गया।

शादीशुदा जोड़े मेरी टोपी से बहुत प्रभावित होते हैं लेकिन सन् 1962 में समाधि पर जो मिट्टी थी वह अब फूलों से लदी है। मैं नव-दम्पतियों को समाधि पर देखकर सोचता हूँ, प्रणय की वेला में मृत्यु का चिन्तन क्यों ? पथ-प्रदर्शक कहता है हमारे यहाँ शादी के बाद कहीं जाते हैं। यह सब लोग तुला नगर के हैं। उसके समीप टॉल्सटाय की समाधि है। वही तीर्थस्थान है इसलिए यहाँ इतनी भीड़ है।

खाना तो हर कहीं खाते हैं। चाय भी पीते हैं लेकिन कुछ फल भी ख़रीद लेते हैं। गाँव के बाहर बैठी स्त्रियाँ बेचती रहती हैं। हमने 6 रुपए में 50-60 सेब खरीदे, कुछ छोटे थे, खट्टे थे। सबने मिलकर खाए।

उसके बाद हमें लेनिनग्राद जाना है। अपार भीड़ है स्टेशन पर। नाच-गाना, प्रेम-प्रदर्शन, गिटार बजाते, प्रेमी-प्रेमिका बार-बार एक दूसरे से चिपटने का प्रदर्शन

करते हैं।

गाड़ी के डिब्बे बड़े आरामदेह हैं। कालीन बिछा है। बर्थ के नीचे बॉक्स है सामान रखने के लिए खूँटियाँ हैं। बिस्तर स्वच्छ हैं। हमारे डिब्बे में श्रीलंका का एक विद्यार्थी भी है। सवेरे जब आँख खुली तो 4 बजे थे और 7 तारीख हो गई थी। बाहर हरियाली है, शान्ति है, बस्ती भी है। पार करने के लिए दो नदियाँ भी हैं। प्रकृति जितनी शान्त, स्वच्छ है, नगर भी उतने ही स्वच्छ हैं लेकिन अब 2003 में तो सब कुछ बदल गया है वहाँ।

महँगाई और गरीबी ने अचानक ही सारे वातावरण को दूषित कर दिया है। मैंने अचानक कहा लेकिन वास्तव में अचानक तो कुछ नहीं होता। सन् 1962 की पिछली यात्रा से सन् 1977 की इस यात्रा तक धीरे-धीरे यह परिवर्तन होते रहे। काश! कोई इसका अध्ययन कर पाता लेकिन मैं तो अभी उसी युग का वर्णन करूँगा। हमारी यात्रा का प्रबन्ध पहले से ही सुनियोजित था। हमारी अपनी कोई इच्छा नहीं थी। हम 'होटल एस्टोनिया', में ठहरे। यह अच्छी बात थी कि हमारी टोली में सभी खुशदिल इनसान थे। अलग-अलग प्रान्तों के होते हुए भी सब समानधर्मा थे। हमारे दल में डॉ. लीलावती विशेष रूप से विनोदप्रिय थीं।

जैसा कि मैं पहले भी कह आया हूँ कि सन् 1962 वाली बात यहाँ भी नहीं थी, और हम सरकारी प्रोग्राम से इतने बँधे हुए थे कि अपने पुराने और प्रिय मित्र डॉ. प्योत्र बारान्निकोव से भी नहीं मिल पाए। घूमना खूब हुआ। 'समर पैलेस' आदि स्थानों पर पहले की तरह घूमे। इस बार विदेशी लोगों की भीड़ बहुत अधिक थी। रूस ने अब अपने द्वार सबके लिए खोल दिए हैं। इस बार के प्रवास की एक यही बात मुझे बहुत अच्छी लगी।

हमारी मार्गदर्शिका 'पीटर द ग्रेट' के बारे में बहुत कुछ बताती रही लेकिन मेरी दृष्टि तो नेवा नदी के विस्तार पर अटक जाती है। नेवा का विस्तार, समुद्र का विस्तार, मन को प्रभावित करता है। कितना विराट, कितना गरिमामय। रात के अन्धकार में भय तो लगता है, पर वायु के शीतल झकोले मन को बुदबुदा जाते हैं। भीड़ वैसी ही है। स्त्री-पुरुष, युवक-युवतियाँ, प्रेमी-प्रेमिकाएँ, मुक्तता-ही-मुक्तता पर अश्लीलता कहीं नहीं, बदतमीज़ी कहीं नहीं। लेकिन आज 1994 में जब मैं यह सब लिख रहा हूँ, याद कर रहा हूँ, वहाँ की दुनिया बदल चुकी है।

लेकिन जानें दें इन बातों को। लेनिनग्राद यात्रा की एक ही बात मेरे लिए महत्त्वपूर्ण है, वह है पुश्किन से हमारा परिचय। उस काल का लेनिनग्राद आज भी सुरक्षित है। हमारी मार्गदर्शिका सुन्दर और शिष्ट ही नहीं, भावाकुल भी है। पुश्किन से सम्बन्धित हर चीज़ को दिखाते और बताते वह जैसे उस युग में पहुँच जाती है। हमारे साथ अनेक देशों के लोग हैं सबको समझाना तो बहुत मुश्किल है, लेकिन हमारे मार्गदर्शक भालौद हमें बीच-बीच में बताते रहते हैं। मैं वह दृश्य कभी नहीं भूल सकता जब पुश्किन से सम्बन्धित स्थानों का वर्णन करती हुई वह कहती है, "उस पीली छत वाले मकान को देखो, वहाँ लोग इकट्ठे होकर साहित्यिक चर्चा करते थे, यहाँ जार रहता था। यहीं वह मारा गया।" पुश्किन

ने तब जो कविता लिखी थी उसे पढ़ते-पढ़ते मार्गदर्शिका आवेश में भर उठी थी। स्वर काँपा, आँखें भर आईं जैसे वह पुश्किन को पढ़ते हुए देख रही हो। उसने लोगों की मुसीबतों के बारे में जार को चुनौती दी थी। बीच-बीच में मार्गदर्शिका भवनों का वर्णन करने लगती है जहाँ पुश्किन रहा था। पुश्किन की कविताओं में इनका जिक्र है। यहीं पर पुश्किन ने अपनी प्रसिद्ध कविता लिखी थी : उसने कई रचनाएँ सुनाईं। प्रस्तुत चार पंक्तियाँ मुझे आज भी याद हैं–

*Deep in the Siberian mind/Keep your Patience, Proud,*
*The bitter foil shall not be lost/The rebel thought un-bowed.*
*(साइबेरिया के अन्तर में/रक्खो निज सन्तोष गुप्तवत*
*कठिन परिश्रम विफल न होगा/विद्रोही-विचार चिर उन्नत।)*

पुश्किन के बारे में बताते-बताते वह स्वयं उसी युग में पहुँच जाती थी। उस सबको यहाँ देना बहुत मुश्किल है, पर अपनी रूस-यात्रा में मैंने विस्तार से उनका वर्णन किया है।

मार्गदर्शिका ने उस द्वन्द्व-युद्ध का भी वर्णन किया जो उसकी सुन्दर पत्नी को लेकर हुआ था। वह मात्र गप्प थी लेकिन उस गप्प ने पुश्किन की जान ले ली। बड़ी मुश्किल से जार ने उसे दफ़न करने की आज्ञा दी।

यह सब सुनते हुए हम उस स्थान पर आ गए जहाँ द्वन्द्व-युद्ध हुआ था। तब वहाँ जंगल था। अब बस्ती है, बाग है, रेल है। उसका स्मारक भी तो वहीं बना है, मार्गदर्शिका बोले जा रही है। अनुप्राणित, उत्साहित, उसके हाथ, आँखें, चेहरा सभी कुछ तो बोल रहे हैं। पुश्किन क्रान्तिकारी न हो, एक महान् कवि तो था ही। लेनिन ने एक अवसर पर अपनी पत्नी से कहा था,...''लेकिन प्रिये मैं तो पुश्किन को प्यार करता हूँ।''

और भी बहुत कुछ देखा लेनिनग्राद में, पहले भी बहुत कुछ देखा था। मायकोवस्की के बारे में भी बहुत जानकारी मिली। उनके डोम में बहुत से लेखकों से भेंट हुई लेकिन मुझे तो नदी के किनारे खड़े होकर देखना अच्छा लगता है। कितनी नदियाँ बहती हैं लेनिनग्राद के बीच में। लेखकों से बहुत बातें हुईं। लेकिन वे सब औपचारिक थीं। बीच-बीच में कोई गम्भीर प्रश्न आ जाता था। जैसे एक साथी ने पूछा–'एब्सट्रैक्ट' नाटक के बारे में आपका क्या विचार है ?

उत्तर मिला–नकारात्मक।

तब आप वैकेट और आनोनेस्को को क्यों छापते हैं ?

उत्तर मिला–इसलिए कि वे अत्यन्त एब्सट्रैक्ट नहीं हैं। दूसरे, भले ही हम उन्हें पसन्द न करें लेकिन समझना ज़रूर चाहते हैं। प्रसिद्ध लेखक काफ्का के प्रति भी उनके यही विचार थे। बीच में उनके प्रति आक्रोश पैदा हुआ लेकिन फिर प्रेम ने उस आक्रोश का स्थान ले लिया। नकार-अस्वीकार की इस दुनिया से मेरी बहुत नहीं पटती। साहित्य पर प्रतिबन्ध क्यों ?

एक बात और देखी मैंने इस बार, सिगरेट के विरुद्ध यहाँ काफ़ी प्रचार हो रहा है लेकिन फिर भी युवक-युवतियाँ खुलकर पीते हैं। हमारे मार्गदर्शक ने

बड़े गर्व से कश खींचकर हाथ ऊपर फेंका और कहा, "मैं तो पीता हूँ।"

तब मुझे लगा था कि रूस की नैया डगमगा रही है और सचमुच एक दिन वह डूब ही गई। कहाँ गया आज सोवियत रूस।

और भी विद्वानों से मिलना हुआ, गहरी चर्चाएँ भी हुईं लेकिन प्यार का अभाव बराबर खटकता रहा। एक स्थान पर मुझे जरूर गर्व हुआ। यह 'अरोरा' जलपोत की कहानी है। वहाँ हमारा बड़ा आत्मीयतापूर्ण स्वागत हुआ। एक सैनिक ने मुस्कराकर कहा–"आप प्रतिभासम्पन्न भारतीय जनता के प्रतिनिधि हैं।"

इस जलपोत की बहुत ही रोमांचक कहानी है। इसमें जिस टीक का प्रयोग किया गया था वह भारत से मँगाई गई थी।

वास्तव में लेनिनग्राद की कहानी, रूसी क्रान्ति की कहानी है, लेनिन की कहानी है। सैनिक हमें बताते नहीं थकता। हमें लगता है आज सचमुच हम विशिष्ट व्यक्ति हैं।

अब हमें कीव जाना है। यात्राएँ यहाँ अधिकतर हवाई जहाज से की जाती हैं। हम हवाई जहाज से वहाँ की प्रकृति को देखते हैं। वह प्रभावित तो करती है पर संवेदना नहीं जगाती। मौसम भी सहसा बिगड़ जाता है। आस-पास और भी यान उड़ रहे हैं। कहीं दूर जंगल में आग लगी हुई है। पेट गड़बड़ा रहा है फिर भी हमें सवेरे उठना और एक बँधी हुई लीक पर चलना है। हम यहाँ सबसे पहले एक प्लाण्ट देखने जाते हैं। इसमें नए सिद्धान्त के अनुसार एक्सीलरेटर बनते हैं। लेकिन हम तो इस विधा में बिल्कुल अनपढ़ हैं। बस, सुनते रहते हैं। इसमें 52 सौ कार्यकर्ता कार्य करते हैं जिनमें लगभग 30 प्रतिशत औरतें हैं, वे कम इसलिए हैं कि स्त्रियाँ इतना भारी काम नहीं कर सकतीं।

मैंने एक बात यहाँ विशेष रूप से नोट की कि यहाँ संस्था के अधिकारी नहीं बल्कि यूनियन के सेक्रेटरी का अधिक महत्त्व है। हमारे मित्र देसाई सहसा पीढ़ियों के विषय में प्रश्न पूछ लेते हैं। उत्तर मिला है, नहीं, यहाँ ऐसा कुछ संघर्ष नहीं है। युवक बड़ों का आदर करते हैं। विशेष रूप से जो क्रान्ति में भाग ले चुके हैं। इस वर्ष, क्रान्ति की 60वीं जयन्ती है। बड़े उत्साह से युवक मना रहे हैं उसे।

बातों-ही-बातों में एक अद्‌भुत तथ्य सामने आया कि यहाँ ऐसे परिवार भी हैं जिनके सभी सदस्यों के कार्यकाल को जोड़ा जाए तो तीन सौ वर्ष हो जाते हैं। बहुत कुछ देखते हैं, बहुत कुछ जानते हैं। प्रदर्शनी भी देखते हैं, इतिहास की जानकारी लेते हैं, फिल्म भी देखते हैं।

यहाँ सांस्कृतिक विभाग भी है। जहाँ बच्चे झूलते हैं, युवतियाँ झूले में बैठकर पढ़ती हैं। खाने-पीने की वस्तुएँ भी हैं। अच्छा लगता है लेकिन बीच-बीच में यह भी अनुभव होता है कि सन् 1962 का अनुशासन अब यहाँ नहीं रहा। समाजवादी जीवन-पद्धति आने में अभी देर है।

नगर में वृक्ष बहुत हैं। मुख्य मार्ग पर बीच में पार्क है, तथा दोनों ओर सड़क है। हम यहाँ न्यूरोसर्जन से मिलने भी गए। बहुत-सी बातें हुईं। नई जानकारी

मिली लेकिन खाने की मेज़ पर देखा कि हमारे मस्तिष्क के इलाज करने के स्थान पर हमारा पेट ख़राब करना चाहते हैं। मिठाइयाँ, बर्फी, समोसे जाने क्या-क्या हैं ? उसके साथ है प्यार, मनुहार करती महिलाएँ।

काश! मैं उनको कोई अच्छे उपहार दे पाता लेकिन इस समय मेरे पास चन्दन के विजिटिंग कार्ड हैं वही मैं उनको भेंट कर देता हूँ। सर्जन को सिगार पीने का पाइप देता हूँ।

वह मुस्कराते हुए कहते हैं, "मैं तो सिगरेट पीता ही नहीं लेकिन यह इतना सुन्दर है कि पीने को मन करता है।"

व्यवहार की मृदुलता ने नगण्य से उपहार को कितना सुन्दर और अर्थवान बना दिया।

बहुत कुछ देखते हुए हम गुफाओं के एक समूह के पास पहुँचे। बहुत नीचे उतरना पड़ता है। मार्ग बड़ा संकीर्ण है। शायद इसलिए कि भीड़ में पवित्रता नहीं रहती। दीवारों पर बहुत सुन्दर चित्र हैं। यहाँ नाना रूप ममी सुरक्षित है। एक ममी का हाथ खुला है। नितान्त काला पंजा। अकेले आते हुए बड़ा डर लगता है। मेरे साथ लीलावती है लेकिन उसे कोई चिन्ता नहीं है इन बातों की।

वहाँ से लौटकर हम भोजन-कक्ष में आते हैं। वहाँ घण्टों बैठे रहते हैं। नृत्य, संगीत पर थिरकते युवक-युवतियाँ, मन करता है मैं भी नाचूँ। मेरी मेज़ पर वाइन है, वोदका है। पास बैठा परिवार पीते-पीते खूब हँस रहा है। मस्ती में हैं, नाचते हैं लेकिन मैं मूकदर्शक-सा उमड़ता-घुमड़ता बैठा रहता हूँ। मुखर्जी पहले आ चुके हैं इसलिए वह संस्मरण सुनाते नहीं थकते ? "जॉर्जियन खूब पिलाते हैं। मैं प्रार्थना करता था, मेरी पत्नी मेरी रक्षा करे। गुड कम्पनी, गुड वाइन, इससे अच्छा क्या आदि...। कहाँ गईं वे उक्रेनियन नारियाँ जो विश्व में सबसे सुन्दर होती हैं।"

डॉ. उत्तर देते हैं, उन्हें पता लग गया था आप आ रहे हैं इसलिए छुप गई हैं।

कहाँ तक वर्णन करूँ उस रोमाण्टिक वातावरण का। मुझे तो बस केशव के दोहे की याद आ जाती है—केशव केसन अस करी...

दूसरे दिन हम स्टीमर से अगले मन्तव्य की ओर रवाना होते हैं। स्टीमर की गति में नींद ला देनेवाली मादकता है। मेरे सामने एक युवती बैठी है अकेली, उदास। माँ बननेवाली है। दोनों हाथ छाती पर जोड़कर आँखें बन्द कर लेती है। मेरा मन भी ऐसा करने को करता है।

दूर किनारों पर हरे वृक्ष हमारा ध्यान खींचते हैं। धूप निकल आई है। पानी पर धूप चमक रही है। प्राकृतिक सौन्दर्य मनमोहक है। नदी का पाट भी इतना बड़ा है कि कई शाखाओं में बँट गया है। कोई गाँव आ रहा है फिर पहाड़ियाँ हैं। फिर एक गाँव है, पहाड़ी पर घर हैं फिर एक गाँव है, पहाड़ी है। नाव रुकती है। यात्री चढ़ते हैं, उतरते हैं।

डॉ. लीलावती कुछ रूसी वाक्यों के सहारे एक बच्चे से दोस्ती कर लेती हैं। फिर बड़ी बहिन से, फिर माँ से। बच्ची अँग्रेजी की पहली कक्षा में है। उसकी

अटपटी भाषा कितना प्यार उँड़ेल देती है। उसकी माँ एक सेब देती है। हम उसे पाँच हिस्सों में बाँटकर खाते हैं। माँ जब यह देखती है तो तुरन्त चार सेब और ले आती है, कहती है, प्लीज हैल्प यूअरसैल्फ।

मैं उसे पहले चन्दन का एक पत्तर (Paper Cutter) फिर चन्दन का हाथीवाला चाबी का गुच्छा देता हूँ। वह खिल उठती है। कहती है, ''मेरे लिए।''

मैं कहता हूँ, ''जी हाँ।''

वह गद्‌गद हो उठती है। कितना अच्छा लगता है दूर विदेश में अपनापन...सारा विश्व एक ही तो है।

12 बजे हम कानियक पहुँच जाते हैं। बच्ची का परिवार व अन्य नारियाँ हमें बड़े प्यार से विदा करती हैं। यहाँ चारों ओर हरियाली है, स्वच्छ, सुन्दर और शान्त। फल बेचती नारियाँ हैं। मैं अलूचे जैसा एक फल उठा लेता हूँ। उसका नाम है सिलीबा। मैं उसका दाम पूछता हूँ तो बूढ़ी माँ बड़े प्यार से कुछ कहती हुई मुझे एक फल उठाकर चखने के लिए देती है। अँग्रेज़ी जाननेवाली एक युवती के द्वारा पता लगा कि उसका मूल्य बीस पैसे है। वृद्धाएँ सब जगह एक जैसी होती हैं। रंग बदलता है पर झुर्रियाँ नहीं बदलतीं, भाव नहीं बदलते।

हाँ, हम और बहुत-से दर्शनीय स्थल देखते हैं। यहाँ के हरियाले वृक्ष मुझे अपनी ओर आकर्षित करते हैं। हम वहाँ के प्रसिद्ध साहित्यकार ताराश शेवचेंको का स्मारक देखते हैं। उसके जीवन के पूरे 47 वर्ष चित्रित हैं यहाँ। नौ वर्ष की आयु में माँ चल बसी। चित्र में माँ मरणासन्न लेटी है, पिता सिरहाने बैठे दिख रहे हैं, बालक शेवचेंको खड़ा है। स्तब्ध, शान्त, मृत्यु की छाया ने ग्रस लिया उसे। 11 वर्ष की आयु में पिता भी चल बसे। ज़ालिम जमींदार की भेड़ें चराने लगा बालक। बात-बात पर मार पड़ती पर इस मार ने उसके भीतर के कवि और चित्रकार को शक्ति दी। 21 वर्ष की आयु में दासता से मुक्ति मिली। किसान, मजदूरों के साथ रहे, पकड़े गए, सेना में भर्ती होना पड़ा। कितना संघर्ष किया उस व्यक्ति ने। यथार्थ शैली के चित्रकार माने जाते हैं। उनकी कविताओं पर चित्र बने। 45 वर्ष की आयु में शादी करके यहाँ बसने का निश्चय किया पर दो वर्ष में मृत्यु ने उनकी इच्छाओं का अन्त कर दिया। अब यह स्मारक ही उनकी इच्छाओं का स्मारक है।

मेरे मन में प्रश्न घुमड़ते हैं। भारत में किस लेखक को ऐसा गौरव मिला पर अब तो वहाँ भी सब अस्त-व्यस्त हो गया है। मेरी डायरी में लिखी छोटी-छोटी सुन्दर बातें अब कहाँ मिलेंगी। तब तो यह जानकर कि हम हिन्दुस्तानी हैं कितने प्रसन्न हुए थे वे लोग। कुछ शब्दों के द्वारा हम कितनी बातें कर लेते हैं–इन्दस्तकी (हिन्दुस्तान), दा (हाँ), नियत (ना), स्पासिबा (धन्यवाद)।

कभी-कभी अर्थ न समझकर वे खूब हँसते हैं फिर आँखों की मुस्कान सब कुछ समझा देती है।

हम 8 बजे अपने होटल पहुँच जाते हैं। वही मार्ग है, वही दृश्य है, तब

उगता सूरज था अब ढलता सूरज है। उगते-ढलते का अन्तर हमें थका देता है सीधे जाकर लेट जाते हैं। सवेरे साढ़े सात बजे हमें त्वलिसी जाना है।

## 26

हमारे सरकारी कार्यक्रम के अनुसार हमें 'कीवी' से जॉर्जिया के लिए प्रस्थान करना था। हवाई अड्डे जाते हुए हमारी टैक्सी की चालक एक लड़की थी। सजग, चौकस, मुस्कुराती और टेलीफोन से बात भी कर रही थी। यहाँ टैक्सियों में चालक का फोटो लगा रहता है।

यान में कोई असुविधा नहीं हुई। हम बादलों पर से उड़ते रहे लेकिन वह लेनिनग्राद और कीवी जैसे भयानक नहीं थे। हाँ, कभी-कभी टकराहट हो जाती थी। नीचे पहाड़ियों पर कुछ बर्फ़ है। हरियाली अधिक नहीं है। यहाँ पहुँचते ही मौसम बदल गया जैसे लू चल रही हो। जिस होटल की छठी मंजिल पर मेरा कमरा है वहाँ से मैं पूरे शहर को देख सकता हूँ। एशिया में आ गए हैं हम। नया भी है, पुराना भी है। गगनचुम्बी इमारतें हैं तो साथ ही छोटे मकान भी हैं। पहाड़ पर से उतरती मकानों की शृंखला बड़ी अच्छी लगती है।

हमें आज लेखक-सभा में जाना है। रास्ते कुछ सँकरे हैं। इस नगर में बसने की भी एक कहानी है। इसका नाम त्वलिसी है। सौ वर्ष पूर्व जॉर्जिया का राजा शिकार खेलता हुआ इस तरफ़ आया था। जो पक्षी उसने मारा वह एक ताल में जाकर गिर गया। उसे निकाला तो देखा वह उबल चुका है। गर्म पानी के चश्मे के कारण ही इसका जन्म हुआ है।

जॉजिर्यावासी मानते हैं कि जो तम्बाकू नहीं पीता, शराब नहीं पीता, औरत को प्यार नहीं करता, वह जीना जानता ही नहीं। कोई निषेध नहीं है यहाँ। इसकी भी एक कहानी है। भगवान् जब धरती बाँट रहे थे तो यहाँ के सब लोग गैरहाज़िर थे, आए तो धरती बँट चुकी थी। भगवान् ने पूछा, "कहाँ थे तुम ?"

वह बोले, "हम तो आपके प्यारे सेवक हैं। सेहत का जाम पी रहे थे।"

भगवान मुस्कुराए और स्वर्ग का एक टुकड़ा काटकर जॉर्जियावासियों को दे दिया। यहाँ के रहनेवालों की आयु बहुत लम्बी होती है। 130 वर्ष के व्यक्ति भी हैं यहाँ। एक नारी तो 79 वर्ष की उम्र में माँ बनी, पुरुष 87 वर्ष का था और आयु ही क्यों सौन्दर्य भी तो यहाँ बिखरा पड़ा है। दुनिया भर के सबसे सुन्दर नर-नारी यहाँ होते हैं।

नारी, शराब, तम्बाकू के बावजूद दीर्घायु और सुन्दर हैं। मेरे अन्तर में गहरा द्वन्द्व उभरता है। कहाँ हमारे देश की वर्जनशीलता...सहसा हम 180 वर्ष पुराने वोटेनिकल गार्डन में जा पहुँचे। ऊपर जॉर्जिया माँ की मूर्ति बनी है। उसके एक हाथ में शराब है दोस्तों के लिए, दूसरे में तलवार है दुश्मनों के लिए। सहसा मुझे बच्चन की ये पंक्तियाँ याद आ जाती हैं—

*बैर कराते मन्दिर मस्जिद/प्रेम कराती मधुशाला।*

हमारा स्थानीय मित्र बताता है कि एक व्यक्ति की मृत्यु 35 वर्ष की आयु में हो गई क्योंकि वह न शराब पीता था, न मांस खाता था।

शाम को हम 'लेखक संघ' में जाते हैं। मन में बड़ी उलझन है। यह एशिया का देश है। फलों की यहाँ कोई कमी नहीं है। तरबूजों के ढेर हमने यहीं देखे। आड़ू, सेब, नाक, सभी कुछ। आड़ू तो इतना मीठा कि क्या कहने ?

और देशों की तरह यहाँ भी रामायण, पंचतन्त्र या फिर रवीन्द्रनाथ की रचनाओं के अनुवाद हुए हैं। शायद बंकिम और शायद शरतचन्द्र का भी किसी को ठीक पता नहीं। पीढ़ियों का संघर्ष यहाँ नहीं है। बोली और लिखी जाने वाली भाषा में भी कोई अन्तर नहीं है। तीन भाषाएँ बोली जाती हैं यहाँ; स्लाव, आरमेरियन और जॉर्जियन। लीलावती इस बात से बहुत प्रसन्न है कि जॉर्जियन लिपि दक्षिण भाषा की लिपियों से मिलती-जुलती है। हाँ, गुजरात और जॉर्जिया के बीच में भी गहरा सम्बन्ध है। कश्मीरी तो लगते ही जॉर्जियन हैं। कभी जॉर्जियन सैनिक भाड़े पर इधर-उधर जाया करते थे, शायद भारत में भी आ गए हों। पहले यह लोग ईसाई नहीं थे। ईसा की तीसरी चौथी सदी में ही ईसाई बने।

हमारे साथी डॉ. गांगुली पावलोक इन्स्टीट्यूट के डायरेक्टर हैं। वह बातों में बड़ी रुचि लेते हैं। यहाँ के साहित्य पर दास्तोव्यस्की का प्रभाव है पर उन्हें जानने के लिए है, उनका अनुसरण करने के लिए नहीं।

साहित्य पर काफ़ी चर्चा हुई। मैंने उन्हें 'आवारा मसीहा' की एक प्रति भेंट की। अगले दिन हम मेटलरजी का कारखाना देखने गए। सुन्दर दृश्य, सुनियोजित बस्ती, कभी समृद्ध छोटा-सा एक गाँव था; फलों से लदे बाग-बगीचों से भरा। मगर आक्रमणकारियों ने सब समाप्त कर दिया। उसके बाद यहाँ उद्योग लगे। पेट्रोलियम का उद्योग यहाँ खूब फला। अब तो खूब समृद्धि है। अनुसन्धान केन्द्र है। शक्तिशाली मज़दूर क्लास भी है। अनेक भाषाएँ बोली जाती हैं। सभी प्रकार की सुविधाएँ हैं लेकिन यहाँ सभी कम्युनिस्ट नहीं हैं। ग्यारह हज़ार में से केवल दो हज़ार पर 99 प्रतिशत ट्रेड यूनियन हैं। मजदूरों को सुझाव देने का पूरा अधिकार है। उन्हें सुविधाएँ भी खूब मिलती हैं। आजकल यहाँ एक नए विधान पर बहुत चर्चा हो रही है। मज़दूर अपनी यूनियनों में बहुत आवाज़ उठाते हैं और अपने अधिकार माँगते हैं। एक अधिकार कितना सार्थक है। युवतियाँ सन्तान के बाद तलाक़ देती हैं। उससे बच्चे को हानि होती है। शादी कहीं हो पर कुटुम्ब न बिखरे इत्यादि।

इसी जागरूकता के कारण आज सोवियत रूस समाप्त हो गया है। सख्ती कहीं भी कामयाब नहीं हो सकती। बहुत कुछ देखा, बहुत कुछ जाना। सांस्कृतिक कार्यों के भवन में भी गए। कारखानों में काम होते हुए देखा। भिलाई में भी तो ऐसा ही देखा था मैंने। एक अनवरत शोर, भीषण गर्मी, उड़ती कालिमा। गन्ध और बिजली की गति से होता कार्य। यहाँ की भट्ठियाँ बड़ी और खुली हैं। रेलगाड़ियाँ अन्दर तक सामान ले जाती हैं। सब कुछ स्वचालित, सब कुछ

सुनियोजित। मन में उठा, यन्त्र कितने अनिवार्य हो जाते हैं हमारे लिए और फिर हम स्वयं एक दिन यन्त्रवत् हो जाते हैं। मानव गन्ध पीछे छूट जाती है। क्या यूरोप से पूर्वी देशों के टूटने का कारण यह भी नहीं था ?

इसके बाद एक यात्रा समाप्त हुई और दूसरी आरम्भ हो गई। भोजन करते ही ऐतिहासिक प्रदर्शनी देखने गए। सब कुछ सुन्दर था। सामन्तवादी युग में सत्ता और समृद्धि कुछ हाथों में सिमटकर रह जाती थी लेकिन इसी सत्ता से उत्पन्न सौन्दर्य कितना लुभाता है आदमी को। जॉर्जिया एनिमल पर बने चित्र, हाथी दाँत पर बनाई गई वस्तुएँ, बनाने का तरीक़ा भी बताया उन्होंने। 11वीं सदी के अनेक आइकन हैं। झूले पर बैठी माँ, गोद में बच्चा, स्नेह सहज स्वाभाविक रूप में फूट पड़ा है। मरियम भी है, यीशु भी है, उसका क्रॉस भी है। मार्गदर्शिका बताती है, 11वीं सदी में जार के गवर्नर ने म्यूजियम तोड़कर सब कुछ बेच दिया। बस ढूँढ़ने पर मुँह और हाथ ही मिल सके।

यहाँ पर हमने कला के अद्भुत नमूने देखे, चित्र देखे, देखते मन भरता नहीं था। कढ़ाई की कला भी थी यहाँ। कितना कुछ देखने को था कि आखिर में एक दृष्टि डालकर रह गया। बाहर आने पर आश्चर्य हुआ। अब जब हम कुछ लोगों से मिल रहे थे तो एक वृद्धा बोली, ''आज इन्दिरा गाँधी नो गुड।''

मैंने कहा, ''जी हाँ।''

तुरन्त बोली, ''नो इन्दिरा वाज गुड।''

मैंने अनुभव किया रूसियों की भारतवासियों में कितनी रुचि है।

हम फिर होटल लौटे। अब कहीं नहीं जाना। मेरे कमरे के दाईं ओर एक नदी है। सारा नगर उसके दोनों किनारों पर बसा है। यहाँ प्रायः सभी नगर नदियों के किनारे बसे हैं। वृक्षारोपण का काम भी यहाँ चल रहा है। सबसे पुराना आर्मिनियन चर्च भी यहीं पर है। मुस्लिम प्रभाव भी दिखाई दिया। टर्की, ईरान ने काफी बर्बादी की है।

यहाँ के लोग मुझे अच्छे लगे, स्वस्थ और सुन्दर। हमारी पोशाक देखकर वह मुस्कुराते हैं। हम भोजन और भ्रमण के लिए फिर बाहर आते हैं। बिजली चमक रही है, बादल गरज रहे हैं। रात को वर्षा भी आई।

अगला दिन 14 अगस्त, 1977 भी यूँ ही बीता। फलों का राज्य-फार्म देखा। पहले इसका नाम विर्कतेली था। अब वर्कतेली है। विर्क का अर्थ होता है अकृपालु और वर्क का अर्थ होता है कृपालु! एक मात्रा ने कैसा अर्थ का अनर्थ किया। यहाँ हमारा स्वागत भी फलों के द्वारा हुआ। रूसी लोग सूचनाएँ देने में इतने कुशल हैं कि सब कुछ गड़बड़ हो जाता है। कुछ याद रह गया है। किसान का वेतन 100 रूबल अर्थात् 1920 रुपए। देश का जो औसत है उससे पाँच अधिक। जो कुशल मजदूर हैं उन्हें 250 से 350 रूबल तक प्रतिमाह देते हैं। कम-से-कम 140 रूबल।

आज की हालत से तुलना करता हूँ तो समझ नहीं पाता क्या हुआ ? कूड़े-करकट के ढेर में भोजन तलाशते लोग। ख़ैराती भोजनालय बन गए हैं। भ्रष्टाचार और रिश्वतख़ोरी चरम सीमा पर है। वेश्यावृत्ति पहले भी थी पर अब

तो खुले रूप में सामने आ गई है। यह सब कुछ आर्थिक विकास के रुक जाने से हुआ पर आर्थिक विकास क्यों रुका ? इसकी ओर किसी ने ध्यान क्यों नहीं दिया ? उपभोक्ता वस्तुओं का उपयोग करने वाले पीछे क्यों रह गए, यह आत्ममन्थन का विषय है। लेकिन मैं तो तब की बात कह रहा था जब सब कुछ देखने में अच्छा लगता था।

अंकों का झंझट मुझे बहुत परेशान करता है। वह लोग सूचनाओं पर सूचनाएँ दे रहे हैं। नारियों के बारे में जब बताते हैं तो मेरी रुचि जागती है। माँ बननेवाली नारी को 56 दिन पहले और 58 दिन बाद तक छुट्टी मिलती है, पूरा वेतन मिलता है। उसके एक वर्ष तक काम न करने की सुविधा मिलती है। बच्चों को नर्सरी में रखने की सुविधा है। 30 प्रतिशत नारियाँ काम करती हैं।

जॉर्जिया की कितनी चर्चा की लेकिन उस व्यक्ति का नाम अभी तक नहीं लिया जो विवादास्पद होते हुए भी रूस का निर्माता था अर्थात् स्टालिन। युद्ध में जॉर्जिया के लोगों ने बड़ा बलिदान दिया था। स्टालिन की बहुत बड़ी मूर्ति लगी थी।

परिवार नियोजन का यहाँ मज़ाक उड़ाते हैं पर दूसरे विश्व युद्ध में सबसे ज्यादा जनहानि रूस और जर्मनी की हुई थी। यहाँ बच्चों की आवश्यकता है इसलिए नारियों को बड़ी सुविधा मिलती है।

फ़ॉर्म देखने के बाद भोजन, विश्राम और फिर ट्रॉली द्वारा पहाड़ी पर। आकाश में अधर लोहे के एक मोटे रस्से के सहारे लटककर सरकना कितना अच्छा लगता है। सब कुछ हमारे चरणों में है। हम स्वर्ग में हैं। प्रेमी युगल यहाँ भी पूरी संख्या में हैं और कोई लुकाव-छिपाव नहीं। हमने यहाँ हास्य रस की झलकी भी देखी। हम लोग टैक्सी से नीचे लौटे। मार्ग में दृश्य बहुत सुन्दर हैं लेकिन यहाँ की यात्रा भी अब समाप्त हो रही है। सवेरे हमें मास्को लौटना है। मार्गदर्शकों के पीछे-पीछे हम लोग हवाई अड्डे पहुँचे। हम विशेष द्वार से अन्दर आते हैं। मौसम तरुणाई पर है।

मेरे बराबर में दो विदेशी बैठे हैं स्वस्थ और स्थूल। संगीत समझ नहीं पाता पर उसका माधुर्य तो मन को मुग्ध कर देता है। नीचे, ऊपर वही दृश्य हैं जो देखते आ रहे हैं। बादलों को देखकर लगता है कि उतरकर इन पर दौड़ूँ। दूर बर्फ़ीली चोटियाँ नज़र आ रही हैं। पहाड़ों को देखकर तुलसीदास का वह शब्द याद आ जाता है–भूधराकार शरीरा।

यही सब देखते हम मास्को पहुँच गए। बहुत भीड़ है यहाँ। वही पहले दिन वाली सुन्दर युवती है। जितनी सुन्दर उतनी ही अलमस्त। आज हमें 'लेखक संघ' में जाना है। यह देखकर मैं हतप्रभ रह गया कि वहाँ केवल तीन व्यक्ति थे। यह कैसा मिलन है ? मीरा सलगानिन से हम पूर्वपरिचित हैं। अधिकतर वही बातें करती हैं। आदमी और विज्ञान, आदमी और प्रकृति से सम्बन्धों की चर्चा करते प्रकृति से कब तक लड़ते रहेंगे, कैसे उसे जीतेंगे। उसे पराजित नहीं कर पाएँगे। तो फिर हम उसके साथ रहना क्यों न सीखें ? मनुष्य प्रकृति का अंग

ही तो है। हम अपने को बदलें, प्रकृति को बदलते हैं। प्रकृति को बदलकर अपने को बदलते हैं। मनुष्य प्रकृति को नष्ट करके अपने को नष्ट करता है। भावनाओं को नष्ट करता है।

मैं उनसे पूर्णतः सहमत हूँ, उसके दूसरे बिन्दु से भी। कोई राष्ट्र अलग-थलग अपने में सिमटकर नहीं रह सकता। विश्व एक है। मनुष्य एक है। मेरे पड़ोसी देश में प्रदूषण है तो मेरा देश कैसे बचेगा। इसी दृष्टि से हमें सोचना होगा। विज्ञान हमें सामूहिक रूप से सोचने की राह दिखा रहा है।

इस बिन्दु पर मैं थोड़ा सोचता हूँ पर न जाने कैसे बात बच्चों पर आ जाती है। बाल साहित्य के निर्माता सखारोव वहाँ उपस्थित हैं, वह कहते हैं कि बच्चों को यह समझाना है कि हम एक कड़ी हैं। छोटी मछली, व्हेल और केकड़ा एक कड़ी। व्हेल को मारेंगे तो केकड़े बढ़ जाएँगे। सबका अस्तित्व महत्त्वपूर्ण है और बहुत-सी बातें होती हैं।

आज भारतीय दूतावास में 'स्वाधीनता दिवस' का समारोह है। हमारे राजदूत श्री इन्द्रकुमार गुजराल, पूर्वपरिचित हैं। वह बड़े स्नेह से हमारा स्वागत करते हैं। प्रबन्ध भी यहाँ सुन्दर है। लेकिन दूतावास के भारतीय हमारी ज़रा भी चिन्ता नहीं करते। हाँ, पुराने मित्र मिलते हैं। मदनलाल 'मधु', करनजीत सिंह, चेलीशेव, दिमसित्स, नीना, मदाम गुसेवा, कोमरोव। नीना में सहज नारी भाव है। मदाम गुसेवा पिछले दिनों बहुत बीमार रहीं, उनके पति भी मिले। रूसी अधिकारियों से भी मिलना हुआ। उसी समय दूसरे भारतीय मित्र नरेश, अतुल, सोमसुन्दरम् भी आ गए। विदेशी दूतावास के लोग, रूसी जनरल सभी से भेंट हुई। मुख्य उत्सव ऊपर बालकनी में हुआ। टोस्ट हुए, भाषण हुए, मन्त्री आए। सब कुछ सुन्दर था। जब हम रूसियों से हिन्दुस्तानी में बात कर रहे थे तो भारत से आए कुछ नए लोगों को बड़ा आश्चर्य हुआ, बोले, ''अरे देखो, वह कैसे हिन्दी बोल रहे हैं।''

अगले दिन हमें नोवोत्सीकी प्रेस जाना था। एक लेख के हमें 54 रूबल और 19 कोपेक मिले। वस्तुतः यह सोविनियर आदि खरीदने के लिए हैं।

आज हम क्रान्तिकारी प्रदर्शनी देखने गए। कभी यहाँ रूसी नौबल रहते थे। सन् 14 तक यहाँ अँग्रेज़ों का क्लब था। अब यहाँ क्रान्ति से सम्बन्ध रखनेवाली दस लाख वस्तुएँ हैं। उस संग्रहालय को देखकर क्रान्ति के चित्र सजीव हो उठे। एक अद्भुत चित्र देखा हमने, पिरामिड जैसा छः मंजिला। उसमें सबसे ऊपर जार है जो कहता है, मैं शासन करता हूँ। पाँचवीं मंज़िल पर जमींदार हैं जो कहते हैं, हम रक्षा करते हैं। चौथी मंज़िल पर पादरी हैं जो कहते हैं, हम तुम्हें मूर्ख बनाते हैं। तीसरी मंज़िल पर सेना है जो कहती है, हम तुम्हें गोली मारते हैं, दूसरी पर पूँजीपति हैं जो कहते हैं हम तुम्हारे लिए खाते हैं। पहली मंज़िल पर हैं मज़दूर और किसान जो कहते हैं, हम तुम्हारे लिए काम करते हैं, हम तुम्हें खिलाते हैं।

क्या हमारे देश में भी आज ऐसी स्थिति नहीं है। यहाँ रोमांचक कार्टून

भी बहुत हैं। एक कार्टून हैं चूहे, बिल्ली को दफना रहे हैं पर वह मरी नहीं है, सो रही है, जाग उठती है। लेनिन ही वह बिल्ली है। चूहे उनके विरोधी हैं। उनमें एक ट्राटस्की भी है। ऐसे भयानक चित्र भी हैं जिन्हें देख रोमांच हो आता है। इन सबका वर्णन मैंने अपनी यात्रा-पुस्तक में किया है। एक तरह से यह रूसी क्रान्ति का रिपोर्ताज है। इस सबके बारे में सोचता हूँ और आज की स्थिति को देखता हूँ तो कुछ सूझ ही नहीं पड़ता। हम कुछ क्रान्तिकारियों से भी मिले। एक रोमांचित गाथा सुनकर हमें खुद रोमांच हो आया। मैंने श्रीमती मीना इवानोवा सबताई से पूछा, ''आपने सपने देखे, पूरे हुए, कैसा लगता है।''

वह बोली, ''हाँ, मैं जो चाहती थी वह चाह पूरी हुई। मेरे देश की प्रगति महान् है।''

उसकी अद्‌भुत वीरता के ऐसे अनेक प्रसंगों को देखकर मैं चकित-विस्मित, यह सोच भी नहीं सका था कि वह इतनी साहसी हो सकती है। जलते हुए मकान से किसी साथी को निकालना उसके लिए बहुत सहज था तब। आग बरस रही थी पर वह मकान में गई और साथी को ले आई और भी ऐसी रहस्यमय वीरता की अनेक कहानियाँ हैं।

वास्तव में वह पुलिस की किसी गुप्त संस्था की सदस्या थी। शादी के बाद वह चेका में रही। वहाँ क्रान्ति विरोधियों का मुकाबला करती थी। युद्ध के समय वह मास्को आ गई थी और पुनर्वास के सम्बन्ध में बाहर आती-जाती रहती थी। आज उसके सौम्य रूप को देखकर मैं सोच भी नहीं पा रहा था कि यह महिला उस आग में से कैसे गुजरी होगी ? कैसे पुनर्वास का कार्य किया होगा पर वह तो मेरे सामने थी। मैंने उन्हें एक माला भेंट की। चन्दन की चाबियों का एक गुच्छा भी दिया। वह बहुत प्रसन्न हुई और बोली, मुझे चन्दन बहुत प्रिय है। वह बार-बार उसे सूँघती रही। डॉ. लीलावती ने उन्हें अपनी छाती से चिपका लिया और उनका चुम्बन लिया।

एक और क्रान्तिकारी से भी मिले हम। नाम था मिखाइल रइस। आयु होगी 80 वर्ष के आस-पास। जन्म तो उनका हेलंसिकी में हुआ था लेकिन उन्होंने सन् 15-16 में मास्को के शीतमहल के आक्रमण (गृहयुद्ध) में भाग लिया था। लम्बे समय तक वह सांस्कृतिक विभाग में काम करते रहे। भारत में उनकी विशेष रुचि दिखाई दी। उन्होंने हमें बधाई देते हुए कहा कि हमारे सम्बन्ध कभी नहीं बिगड़ेंगे। आप स्वाधीनता की 30वीं सालगिरह मना रहे हैं, हम 60वीं की तैयारी कर रहे हैं। मैं उस युद्ध की जीवित प्रदर्शित वस्तु हूँ। वह कैसे इस युद्ध में आए, क्या-क्या किया, यह सब बातें उन्होंने हमें बताईं।

शुरू में वह सरकारी नौकरी में थे लेकिन क्रान्तिकारियों का साथ देने के कारण उन्हें फ़ौज में भेज दिया गया। वहाँ भी उन्होंने क्रान्तिकारियों से लड़ने से इनकार कर दिया था। क्रान्ति के बाद ही वह वहाँ से मुक्त हो सके। उसके बाद सन् 24 तक नेवी में काम किया फिर पार्टी का काम करने लगे। उन्होंने संगीत पर भी एक पुस्तक लिखी है। देखने में वह बहुत प्रभावशाली नहीं लगते

लेकिन उत्साह के कारण चेहरे पर एक चमक है और उनका खुलापन उन्हें और भी मोहक बना देता है।

वहाँ से लौटकर हम दोस्तों से मिलते हैं। मैं अपने पुराने होटल उक्रेनिया में जाता हूँ। सन् 1962 की यादें साकार हो उठती हैं। हमारे मित्र नरेश बेदी साथ में हैं। 'इण्डियन एयरलाइन्स' के राकेश माथुर भी हमारे साथ हैं इसलिए खरीददारी करने में भी कोई कठिनाई नहीं होती।

घूमते-घूमते हम नरेश के घर आते हैं। तीन कमरों का अच्छा घर है। किराया भी बहुत नहीं है, मात्र 240 रुपए। आज हम घूमने के मूड में हैं कभी इस मित्र के घर, कभी उस मित्र के घर। 8 बजे सोमसुन्दम् के घर पहुँचते हैं। बार-बार सेहत के जाम पीना-पिलाना। नारियाँ भी हमारे साथ हैं। सोम की पत्नी रूसी है। बच्चों में एक लड़का और एक लड़की है। चारों तरफ़ प्यार-ही-प्यार है लेकिन मैं बहुत घुल-मिल नहीं पाता क्योंकि मैं पीता नहीं हूँ।

समारोह के बाद मैं टैक्सी से होटल लौट आता हूँ। नरेश साथ है फिर भी टैक्सीवाले से सौदेबाजी होती है। रूस बदल रहा है। आज सन् 1995 में ये बातें बहुत कुछ कह जाती हैं।

अगले दिन यानी 17 अगस्त को तो हमें वापस लौटना है। मुझे रेडियो के लिए वार्ता भी लिखनी है। आज खूब बादल छाए हुए हैं, वर्षा हो रही है। यहाँ का ग्रीष्म-काल समाप्त होने को है। नौ महीने शीतकाल रहेगा। वर्षा के कारण हमारा सारा कार्यक्रम ख़राब हो गया। अन्त में हमने 'इन्स्टीट्यूट ऑफ हायर नर्वस एक्टिविटी' जाने का निश्चय किया। तब तक ऋतु भी सुहावनी हो आई। यहाँ बहुत स्वागत-सत्कार हुआ। चाय-कॉफी लड़कियाँ बार-बार पूछती थीं। डॉक्टर, भी बड़े ही मज़ेदार आदमी हैं, कहते हैं, अरे, खाओ न, न खाओ तो जेबों में भर लो।

रूसी लोग अतिथियों का खूब सत्कार करते हैं लेकिन आज 1995 के हालात सोचकर ही मैं सिहर उठता हूँ। डॉ. ए.इ. असरातयन बहुत हँसमुख व्यक्ति हैं। भारत हो आए हैं। रूसी लोग फ्रायड को नहीं मानते। पावलो को मानते हैं। फ्रायड नहीं मानते थे कि दिमाग़ का मन से कोई सम्बन्ध होता है। पावलो मानते थे। डॉ. धीरेन्द्रनाथ गांगुली कलकत्ता इन्स्टीट्यूट के डायरेक्टर हैं। उनसे मेरा अच्छा गहरा परिचय हो गया है। उनकी बताई एक सत्य घटना पर मैंने 'अब और नहीं' नाटक लिखा है। 'अर्द्धनारीश्वर' के रचनाकाल में भी उनसे सलाह ली है।

डॉ. गांगुली देर तक तकनीकी बातों पर चर्चा करते रहे। यह बातें हमारी समझ से बाहर हैं लेकिन डॉक्टर की विनोदप्रियता को हम खूब अच्छी तरह से समझते हैं।

वहाँ से लौटकर हम रेडियावालों की राह देखते हैं, लेकिन कोई नहीं आता। आते हैं डॉ. कुलान्दा और दूसरे मित्र। विदाई-भोज का अवसर है यह। मैं शराब नहीं पीता लेकिन टोस्ट के लिए यह आवश्यक है। डॉ. कुलान्दा कहते हैं हमारी दोस्ती के लिए आप एक पेग तो ले ही सकते हैं। वैसे शैम्पेन कोई बहुत तेज

शराब नहीं है। मैं उनकी बात मान लेता हूँ। चाय हम राजदूत श्री इन्द्रकुमार गुजराल के साथ पीते हैं। यहाँ आकर पता लगा कि मार्शल टीटो के कोई विशेष कार्यक्रम के कारण हमें कोई लेने नहीं आ पाया।

श्री गुजराल से बहुत बातें हुईं। कूटनीति की बातें, मन की बातें। वह बारबार मोरारजी की प्रशंसा करते रहे। चूँकि डॉ. लीलावती को क्रेमलिन दिखाना था इसलिए उनसे विदा लेकर चल पड़े।

अब हमें लौटना था। बहुत से मित्र लोग हमें छोड़ने आए। राजदूत के प्रतिनिधि भी आए। आज हमें कोई दिक्कत नहीं हुई। यहाँ नार्वे से आए भारतीय मित्र से भेंट हो गई और बाद में गहरी दोस्ती में बदल गई। वह उर्दू के प्रसिद्ध लेखक हैं और नार्वे में काम करते हैं।[1]

मैटल डिटेक्टर से गुज़रते हुए एक मज़ेदार बात हुई। एक साथी बारबार गुज़रते, आवाज़ होने पर लौटते। उनकी जेब में कभी सिक्के निकलते, कभी कुछ निकलता। यह सब देखकर मैंने पहले ही सब कुछ निकालकर मेज़ पर रख दिया और मैटल डिक्टेटर से गुजरकर, वापस उठा लाया।

इतनी सावधानी के बाद भी हाइजैक की घटनाएँ होती रहती हैं। आदमी मशीन से कैसे हार मान सकता है। वही भीड़, वही सीट ढूँढ़ना लेकिन सौभाग्य से नरेश हमारे साथ हैं। अच्छी सीट मिल गई है। खाना खाया पर नींद नहीं आ रही। मैं बस क्षितिज पर उगते प्रकाश को ही देखता रहा। कैसा अद्भुत दृश्य था वह। घोर अन्धकार में क्षितिज कैसा चमक रहा था ? मनुष्य के अन्तर के अन्धकार में भी तो कभी-कभी ऐसा ही प्रकाश चमकता है।

मैं एक बार फिर बाहर की ओर देखता हूँ और कहता हूँ अलविदा रूस, अलविदा। फिर मिलेंगे। लेकिन मिलना क्या इतना आसान है ? अब तो वहाँ जाने को भी मन नहीं करता। कुछ भी हो एक और यात्रा समाप्त हुई। बहुत कुछ पाया और उस पाए हुए की याद रखना ही यथेष्ट है, यही तो असली शिक्षा है।

## 27

बहुत व्यस्त रहना पड़ा। पिछले कुछ वर्षों में राजनीति में न रहते हुए भी श्री जयप्रकाश नारायण के आन्दोलन के कारण उसमें रुचि लेता रहा। आपातकालीन स्थिति, काँग्रेस का सत्ता से हटना, जनता पार्टी की अभूतपूर्व विजय और फिर उसके आन्तरिक मतभेदों के कारण काँग्रेस का फिर से सत्ता में आना।

इसके साथ ही 'शरत् शतवार्षिकी' के कारण पूरे दो वर्ष तक देश भर में घूमते रहना, 'सोवियत लैण्ड नेहरू पुरस्कार' की प्राप्ति और फिर रूस की

1. अब उनका स्वर्गवास हो गया है।

यात्रा। इन सबके कारण घर-परिवार और साहित्य की चर्चा नहीं कर पाया। सन् 1974 से सन् 1980 तक की अवधि में मेरी जो रचनाएँ प्रकाशित हुईं उनमें 'आवारा मसीहा' की चर्चा तो आ ही चुकी है। इसके अतिरिक्त जो उल्लेखनीय रचनाएँ हैं वे हैं, 'टूटते परिवेश' नाटक (1974), 'कुहासा और किरण' नाटक (1975), 'अमर शहीद भगतसिंह' जीवनी (1976), 'सरदार वल्लभभाई पटेल' जीवनी (1976), 'टगर' नाटक (1977), 'बन्दिनी' नाटक (1979) और 'कोई तो' उपन्यास (1980)।

इनमें 'कोई तो' उपन्यास है। दो जीवनियाँ हैं, शेष नाटक हैं। इनके अतिरिक्त एकांकी संग्रह, कहानी संग्रह और बच्चों के लिए भी कई पुस्तकें प्रकाशित हुईं। कुल मिलाकर 20 पुस्तकें इस अवधि में प्रकाशित हुईं। ये सब अभी बाजार में उपलब्ध हैं। 'कोई तो' उपन्यास का ही विस्तार है। मेरा एक और नया उपन्यास 'अर्द्धनारीश्वर' जो इस अवधि में तो नहीं आता लेकिन उसकी नींव का निर्माण इसी काल में हुआ। यद्यपि 'टूटते परिवेश' और 'कोई तो' की काफी चर्चा हुई किन्तु 'आवारा मसीहा' के सामने सब जुगनू बनकर रह गए।

परिवार में विवाह-शादी होते रहे। मेरी छोटी बेटी अर्चना का विवाह 11 सितम्बर, 1978 को सिविल-कोर्ट में हुआ। विवाह में किसी प्रकार का भी लेन-देन नहीं हुआ। वे तो कोर्ट में जाने को भी तैयार नहीं थे पर कानूनी मान्यता भी आवश्यक थीं, इसलिए 11 सितम्बर को कन्या-पक्ष की ओर से स्वयं कन्या और उसके माता-पिता यानी मैं और मेरी पत्नी गए। वर-पक्ष की ओर से स्वयं वर अखिलचन्द्र और उनके एक रिश्तेदार थे। कोर्ट का प्रबन्ध मुझे अच्छा नहीं लगा। न तो बैठने की व्यवस्था ही ठीक थी और न अधिकारियों का व्यवहार ही अवसर के अनुरूप था। एक बार तो मैं भभक उठा था। इसके विपरीत मैं मास्को में एक शादी में शामिल हुआ था, सब कुछ सरकारी पर कैसा भव्य और पवित्र कर देनेवाला वातावरण था वह। मधुर संगीत मन को तरंगित कर देता था। और यहाँ थी उपेक्षा और अव्यवस्था। वहाँ से हम लोग एक होटल में गए और चाय पी। इसी के साथ विवाह सम्पन्न हो गया लेकिन हमने आग्रह करके 13 सितम्बर सन् 1978 को 'स्वागत-समारोह' किया। उन दिनों दिल्ली में बाढ़ आई हुई थी इसलिए बेटी के आग्रह पर यह समारोह भी बहुत सादगी से किया गया। इस विवाह के साथ ही बच्चों के प्रति हमारा दायित्व समाप्त हो गया। आज भी वे सब अपने-अपने परिवारों में सानन्द रह रहे हैं। यह सब देखने के लिए अब नहीं है तो मेरी पत्नी ही नहीं है।

जिस दिन शरत्-जयन्ती का समारोह सम्पन्न हुआ उसी दिन मेरी पत्नी के दाहिने स्तन में जलन महसूस हुई। वह अस्पताल गई। लेकिन उस दिन किसी कारण जाँच नहीं हो सकी। उसके लिए मैं भी दोषी हूँ। मैंने उससे फिर अस्पताल जाने का आग्रह किया क्योंकि पाँच वर्ष पूर्व ऐसी स्थिति आ गई थी लेकिन जाँच करने पर कुछ गम्भीर रोग प्रमाणित नहीं हुआ। इस बार जब वह जाँच कराकर लौटी तो अगले दिन डॉक्टर ने मुझे फोन किया, "आज उन्हें अकेले मत भेजिए,

आप साथ आइए।''

इसका क्या अर्थ हो सकता था, यह मैं समझ गया। अगले दिन उसे लेकर अस्पताल गया तो लेडी डॉक्टर ने मुझे एकान्त में ले जाकर बताया कि इन्हें कैंसर है, तुरन्त ऑपरेशन करना होगा।

मेरा अन्तर काँप उठा पर ऊपर से शान्त बना रहा और उससे कुछ नहीं छिपाया। सुनकर उसने बस इतना ही कहा, ''आपने मुझे इतनी जल्दी बता दिया।''

इसके अतिरिक्त वह कुछ नहीं बोली और सदा की तरह शान्त बनी रही। घर में सब लोग ऊपर से शान्त थे पर होनी तो स्पष्ट दिखाई दे रही थी। ऑपरेशन हुआ और डॉक्टर की बात सत्य प्रमाणित हुई। कैंसर स्तन में ही नहीं था बल्कि शरीर के अन्दर तक काफ़ी फैल चुका था। संयोग से उनका भानजा, जो स्वयं भी डॉक्टर है, ऑपरेशन के वक्त वहाँ उपस्थित था। उसने मुझसे स्पष्ट कहा, ''मौसाजी, मौसीजी का जीवन केवल दो वर्ष का शेष है।''

मैं हिल उठा लेकिन फिर भी मैंने अपनी दृढ़ता बनाए रखी। इन दो वर्षों में कैसे, क्या हुआ, यह एक लम्बी कहानी है। ठीक दो वर्ष और एक महीना बाद 8 जनवरी, सन् 1980 को उन्होंने अन्तिम साँस ली। उसके जाने के बाद उनके बारे में मैंने पाँच लेख लिखे थे उनको यत्किंचित संक्षिप्त करके यहाँ दे रहा हूँ। वे लेख हम दोनों के सम्बन्धों की जीवनगाथा है।

निर्गुणिया कबीर ने गाया है, 'जिस मरने से जग डरे मेरे मन आनन्द'। मैं नहीं जानता उसके मन की जो अवस्था थी उसे आनन्द कहा जा सकता है या नहीं पर भय नाम की कोई वस्तु वहाँ नहीं थी। उसने मृत्यु को स्वीकार कर लिया था और जल्दी-से-जल्दी उससे तदाकार होने के लिए आतुर थी।

मृत्यु तो वास्तविक तिथि से दो वर्ष पूर्व ही हमारे द्वार पर अपनी पहचान अंकित कर गई थी लेकिन यह सारा समय उसने हँसते-खेलते (और लड़ते-झगड़ते भी) बिता दिया था। छाती पर गहरा घाव लिए जब वह एक दिन के लिए दीवाली मनाने घर आई तो बार-बार उसका मन होता कि रसोई में जाकर सदा की तरह पकवान तैयार करे।

विद्युत की अग्नि-रूप किरणों से उसके घाव की सिंकाई होती। डॉक्टर ने कहा था, ''सेंक में रक्त जलता है, नया देने की आवश्यकता होगी।''

लेकिन उन दो वर्ष, दो महीनों में एक बार भी रक्त देने की नौबत नहीं आई।

हम दोनों कमरे के दो छोरों पर सोते थे। एक दिन आँख खुलने पर देखता हूँ कि वह पास आ गई है। मैंने अचकचाकर कहा, ''यह क्या किया तुमने ? तुम्हारी छाती पर घाव है।''

बोली, ''लेकिन मन पर तो नहीं है। पास आने का जो सुख है उसे क्यों खोऊँ ?''

आश्चर्य, सेंक बन्द होते ही गहरा घाव भर गया और उसने फिर से अपने को पा लिया। उसके बाद तो वह मुझे ढाढस बँधाने लगी, ''ठीक हो गई अब

तो, फिर क्यों परेशान होते हो ?''

मैं जानता था, वह भी जानती थी कि यह सब छल है। शेष आयु का एक-एक क्षण टूट-टूटकर बिखर रहा था। कैसा त्रासदायक होता है पूरी जानकारी में, किसी को तिल-तिलकर मृत्यु की ओर जाते देखना। डॉक्टर ने कह दिया था, ''अधिक-से-अधिक पाँच वर्ष का जीवन है।''

बोली, ''जब क्षण का पता नहीं तब पाँच वर्ष तो बहुत होते हैं।''

उनके भानजे ने और बहनोई ने कहा था, ''गैलेपिंग कैंसर है भाईसाहब। मस्तिक और फेफड़ों में प्रवेश कर चुका है।''

ऑपरेशन के ठीक पच्चीस माह बाद (4 दिसम्बर, सन् 1979) जब वह औपचारिक जाँच के बाद घर आने के लिए तैयार हो रही थी तो मृत्यु ने जैसे फुसफुसाकर कहा, ''बस अब अपने असली घर चलने की तैयारी करो।''

और उसी क्षण रक्तचाप आकाश छूने लगा तुरन्त डॉक्टर और नर्सों ने घेर लिया। काफी सघन संघर्ष था। मैं पहुँचा तो बोल उठी उल्लास से, ''जा रही हूँ। राम-राम।''

लेकिन डॉक्टरों ने वह पाली भी जीत ली। मृत्यु फिर एक बार पाँच सप्ताह के लिए कोने में खिसक गई।

एक दिन मैंने पपीता काटा, खिलाने को। शरारत से मुस्कुराई, ''अब ठीक हो जाऊँगी। पहले तुमने खिलाया ही नहीं।''

कैसा-कैसा हो आता था मन तब। रुलाई फूट पड़ने को होती। वह जानती न हो, यह बात नहीं थी। मेरी आँखों में झाँककर कहती, ''सुनो...सुनते हो मेरी चिन्ता मत करना। अपनी सेहत का ध्यान रखना। बच्चों को प्यार से रखना, डाँटना मत। मेरे बच्चे बहुत अच्छे हैं।''

सचमुच मोह और मुक्ति में देवासुर-संग्राम छिड़ा था। एक दिन देखता हूँ कि तीनवर्षीय पोता, आँखें मींचे, हाथ जोड़े कह रहा है, ''हे भगवान्! मेरी अम्माँ को अच्छा कर दो।''

द्रवित हो आई वह, बोली मुस्कुराकर, ''अब मैं अच्छी हो जाऊँगी।''

मृत्यु से दो वर्ष पूर्व हुए ऑपरेशन के बाद डॉक्टर का आदेश था, ''अभी बराबर इंजेक्शन लगेंगे। अकेले नहीं जाना कहीं, बस में तो हरगिज़ नहीं।''

लेकिन अवसर मिलते ही वह निकल पड़ती। जीवन-भर वह मुक्त पक्षी की तरह उड़ने को आतुर रही। उस दिन मैं कानपुर में था, छोटे बेटे के पास। देखता हूँ, वह सामने आ खड़ी हुई है।

अचकचा गया, ''तुम यहाँ ?''

''अकेली आई हूँ।...ठीक हूँ एकदम। नहीं लगती... ?'' वह मुस्कुराई शरारत से, ''ऐसी भी क्या सावधानी जो जीने का सुख ही छीन ले।''

लेकिन शरीर ने धीरे-धीरे मन का साथ देने से इनकार करना शुरू कर दिया। फिर भी अपने हाथ से सिर और पैर दबाती; वह पूर्ववत मुस्कुराती रही, इसलिए मैं इस छल के उस पार न देख सका। बाहर आना-जाना मेरा पूर्ववत्

बना रहा। मैं काम करने के लिए फिर कानपुर चला गया। कई दिन बीत जाने पर भी उसका पत्र नहीं आया तो मुझे चिन्ता हो आई। इलाहाबाद जाना था, वहीं से फोन मिलाया, बोली, ''आप तो वहीं जाकर बैठ गए। ज़रा फिकर नहीं है। मेरी तबीयत ठीक नहीं है।''

तुरन्त दिल्ली लौटा।

डॉक्टर ने कह दिया था, ''किसी भी क्षण कुछ भी घट सकता है।''

अस्पताल जाते हुए प्रायः कोई-न-कोई उसके साथ रहता। आँख की ज्योति धूमिल क्यों हो रही है ? कई मत थे इस बारे में, पर अन्ततः नेत्र विशेषज्ञ ने घोषणा की, ''माताजी! आपकी छाती का कैंसर आँखों में आ गया है।''

मृत्यु अब और पास आ गई थी। मिलनेवालों का दबाव बढ़ता जा रहा था। जिनसे भी मिलती थी सभी तो उसके हो रहते थे। अभी दक्षिण की यात्रा के अवसर पर 'दक्षिण भारत हिन्दी प्रचार सभा' में ठहरा था। त्रिची की एक बहिन मिली। एकदम बोल उठी, ''भाईसाहब! भाभीजी कहाँ हैं ? क्या कमरे में हैं ?''

''नहीं बहिन, वे तो प्रभु के पास चली गईं।''

ठगी-सी रह गई वह बहिन, बोली, ''कब ? हाय, पिछली बार कितनी कहानियाँ सुनी थीं उनसे हमने। सदा मुस्कुराती रहती थीं।''

पाण्डिचेरी से अनुबेन ने लिखा, ''जब सुशीलाजी को देखा था तब संस्कृत का 'शुचिस्मिता' शब्द अच्छी तरह समझ में आया था।''

जीवन-भर बाहर-भीतर वह यही 'शुचिस्मिता' बनी रही। मिलने आने वाले मुझे प्रायः भाईसाहब कहते और उन्हें माताजी। उस दिन बोली मुस्कुराकर, ''यह क्या बात, तुम भाईसाहब और मैं माँ ?''

मैंने शरारत से उत्तर दिया, ''तब तो तुम मेरी भी माँ हो गईं!''

वह भी शरारत से हँसी, ''धत्।''

फिर एक क्षण मौन रहकर गम्भीर हो आई बोली, ''कभी-कभी मेरा मन भी करता है कि आपको गोद में लिटाकर खूब प्यार करूँ।...बताओ तो माँ और प्रेयसी में क्या अन्तर है ? दोनों ही तो अन्तःकरण से प्यार करती हैं। किसी की प्रेयसी होकर ही नारी माँ बनती है।''

मैंने कहा, ''माँ ईश्वर है, प्रेयसी प्राण और अन्ततः प्राण ही ईश्वर हो रहता है।''

उन अन्तिम इक्कीस दिनों में एक क्षण को भी उसने मुझे आँखों से ओझल नहीं करना चाहा।

वह एक दिन इसी शरीर से हिमालय के दुर्गम पथों पर, गोमुख तक हो आई थी मेरे साथ। आज वह सरक भी नहीं पा रही पर चेतना तो अमृत में डूबी थी। जैनेन्द्रजी सपरिवार आए। मामीजी से बड़ा स्नेह था। बोलीं, ''पहचानती हो सुशीला ?''

हँसी आई, ''मामीजी-मामाजी को न पहचानूँगी!''

ऐसा नहीं कि वह इतनी ही बात करती थी। घर-गिरस्ती, सुख-दुख की उलाहना देने से न चूकती थी।

सत्येन्द्र शरत् बहुत समीप रहे हैं। सपत्नीक आए।

देखते ही बोली, "अब आए हो, जब जा रही हूँ।"

फिर भी जाने से पूर्व होश रहते सबको याद किया। अपनी छोटी बहन को विशेष रूप से। बेटी की तरह प्यार करती थी उसे। कहती, "उसे बुला लो, वह मेरी सेवा करेगी।"

"लेकिन डॉक्टर साहब भी तो बीमार हैं।"

"तब रहने दो। लेकिन कब ले जाएँगे प्रभु ?"

मैंने कहा, "मैं नहीं ले जाने दूँगा।"

सुनकर मुस्कुरा उठी। कैसी करुण थी वह मुस्कान! दर्द तथा चेतना में अभूतपूर्व संघर्ष छिड़ा था, इसलिए स्मृति भी छल कर जाती। अपनी एक सहेली से मिलने की इच्छा प्रकट की। वह आई। बातें कीं। चली गई। कुछ देर बाद मेरी ओर देखा, कहा, "वह आई नहीं अभी।"

मैंने कहा, "अभी तो गई है।"

"अच्छा, याद ही नहीं रहा।"

मानो यह चेतावनी थी। उस अन्तिम रात वह बस जैसे कराहती ही रही। शब्द से ध्वनि जैसे लुप्त हो गई हो। शरीर ने स्पष्ट कह दिया, "अब और नहीं।"

मानो वह कह रही थी रवि ठाकुर के शब्दों में, "जाने की बेला आ गई। अब फेर लो अपनी आँखें। तोड़ दो माया की डोर। मत पुकारो, मुझे किसी नाम से। धरती पर मेरी छुट्टी समाप्त हो गई। मुझे जल्दी जाना है।"

लेकिन मन क्या मानता है ? बार-बार पुकारता रहा। 8 जनवरी, सन् 1980 की सवेरे दस बजे उसने अन्तिम बार मुँह खोला लेकिन दवा या गंगाजल कुछ भी गले से नीचे नहीं उतर सका। फिर तो बस...।

सन्ध्या को छः बजकर बत्तीस मिनट पर मृत्यु ने अन्तिम रूप से अपनी माया समेट ली। आँखें शतदल कमल की तरह खुलती चली गईं। तीन हिचकियाँ और नेत्र आधे मुँद आए...।

संघर्ष समाप्त हो गया। आश्चर्य, चेहरे पर उस यातना का चिह्न तक शेष न था। सौम्य-शान्त-निर्द्वन्द्व, जीवन से कहीं सुन्दर लग रही थी वह मृत्यु में।

कितना कुछ घट गया उन क्षणों में मेरे अन्तर में। कितने चित्र उभरकर एक-दूसरे में गड्डमड्ड हो गए; कितने शब्द घुटकर धुआँ बन गए।

किसी के जाने के बाद पता लगता है कि उससे कोई कितना जुड़ा था। पहले तिल-तिलकर जुड़ने का प्रयत्न, फिर जुड़ने की उस प्रक्रिया को भूलने का प्रयत्न, यह यातना कितनी त्रासद होती है। अनन्त स्मृतियों की आँच प्रतिपल-प्रतिक्षण दग्ध करती रहती है, तन को भी, मन को भी।

# 28

एकान्त क्षणों में एक दिन वह बोली, "जानते हो, मैंने आपसे शादी क्यों की ?"

"सुना होगा कि मैं सुन्दर हूँ। और..."

"जी नहीं," वह तुरन्त बोल उठी।

"तो..."

"इसलिए कि आप लेखक हैं।"

कहकर वह सहज भाव से मुस्कुराई और बोली, "जब विवाह की बात चल रही थी तो मेरी सखियों ने मुझसे पूछा, 'हमारे जीजाजी क्या करते हैं ?'

"मैंने उत्तर दिया, 'लेखक हैं।'

"लेकिन जब शादी हुई और उन्हें पता लगा कि आप लेखक होने से पहले क्लर्क हैं, बस वे मेरे पीछे पड़ गईं कि तुमने झूठ क्यों बोला ?'

"मैंने उत्तर दिया, 'क्लर्क हैं तो क्या हुआ, लेखक भी तो हैं। मैंने लेखक से शादी की क्लर्क से नहीं।' "

सचमुच, शादी के बाद मेरे भीतर का क्लर्क जैसे पराभूत होने लगा हो। दो वर्ष बीतते-न-बीतते पुलिस मेरे पीछे पड़ गई क्योंकि मन तो मेरा गाँधीजी के साथ था। 6 जून, सन् 1940 को जब बहुत सवेरे सारे पंजाब में, जिन संदिग्ध व्यक्तियों के घर छापे पड़े तो उन भाग्यशालियों में एक मैं भी था। सन् 1942 में फिर पुलिस ने आ घेरा। उस समय इन्स्पेक्टर ने मुझसे कहा था, "आप लेखक हैं। आपको बहुत परेशान करना नहीं चाहते। आप नौकरी छोड़कर घर चले जाइए।"

जैसे नियति मेरी पत्नी के साथ साठ-गाँठ कर चुकी थी। मेरे अन्तर के संघर्ष ने मेरे शरीर को तोड़ना शुरू कर दिया था। तभी एक पत्र में उसने मुझे लिखा, "...मेरी राय में तो आप (नौकरी) छोड़ ही दीजिए। कुछ और ही करना अच्छा है इससे तो। फिर स्वास्थ्य भी ठीक नहीं रहता है।...इससे कहीं अच्छा तो यह है कि हम दोनों प्राइवेट स्कूल खोलकर पढ़ाएँ। मेरी तबीयत अब ऐसी होती है..."

इतने वर्ष बाद जब इस पत्र की बात सोचता हूँ तो चकित रह जाता हूँ उसके साहस पर। सभी मुझे पागल समझ रहे थे पर उसने तो मेरे कन्धे पर हाथ रख दिया था। वह केवल लेखक को पहचानती थी और लेखक उस वातावरण में केवल आत्महत्या कर सकता था। उसने मुझे उस जघन्य पाप से बचा लिया। अन्ततः 6 जून, 1944 को अपनी सब शेष छुट्टियाँ लेकर मैंने त्यागपत्र दे दिया। उस समय भी अगस्त 1944 तक मैं छुट्टी पर ही रहा।

अब वह क्लर्क की नहीं, लेखक की जीवन-सहचरी थी। अन्त तक वही जीवन-सहचरी बनी रही। मुझे अपनी पलकों पर बिठाए रखा। तेरह वर्ष बाद आकाशवाणी में नाटक विभाग के निदेशक का पद भी मुझे बाँधकर नहीं रख

सका। वह उसी तरह मुस्कुराती हुई मेरे कन्धे थपथपाती खड़ी रही लेकिन क्या पाया उसने उस जीवन से ? तीस वर्ष लेखक की पत्नी रहने के बाद उसने आकाशवाणी से प्रसारित अपनी एक विनोद-वार्ता में कहा था, "लेखक की पत्नी बनना तो आसान है, लेकिन आखिर तक उसे निभाए जाना काले तिलों में से तेल निकालने से कम नहीं है। आरम्भ के दिन तो यों ही बीत जाते हैं। किसी का कुछ होना कोई अर्थ नहीं रखता। जैसे-जैसे ज़िम्मेदारी बढ़ती जाती है तो बेचारी पत्नी को चिन्ताएँ घेरना शुरू कर देती हैं। लेखक का तो अपना मूड होता है और उस मूड को भंग करना सबसे बड़ी मुसीबत है। मेरी ओर ऐसे देखते हैं जैसे मैंने दुनिया में सबसे बड़ा पाप किया है।...जहाँ तक अपना सम्बन्ध है यह भी नहीं पूछेंगे कि खाना खाया या नहीं। किसी चीज़ की आवश्यकता है तो ला दूँ। ऊपर से वक्त-बे-वक्त आनेवाले अपने मित्रों के लिए चाय या खाने का आर्डर ऐसे देंगे जैसे उनके घर में होटल चलता हो...बच्चे बीमार हुए तो अस्पताल भी पत्नी ले जाएगी। स्कूल में दाखिले की समस्या है तो पत्नी दौड़ती है। बाज़ार से सामान खरीदना है तो पत्नी परेशान है। कौन-सा रेजर-ब्लेड हजामत ठीक करता है, जूते का नम्बर कौन-सा है, यह सब पत्नी के ही कार्यक्षेत्र में आता—बहुतेरा कहा जाता है, "उठकर ज़रा अपनी पसन्द की चीज़ ले आओ, नाप जरा इधर-उधर हो गया तो मैं क्या करूँगी। लेकिन श्रीमान हैं कि मसनद के सहारे अपने विचारों की दुनिया में सैर कर रहे हैं। उनको चिन्ता है अपने नाटक के स्त्री-बच्चों की। बाकी रहे हम, सो भगवान भरोसे।

"मैं शायद कुछ अधिक कठोर हो गई। बेचारे दिन-भर एक नई दुनिया के निर्माण में लगे रहते हैं। इसलिए यदि मैं उनके कपड़ों और जूतों, ब्लेडों या दूसरी चीज़ों का ध्यान रखती हूँ तो कोई बहुत बड़ा अहसान नहीं करती। कम-से-कम वे मेरे बस में तो रहते हैं। जैसे मैं कोई मन्त्री हूँ। सच पूछिए तब मुझे उनके पुराने जूते बाज़ार ले जाने और नए जूते ख़रीद लेने में बहुत खुशी होती है। कुछ तो है मेरे पास जो उनके चरणों में अर्पित कर दूँ। भले ही वे जूते हों...

"मुझे तो सबसे अधिक गुस्सा तब आता है जब वह मन की कोई बात ही नहीं कहते। न पहनने का कोई टेस्ट, न खाने का कोई चाव और बात करने का तो कोई सवाल ही नहीं। बताइए, कोई पति अपनी पत्नी से बात न करे तो इससे बुरी सजा और क्या हो सकती है..."

यह विनोद-वार्ता थी पर निखूट सत्य थी।

वर्षों साथ-साथ प्रातः भ्रमण पर जाते रहे। राजघाट के पास पहुँचकर बोल उठती, "कैसे हैं आप, दो मील चल चुके लेकिन एक शब्द मुँह से नहीं निकला।"

"सुनो! क्या बनाऊँ आज ?"

"जो तुम्हारी इच्छा हो।"

"आपकी कोई इच्छा नहीं ?"

कभी-कभी मैं उसकी ओर देखकर बोल उठता, "इतने दिन हो गए साथ

रहते, इतना भी नहीं जान पाई कि मेरी क्या पसन्द है ?"

तुरन्त उत्तर देती, "कैसे लेखक हो, इतना भी नहीं जानते कि किसी के मुख से सुनने के लिए अनजान बनने में कितना सुख मिलता है।"

लेकिन एक और भी पक्ष था इन अनुभवों का और उसी के कारण कड़ुवाहट का एक भी क्षण हमारे जीवन में कभी नहीं आ पाया। उसी के शब्दों में कहूँ—"इन शिकायतों का कोई अन्त ही नहीं है लेकिन कभी-कभी कुछ मज़ेदार मुसीबतें भी भुगतनी पड़ती हैं। हमारे पड़ोस में एक मास्टरजी रहते हैं। बूढ़े आदमी हैं। दायरा भी उनका बहुत छोटा है। एक दिन मुझसे बोले, 'बहनजी, आजकल हमारे स्कूल में एक प्रभाकरजी की बड़ी चर्चा रहती है। बड़े लेखक हैं और सुना है कि वह यहीं 818, कुण्डेवालान में रहते हैं। मुझे तो कभी मिले नहीं। क्या आप उन्हें जानती हैं ?'

"सुनकर मन में गुदगुदी-सी हुई। प्रभाकर जो मेरे पास ही खड़े हुए थे। मैंने हँसकर कहा—'यहाँ तो बहुत लोग रहते हैं। मैं किस-किसको जान सकती हूँ।' "

एक दिन बस में जा रही थी। आगेवाली सीट पर दो लड़कियाँ बैठी थीं। बोलीं—"आप कहाँ रहती हैं ?"

"818, कुण्डेवालान में," मैंने कहा।

लड़की बोली—"वहाँ तो प्रभाकरजी रहते हैं। आप उन्हें जानती हैं।"

मैंने कहा—"जी हाँ, जानने की कोशिश तो करती हूँ। 26 वर्ष से कर रही हूँ। लेकिन अभी तक जान नहीं पाई।"

लड़कियाँ समझ गईं। बोलीं, "अच्छा तो आप मिसेज प्रभाकर हैं। देखिए अब तो आप पकड़ी गईं। हमारे घर आइए, उनको भी लेकर आइए।"

लेकिन जब लम्बे सफ़र में ऐसी घटना घट जाए तो और भी मज़ा आता है। एक बार अकेली इलाहाबाद जा रही थी। एक अध्यापिका भी उसी डिब्बे में बैठी हुई थी। दोस्ती हो गई। बाद में जब वह किसी काम में लगी तो मैं एक पुस्तक निकालकर पढ़ने लगी। बस, वह तुरन्त मेरे पास आई, बोली, "कौन-सी पुस्तक पढ़ रही हैं। अच्छा-अच्छा प्रभाकरजी की है। जरा मुझे दीजिएगा। मैं तो इनकी सभी रचनाएँ पढ़ती हूँ और पढ़ाती भी हूँ। अच्छा ही हुआ कि आप भी उनके साहित्य को प्यार करती हैं।"

मैंने एकदम कहा, "जी नहीं, साहित्य को प्यार आप ही कीजिए। मैं तो उन्हें ही प्यार करते रहना चाहती हूँ।"

एक क्षण हतप्रभ मेरी ओर देखती रही। फिर बड़े जोर से हँसी—"तो आप श्रीमती प्रभाकर हैं। सच कहती हूँ आपको देखते ही समझ गई थी कि आप ज़रूर किसी लेखक की पत्नी हैं। अच्छा हुआ आप मिल गईं। उन तक पहुँचने का रास्ता मिल गया।"

वह लेखक की पत्नी ही नहीं स्वयं लेखिका भी थी। बहुत कम लिखा उसने और उसका दायित्व मुझ पर है। मैंने उससे कहा था—"तुम मेरी प्रेरणा बनी

रहो। वह कम योगदान न होगा। और उसी प्रक्रिया में तुम्हें लेखक बनना होगा तो, निश्चय ही बन जाओगी।''

उसने लिखा। पुरस्कार भी पाया। मेरी प्रेरणा बनने में रंचमात्र भी कंजूसी नहीं की। राँची में बन्धुवर राधाकृष्ण ने मुझसे कहा था—''विष्णुजी। आपकी पत्नी निश्चय ही सुघड़ महिला हैं। आपको बेहद प्रेम करती हैं। नहीं तो आप इतने निश्चिंत होकर कैसे इतना लिखते, इतना घूमते।''

मेरी प्रसारित रचनाएँ सुनती तो पत्र लिखती—''आपका रूपक सुना; सचमुच बड़ा अच्छा था। अपने ही पड़ोस-मोहल्ले का किस्सा था न। कितनी अच्छी तरह से व्यक्त किया है।...कहीं जाती हूँ तो आदर योग्य समझी जाती हूँ। वे कहते हैं आजकल तो आपके प्रभाकरजी रेडियो पर बहुत चमक रहे हैं। तब कुछ गर्व होता है।''

ऐसी घटनाओं की चर्चा पीछे भी आ चुकी है लेकिन वह मेरी रचनाएँ पढ़ती-सुनती मात्र ही नहीं थी, उनकी सामग्री भी जुटाती थी। बार-बार मेरा लेखक उसकी शरण में जाता और नाना प्रकार के अनुभव लिखवाता रहता। वह भी अपने सारे अनुभव मेरी झोली में डाल देती। मैं कहता—''सुनो, नारी जब प्रथम बार माँ बनने की प्रक्रिया में होती है, तब कैसा लगता है, लिखो तो।...सुनो, वह जो तुमने पड़ोस की बहू के भाग जाने की बात कही थी, आगे क्या हुआ, पता लगाओ तो... ।''

कोई अन्त नहीं इन अनुभवों का। जो सुनती, देखती, अनुभव करती, खुशी-खुशी मुझे बताकर भार-मुक्त हो जाती। पर-पुरुष के साथ अकेले सफ़र करने पर उसकी गतिविधियों का सूक्ष्म अध्ययन उसने किया था। मेरी अनेक कहानियों, एकांकियों, यहाँ तक 'कोई तो' उपन्यास की प्रेरक शक्ति वही थी। अर्द्धनारीश्वर की तो नायिका वही है अपने मूर्त और अमूर्त रूप में।

मैं जरा भी निराश होता तो उद्विग्न हो उठती। एक बार ऐसे ही अवसर पर प्रवास से लिखा उसने, '...कर्तव्य से विमुख होकर भागना ही कायरता है। फिर आपके आटोग्राफ़ 'भागो, नहीं, दौड़ो' की याद करके हिम्मत बढ़ती है... । (19.9.58)'

'कल मेरे प्राण की वर्षगाँठ है, इसलिए आपको बहुत-बहुत बधाई। शुभकामनाएँ। ईश्वर से प्रार्थना करती हूँ कि वह आपको स्वस्थ, प्रसन्न, यशस्वी और शतायु बनाएँ। और जो कुछ भी है (मेरे पास) मैं आपके लिए न्योछावर करती हूँ।' (1974)

ऐसा नहीं कि हम आपस में कभी झगड़ते नहीं थे। वह उग्र हो उठती लेकिन उसकी वह उग्रता भी मेरी किसी-न-किसी रचना का रूप ले लेती थी।

एक मित्र बहुत बार कह चुके थे, ''भाभीजी! मेरे साथ चलिए न इलाहाबाद। मुझे तो पास मिलता है। किराया भी नहीं देना होगा आपको।''

उसने मेरी ओर देखा। मैंने कहा, ''तुम चाहो तो जा सकती हो।''

उसी यात्रा के संस्मरण सुना रही थी वह मुझे, ''जानते हो कैसे हैं ये तुम्हारे

दोस्त। उस रात प्रथम श्रेणी के कूपे में यात्रा की हम दोनों ने। कहने लगे, भाभीजी! जब आप चल ही रही हैं तो क्यों न अकेले में बातें की जाएँ...।''

''क्या बातें कीं उसने ?''

सहसा वह तड़प उठी और मेरी आँखों में आँखें डालकर बोली, ''मुझ पर विश्वास नहीं है आपको!''

किसी तरह अपने को बटोरकर इतना ही कह पाया, ''इसमें विश्वास-अविश्वास का प्रश्न कहाँ आता है ? मैं तो केवल पूछ रहा था...''

''जी हाँ, पूछ रहे थे। हैं तो आखिर आप भी पुरुष ही।'' उसका दर्प तीव्रता से हुंकार उठा।

''अपनी प्रेम कहानियाँ सुनाना चाहते थे मुझे। मैंने डाँट दिया, 'मुझे नहीं सुननी हैं आपकी प्रेम कहानियाँ।' बोले, 'क्यों नहीं सुननी हैं।' मैं बोली, 'क्योंकि सब पुरुषों की प्रेम कहानियाँ एक जैसी होती हैं, वैसे ही जैसे सब पुरुष एक जैसे होते हैं।' ''

वह एक के बाद एक उनकी हरकतों का वर्णन कर रही थी। उसकी भाषा तीखी और व्यंग्य से पूर्ण थी। और मैं सुन रहा था निर्वाक्, अन्दर के ज्वालामुखी को प्राणपण से दबाने की चेष्टा करता हुआ। वह कह रही थी, ''फिर भी उन्होंने न जाने कहाँ-कहाँ की कहानियाँ सुना डालीं। मैं पढ़ती रही, सुनती रही, मुस्कराती रही। उन्होंने आगे बढ़ने की चेष्टा की तो डाँट दिया, 'खबरदार जो कोई हरकत की। थप्पड़ मारूँगी गाल पर। बातें मुँह से की जाती हैं, हाथों से नहीं।' ''

स्वभाव से विवश मैं कह उठा, ''अगले दिन भी तुम कूपे में ही आई उसके साथ, यह सब होने पर भी ?''

यहीं वह तड़प उठी थी, ''आपको विश्वास नहीं है मुझ पर!''

दो क्षण बाद फिर सहज होकर उसी ने कहानी को आगे बढ़ाया, ''दूसरी रात उन्होंने बहुत बकवास की। जब मैंने डाँट-डपटकर ऊपर भेजा तो जानते हो क्या कहा उन्होंने...जाने दो, क्या करोगे सुनकर...मानसिक विकृति भाषा को विकृत कर देती है। डर तो कुछ था नहीं, इसलिए हँसी ही आती रही।''

''सवेरे जब आँख खुली तो पाया कि मेरी चादर के ऊपर उनकी शॉल पड़ी है। पूछा, 'यह शॉल आपने डाली है ?' ''

''जी हाँ। रात को उठा तो देखा, आप सिकुड़ी-सिकुड़ी-सी लेटी हैं। तब...।''

''शॉल ऊपर की बर्थ पर फेंककर मैं तुरन्त बाथरूम चली गई। लौटकर आई तो वे किसी अधिकारी से बातें कर रहे थे। आप जानते ही हैं, मैं सदा मुस्कराती रहती हूँ। उन अधिकारी महोदय ने मुझे देखा। नमस्कार किया और उनसे बोले, अच्छा तो आपकी श्रीमतीजी भी हैं आपके साथ...।''

मैंने कहा, ''तुमने प्रतिवाद नहीं किया... ?''

बीच में ही बोल उठी, ''लो, प्रतिवाद करती और अपवाद मोल लेती! चुप रहने में ही कल्याण था। क्योंकि गलती तो हमारी थी...लेकिन जब वे मुझे घर छोड़ने आए तो क्षमा माँगने लगे, बोले, भाभीजी! देवर-भाभी की ये बातें हमारे

ही बीच में रहें। किसी और को पता न लगे।''

''लेकिन तुमने मुझे सब कुछ बता दिया है।''

''किसी और को बताने की मनाही थी, आपको नहीं।''

वे सब विषकम्भक थे। मैं, बयालीस वर्षों के उस संघर्षमय जीवन में जिधर भी झाँकता हूँ उस साधारण लड़की की भाषा में मुझे वही असाधारण प्यार और वही अनिर्वचनीय माधुर्य परिलक्षित होता है। वह किसी मध्ययुगीन पतिव्रता का आत्मसमर्पण नहीं था बल्कि बीसवीं सदी की जाग्रत नारी की सही साहचर्य की कामना थी। और वह कामना उस प्रेम में से शक्ति पाती थी जो नर-नारी के सही सम्बन्धों का आधार है। श्रीमती लीलावती मुंशी ने प्रो. केरोल को उद्धृत करते हुए एक स्थान पर लिखा है, ''स्त्री का प्रभाव जहाँ होता है वहाँ वह अधिकांशतः मूक होता है... ।''

सन् 1938 से सन् 1979 तक की इस अवधि में शब्द जरूर बदले पर अर्थ कभी नहीं बदला। एक बार हम दोनों में कुछ तेज झगड़ा हो गया। उतना तेज न पहले कभी हुआ था न फिर कभी हुआ। लेकिन उसके कारण एक-दूसरे के प्रति हमारी भावना में तनिक भी अन्तर नहीं पड़ा बल्कि सामीप्य की तड़प और उग्र हो उठी। प्रवास के दौरान उसने मुझे पत्र लिखा—'...पता नहीं आपके दिमाग में क्या है क्योंकि आप तो मुझे लिख नहीं रहे हैं कुछ, पर मैं किससे कहूँ। मन में ही कुढ़ती रहती हूँ। रात को नींद भी नहीं आती। पड़ी-पड़ी घण्टों सोचती रहती हूँ, क्या करूँ ?...बस बच्चों की माँ को सूचना दी जा रही है। क्या मेरे नाम से भी आप परिचित नहीं हैं...' (10-6-57)

इस प्रेमिल आत्मा का, जिसने मेरे जीवन के मरुस्थल में प्रेम की गंगा प्रवाहित की थी, अविश्वास कैसे और क्यों करता ? एक बार कानपुर से लौटी तो बोली, ''सुनो, जब दिल्ली से गई थी तो गाड़ी बहुत लेट हो गई थी। रात के ग्यारह बज गए। कहाँ जाती तब। जूही का रास्ता कितना खतरनाक है। मैं प्लेटफार्म पर खड़ी-खड़ी सोच रही थी कि साथ में जो एक अधेड़ सज्जन थे वह मेरे पास आए, ''बोले, बहन! मेरा घर स्टेशन के पास ही है। आप रात भर वहीं रहें। सवेरे चली जाएँ।''

''मैंने उनकी ओर देखा। डर भी रही थी मैं, पर और कोई रास्ता भी तो नहीं था। उनके साथ उनकी बेटी थी। यही आश्वासन था। मैं उनके साथ चली गई।

''और रात भर वहीं रही।

''हाँ, सवेरे उठकर जूही चली गयी।''

बहुत गहरे कोई प्रश्न कुरेद गया। क्यों हम नारी के बारे में यह सब सोचते रहते हैं ? क्यों हम उसे सदा अपवादों के घेरे में ही घिरा देखना चाहते हैं ? क्यों जीवन का एक बहुत बड़ा अंश वह इन अपवादों के चक्रव्यूह में फँसने और बाहर निकलने में बिता देने को विवश कर दी जाती है ? नर-नारी के सम्बन्धों में सहजता क्यों नहीं आ पाती... ?

"सुना, आज बस में क्या हुआ ?"

"क्या हुआ ?"

"एक बूढ़े ने मुझे कोहनी मारी।"

"तुम चाहती थीं—कोई जवान मारता ?"

"हटो। आप तो बस...भला कोई बात है। आदमी औरत को देखता है तो बस..."

"...आदमी को तो बस औरत चाहिए—चाहे पत्थर की हो, चाहे काठ की।"

एक दिन किसी सन्दर्भ में हँसते-हँसते मैंने कहा, "मैं भी अब एक और शादी करना चाहता हूँ।"

"उसने तुरन्त उत्तर दिया, 'तो कर लो न। कौन रोकता है ?' "

"लेकिन एक शर्त है, लड़की तुम्हें ही ढूँढ़नी होगी।"

"वह भी ढूँढ़ दूँगी। सभी काम तो करती हूँ आपके, जूते तक लाती हूँ, यह भी सही।"

कहते-कहते वह अन्दर जाने को मुड़ी कि जैसे वज्रपात हुआ हो। वह जहाँ थी वहीं ठिठक गई, मेरी ओर आग्नेय नेत्रों से देखा, बोली, "सुनते हो। अगर मेरे स्थान पर किसी को लाकर बैठाया तो पत्थर मार-मारकर सिर तोड़ दूँगी।"

एक बार तो मैं हतप्रभ-अवाक् रह गया था इस आकस्मिक आक्रमण से, लेकिन दूसरे ही क्षण जो हँसी फूटी तो अपने को सम्हालना कठिन हो गया। पूछ बैठा, "मेरा कि उसका।"

—हाँ नहीं तो इतना भी पता नहीं क्या बात करनी चाहिए। उसका वही प्यार, भोलापन, झंझावातों के बीच मेरे जीवन और सृजन की प्रेरक शक्ति बना रहा। कवि रामावतार चेतन के 'शोक गीत' के एक पद की अन्तिम पंक्ति में क्षमा-याचना सहित संशोधन करते हुए मैं कहूँगा—

*मेरे संघर्षों का भार तुम्हीं ने झेला/लेकिन दी पूर्णता मेरे संकल्पों को*
*मंजिल दी/मेरी संघर्ष की महायात्रा को/अर्पित की सार्थकता*
*रक्त को/पसीने को/श्वासों को सरगम/विश्वासों को शब्द दिए*
*तुमने लय होने से पहले/ओ मेरी प्राणप्रिया।*

## 29

*मेरे बिखरे प्राणों में सारी करुणा ढुलका दो,*
*मेरी छोटी सीमा में अपना अस्तित्व मिटा दो।*

(महादेवी वर्मा)

उसमें प्यार करने की अद्भुत क्षमता थी। वैसी ही क्षमता थी अपने स्वाभिमान को अक्षुण्ण रखने की। उसके लिए प्रेम, प्रेम था, स्वाभिमान, स्वाभिमान। प्रेम

के लिए स्वाभिमान की बलि देना उसके लिए प्रेम का अपमान था। लग्नबन्धन के कुछ समय पश्चात् न जाने मेरी किस बात से उसके मन पर गहरी ठेस लगी तो उस घटना के बाद दिसम्बर 1939 में यह लम्बा पत्र उसने मुझे लिखा था–

श्रद्धेय पुरुष,

सादर सेवा में निवेदन है कि पुरुष समझता है–मैं शक्तिशाली हूँ, समर्थ हूँ नारी से। इसलिए वह स्त्री जाति को सदैव दबाने की कोशिश करता है। नारी को वह अबला, अशक्त, कायर और न जाने क्या-क्या समझता है ? वह किसी भी बात में नारी को शासन करते नहीं देख सकता। जहाँ उसने नारी में तनिक (भी) स्वतन्त्रता देखी कि एकदम अहम् भाव जाग्रत हो उठता है।

यह तो मानी हुई बात है कि नारी के बिना सृष्टि नहीं चल सकती। नहीं तो मैं समझती हूँ, अच्छा होता यदि विधि के विधान को पलटकर स्त्री जाति का अस्तित्व ही मिटा दिया जाता। लेकिन यह तो व्यर्थ-सी बात है। हाँ, इतना अवश्य होता कि, नारी को शुष्क, हृदय-हीन होना चाहिए था। नारी-पुरुष का अलग रहना तो असम्भव है। एक-दूसरे के संसर्ग में अवश्य रहना पड़ेगा। और जब तक एक स्त्री में थोड़ी-भी ज्ञान-शक्ति रहेगी, यह दबाव सहना उसके लिए असह्य है। फिर आधुनिक जागृति के युग में तो बहुत ही कठिन है। इसलिए डर है, कहीं पुरुष को स्त्री की ठोकर न खानी पड़े।

ईश्वर तो एक बार सृष्टि की रचना कर चुका। अब तो सामर्थ्यवान पुरुष को ही चाहिए कि वह इस मशीनों के युग में नए ढंग से स्त्री की रचना करे। अच्छा रहेगा कि वह कन्या को जन्म न देने में समर्थ हो, पुत्र-ही-पुत्र पैदा करे और नारी की आवश्यकता को पूरी करने के लिए मिट्टी की पुतलियाँ बनाकर कल द्वारा उन्हें चलाए-फिराए और सृष्टि रचना के साथ ही अपना मनोरंजन पूर्ण करे।

उस शक्तिशाली और सामर्थ्यवान पुरुष के लिए यह काम कठिन नहीं है। वह समर्थ है समर्थ। यदि वह अपना शासन दृढ़ रखना चाहता है तो शीघ्र ही उसे नववर्ष के साथ-ही-साथ इस नवीन समस्या को हल करने का प्रयत्न करना चाहिए। नहीं तो गया वक्त हाथ नहीं आता।

लेकिन साथ ही (उसे) यह भी जाने रखना चाहिए (कि) स्त्री ने कभी पुरुष पर शासन करना नहीं चाहा। और न वर्तमान तथा भविष्य में (ऐसी) आशा है। वह तो केवल उस पुरुष के, जिसे उसने अपने शरीर से जन्म देकर अपनी गोद में दुलार से बड़ा किया है, निष्कपट और सच्चे प्रेम की भूखी है। लेकिन मैं देखती हूँ उसे (अपनी इच्छा से) निराश होना पड़ेगा क्योंकि पुरुष ऐसा करने में गर्व-हानि समझता है।

कहने को तो बहुत कुछ है। स्वस्थ न रहने के कारण (अभी) इतना ही सही। अनुचित के लिए क्षमाप्रार्थी हूँ।

शुभचिन्तिका
कोई बहिन

मैंने वह पत्र साप्ताहिक वीर अर्जुन में छपवा दिया। उसने देखा तो मुस्कुराई। फिर बोली, "तुम भी अजीब आदमी हो, घर की बातें भला इस तरह..."

इस घटना के बाद हममें सन्धि हो गई, मैंने अपना अपराध स्वीकार कर लिया तो भी उसने कहा था, "पुरुष अपने स्वार्थ के कारण ही झुकता है। प्रियतम, क्या आपने भी कहीं इसलिए तो...!"

किसी सांसारिक सुख-सुविधा के लिए उसने आग्रह या दुराग्रह नहीं किया। विवाह के डेढ़ माह बाद ही उसने मुझे लिखा था, "जेवर के विषय में आप लिखते हैं कि माताजी कभी-कभी रोने भी लगती है।" "मुझे वड़ा दुःख है, आप लोग मुझे इन मायावी अलंकारों से ही सुसज्जित करना चाहते हैं। मैं किन शब्दों में कहूँ कि आप माताजी को जता दें कि मैं गहनों के बिल्कुल विरोध में हूँ।"

उन प्रारम्भिक वर्षों में मैंने कभी उसे कुछ लाकर दिया हो, याद नहीं पड़ता। संयुक्त परिवार के शासन में उसे जो मिला वही उसने स्वीकार किया। जैसे रहने का आदेश मिला वैसे रही। बहुएँ बिना खाए-पिए सवेरे ही स्नान करके जो रसोई घर में प्रवेश करतीं तो सबके खा-पी चुकने के बाद ही उन्हें मुक्ति मिलती। इतने कड़े अनुशासन में रहना आज की नारी के लिए असम्भव है। मूल अधिकारों के हनन का प्रश्न उठ खड़ा होता है तुरन्त।

तब केवल एक बार उसने एक यात्रा में साथ जाने की हठ की थी। बहुत दिनों बाद उसकी याद करके पश्चात्ताप से दग्ध स्वर में उसने कहा था, "न जाने तब वह दुर्बुद्धि मुझमें कहाँ से आ गई थी।"

ऐसा नहीं कि वह माँ के कड़े अनुशासन के दंश को महसूस नहीं करती थी परन्तु वह यह भी बहुत अच्छी तरह जानती थी कि इस दंश के पीछे पवित्र प्यार और सहज स्नेह का निरन्तर प्रवहमान स्रोत है। बहुत गहरे डूबकर उसने माँ के अवदान को पहचाना था।

उस दिन मैं लिख रहा था और वह मेरे सामने बैठी अपराध स्वीकृति के मूड में जाने क्या-क्या कहे जा रही थी ? सहसा मैं चौंक उठा। उसका कण्ठ अवरुद्ध था, "एक आपकी माँ थीं, सबको जोड़े रहीं। एक मैं हूँ...।"

उलझना-टकराना तो मनुष्य का स्वभाव है। हर टकराव के बाद मैं घोषणा करता, "हम अब साथ नहीं रह सकते। हमें अलग हो जाना चाहिए। अदालत जो निश्चित करेगी वह मासिक वृत्ति मैं देता रहूँगा।"

तुरन्त उत्तर मिलता, "जब मैं साथ ही नहीं रह सकती तो क्यों लूँगी आपके पैसे। अपने पैरों पर खड़े होने की शक्ति है मुझमें।"

गहरी आत्मीयता के क्षणों में इन क्षेपकों की याद कर-करके खूब हँसते थे।

मैंने बारबार नौकरियाँ छोड़ीं, अनेक नए प्रस्ताव अस्वीकार किए, सरकारी सम्मान की अवहेलना की। किसके बल पर ? वही 'साधारण लड़की' तो सहती थी उस दंश को, लेकिन एक बार भी तो प्रतिवाद नहीं किया। पर जब 'आवारा मसीहा' का प्रकाशन हुआ और 'दिल्ली साहित्य कला परिषद' ने मेरा सम्मान

करने की घोषणा की तो उसने मुझसे कहा, "देखो, बहुत ना-ना कर चुके, अब हाँ करना भी सीखो।"

वह दृश्य मैं कभी नहीं भूल सकता। अपनी छोटी-सी रसोई में, जिसमें दो आदमी भी नहीं खड़े हो सकते, वह तब बरतन माँज रही थी। हाथ राख-मिट्टी से काले हो रहे थे। चेहरे पर आयु की थकान थी। आँखों में हल्की-हल्की मुस्कान थी पर कितनी करुण लगी मुझे वह उस क्षण। मेरे अन्तर में जैसे शूल बनकर चुभ उठी हो वह। उस एक क्षण में मेरा अस्तित्व घूम गया। मैंने धीरे-से कहा, "अच्छी बात है। अब मना नहीं करूँगा।"

जैसे नियति इसी स्वीकृति की राह ही देख रही थी। मान-सम्मान की बाढ़-सी आ गई। सब कुछ को सहेज लेती वह पर अपने लिए कुछ नहीं रखती। सब कुछ मुझे ही लौटा देती या बच्चों में बाँट देती। कहती, "मेरा ही तो है सब कुछ।"

रोग शैया पर एक दिन बोली, "क्या वह सब पैसा मेरे इलाज के लिए ही आया था ?"

मैंने धीरे-से कहा, "तुम चिन्ता मत करो।"

बोली, "चिन्ता मुझे नहीं है पर देखो तो संकट टला कहाँ, जरा साँस आई थी कि मैं बीमार हो गई।"

बार-बार एक प्रश्न का सामना मुझे करना पड़ा है, "क्या मात्र मसिजीवी होकर जिया जा सकता है।"

जानता हूँ नहीं जिया जा सकता पर क्योंकि मैं संयुक्त परिवार में रहता था और मेरी पत्नी सदा मेरे साथ खड़ी रहती थी। कभी भी तो किसी चीज़ की माँग नहीं की उसने। बच्चे कहते, "अम्मा यह साड़ी अच्छी नहीं है।" "ताईजी, आप तो साड़ी बाँधना भी नहीं जानतीं। कितनी ऊँची है।" वह हँसकर टाल जाती सबको।

एक दिन उसकी छोटी बहन ने एकान्त पाकर मुझसे कहा, "भाईसाहब! आप यह क्या कहने लगे हैं कि अब आप सब कुछ छोड़कर घूमने निकल पड़ेंगे।"

"क्यों इसमें क्या बुरा है ?" मैंने शरारत से जवाब दिया।

"बुरा तो कुछ नहीं है पर आप यह क्यों कहते हैं कि आप मेरी दीदी को छोड़ जाएँगे।"

"वह अपने बेटे-पोतों के साथ रहेगी न।" मैं अब भी हँस रहा था।

"नहीं, नहीं, वह आपके बिना नहीं रह सकती। वह बहुत दुःखी है।"

तब मैंने धीरे-से कहा, "पगली है वह तो। मैं उसे छोड़कर कहाँ जा सकता हूँ।"

"पर वह तो सच मान बैठी है। आप ऐसा मज़ाक मत किया कीजिए।"

मृत्युशैया पर एक दिन बोली, "मेडिकल कॉलेज की लड़कियाँ बार-बार मेरे शरीर की जाँच करती हैं। मेरे मरने पर यह शरीर उन्हीं को दे देना। काम आएगा उनकी पढ़ाई में।"

मैंने किसी तरह कहा, "अच्छी बात है, दे देंगे।"

उसकी यही इच्छा मैं पूरी नहीं कर पाया। उससे लिखवाना होगा, यह ध्यान ही नहीं रहा।

कुछ इतना पवित्र, इतना निजी होता है कि प्रगट करने का साहस नहीं जुटाया जा सकता। सोचता हूँ दो अजनबी मिले। नाते-रिश्ते, प्यार-बन्धन, सब कुछ देखा-भोगा, लेकिन सब नश्वर। नहीं, प्यार नश्वर नहीं होता। सोते समय भी जागते समय भी भटकता फिरता हूँ। अमरीकी कवि रॉबिन्सन जेफर्स की वे पंक्तियाँ याद आती हैं जो उसने अपनी पत्नी की मृत्यु पर कही थीं—

"यह नहीं कि मैं तुम्हारे बिना अकेला नहीं रह सकता (पर) मैं टूट गया हूँ—तुम मेरा हिस्सा जो थीं।"

नेपाल यात्रा के मार्ग पर अचानक सुनता हूँ कि मराठी के सुप्रसिद्ध नाटककार मामा वरेरकर नहीं रहे। बहुत निकटता थी उनसे, इसलिए नहीं कि वे नाटककार थे। इसलिए भी नहीं कि वे शरत् बाबू के मित्र रहे हैं बल्कि इसलिए कि उनके पास सचमुच संवेदनशील हृदय था। कभी-कभी बहुत दिन बीत जाते, उनसे मिलना न हो पाता। तब उनका फोन आता, "अरे इतने दिन से तुम आए नहीं...।"

और मैं पहुँच जाता तुरन्त, वे मुझे देखते ही पुकारते अपनी सचिव को, "नीला! एक बच्चा भी आ गया है।"

मैं इस आयु में भी दूध पीना अधिक पसन्द करता हूँ इसीलिए मामा मुझे बच्चा कहा करते थे।

ऐसे मामा की अन्त्येष्टि में शामिल न हो पाने का दुःख मुझे सालता रहा, सारी यात्रा में। दिल्ली लौटकर इस व्यथा की बात मैंने अपनी पत्नी से कही।

वह बोली, "मैंने भी जब अचानक रेडियो पर सुना तो आपका ख्याल आया। आप होते तो अवश्य जाते।"

"यही तो दुःख साल रहा है।"

"लेकिन मैं गई थी..."

"क्या... ?" अविश्वास और आश्चर्य से प्रतिहत मैं उसकी ओर देखता रह गया। वह सदा की तरह मुस्कुरा रही थी। और मैं कह रहा था, "सच्ची! तुम गई थीं मामा की अन्त्येष्टि में ?"

"हाँ, मैं सीधे श्मशान घाट चली गई थी। एक-दो व्यक्तियों को ही पहचानती थी मैं।"

शब्द नहीं हैं मेरे पास यह बताने के लिए कि उस क्षण मुझे कैसा-कैसा लगा। अर्द्धांगिनी यही तो होती है।

मैंने अपना यात्रा-संस्मरणों का सद्यः प्रकाशित संग्रह जन्मजात पर्यटक काकासाहब कालेलकर को समर्पित किया था और वह उनके जन्मदिन पर उन्हें भेंट करना चाहता था, परन्तु तीव्र ज्वर के कारण सम्भव न हो सका। तब वह खुशी-ख़ुशी मेरा संग्रह लेकर गई और उन्हें सादर भेंट कर आई।

ऐसी न जाने कितनी प्रसन्नताएँ बटोरी थीं उसने मेरे लिए। एक थे पण्डित

विष्णुदत्त विकल—साधारण आदमी जितने सरल प्राण, उतने ही स्नेहिल। प्रकाशकों से जुड़े, पत्रों के सम्पादन में योग दिया। कथा भी कहते थे। बांग्ला भाषा खूब जानते थे, अनुवाद भी करते थे। बहुत अपनापन था उनसे। बहन मानते थे मेरी पत्नी को। अचानक उनकी मृत्यु हो गई। बेटी का विवाह होना था, हुआ। किसी कारणवश मेरा जाना सम्भव न हो सका लेकिन वह गई। बाद में बेटी का पत्र आया, "चाचाजी कितने मित्र थे पिताजी के, बस चाचीजी ही आईं। कितनी खुशी हुई हमें...।"

यशपाल जैन की बेटी का विवाह हुआ जयपुर में। मैं तब सोवियत रूस की यात्रा पर था। वह जयपुर गई और मेरी अनुपस्थिति किसी को अनुभव नहीं होने दी।

कोई अन्त नहीं था इन क्षणों और नामों का। जिस भी जाने-अनजाने के सम्पर्क में आती उसे पूरी तरह से अपना लेती। जाति, धर्म आदि का कोई भेद नहीं था। बारान्निकोव हो, माजदा असद हो या जमादारिन बिब्बो हो।

वर्षों तक हम साथ-साथ बहुत तड़के उठकर घूमने जाते थे राजघाट पर। अनेक साहित्यिक मित्र आते थे वहाँ पर सर्वश्री जैनेन्द्रकुमार (सपत्नीक), अक्षयकुमार जैन, डॉ. रामकिशोर द्विवेदी, राजघाट के निदेशक सत्यवीर रस्तोगी, मोहनसिंह सेंगर, यशपाल जैन, ठाकुर राजबहादुर सिंह, जगन्नाथ प्रभाकर, प्रिंसिपल कुन्दनलाल जैन आदि तो थे ही, साहित्येतर मित्र भी कम नहीं थे। बाहर से आनेवाले अनेक मित्र हमसे मिलने वहीं पहुँचते थे। घूमते-घूमते मैं देखता हूँ कि वह मेरे साथ नहीं है कि सेंगरजी की खनखनाती हँसी सुनाई देती, "डरो नहीं, भाभीजी कहीं नहीं गई हैं। अपने ओनरेरी ससुर (अर्थात् ठाकुरसाहब) के साथ बैठी बतियाय रही हैं।"

सचमुच ठाकुर साहब और वह दोनों अक्सर घास पर बैठे सुख-दुःख की बातों में तल्लीन दिखाई देते। झिझक उसे छू नहीं गई थी। मुख्य न्यायाधीश की पत्नी हो, मन्त्री हो, उद्योगपति की पत्नी हो—सभी से उसकी जन्म-जन्म की पहचान होती थी। एक सभा में जैसे ही उसने श्रीमती लीलावती मुंशी को देखा तो तुरन्त पास पहुँची और दोनों हँस-हँसकर बातें करने लगीं। बाद में मैंने पूछा, "क्या तुम इन्हें पहचानती हो ?"

क्यूँ न पहचानूँगी। पिछली बार महिला सम्मेलन में मिले थे। बहुत अच्छी हैं। खूब बातें करती हैं।

चारों प्रान्तों की यात्रा में वह सभी भाषा-भाषियों से एकरूप हो रही। चटनी बनाने से लेकर धोती बाँधने तक की दीक्षा ली उनसे। दीवाली के दिनों में उन जैसी धोती पहनकर मेरे सभी मित्रों के घर गई और प्रमाणित कर दिया कि मन की भाषा सब कहीं एक होती है।

अनेक शोधार्थी मेरे घर आकर रहते और वह सबके साथ प्रेम का नाता साध लेती। एक शोधार्थी बहन डॉ. राज आनन्द ने लिखा है, "...जब मैं देहली से पोरबन्दर के लिए रवाना हो रही थी, सुशीलाजी ने मुझे नीली काँच की चूड़ियाँ

पहनाई थीं, अपने आशीर्वाद दिए थे।...उनकी पावन भावनाओं का प्रतीक हैं ये चूड़ियाँ।...''

चिरकुमार मोहनसिंह सेंगर के जीवन की त्रासदी से खूब परिचित थी। एक बार उनके योग्य जीवन-संगिनी की खोज में व्यग्र हो उठी। वह समझ रहे थे यह सब देवर-भाभी का विनोद है पर एक दिन सचमुच प्रस्ताव करके उनको चकित कर दिया, ''मेरी परिचिता समाज-सेविका है। आयु में आपके योग्य है। आप चाहें तो...।''

सेंगरजी पूरी दृढ़ता से बोले, ''...नहीं, नहीं, अब कभी चर्चा भी मत कीजिएगा आप...''

जैसे ही पता लगता कि मेरा कोई मित्र या उसका परिजन अस्पताल में है तुरन्त दौड़ जाती।

होली के रंग की हर सन्ध्या को मेरे पास आती, ''उठो, उठो। चलो मिल आएँ सबसे।''

''किससे मिलोगी, कोई भी तो नहीं आता अब।''

''आप जाएँगे तभी तो कोई आएगा और फिर अपना धर्म तो अपने साथ है।''

इसी तरह न जाने कितना प्यार बटोर गई मेरे लिए मेरी अर्द्धांगिनी। प्रतिभा से प्रताड़ित हम दोनों प्रेम-पंथ के राही थे। उसके प्यार ने ही मेरे संकोच को स्वर दिया, शब्दातीत भाषा दी।

अपने मन पर चोट लगती है तभी दूसरे का दर्द पहचाना जाता है। ''अपने पैर न फटे बिवाई तो क्या जाने पीर पराई'' इसका अर्थ इसको जीकर ही समझा हूँ। सन् 1960 में दक्षिण-पूर्व एशिया के देशों में जाने से पूर्व भारत सरकार के तत्कालीन मन्त्री श्री सुब्रायन से हम एक परिचय-पत्र ले गए थे मलाया के मन्त्री श्री सम्बन्धन के नाम। लौटकर उन्हें धन्यवाद देने जाना था। इसी बीच में उनकी पत्नी का देहान्त हो गया। हमारे संवेदना प्रकट करने पर वे बोले, ''जो आया है वह तो जाएगा ही भाई।''

फिर दो क्षण गहरा मौन छाया रहा। एकाएक उन्होंने दृष्टि उठाई और बोल उठे, ''कम्बख़्त ने इस उमर में दगा दी।''

तब भी पिघल उठा था। आज तो ये शब्द मेरे हृदय में टीस-टीस उठते हैं। कैसा सत्य है इनके पीछे।

वयोवृद्ध साहित्यकार भगवतीप्रसाद वाजपेयी जब भी दिल्ली आते तो मुझे न भूलते। एक बार गहरे आत्मीय क्षणों में बोले, ''विष्णुजी! बहुत दिनों से बीमार थी मेरी पत्नी। हम अकेले थे, बहुत किया पर बड़ा कष्ट था उन्हें। एक दिन हमने कह दिया, ''अब तुम चली जाओ।'' और दो-तीन दिन बाद वह चली गईं। अब रह-रहकर टीस उठता है मन, क्यों कहा मैंने उनसे ऐसा ?''

ऐसे ही दर्द से रेखांकित चेहरे मन के पटल पर उभर-उभर उठते हैं और मैं अनुभव करता हूँ कि मैं अकेला नहीं हूँ। ''प्रेम इतना अमूल्य है कि उसके

लिए जितनी पीड़ा सही जाए कम है।''

तेलुगू के सुपरिचित कवि शैलेन्द्र ने अपनी प्रेमिका को सम्बोधित करते हुए लिखा है, ''मैं मरणोपरान्त भी तुमसे प्रेम करता रहूँगा क्योंकि प्रेम नहीं जानता जीवन और मरण के बीच के अन्तर को।''

मैं कहता हूँ जीवन और मरण क्यों, प्रेम तो भूत, वर्तमान और भविष्य के बीच के अन्तर को भी नहीं पहचानता क्योंकि वह कालातीत है शब्दातीत है। वही कालातीत शब्दातीत प्रेम मेरा कवच है और रहेगा।

## 30

न अपनी मरजी आए, न अपनी मरजी चले!

मनुष्य ने अपने जन्म से लेकर आज तक कितनी प्रगति की, परन्तु क्या जन्म-मरण पर अंकुश लगा सका ? नर है, नारी है तो नया जन्म अनिवार्य है और जब जन्म है तब मरण को कौन रोक सकता है। यह दूसरी बात है कि कुछ मरण बलिदान की संज्ञा पा जाते हैं, कुछ व्यक्ति को अमर कर देते हैं और कुछ किसी के लिए दर्द बन जाते हैं, ऐसा दर्द जिसको न तो स्वर दिया जा सकता है और न ही भुलाया जा सकता है, बस सहा जा सकता है। सबके बीच में रहकर, अकेले सहा जाता है। वह अकेलापन कितना त्रासद होता है यह मैं पत्नी के देहावसान के बाद ही जान सका...

नियति को शायद इतना ही मंजूर नहीं था, 8 जनवरी, 1980 को वे गईं तो अगले ही मास महाशिवरात्रि की शुभ-वेला में बड़े भइया ने आँखें मींच लीं। भरे-पूरे परिवार में बहुत स्नेह पाया मैंने पर मेरे लेखन की शक्ति व प्रेरणा तो सही अर्थों में ये दोनों ही थे। पत्नी ने जहाँ सब बन्धनों से मुक्त कर दिया था और निरन्तर मेरी सहयोगिनी बनी रही, वैसे ही भाईसाहब बौद्धिक स्तर पर मुझे निरन्तर शिक्षित करते रहे। वे मेरे सही अर्थों में, आलोचक भी थे, शिक्षक भी और छोटे भाई पर गर्व करने वाले प्रचारमन्त्री भी। वे बहुमुखी प्रतिभा के धनी थे पर उतने ही दुर्बल और अस्थिर भी। बातों से मोह लेते थे, निरुत्तर कर देते थे पर कुछ अपवादों को छोड़कर एकाग्र होकर कुछ नहीं कर सके। वाणी में जितनी मोहिनी शक्ति थी, हृदय में उतनी ही सघन उदारता थी। वे नृशंस भी हो सकते थे और स्नेहिल भी।

श्री अरविन्द के इतने प्रबल समर्थक कि कोई विरोध करने के लिए मुँह भी खोलता तो अग्निशर्मा हो उठते उसी तरह जिस तरह कॉफी हाउस में उनकी मेज पर जब कोई दूसरा व्यक्ति बिल देने का साहस करता तो प्लेटें तक तोड़ने को तैयार हो जाते।

परस्पर विरोधी तत्त्वों से निर्मित स्वयं उनका चरित्र ही मेरे लिए चुनौती बन गया था। एक ऐसी चुनौती जो मेरे भीतर के लेखक के लिए सामग्री से

भरपूर थी। फिर भी चरित्रांकन करना सम्भव नहीं हो सका क्योंकि वे मेरे बड़े भाई थे जिनका मैं आदर ही कर सकता था। वे मुझे बराबरी का दर्जा देने को आतुर रहते पर मैंने कभी सीमा नहीं लाँघी।

स्वाधीनता संग्राम में भाग लेकर जेल गए। स्वाधीनता संग्राम के बाद (आजादी के बाद) दिल्ली कार्पोरेशन के चुनाव का संचालन किया और काँग्रेस को अभूतपूर्व विजय दिलाई। अध्यापक बने तो छात्र ही नहीं, प्रिंसिपल तक उनकी प्रतिभा का लोहा मान गए। व्यापार के क्षेत्र में उतरे तो सारा देश घूम डाला। अन्त में सुप्रसिद्ध राष्ट्रीय प्रकाशन संस्थान, 'सस्ता साहित्य मण्डल' से जुड़े तो बिना मेज पर बैठे या एक शब्द लिखे जन-सम्पर्क का अद्‌भुत कार्य किया। इसी कारण वे सदा विवादास्पद रहे। काश, वे अपने को पहचान पाते या कोई उनको नाथनेवाली प्रेरक शक्ति बन पाता। वे रेखाचित्र और संस्मरणों के ही नहीं बल्कि एक अद्‌भुत मनोवैज्ञानिक उपन्यास के पात्र थे। काश, मैं यह काम कर पाता पर मैं उनको सदा अपना बड़ा भाई मानता रहा, मित्र नहीं। इसलिए उतना साहस नहीं जुटा पाया।*

साहस तो इस 'दिशाहीन सफ़र' को आगे बढ़ाने का भी नहीं है, जो प्रेरक शक्ति थे, मेरे दाएँ-बाएँ खड़े थे (मैं तो निमित्त मात्र था।) वे ही नहीं रहे तो आगे लिखने का साहस कहाँ से और कैसे जुटाऊँ। तेईस वर्ष बीत गए उन दोनों से विलग हुए। यह सच है उन्होंने बिछोह दिया तो दर्द भी दिया, जो पीड़ा देता है तो पवित्र भी करता है। और दर्द सहने की यातना से गुजरकर ही तो लिखा जाता है। आज भी मैं उससे गुज़र रहा हूँ और इसीलिए लिख रहा हूँ। मेरी पत्नी ने अपने जीवन-काल में 'आवारा मसीहा' लिखवा लिया तो विदा लेने के बाद 'कोई तो' उपन्यास और विशेषकर 'अर्द्धनारीश्वर' भी तो उसी ने लिखने को विवश किया। 'अर्द्धनारीश्वर' की तो नायिका ही वही है। उसकी रचना-प्रक्रिया वैसे ही अपने आपमें एक पुस्तक का विषय है जैसे 'आवारा मसीहा' की रचना-प्रक्रिया।

जीवन के 92वें वर्ष में मैं दावा तो नहीं करता पर यदि किसी तरह अन्तर के अकेलेपन को शक्ति का रूप दे सका तो इस सफर का अन्तिम खण्ड अवश्य लिखूँगा। उसमें तीन प्रमुख खण्ड होंगे, 'मैं और कॉफी हाउस', 'मैं और सरकारी माध्यम' तथा 'साहित्य अकादमी में दस वर्ष'। यात्राएँ काफ़ी कीं परन्तु अन्तर का अकेलापन सदा सालता रहा। इसी अकेलेपन को भूलने के लिए कॉफी घरों और यात्राओं के प्रति मोह बढ़ता रहा। कॉफी घरों में पहले से ही अपनी सन्ध्याएँ बिताता था, कभी वह भी आती थीं पर अब तो कॉफी घर जैसे मेरी जीवन पद्धति का अंग बन गए हैं। कितने मित्र पाए, कितने अजनबी पास आए, कितने प्लाट मिले लिखने को। यही मैंने सीखा कि अन्तिम कुछ नहीं है। जीवन बस रास्ता-ही-रास्ता है। मंज़िल तो आकाश और क्षितिज की तरह दृष्टि की सीमा है और सबकी दृष्टि की अपनी-अपनी सीमा है।

---

* विस्तृत संस्मरण के लिए देखिए परिशिष्ट 3।

विस्तार से लिख सका तो एक अद्भुत, कौतूहलपूर्ण और रहस्यमय संसार जी उठेगा। दिल्ली हो, मद्रास हो, तिरुवन्तपुरम् हो, पटना हो, इलाहाबाद हो या शिमला हो या गोहाटी। क्वालालम्पुर (मलाया) हो, मॉरिशस हो, थाईलैण्ड हो, मास्को, प्राग हो या ब्राटिसलावा हो, ये और दूसरे और भी ऐसे स्थान हैं, सब कहीं मैंने मानव चरित्र की विविधता के साथ-साथ एक अन्तर्मुखी एकता को अनुभव किया है।

यात्राओं में तो मेरा यह स्थायी भाव हो गया था कि विविध रूपी मानव में मैं उस 'एकता' को खोजता रहता जो शारीरिक अवयवों की तरह सबको समान रूप से आवृत्त किए थी। कितने विविध आयाम, कितने विविध रूप पर अन्ततः वही स्नेह, संवेदन, प्रेम, प्यार, घृणा, द्वेष, मोह, ममता, अधिकार की भावना, अहंकार और अद्वैत।

कितने अनुभव, कितनी चकित और मोहाविष्ट कर देनेवाली अविस्मरणीय घटनाएँ, कितने चेहरे, अमिट रेखाओं की तरह गहरे उकेर दिए मन के पटल पर किसी अज्ञात चितेरे ने। अन्ततः इसी निष्कर्ष पर पहुँचा कि शिक्षा वास्तव में विद्यालयों या महाविद्यालयों में नहीं बल्कि संसार की मुक्त पाठशाला में मिलती है।

प्रभु को तो नहीं देखा, मनुष्य ही प्रभु रूप में नजर आया मुझे। मोक्ष को पहुँची आत्मा ही प्रभु है और मोक्ष का वास्तविक अर्थ है दूसरे के लिए जीना। प्रभु को न देखा हो, प्रकृति को निश्चय ही देखा और अनुभव किया कि उससे सुन्दर, उससे शक्तिशाली, उससे बड़ा मित्र कोई नहीं है। वास्तव में तो वह माँ है।

बहुत कुछ लिख चुका हूँ, इस सम्बन्ध में इस 'दिशाहीन सफ़र' में। नहीं लिख पाया तो सरकार के प्रचार माध्यमों से जुड़ने और विलय होने की वास्तविक व्यथा-कथा। देश की स्वाधीनता के बाद मैं पहले आकाशवाणी से जुड़ा फिर दूरदर्शन से। एक तरह से उनकी प्रगति में मेरे जैसे और अनेक मित्रों का जो योगदान है उसका मूल्यांकन कोई नहीं कर पाया। प्रारम्भ में देशभक्ति का उछाह था, विश्वास था, इन माध्यमों के द्वारा देश को एक दिशा दी जा सकती है। देश हमारा है, हम देश के हैं, इस सात्विक भावना के उत्साह और उल्लास से भरकर नए-नए कार्यक्रम प्रस्तुत करते थे हम। फिर एक नई लहर और भी रचनात्मक रूप में उभरी। ये माध्यम देश के सांस्कृतिक केन्द्र हैं। तब देश की सभी भाषाओं के बड़े-बड़े साहित्यकार आमन्त्रित किए गए नव-निर्धारण के लिए, लेकिन वह उत्साह तो पानी के बुलबुले की तरह क्षणभंगुर प्रमाणित हुआ। ये माध्यम सरकारी प्रचार-यन्त्र मात्र बनकर रह गए।

दूरदर्शन में नवनिर्माण की अपूर्व शक्ति है। ऐसे कार्यक्रम तैयार भी हुए पर शीघ्र ही वह मनोरंजन और फिर किशोर-किशोरियों को दिशाहीन करने का साधन मात्र बनकर रह गया। शक्ति और क्षमता का एक ऐसा दुरुपयोग और उस पर निर्माण का दावा—वह व्यथा-कथा भी अभी लिखनी है मुझे। गहरे अनुराग से जुड़ा था इनसे, उससे अधिक उपेक्षा से बहिष्कृत हो गया। यह कहना सत्य

के अधिक समीप होगा कि मैंने स्वयं ही अपने को उनसे अलग कर लिया। पीढ़ियों का अन्तराल और प्रजातन्त्र की गलत व्याख्या भी इसका कारण है, यही सब मैं विस्तार से बताना चाहूँगा यदि काल ने अनुमति दी तो।

इन अनुभवों के विपरीत 'साहित्य अकादमी', दिल्ली से जुड़ना मेरे मानसिक स्वास्थ्य के लिए बहुत ही लाभदायक प्रमाणित हुआ। भारत की आत्मा से मेरा वास्तविक परिचय यहीं हुआ। जब मुझे सदस्य चुना गया तो सोचा भी न था कि इतने गहरे जुड़ जाऊँगा। इससे पहले साहित्य अकादमी से मेरा सम्बन्ध नहीं के बराबर था। उनकी दृष्टि में मैं लेखक नहीं था। 'आवारा मसीहा' प्रकाशित हुआ तो 'शरत् शतवार्षिकी' के अवसर पर अकादमी की कोलकाता ब्रांच ने आमन्त्रित किया था मुझे पर, इन दस सालों में सचमुच समूचे भारतीय साहित्य और साहित्यकारों का परिचय पाया। कुछ अपवादों को छोड़ पूरे दस साल रचनात्मक कार्यों में लगे रहे सभी मित्र। नए-नए प्रोजैक्ट, नए-नए प्रकाशन, एक भाषा से दूसरी भाषा में अनुवाद, नए-नए उत्सव, दिखावटी नहीं बहुत सघन और उपयोगी। भारतीय साहित्य की मूलभूत एकता को पास से देखा। भाषा का प्रश्न कभी बाधक नहीं बना। राजभाषा के प्रश्न पर अवश्य चाय के प्याले में तूफ़ान उठते रहते थे।

कैसा सुखद अनुभव था बाईस भाषाओं के लेखकों से नाना-रूप आदान-प्रदान, दूसरे भाषा प्रदेशों में मैं हिन्दी में ही बोला और कहीं उपेक्षित नहीं हुआ। जब कार्यकारिणी और साधारण सभा की बैठक होती थी तो लगता था भारतमाता स्वयं नाना रूपों में उपस्थित हुई है वहाँ।

पुरस्कारों की राजनीति प्रमुख भाषाओं में शायद ही कभी मुखर हुई हो, हिन्दी में तो कभी नहीं हुई। हाँ, गौण भाषाओं में कभी-कभी अवश्य ऐसे अवसर आए। यद्यपि साहित्य अकादमी के पुरस्कार का महत्त्व है फिर भी मैं पुरस्कारों को बहुत महत्त्व नहीं देता किसी के महान होने का वह मापदण्ड नहीं है। मैं तो महत्त्व देता हूँ 'भारतीय साहित्य की मूलभूत एकता' को, उसी के मैंने वहाँ दर्शन किए।

पुरस्कारों की राजनीति से मैं सदा दूर रहा। मेरे कार्यकाल में जितने भी साहित्यकार पुरस्कृत हुए उन पर एक भी व्यक्ति उँगली नहीं उठा सका। एक बार भी कोई मित्र किसी की सिफारिश लेकर नहीं आया। मेरा ध्यान सदा साहित्य सृजन और कुछ नया करने की ओर रहा। मेरा पूरा कार्यकाल इस बात का साक्षी है। नए साहित्य के सृजन, श्रेष्ठ अनुवादों पर पुरस्कार तथा रूस और भारत के साहित्य के अनुवादों का आदान-प्रदान इसी अवधि में हुआ।*

साहित्य अकादमी के इस अपनत्व से सघन वातावरण का एक विशेष कारण भी था। उसके विधान में राजनेताओं के लिए कोई स्थान नहीं था। हक्सर-कमेटी ने यह सुझाव दिया था कि और अकादमियों की तरह साहित्य अकादमी के अध्यक्ष की नियुक्ति भारत के महामहिम राष्ट्रपति द्वारा की जानी चाहिए पर अकादमी की कार्यकारिणी ने इस सुझाव को सर्वसम्मति से अस्वीकार कर दिया। काश,

* साहित्य अकादमी की विशेष चर्चा चौथे खण्ड में।

दूसरी अकादमियों में भी ऐसा हो सकता। अगर साहित्य अकादमी पर निर्णय थोप दिया जाता तो उसकी वही अवस्था होती जो मध्यप्रदेश के जाने-माने लघुकथा लेखक राम पटवा की लघुकथा में दो कबूतरों की हुई थी। कथा का सार इतना ही है कि दो कबूतर, एक मन्दिर के कलश पर, दूसरा मस्जिद के गुम्बद पर रहते थे। दोनों परम मित्र थे। बड़े प्यार से गुटर-गुँ-गुटर-गुँ करते, बतियाते रहते थे। कभी-कभी झगड़ा भी हो जाता होगा पर वह प्रेम को और भी सघन करता था।

एक दिन, एक घायल कबूतर वहाँ आया। उसकी यह दशा देखकर दोनों मित्र बड़े ही व्यथित हुए। उन्होंने बारी-बारी उसकी परिचर्या की। वह स्वस्थ हो गया तो दोनों से विदा ले अपने घर चला गया।

उसके जाने के बाद जो अब तक नहीं हुआ था वह हो गया। अचानक किसी बात पर उन दोनों मित्रों में कहा-सुनी हो गई और वह इतनी बढ़ी कि वे लड़ते-लड़ते लहुलूहान हो गए।

जब उन्हें होश आया तो वे चकित थे। यह सब क्यों और कैसे हुआ, दो सच्चे दोस्त एक-दूसरे के प्राणलेवा कैसे बन गए।

सोचते-सोचते सहसा उन्हें तीसरे कबूतर की याद आई। वह कौन था और कहाँ से आया था ?

पता लगाते-लगाते उन्हें मालूम हुआ कि वह तीसरा कबूतर संसद की मीनार से आया था।

शब्द मेरे हैं पर कथा श्रीराम पटवा की है और वह किसी टिप्पणी की मोहताज नहीं है।

मुझे खुशी है कि यह तीसरा कबूतर अभी साहित्य अकादमी नहीं पहुँच पाया है। पहुँच भी नहीं सकता क्योंकि साहित्यकार किसी व्यवस्था का प्रचारमन्त्री नहीं हो सकता।

तो यह है भविष्य की योजना। पूरी होगी या नहीं होगी इसकी मुझे चिन्ता नहीं है। हाँ एक प्रश्न का उत्तर अवश्य देना है कि क्या यह सचमुच मेरी आत्मकथा है और क्या मैं सचमुच अपनी आत्मकथा लिखना चाहता था। मेरा स्पष्ट उत्तर है कि मैंने कभी स्वप्न में भी नहीं सोचा था कि मैं कभी अपनी आत्मकथा लिखूँगा पर नियति ने कुछ और ही सोच रखा था। अचानक एक दिन 'वीणा', मध्य प्रदेश के सम्पादक, डॉ. श्यामसुन्दर व्यास ने मुझसे कहा कि मैं उनकी पत्रिका में धारावाहिक रूप से अपनी आत्मकथा लिखूँ।

मैं चकित था कि मेरे पास ऐसा क्या है जो मैं जनता को दे सकूँ ? न नेता, न अभिनेता, न सर्जक। मात्र साहित्य का एक साधारण अर्जीनवीस।

और मैंने उनका प्रस्ताव अस्वीकार कर दिया। पर मेरे मन के किसी कोने में कोई लालच साँप की तरह कुण्डली मारे बैठा था इसलिए अन्ततः मुझे वह प्रस्ताव स्वीकार करना पड़ा पर एक संशोधन के साथ कि वह मेरी आत्मकथा नहीं होगी। उतना साहस मुझमें नहीं है। मैं लिखूँगा अपनी ज़िन्दगी के दिशाहीन

सफ़र की कहानी। दिशा देनेवाले तो युगद्रष्टा क्रान्तिकारी होते हैं और वैसे भी मेरा सारा जीवन दिशाहीन ही तो है। 'दिशा' अगर है तो यही है कि बस चलते चलना। 'चरैवेति, चरैवेति'। मंज़िल कोई नहीं है। इसलिए दिशाहीन है, इसलिए भी है कि मैं साहित्य में, धर्म, राजनीति, किसी भी क्षेत्र में किसी का नहीं हो सका और न अपने को इस योग्य बना सका कि किसी का हो सकूँ। बस एक महान वैज्ञानिक के इन शब्दों को अपना आदर्श मान लिया कि जो कुछ हम जानते हैं वह बहुत थोड़ा है जो नहीं जानते वह बहुत ज्यादा है। तब मंज़िल कैसी ? उस ज्यादा को जानने के लिए सफ़र-ही-सफ़र तो करना है। सफ़र की यह कहानी मेरे अन्तर के किसी कोने में छिपी रहती यदि व्यास जी आग्रह न करते, इसलिए इसे मैं उन्हें ही समर्पित करता हूँ।

तो यह है मेरे 'दिशाहीन सफ़र' की अधूरी कहानी। अधूरी इसलिए कि मेरे दिल्ली प्रवास में जिस संस्था का महत्त्वपूर्ण स्थान है उसकी चर्चा तो मैंने की ही नहीं। मेरा सान्ध्यकालीन जीवन नाना रूप कॉफी हाउसों में बीता है। कितना ज्ञान अर्जित किया, कितने मित्र पाए, उस सबकी चर्चा अगले भाग में। सफ़र अभी भी जारी है और रहेगा। कब तक, पता नहीं, न पता करने की चिन्ता है। मीर के शब्दों में कहूँ तो–

*अब तो जाते हैं बुतकदे से मीर। फिर मिलेंगे अगर खुदा लाया।*

❑❑❑